수정판

정보사회의
시민생활과 법

Introduction to Law and Cases for Civic Life in Intelligential Society

박인현 · 이용호 · 김대명
박화식 · 이영식 · 박문석

교육과학사

머리말

21세기를 살아가는 사람들의 공통점은 아마도 엄청나게 많은 정보 속에서 살아간다는 사실일 것이다. 그 중 어떤 이는 그 많은 정보들을 일일이 챙기고 알려고 드는가 하면, 어떤 이는 그 정보들을 수용하기가 불가능하다고 생각하고 아예 정보에 무관심해 버린다. 그러나 가장 현명하게 오늘을 살아가는 사람은 자신에게 필요한 정보를 발췌하여 수용할 수 있는 사람이다.

이 책은 우리 사회에 존재하면서도 우리가 무관심하기 쉬운 법, 우리 사회를 눈에 보이지 않게 움직이고, 원활하게 유지시켜 주는 법의 원리와 그 구체적 적용의 원리를 필요한 것만 발췌하여 이해하게 함에 목적을 두고 집필되었다.

이 책은 그동안 대학 강단에서 오랫동안 쌓인 강의경험을 바탕으로 하여 꼭 알아야 할 내용을 정선하여 구성되었으며, 대학에서의 강의를 전제로 하여 집필되었다. 따라서 이 책은 일반 교양법학도서와는 달리 실제 대학 강의에서 학생들이 이론과 실제를 모두 경험할 수 있도록 세심한 배려를 하였다.

이 책의 구성은 제1부에서 법의 기초적 원리의 이해를, 제2부에서 생활 속 사례를 중심으로 한 다양한 상황을 접하면서 법의 적용과정과 원리를 이해하도록 함에 초점을 맞추었다. 제1부에서는 법의 기초적 원리를 가급적 항목을 세분하여 그림과 더불어 서술식으로 기술하였으며, 예를 많이 동원하여 원리의 이해를 도우려 노력하였다. 제2부 사례에서는 사례내용을 제시하고 해설을 통하여 법적 근거와 관련 법령을 제시하고, 판례를 소개하였으며, 마지막으로 사례내용에 대한 판단을 설명함으로써 사례를 통한 법적용의 원리를 이해하도록 하였다. 이 책이 많은 사람들에게 현대 정보사회의 여러 문제들을 다양한 시각에서 다루어 보면서 아울러 법의 원리를 이해하는 계기가 되기를 바라는 마음 간절하다.

끝으로 어려운 출판상황에서도 출판을 흔쾌히 허락하여 주신 교육과학사 김동규 사장님과 임원 여러분께 감사를 드리며, 끝까지 편집과 교정을 책임져 주신 편집실 여러분들께도 감사를 드린다.

2006년 2월

대표저자 박 인 현

부분수정을 하면서

지난 초판 인쇄시 꼼꼼하게 다듬지 못하였던 부분과 그동안 개정된 법령을 출판사의 배려로 바르게 잡을 수 있게 됨은, 이 책을 접하는 독자들에게 예의를 다하지 못했다는 그동안의 자책감에 조금이나마 보상을 할 수 있는 기회가 되어 마음의 위안을 얻을 수 있었다. 특히 많은 신경을 써 주신 편집실 이정호 실장님과 직원분들에게 감사하며 앞으로도 더욱 정확하고 올바른 정보를 제공하는 노력을 게을리하지 않을 것을 다짐한다.

2009년 8월

University of Wisconsin Eau Claire 연구실에서

대표저자 박 인 현

Representative Author Park, InHyun

차례

제2장 개인생활과 법 — 247

• 제1부 •

법의 기초적 원리의 이해

제1장 법의 발생
제2장 법의 본질
제3장 법의 이념(목적)
제4장 법원(법의 존재형식)
제5장 법적 체계와 분류
제6장 법의 효력
제7장 법의 해석
제8장 법의 적용
제9장 법의 제재
제10장 권리와 의무(법률관계)

제 1 장 법의 발생

제1절 사회와 규범

인간은 누구나 혼자서 살아갈 수 없는 존재이다. 이에 대하여 동양의 철학자 순자(荀子, 298~238 B.C?)는 인간이 소보다 힘이 모자라고, 달리기를 하여도 말을 따라잡지 못하지만 소나 말이 인간에게 부림을 당하는 이유는 인간은 조직적 사회생활을 할 수 있는 능력이 있으나 소나 말은 그러한 능력이 없기 때문이라고 하였다.[1] 또 독일의 유명한 법학자이자 베를린(Berlin)대학의 교수였던 기이르케(Otto Friedrich von Gierke, 1841~1921)는 사람이 사람다운 것은 사람과 사람의 결합의 덕택이라고 하였다.[2] 이는 사람이 사람다운 것은 사회적 생활을 할 수 있기에 그러함을 의미하는 것이다. 이를 일컬어 일찍이 그리스의 철학자 아리스토텔레스(Aristoteles, 384~322 B.C)는 한마디로 인간을 사회적 존재(Zoon Politikon)라고 하였다.

이렇듯 인간은 사회적인 존재이기에 태어날 때부터 사회적인 생활을 시작하며, 크고 작은 수많은 사회를 형성하면서 또 이미 만들어진 사회적 집단속에서 하나의 구성원으로서 살아가고 있는 것이다.

---

1) 力不若牛 走不若馬 而牛馬爲用何也 人能群 彼不能群也
2) Was der Mensch ist, verdankt er der Vereinigung von Mensch und Mensch.

그러나 인간이 형성한 수많은 사회 속에서 살아가는 인간의 삶의 양상을 면밀히 살펴보면 상호 협조하고 자기를 희생하는 일면도 있으나, 대부분의 생활이 갈등과 긴장과 대립과 심지어 투쟁의 연속임을 볼 수 있다. 즉, 어느 한 사람에게 이익이 되는 것이라도 다른 사람에게는 손해가 될 수도 있고, 하나의 이익을 둘 이상의 사람이 공통으로 희망할 수도 있는 것이므로 인간의 삶은 항상 긴장 속에서 이루어진다고 할 수 있다. 이러한 인간사회의 긴장과 투쟁의 양상을 지적하여 영국의 철학자 홉스(Thomas Hobbes, 1588～1679)[3]는 「만인의 만인에 대한 투쟁의 상태」라고 표현하였다.

그러나 이러한 투쟁과 대립만을 지속하였다면 인간의 공동적 사회는 지금과 같이 온전한 형태로 존재하지 못하였을 것이다. 물론 인간사회도 애초에는 동물적 본능에 호소하여 이러한 갈등적 상황을 해결하려 하였을 것이다. 예컨대 힘이 센 자가 약한 자를 일방적으로 지배한다든가 하는 힘의 우위에 의한 지배논리가 존재하였을 것이다. 그러나 이러한 약육강식의 지배논리는 조직적인 인간사회에서는 통용될 수 없음을 사람들은 깨닫게 되었다. 따라서 사람들은 그들이 속해 있는 사회의 긴장상태를 해소하고 투쟁을 완화시키기 위하여 각자가 어떻게 행위해야 각자의 최대이익을 도모할 수 있는가를 생각하게 되었다. 그리하여 그 사회의 구성원끼리 이렇게 하여야 한다든가 혹은 저렇게 하여서는 안된다든가 하는 따위의 행위의 준칙(이를 사회규범이라고도 한다)을 세우게 되었다. 이러한 행위의 준칙은 아무리 작은 사회라 하더라도 자연발생적으로 생겨나게 마련이어서 가정에서부터 출발하여 거대한 국제사회에 이르기까지 이제는 행위의 준칙이 없이는 도저히 그 사회의 질서의 유지나 안전한 생활을 보장받지 못하게 되었다.

따라서 모든 사회에는 그 사회만의 특유한 행위의 준칙 즉 규범이 존재하

3) 홉스(T. Hobbes)에 의하면 「만인에 대한 만인의 투쟁」이 행하여지는 자연상태로부터 피하기 위하여 사람들은 사회계약을 체결한다. 이 계약에 의하여 발생한 지배자에 따르는 것은 자기자신에 따르는 것이다. 이와 같이 하여 「모든 사람들의 1개의 인격에의 진정한 결합」이 성립된다고 보고, 이러한 국가가 곧 절대전능의 국가(리바이어던(Leviathan)이라고 불리움)라고 하였다. 그러나 이 주권자에 복종할 의무는 주권자가 사람들을 보호할 수 있는 힘을 가진다는 전제하에서 계속되는 것이라고 하고 있는 점에서 홉스는 사실상의 정부 이외의 지배권력을 인정하지 않는 입장을 취한다.

는 것이다. 우리가 「사회 있는 곳에 규범 있다(Ubi societas, ibi ius)」라고 함은 이러한 의미를 나타낸 것이다. 규범은 어떠한 종류의 사회에서 발생하였는가에 따라 그 종류와 명칭이 각기 다르며 또 유형적인 것도 있고 무형의 규범도 존재할 수 있는 것이다. 또 이러한 규범은 시대와 장소에 따라 변화하여 왔을 뿐만 아니라 종류도 매우 다양해져가고 있다. 현재 일반적으로 각종의 사회에서 성립되어 보편화된 주요 규범은 도덕이나 종교규범을 비롯하여 윤리나 예의, 관습, 법규범 등을 들 수 있다.

제2절 국가와 법규범

앞에서도 언급한 바와 같이 인간의 사회는 그 규모가 크든 작든 그에 특유한 규범이 존재한다. 이러한 여러 종류의 사회 중에서 다른 사회와 비교하여 특수한 성격을 갖는 사회가 바로 국가이다. 국가가 갖는 고유한 특성을 보면 다음과 같다.

첫째, 인적구성의 다양성

국가를 제외한 다른 사회에서는 그 내부의 인적 구성이 아무리 다양하다 하더라도 그러한 다양성을 모두 극복할 수 있는 동질성이나 공통적 요소를 찾을 수 있다. 국가는 동질성이나 공통적 요소로써 그러한 다양성을 극복하는 데는 한계가 있다.

둘째, 지역적 광범위성

국가 이외의 사회가 갖는 지역적 범위라는 것은 모두 국가 속에 포함되는 것이므로 국가와 견줄 수 없다. 물론 국제사회라는 거대한 규모의 사회가 존재하기는 하나 국제사회를 단일의 사회로 보기에는 부적합한 면이 있으므로 사회규범을 논하는 입장에서는 고려하지 않기로 한다.

셋째, 정당하게 성립된 통치권의 존재

국가는 주권에 의하여 부여된 통치권의 행사에 의한 조직적인 사회의 구조를 유지하고 있어야만 국가로 인정받을 수 있다.

넷째, 강력한 정치적 통일체의 형성

밖에서 볼 때 하나의 주권이 존재하는 정치적 통일체이어야 국가로서 인정받을 수 있다.

이렇게 이질적이고 다양한 특수성을 갖는 국가(사회)가 질서를 유지하면서 하나의 강력한 조직적 사회를 형성하기 위해서는 여타 사회의 질서유지 규범인 종교규범이나 도덕규범 등과는 구별되는 강력한 규범을 필요로 한다. 왜냐하면 국가는 강력한 힘을 바탕으로 한 강제력을 지닌 규범이 아니면 다양성을 극복하고 통일적인 질서를 효과적으로 유지할 수 없기 때문이다.

그러므로 국가라는 사회에서 특수하게 성립한 규범을 우리는 법(규범)이라고 부르고, 법이라고 하면 국가라는 사회가 전제되어 발생한 규범으로 인식하여야 한다. 이때 법이 갖는 강제력은 곧 국가권력으로부터 주어진 것이며, 국가권력으로부터 주어진 강제력이라야 법은 정당성을 확보할 수 있는 것이다. 만일 법이 지닌 강제력이 주권에 의한 권력작용을 배경으로 한 것이 아닐 경우, 그것은 형식적으로는 법의 모양을 하고 있으나 법이 아니라 하나의 폭력에 불과하다.

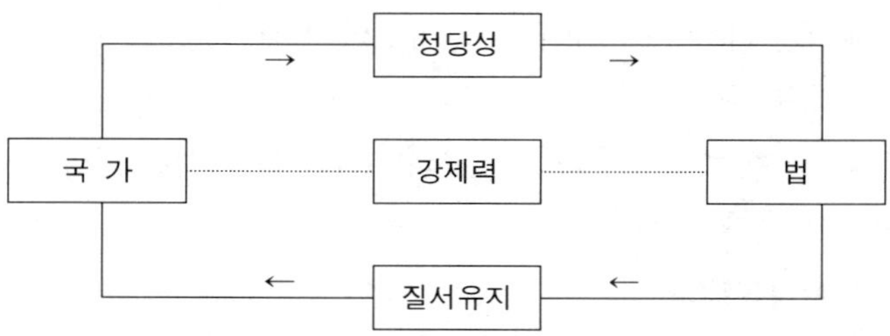

<국가와 법과의 관계>

제 2 장

법의 본질

법의 본질을 파악하기 위해서는 우선 법이란 무엇인가에 대한 이해가 선행되어야 하고, 그 다음 법과 더불어 이 사회에 존재하는 다른 사회규범들과 법과의 관계가 어떠한지를 살펴보아야 한다.

제1절 법의 개념

1. 법은 인간의 행위를 규율하는 준칙이다.

법이란 인간의 의사나 생각을 지배하고 규율하려는 것이 아니라 행위를 규율하는 기준이라는 뜻이다. 그러므로 인간이 어떻게 행위해야 하는가에 대한 준칙이라는 것이다.

행위라 함은 윤리적으로는 사람의 도의적 성질을 띤 의식적인 동작을 말하나 법의 대상으로서의 행위란 법률상 일정한 효과를 발생케 하는 원인이 되는 일체의 작위와 부작위를 가리킨다. 따라서 작위와 부작위가 모두 행위에 속하는 것이다. 보통 작위란 사람의 의식적인 신체의 외부적 동작 중 적극적인 것을 말하고, 부작위란 사람의 의식적인 신체의 외부적 동작 중 소극적인 것을 일컫는다. 즉 적극적으로 다른 사람에게 어떤 영향을 미치는 행위,

예컨대 사람을 죽인다든가, 혹은 남을 때린다든가, 남의 물건을 훔친다든가 하는 행위는 작위에 속한다. 그러나 부작위는 이러한 적극적인 행위가 아니라 소극적인, 말하자면 그냥 가만히 있는 행위라 할 수 있다. 그런데 이러한 부작위가 왜 법의 대상이 되는가에 대하여는 얼핏 이해가 가지 않는 면이 있다. 그러나 작위가 법의 대상이 되는 것은 인간이 어떠한 행위를 하지 않아야 함에도 불구하고 그러한 행위를 함에 문제가 되듯이, 부작위가 법의 대상이 된다 함은 어떠한 행위를 해야 할 의무가 있음에도 불구하고 그러한 행위를 하지 아니하고 가만히 있음으로써 문제가 된다 함을 생각하면 쉽게 이해할 수 있다. 예컨대 전세를 얻어 사는 자가 전세계약기간의 만료로 인하여 전세금을 돌려받고도 집을 비워주지 않는다면 그러한 부작위가 곧 문제된다 할 것이다.

따라서 법이란 사람이 어떻게 작위해야 하고 어떻게 부작위하여야 하는가를 판단케 해주는 규준인 것이다.

2. 법은 법칙이 아니라 규범이다.

법칙이란 어떠한 경우이든 반드시 그렇게 되는 필연(Mussen)적인 것이거나 혹은 이미 어떠한 결과를 가져오도록 그렇게 존재(Sein)해 있는 경우를 말하는 것이다. 따라서 법칙이란 예외를 인정하지 않는다. 만약 예외가 발생할 경우 법칙은 법칙으로서의 가치를 상실하게 되는 것이다. 즉 봄이 가면 여름이 오고 여름이 가면 가을이 오고 가을이 가면 겨울이 오고 겨울이 가면 봄이 돌아오고 봄이 오면 꽃이 핀다는 것은 반드시 그렇게 되는 것이며 또 이미 그렇게 되도록 존재해 있는 것이다. 따라서 이것은 법칙이며, 법칙은 인간의 의사에 의하여 좌우될 수 있는 성질의 것이 아니다.

법칙과 달리 규범이란, 인간이라면 「마땅히 그렇게 하여야 한다」거나 혹은 「마땅히 그렇게 하여서는 아니된다」는 등의 당위(Sollen)적인 요구를 말하는 것이다. 따라서 규범이란 마땅히 그러해야 하지만, 그러하지 아니하는 경우를 예상하고 있으며, 마땅히 그러하지 아니하여야 하지만 그렇게 하는 경우가 있음을 예상하고 있다. 즉 규범은 규범적인 요구에 반하는 예외적인 경우를 이미 전제하는 상황에서 출발하는 것이요, 그러한 예외적인 상황이 존재하지 않는다면 규범은 규범으로서의 존재가치를 상실하게 되는 것이다. 말하자면 「남의 돈을 빌리면 당연히 갚아야 한다」는 당위적인 요구는 갚지 않는 자가 있기 때문에 존재할 가치가 있는 것이다. 그러므로 예외가 없는 것을 규범화한다는 것은 있을 수 없다. 따라서 법은 그 내용이 정해진다고 해서 모든 사회적인 상황이 그 법이 의도하는 대로 이루어지는 법칙이 아니라 예외를 전제로 하여 지킬 것을 요구하는 사회규범인 것이다.

3. 법은 국가권력을 기초로 한 강행적인 통치규범이다.

법은 앞에서 언급한 바와 같이 사회규범이지만 그 요구하는 바를 실현하기 위하여 국가권력에 기초한 강행력, 즉 강제적인 힘을 보유하고 있다는 점에서 다른 사회규범과 뚜렷이 구분된다. 따라서 강제력이 있다는 것은 법의 고유한 속성이며 특성이다.

법은 국가라는 사회를 전제로 한다 함은 이미 언급한 바 있거니와, 법의 강제력은 국가권력을 기초로 한 국내법의 경우에 가장 전형적으로 나타난다. 따라서 국제적인 사회에서 시행되고 있는 국제법도 법으로서의 강제력을 가지기는 하나 그 방법이나 효력적인 측면에서 완벽성을 의심받고 있다. 왜냐하면 국제법규들은 대개 국가간에 일어나는 여러 가지 통상 · 외교 · 군사 등의 사항에 관하여 규정함이 보통인데 이러한 통상적 · 외교적 · 군사적인 분쟁들을 해결하는 효과적인 주체 즉, 국가권력과 같은 통일성 있는 조직력의 주체가 뚜렷하지 않을 뿐만 아니라, 아직도 힘의 우위에 의한 지배의 논리가 영향력이 있는 경우가 많기 때문이다. 그러나 완전하지는 않다 하더라도 국제적인 분쟁의 해결에 가장 효과적으로 대처할 수 있는 유일한 길이 국제법규를 통한 해결이라는 점에 회원국의 대체적인 합의가 이루어져 있음을 볼 때 국내법과는 차이가 있지만 강제력의 존재를 어느 정도 인정하여야 할 것이다.

한편 법이 강행력을 지니고 있다 함은 법의 전체적인 측면에서 보아 그렇다는 것이지 모든 개개의 법규들이 예외 없이 그러한 강제력을 지니고 있다고 할 수는 없다. 또한 강제력에도 강약의 차이가 있으며, 강제의 종류에도 여러 가지가 있다(이에 관하여는 후술한다).

제2절 법과 다른 사회규범과의 관계

1. 법과 관습규범

관습(Gewohnheit; Custom; Coutume)이란 한 사회내부에서 역사적으로 발생하여 계속·반복됨으로써, 널리 승인되어 있는 사실적인 집단적 행동양식을 말한다. 즉 관습은 일정한 범위의 사람들 사이에서 어떤 권위에 의한 강요가 아니라, 자발적인 의사에 기한 모방적 행위가 일반화되고 사회화된 결과 그에 준거하여 행동하지 않으면 안된다는 의식을 발생케 함으로써 성립되는 사회규범의 하나이다.

따라서 관습은 가장 오래된 사회규범이며 이는 주로 의식주나 관혼상제, 가족이나 친족관계 혹은 남녀간의 교제 등과 같은 면에서 강하게 나타난다. 보통 도덕에 위배되는 행위를 하면 사회적인 비난을 받고 또 개인적으로도 양심의 가책을 느낀다. 그리고 법을 어기면 일정한 처벌을 받게 된다. 관습도 도덕이나 법과 꼭 같지는 않으나, 위반하게 되면 그에 따른 사회적인 따돌림이나 눈총을 받게 되므로 그 효과는 마찬가지이다. 그러므로 정신적인 안정을 얻기 위해서는 관습에 따르려 할 것이고 비록 그 준수의 정도는 종류에 따라 다르다 하더라도 법이나 도덕, 종교와 함께 사회규범으로 인정하여도 좋을 것이다.

그러면 법과 관습은 어떠한 차이점이 있을까? 사회규범의 발달과정으로 보아 관습은 도덕이나 종교 및 법규범들이 분화·발전되기 이전에 이미 이들의 융합적 형태로써 존재하였다. 따라서 이러한 역사적인 흐름을 이해한다면 법과 관습의 차이를 내용적인 측면에서 본다는 것은 그리 큰 의미를 가지지 못한다. 왜냐하면 관습의 주요한 내용들이 모두 법으로 분화·발전되어 수용되었기 때문이다. 그러므로 법과 관습의 차이는 그 성립기초나 효력

등과 같은 측면에서 밝히는 것이 오히려 의미가 있다.

우선, 성립기초적인 면에서 법은 국가권력에 기초하여 성립되는 것이지만 관습은 국가권력이 아니라 여러 사람들의 자발적인 의사에 기초한 모방적 심리에 기초한다.

둘째, 법에 위반한 자에 대하여는 국가권력에 의한 물리적 강제가 행하여 지지만, 관습에 어긋난 행위를 한 자에 대하여는 강제로 관습에 따르도록 할 수단이 없다. 즉 관습은 절대적 구속력도 없고 권력적 강제도 없다.

셋째, 관습의 내용은 분화발전하면서 법으로 수용되었기 때문에 법과 관습이 서로 저촉될 경우가 있을 수 있다.[1] 이 경우 법의 효력이 우선하고 관습은 법의 불비에 대비하여 보충적인 효력을 갖는 위치에 있게 된다.

현재 결혼식은 우리 사회에 남아있는 가장 강력한 관습이며 상례나 제례에서도 비슷한 정도의 관습이 아직도 우리의 생활을 지배하고 있다.

2. 법과 도덕규범

법과 도덕(Moral; Morality)은 모두 사회규범이다. 그리고 그 내용에 있어서도 너무도 일치하는 바가 많아 양자를 구별하기란 그리 쉬운 일이 아니다. 즉 어디까지를 법이라고 하며, 어디까지를 도덕이라고 할 수 있는가에 관하여 명확하게 기준을 제시하기란 매우 힘들다는 것이다. 왜냐하면 대부분의 도덕적인 요구는 법으로 수용할 수 있는 것일 뿐만 아니라 대부분의 법적인 요구는 도덕적으로 보아 옳기 때문이다. 예컨대 「사람을 함부로 살상해서는 아니된다」든가, 「남의 돈을 빌리면 꼭 갚아야 한다」든가, 「남을 속이면 안된다」는 것 등은 도덕적인 요구임과 동시에 법적 요구이기도 하다. 그렇다고 하여 법과 도덕이 완전히 일치하는 것이냐 하면 그렇지도 아니하다. 도덕과는 전혀 관계가 없는 법이 있는가 하면, 법적인 요구로 이행할 수 없는 도덕

1) 관습의 내용은 과거부터 대부분 법으로 수용되었으며 지금도 언제든지 관습의 내용에 국가가 그 효력을 강제하기만 하면 법적인 지위를 갖는 관습법이 되는 것이다. 관습 중에는 과거부터 그 성질상 지금까지 관습인 상태로 유지되는 것도 있으나, 대개 관습의 유지를 강하게 원하는 경우는 법으로 수용되는 것이 보통이며, 시대의 변화에 따라 법의 내용이 관습으로 다시 되돌려지기도 한다. 따라서 관습은 사람들의 모방행태에 따라 그 내용이 변질될 수 있으며 경우에 따라서는 법과 저촉될 수도 있는 것이다.

도 있기 때문이다. 이렇듯 법과 도덕과의 관계는 복잡하기 그지없기 때문에 학자들에 따라 법과 도덕과의 관계를 표현하는 방법도 매우 다양하다.[2] 지금부터 이러한 학설들을 중심으로 하여 법과 도덕과의 관계를 살펴보고자 한다.

(1) 법과 도덕과의 구별에 관한 학설

(가) 법은 외부적 행위의 규범이고 도덕은 내면적 의사규범이라는 설

이는 법과 도덕이 인간의 행위의 과정 중 어디에 초점을 맞추어 관심을 가지느냐에 따라 구별하려 하는 학설이다.

인간의 행위는 일련의 과정으로 이루어진다. 즉 인간은 외부적인 행위를 하기 위하여 일정한 의사를 가지게 된다. 그리고 이러한 내면적 의사가 결정이 되면 그에 따른 외부적 행위가 표출되는 것이다. 여기서 법은 내면적 의사야 어떠하든 외부적으로 나타난 행위에 관하여 관심을 가진다는 것이다. 예컨대 절도의 의사를 가지고 있다 하더라도 절도행위가 구체적으로 나타나지 않으면 법에 어긋나지는 아니한다는 것이다. 그러나 도덕은 남의 물건에 대한 절도의 의사를 가지는 것 자체가 벌써 도덕적 요구에 어긋난다는 것이다. 생각컨대 어느 정도의 타당성은 있다 할 것이다.

그러나 이러한 학설도 절대적으로 타당한 것은 아니다. 왜냐하면 법이라고해서 반드시 외부적으로 나타난 행위만을 문제삼는 것이 아니기 때문이다. 예컨대 민사상이나 형사상의 책임능력에 있어서 의사능력의 차이로 인하여 달리 취급하는 것이나(민법 §753~§755, 형법 §9~§12), 특히 형법상 고의와 과실의 경우 그 법률적 판단의 결과는 많은 차이를 보이는데(형법 §13, §14), 그 차이의 근거는 바로 내면적 의사의 존재 여부인 것이다. 따라서 이 학설도 전면적으로 타당하다고는 할 수 없고 전반적인 경향을 지적한 것에 불과하다.

---

2) 19세기 독일의 법학자인 예링(Rudolf von Jhering, 1818～1892)은 「법과 도덕과의 관계를 규명하는 것은 법철학에 있어서 희망봉」이라고 하였고, 독일 하이델베르그(Heidelberg)대학의 교수였던 옐리네크(Georg Jellinek, 1851～1911)는 「법은 도덕의 최소한이다」라 하였으며, 역시 독일 베를린(Berlin)대학의 교수였던 경제학자 슈몰러(Gustav Schmoller, 1838～1917)는 「법은 도덕의 최대한이다」라고 하였다.

(나) 법은 타율적인 규범이고 도덕은 자율적 규범이라는 설

이는 법과 도덕의 목적주체나 타당원천에 차이가 있다는 전제하에 주장되는 학설이다. 즉 법은 타인을 지향한 규범이요, 도덕은 항상 자기자신을 향한 규범이라는 것이다. 따라서 법은 법복종자에 대하여 밖에서 의무지우는 他者의 意志, 즉 타율성(Heteronomie)의 규범이고, 도덕은 고유한 인격을 통한 자율성(Autonomie)의 규범이라는 것이다. 예컨대 형법 제250조 제1항의「사람을 살해한 자는 사형, 무기 또는 5년 이상의 징역에 처한다」라는 규정은 자기가 자기자신을 규율하려는 것이 아니라 법복종자에 대하여 밖에서 타자의 의지에 의하여 규율되는 것이다.

그러나 이 학설도 전적으로 동의할 수 있는 것은 아니다. 말하자면 법도 준수의 계기를 보면 스스로의 의지(Wollen)에 의한 면이 없지 않고, 도덕 또한 타자(他者)에 의하여 강요될 수 있는 면이 없지 아니하기 때문이다. 그러나 전체적인 속성에서 보아 이러한 일면이 있음을 강조하는 것은 무리가 아니라고 생각된다.

(다) 법은 쌍면적 규범인데 도덕은 편면적(片面的) 규범이라는 설

이는 법과 도덕의 의무이행의 방식에 있어서의 차이를 근거로 하여 구별하려는 학설이다. 즉 법이 적용되는 관계에서 의무라는 것은 권리의 상대적인 개념으로 존재하지만 도덕적인 의무라는 것은 도덕적인 권리의 상대적 개념이 아니라는 것이다.

예컨대, 갑의 집을 을이 산다고 할 때, 부동산 매매계약을 체결하게 되고 그렇게 되면 갑과 을은 법률관계에 서게 된다. 이때 갑과 을은 매도인과 매수인으로서의 일정한 의무가 발생하게 된다. 말하자면 갑은 판 집을 을에게 넘겨주어야 하고, 을은 갑에게 부동산의 매입대금을 지급해야 한다. 그런데 이와 같은 갑・을 양자의 의무는 서로 상대방의 권리가 곧 자신의 의무인 것이다. 이렇게 법률관계에서 대부분의 권리와 의무는 함께 존재하며 권리의 이면에 의무가 있고 의무를 뒤집으면 곧 권리가 되는 측면이 있기에 쌍면적 규범이라 하는 것이다.

그러나 도덕은 도덕적인 의무를 다할 것을 우리에게 요구하는 것으로 족하다. 즉 도덕은 일방적으로 도덕적 행위를 할 것을 요구하며 그것을 일종의 의무로서 요구하면 그만이지 그에 상응하는 도덕적 권리가 존재하기 때문에 도덕적 의무가 요구되고 또 존재하는 것이 아니라는 것이다. 따라서 도덕은 일방적 의무만을 요구하는 일면적 규범이라는 것이다. 그러므로 우리는 친절해야 할 의무는 있으나 친절을 베풀어 받아야 할 권리는 없으며, 그저 남에게 친절해야 하는 것이 우리의 도덕일 뿐이다.

하지만 법적인 의무라고 하여 반드시 거기에 상응하는 권리가 존재하는 것도 아니라는 면에서 이 학설도 비판의 일면이 없지는 않다.[3)]

(라) 법은 강제적 규범인데 도덕은 비강제적 규범이라는 설

이는 법과 도덕의 효력적인 측면에서의 차이를 초점으로 하여 구별해 보려는 학설이다. 즉 법은 이를 위반한 자에 대하여 국가권력을 기초로 하여 권력적인 제재를 가할 수 있다는 의미에서 강제적 규범이지만, 도덕은 그 위반자에 대하여 도덕적인 비난이나 사회적인 비난 외에는 달리 제재의 방법이 없다는 관점에서 비강제적 규범이라는 것이다.

예컨대 빌린 돈을 갚지 아니한다든가, 살인을 한다든가 하는 등의 위법행위에 대하여 법은 그 당사자의 의사를 무시하고서라도 채무자의 재산을 압류한다든가 혹은 규정된 형벌을 가함으로써 규범적 요구를 달성할 수 있는 강제적인 수단(권력적 강제)을 지니고 있다. 그러나 형제간에 우애 있게 지내야 한다든가 부부는 서로 사랑하여야 한다든가 하는 등의 도덕적 규범은 그에 어긋났다고 하여 강제로 우애 있도록 하거나 권력적으로 사랑을 강요할 수 있는 것은 아니다. 물론 도덕적 · 사회적인 비난은 그 비난을 받는 자로 하여금 심리적인 압박감과 고통을 주게 될 것이므로 강제적인 수단으로서의 효과가 어느 정도는 있다고 할 수도 있을 것이다. 하지만 이러한 강제적인 수단은 그 도덕적 · 사회적 비난을 받아들이는 사람이 어떻게 받아들이느냐에 따라 그 효과는 좌우된다고 할 수 있다. 물론 사회적 경멸과 도덕적 비난을 받고 깊은 반성과 후회를 하면서 다시는 그러한 행위를 하지 않겠다는

---

3) 국방의 의무나 납세의 의무와 같은 것은 법적으로 주어지는 의무이지만 그 상대되는 권리가 뚜렷이 존재하지 않는다. 이러한 점에서 법적인 관계에도 일방적이고 단면적인 의무나 권리는 존재한다.

심리적인 변화와 함께 행동의 변화를 가져왔다면 더없이 좋은 규범적 강제 수단이 될 것이나, 사회적인 비난쯤은 아무렇지도 않다고 생각하는 파렴치하고 비양심적인 사람에게 있어서는 이러한 도덕적 강제는 아무런 효과가 없다.

결론적으로 법적 강제와 도덕적 강제는 물리적 강제와 심리적 강제의 차이라 할 수 있다. 그러나 심리적 강제는 강제로서의 객관성을 확보하기에 어려움이 있으므로 이 학설에서의 강제가 있고 없음은 물리적 강제를 의미한다고 보아야 할 것이다.

지금까지 법과 도덕을 구별하는 학설을 정리하여 보았으나 어느 하나의 학설이 반드시 옳다고 말할 수는 없다. 왜냐하면 위에서 본 학설들은 모두 일면의 타당성과 함께 일면의 비판점을 아울러 지니고 있기 때문이다. 따라서 우리는 이러한 학설들이 모두 법과 도덕의 속성 중 어느 한 측면을 밝힌 것이라고 본다면 이 학설들에서 주장하는 법과 도덕의 속성을 종합하여 법과 도덕의 구별을 위한 자료로 활용하여야 할 것이다.

즉 도덕은 자율적이기에 내면적 의사를 존중하는 것이요, 강제할 수 없기에 의무만이 요구되는 편면적 규범이라고 이해해야 할 것이다.

(2) 법과 도덕과의 관계정리

법과 도덕은 구별의 학설에서도 본 바와 같이 매우 복잡한 관계이다. 왜냐하면 법은 내용적인 면에서 도덕의 많은 부분을 수용하였고 가치적인 면에서 합리성과 타당성을 추구하기 때문에 도덕적 기준이 법의 가치를 결정하는데 중요한 작용을 하기 때문이다. 따라서 법과 도덕은 그 관계를 명쾌하게 표현하기가 매우 힘들지만 몇 가지 유형으로 관계를 정리하여 보면 다음과 같이 나타낼 수 있다.

(가) 내용적 일치관계

법은 내용적으로 도덕과 일치하는 경우가 대부분이다. 말하자면 도덕적으로 요구되는 것은 법으로 받아들여 강제적으로 시행한다 하더라도 무리가 없으며, 도덕적으로 바람직하지 못하거나 악한 것은 다소의 강제적인 수단

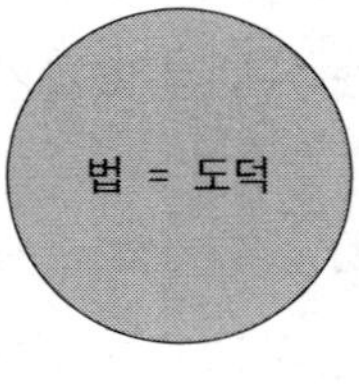

을 통하여서라도 근절시켜야 할 필요가 있기 때문이다. 따라서 오늘날의 법전(法典)적 체계로 보아 민법의 규정 중 대부분의 것은 과거부터 우리 사회에 존재하며 준수되어 오던 도덕을 바탕으로 한 것이 많고 형법을 비롯하여 대부분의 행위법의 내용들은 대부분 도덕적 요구와 일치하는 것이다.[4] 따라서 이와 같은 법과 도덕의 관계에서 얻어낼 수 있는 명제는 「적어도 법은 도덕에 어긋나서는 안된다」는 것이다.

(나) 도덕의 최소한으로서의 법의 관계

법과 도덕이 내용적으로 대부분 일치한다 하더라도 모든 도덕이 다 법으로 성립될 수 있는 것은 아니다. 동서고금을 통하여 불변의 도덕으로 요구되는 「부부는 서로 사랑하여야 한다」든가, 「원수를 갚되 덕으로써 갚으라」 등은 법으로 성립시키기에는 부적합하다. 따라서 도덕이 법보다 훨씬 더 넓은 범위를 규율하고 있는 것 같다. 즉 도덕적인 요청 중에서 최소한의 것만이 법으로 성립될 수 있다는 것이다.[5] 그러므로 「도덕적으로 악하다고 하여 모두 법으로써 벌할 수 있는 것은 아니다」라는 명제를 도출해 낼 수 있을 것이다.

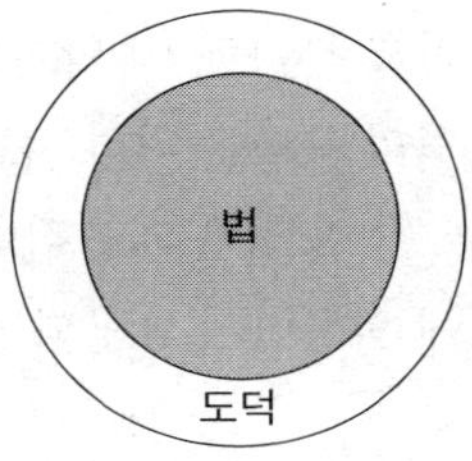

(다) 도덕의 최대한으로서의 법의 관계

그러나 법이 도덕의 최소한이라고 하여 모든 법이 반드시 도덕과 관계되거나 도덕의 범위 내에 있는 것만은 아니다. 예컨대 자동차는 도로의 중앙으로부터 우측부분을 통행하여야 한다고 규정한 법은(도로교통법§13 ③) 본래 도덕과는 아무런 관계가 없는 것이며, 출생의 신고는 1개월 이내에 하도록 한 법의 규정

4) 신의와 성실로써 권리를 행사하고 의무를 수행할 것을 규정한 민법 제2조라든지, 공서양속에 위반된 사항을 내용으로 하는 법률행위는 그 효력을 인정하지 않는 민법 제103조와 사회상규에 위배되지 않는 행위는 정당행위로 보고 처벌대상으로 하지 않는 형법 제20조와 같은 규정들은 법과 도덕의 내용적 일치관계를 보여주는 예이다.

5) 독일의 공법학자 옐리네크(Georg Jellinek)는 이러한 의미로 법은 도덕의 최소한이라고 하였다.

도 도덕과는 관계가 없는 것이다(가족관계의 등록등에 관한 법률 §44①). 따라서 이러한 점으로 미루어 볼 때 도덕과 관계없는 법의 규율범위를 인정할 수 있다. 또한 도덕은 요청을 하고 그 이후에 그 요청이 준수되지 않더라도 끝까지 관철시키지 못하나, 법은 그 요청을 끝까지 관철시킬 수 있다는 질적 관점에서 법은 도덕의 최대한이라고 표현하기도 한다.[6] 따라서 「위법한 것이 아니라고 하여 도덕적으로 모두 허용되는 것이 아니다」라는 명제는 이러한 면으로부터 도출될 수 있는 것이다.

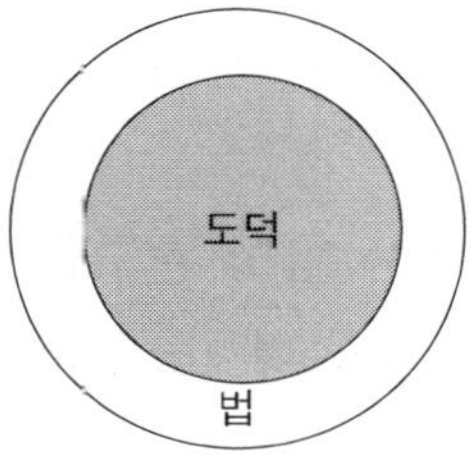

(라) 이원적 견련관계

법은 합법성(Legalität)을 강조하고 도덕은 도덕성(Moralität)을 강조하는 것이나 서로 같은 부분도 있고 다른 부분도 있다. 따라서 이 양자는 상호 분리(Trennung)되어 무관계한 것이 아니라 같은 부분을 통하여 연결되면서 구별(Sonderung)될 수 있는 관계라는 것이다.[7] 여기서 분리란 서로 떨어져 아무런 관계도 없는 것을 의미하지만 구별이란 서로 강조점을 달리하면서 특수하게 발달하는 것을 의미하는 것이다. 법과 도덕이 강조점을 달리하나 공통된 부분을 가지고 있으므로 이로 인하여 연결되며 따라서 구별적 관계를 가지게 되는 것이다.

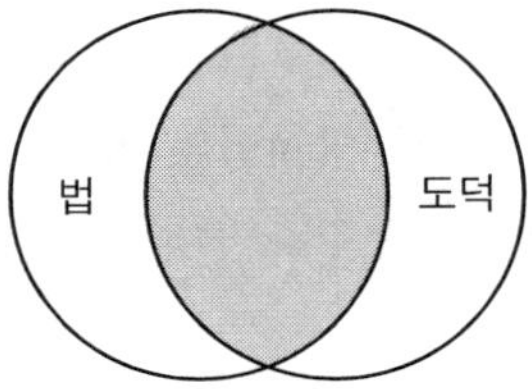

이상에서 살펴본 바와 같이 법과 도덕은 매우 복잡한 관계이다. 더구나 법에는 도덕에 어긋나는, 소위 우리가 악법이라고 부르는 법까지도 존재한다는 사실은 법과 도덕과의 관계를 파악하려는 우리를 더욱 혼란케 만드는 것이다. 그러나 한 가지 분명한 것은 법은 도덕이라는 바탕을 떠나서는 존재할 수 없다는 것과 도덕의 최소한을 지탱하는 것이 법이라는 사실이다. 따라서

6) 슈몰러(G.Schmoller)는 이러한 면에서 법은 도덕의 최대한이라고 하였다.

7) 라드브루흐(Gustav Radbruch)는 법과 도덕의 이러한 관계로 인하여 법의 도덕왕국에로의 귀화와 도덕의 법왕국에로의 귀화가 가능함을 설명하고 있다.

법과 도덕(법과 도덕이 일치하는 부분을 우리는 윤리라고 부르기도 한다)은 우리 사회를 유지하는 거대한 두 기둥이라 할 수 있다.

3. 법과 종교규범

법과 종교(Religion)규범을 구별하기 위해서는 우선 종교규범이 사회규범인가라는 물음에 답하여야 한다. 일반적으로 종교는 개인적이고 내면적인 신앙에 의해서 유지되는 것이기에 사회적인 규범으로 보기 어렵다고 생각한다. 그러나 종교규범의 유지기초가 그렇다고 할지라도 그 종교규범에 의하여 행위의 규율을 받는 사람의 수가 적지 아니하고, 종교규범이 지배하는 인간행위의 측면이 가히 폭넓다 하지 않을 수 없으므로 종교를 사회적인 규범으로 보아도 큰 무리는 없는 것으로 받아들여지고 있다. 사실 역사적으로 볼 때 종교가 곧 법이었던 시대도 있었고, 종교적 규범이 모든 사회규범을 지배하고 심지어는 과학적 원리마저도 교리에 어긋날 경우에는 부정되었던 시대도 있었다. 그러나 사회가 분화・발전함에 따라 현대 국가는 대부분 법(정치)과 종교를 엄격하게 분리하고 있으므로 내용은 비슷하나 규범의 목적이나 성립기초, 준수의지의 요구, 효력범위 등과 같은 여러 가지 측면에서 양자는 차이점을 가지고 있다 할 것이다.

(1) 목적

법은 오로지 사회의 질서를 유지하는 데에 있으나, 종교는 인간을 나약한 존재로 전제하고 그 나약함의 보완을 절대자를 통하여 하게 함으로써 그 절대자에게 모든 것을 의지하도록 함에 있다.

(2) 성립의 기초

법은 국가권력을 기초로 하여 성립됨에 반하여 종교는 개인적인 신앙에 의하여 유지되는 것이므로 그 성립의 기초가 믿음[8]이라 할 수 있다.

8) 여기서의 믿음은 무조건적인 종교적 믿음이기 때문에 신뢰가 아니라 신앙이다. 대부분의 종교에서 믿음은 무조건적이며 조건을 단 믿음은 올바른 믿음이 아니라는 해석

(3) 효력범위

법은 국가권력의 지배를 받는 자이면 누구에게나 적용이 되는 것이나, 종교는 그에 대한 신앙을 가지는 자에게만 적용되는 것이므로 신앙을 가지지 아니한 자에게 신앙을 강요하거나 규범적 요구를 할 수 없다. 따라서 신앙이 없는 자에게는 종교는 규범으로서의 가치조차 확보하지 못하는 것이다. 이러한 이유로 법은 전면적・전체적 규범이라 하고 종교는 부분적・예외적 규범이라고도 한다.

(4) 준수의지의 요구

법은 일상생활을 하면서 법을 지키기 위한 노력이나 의지를 최하위의 정도로 요구함에 비하여 종교규범은 그 요구하는 바를 준수하기 위해서는 고도의 주의와 의지를 가지지 않으면 안될 정도의 수준을 요구한다. 말하자면 종교규범은 지키고자 하는 의지를 높은 수준으로 가지지 않으면 위반하기 쉬우나, 법은 지키려고 부단히 신경을 쓰거나 고도의 주의력을 기울여야만 지킬 수 있는 규범이 아닌 것이다. 오히려 우리는 일상생활에서 법의 존재를 의식하지 못하고서도 살아갈 수 있을 정도로 법은 우리에게 가까이 있으면서도 통상의 주의만 가지면 준수할 수 있는 정도의 규범인 것이다. 우리가 종교규범을 사회의 최상위 규범이라고 부르는 이유도 바로 이러한 규범의 준수의식의 요구정도가 다른 규범보다 높다는데서 연유하는 것이다.[9)]

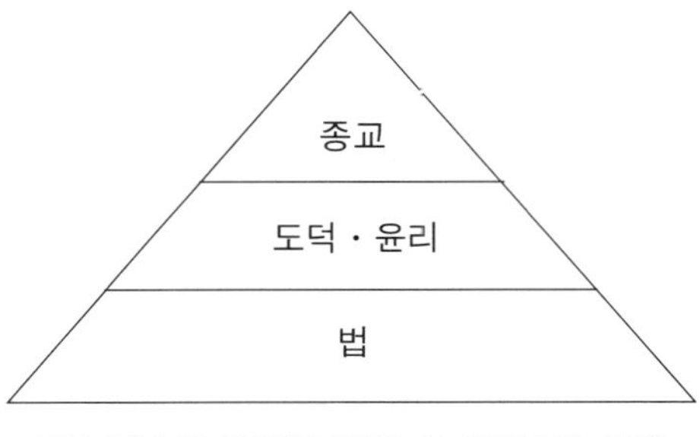

준수의지의 요구에 따른 사회규범의 위계

을 하고 있다.

9) 보통 사회규범의 위계적 구조를 설명할 때 최상위에 종교규범, 그리고 그 하위에 도덕 규범과 윤리, 관습규범, 법규범의 순서로 하여 피라미드구조로 설명한다. 따라서 사회를 지탱하는 가장 기초적 규범으로서 법규범을 들며, 법규범의 붕괴는 곧 사회질서의 붕괴를 의미하고 이는 사회자체의 붕괴를 가져오는 것이다.

제 3 장
법의 이념(목적)

법의 이념이란 법이 가지는 궁극의 가치가 무엇인가 하는 것이다. 즉 법은 무엇 때문에 존재하는가에 관한 문제이다. 법은 사회질서를 유지하기 위하여 존재한다고 하더라도 우리는 그 사회질서유지의 목적이 무엇인가에 대한 물음이 또 가능하다. 이러한 측면에서 본다면 질서유지라는 목적의 상위에 존재하는 이념이나 목적이 있을 수 있음을 암시한다. 독일의 형법학자이자 법철학자인 라드브루흐(Gustav Radbruch)는 법의 이념을 정의의 실현과 법적 안정성의 확보 그리고 합목적성이라고 하였다. 따라서 이러한 법의 이념을 궁극적인 가치위계를 세워 다음과 같이 설명할 수 있을 것이다.

제1절 정의의 실현

1. 정의의 개념

정의(Gerechtigkeit)란 우리가 흔히 사용하는 용어이기는 하나 그 의미가 단순하지는 않다. 왜냐하면 도덕에서의 선(善)이나 공자의 인(仁)의 사상에서처럼 높고 궁극적인 가치를 가진 것이기에 그러하다. 따라서 법의 이념으로서의 정의의 실현이란 「한마디로 이러한 것이다」라고 잘라 말할 수는 없으나 이 논의의 출발점이요 궁극적인 목표인 것만은 분명하다. 우리는 정의란 무엇인가에 대하여 수많은 학자들의 주장을 접하게 되지만 전체적인 개념에서 「정의란 이런 것이다」라고 명쾌하게 주장한 사람은 없다. 단지 아리스토텔레스(Aristoteles)가 인간의 사회생활에서 언제나 타당하고 또 적용될 수 있는 개별적 · 구체적인 정의의 개념을 밝힌 이래로 대부분의 학자들의 정의에 대한 주장도 이와 유사하므로 아리스토텔레스의 정의의 개념을 통하여 법의 이념으로서의 정의의 실현을 설명하기로 한다.

2. 아리스토텔레스의 정의

그리스 철학자 아리스토텔레스는 이미 2300여 년 전의 시대에 살았던 사람이다. 그럼에도 불구하고 그의 정의의 개념이 오늘날에도 인용 · 적용되면서 타당한 이유는 무엇인가? 그것은 아리스토텔레스가 정의를 논함에 있어 시대를 초월하는 인간 삶의 가장 근본적이고 원초적인 관계를 형태화하여 그에 적용되고 요구되는 정의를 개별적 · 구체적으로 밝히고 있기 때문이다. 따라서 아리스토텔레스의 정의는 인간의 사회적 생활이 유지되는 한 영원히 요구되는 진리일 것이다. 그의 개별적 · 구체적 정의는 다음과 같다.

(1) 평균적 정의(ausgleichende Gerechtigkeit)

인간의 생활관계 중에서 한 개인을 기준으로 하여 보았을 때, 그 사람이 다른 사람과 개인적인 차원에서 거래를 하거나 혹은 법률적 관계를 가지게 되는데, 이때 그 상호간에 어떠한 급부가 있었다면 그에 따른 반대급부가 있어야 하며, 손해를 가하였다면 그에 상응하는 배상을 하여야 할 것이다. 즉 개인이 다른 개인과의 생활관계에서 이해득실(利害得失)을 평균화함에 적용되고 요구되는 정의를 평균적 정의로서 설명한다. 만일 한 개인으로부터 다른 한 개인으로의 일정한 급부가 있었다면 이는 어떤 일정한 조건을 전제로 하여 이루어진 급부였을 것이며, 그에 대한 조건의 이행인 반대의 급부는 당연히 이루어져야만 정의의 관념에 합치된다는 것이다. 따라서 이때에 이루어지는 정의에서는 각 개인이 처한 특수하고 개별적인 상황은 고려되지 않는다. 말하자면 사회적 신분이나 지위의 높고 낮음이나, 개인적인 능력(경제적·권력적·재능적)의 유무, 남녀노소 및 양자의 관계에 불구하고 단지 객관적이고 산술적인 평균에 의한 이해득실의 평균이 이루어지도록 함에 그 핵심이 있는 것이다. 그러므로 이러한 정의를 실현하는데 요구되는 평등의 관념은 형식적·절대적 평등이라고 할 수 있다. 우리가 이 정의를 산술적 정의라고도 부르는 이유가 여기에 있다.

(2) 배분적 정의(austeilende Gerechtigkeit)

이는 단체와 그에 소속된 개인과의 생활관계에서 요구되고 적용되는 정의이다. 일반적으로 단체는 배분의 주체이고 개인은 배분의 대상이며 배분의 객체(매개물)는 부나 명예인 것이 일반적이다. 그런데 단체는 그에 속한 개인에 대하여 이러한 부와 명예를 배분함에 있어 공정을 기하기 위하여 그 개인이 단체에 대하여 얼마나 공헌하였는가 혹은 그 개인의 능력이 단체에 대하여 얼마나 발휘되었는가에 따라 각각 달리 배분하게 될 것이다. 이러한 배분의 과정에서 공정을 기하기 위하여 요구되고 적용되는 정의가 바로 배분적 정의라는 것이다.[1)]

예컨대 능력이 있는 자에게는 많은 부와 명예를 배분하고 공적이 있는 자에게 높은 명예를 부여하며, 소득이 많은 자에게는 많은 세금을 부과하는 것이다. 이는 산술적 개념이 아니라 기하학적 개념으로서 우리는 이를 기하학적 정의라고도 한다. 따라서 여기에서는 능력이 동일한 자는 동일한 배분을 받고, 능력이 다른 자는 다른 처우를 받게 되는 이른바 실질적·상대적 평등의 사상이 지배하게 된다. 이는 동일한 상황에 있는 자를 동일하게, 동일한 상황에 있지 아니한 자를 동일하지 아니하게 취급하는 것이 실질적으로는 그들을 동일하게 취급하는 것이라는 생각이다.

---

1) 물론 이 경우에도 개인의 능력과 공적을 판단하는 기준을 설정하는 일과 누구에 의하여 그 기준이 마련되느냐, 또 배분의 대상을 결정하는 것 등 정의실현의 본질적이고 실질적인 내용에 관하여는 영구불변하는 보편적 원칙을 찾을 수 있는 것도 아니요 주장할 수 있는 것도 아니다. 다만 그 시대의 역사적·이념적인 경험에 의한 합의에 따라 변화하는 것이다.

이상과 같은 평균적 정의와 배분적 정의는 인간의 사회적 생활에 있어 동시에 실현되어야 하는 것이며 어느 것이 더 중요하다고 할 수 있는 성질의 것이 아니다.2) 그러나 우리는 오늘날 사회적 현상을 감안하여 보아 배분적 정의가 더욱 중요한 의미를 가진다고 말할 수 있다. 왜냐하면 배분적 정의란 평균적 정의실현의 의미를 부여하는 것일 뿐만 아니라 그 전제가 되기 때문이다. 생각해보면 개인에 대한 배분적 정의가 실현되지 못한 상황에서 개인간의 평균적 정의의 실현이란 무의미한 것이 될 수도 있을 것이다. 요컨대 각자의 몫이 각자에게 돌아가도록 한다는 것은 정의실현의 궁극적 상태라고 할 수 있다.

(3) 일반적 정의(gewöhnlich Gerechtigkeit)

위에서 언급한 정의의 개념들을 볼 때, 정의는 결국 각자에게 각자의 몫을 돌려주어야 한다는 명제에 따라 평등의 개념과 관련하여서만 생각할 수 있는 것처럼 보이지만 그렇지 아니한 경우도 있다. 즉 일반적 정의라고 하는 경우이다. 물론 평균적 정의를 스스로 실현하는 것도 이 정의에 합치되는 것이다. 그러나 평균적 정의를 실현케 하는 것도 우리는 정의라고 부르며 일반적 정의에 합치되는 것이다. 뿐만 아니라 가령 순국이나 순직과 같이 단체에 대한 그 구성원의 순수한 희생이나 봉사는 평등과 관련된 개념은 아니지만 우리는 그것을 정의로운 행위로 보는 것이다. 이는 각자에게 돌아가는 몫과는

---

2) 아리스토텔레스는 정의를 평등의 사상에 입각하여 같은 것을 같게, 같지 않은 것을 같지 않게(like for like, unlike for unlike)의 원리와 인간이기에 모두 같게(like for all) 취급하는 두 원리, 즉 상대적 평등과 절대적 평등의 적절한 조화를 주장하고 있다. 사실 고대 로마의 법학자 울피아누스(Ulpianus)가 정의를 「각자에게 각자의 몫을 돌리려는 항구적인 의지」라고 밝힌 이래 아리스토텔레스를 거쳐 오늘날까지 정의의 표준적 설명으로 받아들이고 있다. 그러나 그 후 신학자 성 아우구스티누스(St.Augustinus)나 중세의 대표적 신학자이자 스콜라 철학자인 토마스 아퀴나스(Thomas Aquinas) 등은 당시의 기독교적 세계관에 입각하여 신의 뜻에 따르면서 사랑을 실천하는 것이 정의라고 하였다. 또한 철학자 칸트(I.Kant, 1724～1804)는 도덕형이상학(Metaphysik der Sitten)에서 「정의가 소멸하면 인간이 지상에서 존재한다는 것은 하등의 가치가 없다」라고 하면서 정의의 가치를 주장하였고, 정의의 원칙을 평등의 원리로 파악하고 형벌론에서도 응보를 정의의 실현으로 보았다. 근세에는 정의론의 중심이 인간중심주의에 바탕한 자연법적 정의론에 초점이 맞추어져 있다고 볼 수 있다.

관계가 없으며 반대급부를 예상한 행위도 아니며, 능력이나 공적에 따른 배분의 개념도 아니다. 오히려 우리는 가장 보편적으로 이러한 것을 정의라고 불러왔음이 사실이다.

결론적으로 법의 이념 혹은 목적으로서의 정의를 논함에 있어 전체적으로 「정의란 이러한 것이다」라고 표현하기는 어렵다. 왜냐하면 전체로서의 정의란 역사적 · 민족적 · 지역적 · 이념적인 차이에 따라 달라질 수 있고 또 그렇게 되어 온 것이 사실이기 때문이다. 그러나 표현과 정의(定義)가 어렵고 곤란하다고 하여 법의 이념으로서 정의 자체를 부정할 수는 없을 것이다. 따라서 법의 이념이란 법이 존재하는 그 사회의 공동적 생활에 있어 그 사회구성원 모두가 다함께 추구하고 실현하려 하는 일반화되고 보편화된 궁극의 목표라고 할 수 있을 것이며, 그 일반화되고 보편화된 목표란 곧 정의라고 할 수 있다. 이러한 의미에서 정의의 실현을 법초월적 이념이라 한다. 요컨대 법의 이념으로서의 정의의 실현이란 바로 이 아리스토텔레스의 구체적 · 개별적 정의인 평균적 정의, 배분적 정의, 일반적 정의의 실현으로 이해하여도 좋을 것이다.

제2절 법적안정성의 확보

1. 법적안정성의 의미

법의 이념 중 정의의 실현과 더불어 요구되는 것이 법적안정성의 확보이다. 법적안정성(legal stability)이란 법에 의하여 보호 또는 보장되는 사회생활의 안전 혹은 안정성을 말한다. 즉 현행 법질서가 동요됨이 없이 어느 행위가 옳은 것이며, 어떠한 권리가 보호되며, 어떤 책임은 어떻게 추궁되느냐가 일반에게 확실히 알려져 있어서 사람들이 법의 권위를 믿고 안심하고 행동할 수 있는 상태이다. 우리는 이를 법적확실성이라고도 하며, 이러한 법적안정성이 확보되는 상태를 곧 사회질서유지의 상태라고 한다. 그러므로 법의 이념으로서 법적안정성이란 사회질서가 원만하게 유지되는 상태인 것이다.

따라서 이러한 법적안정성의 상태를 확보하는 것은 법의 기본적 가치이고 법의 목적이 아닐 수 없다.

2. 법적안정성 확보의 요건

정의의 실현이 법초월적 이념이라면 법적안정성의 확보는 법내재적 이념이라 할 수 있다. 법적안정성을 확보하기 위해서는 무엇보다 법이 일반의 신뢰를 얻어야 한다. 그리고 이러한 신뢰는 반드시 많은 양의 법이 존재한다고 해서 얻어지는 것이 아니라 법을 신뢰할 수 있는 객관적이고 합리적인 일정 요건을 법자신이 갖추어야 하는 것이다.

(1) 법은 함부로 변경되지 않아야 한다.

자의(恣意)에 의한 불변경성의 요건이다. 아무리 훌륭한 법이라도 너무 자주 바뀌게 되면 일반의 신뢰를 얻을 수 없다. 왜냐하면 언제 또 개정될지도 모르는 법을 사람들은 잘 따르려 하지 않을 것이기 때문이다. 또한 법의 변경을 알지 못하여 초래되는 사회적인 혼란은 많은 사람들에게 고통스러운 것이다. 따라서 이러한 요건에 조금이라도 다가가기 위하여 법을 성문화한다든지, 그 해석을 정확하고 조리있는 논리로써 해석할 것을 요구하고 있는 것이다.

(2) 법은 명확하여야 한다.

명확성의 요건이다. 법이 명확하지 아니할 때에는 일반 사람들은 자신이 어떻게 행동할 때에 법에 저촉되며, 또 어떻게 행동을 하면 그렇지 아니한가에 대한 판단을 할 수 없으므로 안심하고 생활할 수 없게 된다. 사실 애매모호한 법은 해석의 자의를 불러오고 해석의 자의는 법집행의 불공정을 야기시킬 수 있기 때문에 법의 신뢰를 저하시키는 요인이 된다.

(3) 법은 그 실효성이 유지되어야 한다.

실효성 확보의 요건이다. 법은 일단 제정되면 그 규정된 내용대로의 효력을 발휘해야 한다는 것이다. 예컨대 「공무원이 그 지위를 이용하여 다른 공무원의 직무에 속한 사항의 알선에 관하여 뇌물을 수수, 요구 또는 약속한 때에는 3년 이하의 징역 또는 7년 이하의 자격정지에 처한다」(형법 §132)는 규정이 있다. 그러나 공무원이 이 규정에 위반된 행위를 하여도 그만 아니하여도 그만이라면 법은 있으나마나 할 뿐 아니라 대부분의 공무원들은 지키지 아니하는 쪽으로 행동할 것이다. 그리고 일반사람들은 이러한 법의 존재를 알기는 하나 그 법을 신뢰하지는 않을 것이다. 따라서 법은 한번 정해지면 그 효력을 반드시 확보하도록 하여야 한다.

(4) 법은 대상에 따라 차등적용되어서는 아니된다.

법집행상 평등유지의 요건이다. 똑같은 법이 누구에게는 적용되고, 누구에게는 적용되지 않는다면 사람들은 그 법을 정당하고 객관적이며 합리적으로 운영되고 있는 법이라고 인식하지 않을 것이며, 나아가 법 자체의 신뢰마저도 무너질 것이다. 소위 권력 있고 재력 있는 자에게는 전혀 무용한 법이고, 돈 없고 힘 없는 일반인들에게는 추상같은 법이라면 과연 누구를 위한 법인가에 대한 회의를 몰고 올 것이며, 종래에는 일반국민들의 정의감에 기초한 집단적 저항을 받아 법적안정성은 유지되지 못할 것이다.

(5) 법은 일반국민들의 법감정과 가급적 일치하여야 한다.

국민의 법의식과의 합치성 요건이다. 대체로 국민들은 그들이 생각하는 일반적인 법감정이 있으며, 이와 너무 동떨어진 법은 그들로 하여금 준수의 의지를 포기케 하거나 혹은 경멸적 냉소로써 법의 준수가치를 가볍게 여길 것이다. 말하자면 너무나 준엄하여 그 법을 준수함에 있어 일반적 준수의지로서는 곤란하거나, 반대로 법적 효력이 너무 경미하여 준수가치를 확보하지 못할 때에는 법적안정성은 위협받게 된다.

제 4 장

법원(법의 존재형식)

제1절 법원의 의의

법원(法源; Rechtsquelle) 혹은 법의 연원(淵源; sources of law)이라 함은 무엇이 법이냐를 정하는 경우에 그 근거로서 드는 것을 의미하기는 하나 사실 매우 다의적인 개념이다. 법의 타당근거로서의 神의 의사·이성·국가·국민의 의사 등을 의미하기도 하고, 법을 구체적으로 알려고 하는 경우에 그 인식수단 즉 객관적으로 말하면 법의 존재형식을 의미하는 것이다. 이러한 의미에서의 법원은 그 표현형식에 따라 성문법(written law)과 불문법(unwritten law)으로 대별되지만 보통은 성문형식에 따라 법률·명령, 관습법·판례법 등으로 나누어지고 조리(條理)와 학설법(學說法) 등이 법원이냐 아니냐에 대하여 의견이 나누어진다.

제2절 성문법

성문법(geschriebenes Recht)이라 함은 필요에 의하여 어느 한 시점에 일괄적으로 제정된 법을 말한다. 즉 그 제정주체가 국민이든 군주이든, 의회이든 행정부이든간에 인위적으로 일정한 목적을 가지고, 일정한 형식과 절차에 따라 제정된 법(Gesetz)을 의미한다. 따라서 성문법은 목적과 내용이 다르다 하더라도 그 형식에 있어서는 모두가 같은 형식(조문으로 정리 및 체계화)으로 되어 있음이 특징적이다.

역사적으로 보면 성문법은 인류의 문화가 상당한 정도에까지 발달하고 사회생활의 양상이 어느 정도 복잡성을 띠고 난 후에야 비로소 나타난 것이며, 국민들이 국가에 대한 권리와 자유를 확보하려는 정치적 요구에 의하여 촉진되게 된 법형식이다. 그 결과 근대 모든 국가들은 실로 앞다투어 법전(Code; Gesetzbuch)의 편찬을 서둘렀고 급기야 성문법 만능시대를 가져왔다. 따라서 성문법은 현대국가의 법의 존재형식 중 가장 많은 부분을 차지하고, 가장 중요한 법형식이 되었다. 최근 불문의 형식의 법을 주요 근간으로 하는 영미법계 국가들에서도 많은 법들이 성문화되는 경향을 보이고 있다.

그러나 성문법은 법 내용이 성문화로 인하여 고정화되기 때문에 당연히 부수되는 결함이 있게 마련이다. 그것은 문장으로 된 법이기 때문에 그 성질상 그것이 어느 사상의 내용을 완전히 표현하는 데는 한계가 있을 뿐만 아니라 잘못 표현할 수도 있으므로 입법자 외의 사람이 그 문장을 통하여 그 내용을 정확히 포착하기가 힘들다. 뿐만 아니라 성문법은 그 내용이 고정화되기 때문에 다양하게 변화하는 사회생활의 현실적인 수요를 충족시키기에는 부적합하다. 왜냐하면 제정당시에는 완벽한 법으로 탄생하였다고 하더라도 시간이 경과함에 따라 현실과의 괴리가 자연적으로 발생하기 마련이기 때문이다. 따라서 성문법은 이러한 현실상의 사실적 수요와의 간격을 좁히기 위하여 부단히 개정되거나 아니면 정교하고 합리적인 해석의 문제를 수반하게 되는 것이다.

반면 성문법은 법의 존재와 의미를 명확히 인식할 수 있기 때문에 법적 행동을 함에 있어 행동의 기준을 설정하기가 용이하다. 따라서 위법행위에 대한 한계를 예측할 수 있으므로 법적안정성을 도모할 수도 있다. 또한 성문법은 국가권력의 전횡에 대하여 국민의 자유와 권리를 보호하기 위한 최소한의 한계를 마련하는 수단이기도 하다. 즉 성문화된 법을 통해 국민의 자유와 권리를 규정함으로써 법제정자나 법관 혹은 법집행자의 주관적 자의를 최소

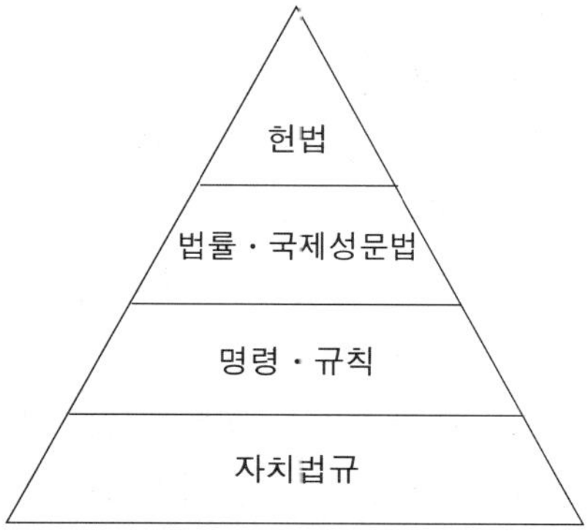

성문법의 위계

한 배제할 수 있고, 권력의 남용을 방지함으로써 법에 의한 지배를 받는 자의 권익을 어느 정도 보호할 수 있다. 따라서 현대의 국가들은 성문법의 단점에도 불구하고 이러한 장점을 살리기 위하여 대부분 법을 성문화하는 경향이 있다.

일반적으로 성문의 형식을 띠는 법으로는 그 종류가 헌법, 법률, 명령, 자치법규, 조약 등이 있다. 그런데 이들 성문법은 그 제정의 주체가 누구냐에 따라 상호간 위계적 질서를 가지고 있다. 성문법의 내용을 종류별로 살펴보면 다음과 같다.

1. 헌법

헌법은 국민의 기본적 권리와 의무를 규정하고 국가의 기본적 조직과 통치작용에 관한 골격을 정한 법이다. 그러므로 헌법은 그 내용상의 이유뿐만 아니라 국민에 의하여 제정되고 개정되기 때문에 성문법 중 최고의 지위를 차지하는 법이다. 여기서 최고의 지위를 차지한다 함은 그 하위법규의 근거가 되고 기준이 되며 한계가 된다는 의미이다. 따라서 하위의 법규가 이에 위반될 경우 무효로 되며, 또 하위의 법규가 헌법에 위반하는지 여부를 심사하는 특별한 제도를 두고 있기도 하다.

우리나라의 헌법은 1948년 7월 17일 제정되어 오늘에 이르기까지 9차에 걸쳐 개정되어 왔다.[1] 현행 헌법은 1987년 10월 29일 전면개정 · 공포되었으며, 전문(前文)과 10장 130조 부칙 6조로 구성되어 있다.

---

1) 지금까지의 우리나라 헌법개정의 역사에서 전면개정이 5차례, 부분개정이 4차례 있었다. 일반적으로 법학계에서는 헌법의 전면개정이 있으면 새로운 공화국의 출범으로 본다. 따라서 전면개정이 5차례 있었으므로 현재는 제6공화국이다.

2. 법률

법률이라 함은 국회에서 일정한 절차를 거쳐 제정 · 공포된 성문법규를 말한다. 원래 법률의 개념은 광의와 협의의 개념이 있는데 헌법의 하위 개념으로서의 법률이라 함은 바로 좁은 의미로 본 법률을 의미한다. 광의의 법률이라 함은 모든 법을 다 가리켜 일컫는 말이므로 여기서는 그런 의미의 법률이 아닌 것이 명백하다.

법률의 제정권은 국회에 있고(헌법 §40), 국회의원과 정부에 의하여 제출된 법률안은 국회의 의결을 거쳐 대통령이 공포함으로써 성립된다.[2] 헌법에서 국민의 권리와 의무 및 기타 중요한 사항에 대하여는 법률로써 정하도록 하고 있는 바, 이러한 사항을 입법사항이라고 한다.

법률의 지위는 성문법의 체계에서 헌법보다는 하위이지만 뒤에 설명하는 명령보다는 상위의 개념이다. 따라서 헌법에 위배되는 내용을 가지는 법률은 나타날 수 없으며 또한 무효이다.

3. 명령 및 규칙

명령은 행정기관(중앙행정기관)이 국회의 의결을 거치지 않고 헌법과 법률에 근거하여 일정한 절차에 따라 제정하는 성문법규이다. 규칙은 명령과 그 위계적 서열에 있어서는 동등하나 제정기관과 제정의 동기 및 용도가 다르다. 규칙이란 자율성을 극히 존중해 주어야 할 국가기관에 그 소관사무에 관하여 법률에 저촉되지 아니하는 범위 내에서 내부규율 및 사무처리와 관련된 내용을 제정한 성문법규이다. 그 예로는 대법원규칙[3], 국회규칙[4], 중

---

2) 헌법 제52조에서는 「국회의원과 정부는 법률안을 제출할 수 있다」라고 하여 법률안 제출권자를 정하고 있으며, 헌법 제53조 제1항에서는 「국회에서 의결된 법률안은 정부에 이송되어 15일 이내에 대통령이 공포한다」고 규정하고 있다.

3) 대법원은 공정한 재판을 담당하는 사법부의 최고기관으로서 외부의 간섭을 받지 아니하고 그 내부적인 규율과 사무 등을 처리할 수 있도록 자율성을 확립해 주어야 한다는 취지에서 규칙제정권을 인정한다.

4) 국회도 국민의 대표기관으로 입법기능과 통제기능을 행사하면서 외부의 간섭 없이 스스로 국회 내의 모든 사무와 내부적 규율을 이루어야 한다는 뜻에서 규칙제정권을 갖는다.

앙선거관리위원회규칙[5] 등이 있다. 따라서 명령은 직접 국민들의 생활과 밀접한 관련을 가지면서 적용되는 반면에 규칙은 국민들과 직접적인 관련을 가지는 경우는 드물고 단지 내부적인 사무처리나 구성원들에게 적용되는 경우가 대부분이다.

통상적으로 명령은 법률의 하위에 있고 법률에 근거하여 만들어지므로 법률에 저촉되는 명령은 제정될 수 없다. 그러나 비상시에 발하는 대통령의 비상명령은 그야말로 국가비상적 상황에서 발동되는 것이므로 법률과 동등한 효력을 갖는다. 그리고 명령은 그 제정주체가 누구인가에 따라 대통령령[6]과 국무총리령 그리고 각 부령[7]이 있다.

또한 명령은 그 성격에 따라 집행명령과 위임명령으로 나눈다. 집행명령이란, 국회에서 제정되는 법률에는 일반적으로 근본적이고 중요한 골격만을 규정하고 있는 경우가 대부분이고 그 세부적인 부분은 각 행정기관이 실제로 행정적 집행을 함에 있어 필요한 사항을 그 법률의 내용적 범위를 벗어나지 않는 범위 내에서 정하여야 하는 바, 이와 같이 법률의 시행을 위하여 좀 더 상세한 내용을 지닌 성문법규를 말한다. 따라서 실제로는 집행명령을 시행령이라는 용어로 사용하고 있으며, 특별한 경우를 제외하고 대부분의 법률은 그 시행령이 마련되어 있다.

위임명령이란, 특별한 경우 법률은 입법사항에 관하여 자신이 직접 그 내용을 정하지 아니하고 다만 구체적인 범위를 정하여 행정기관에 그 내용에 대한 법규제정을 위임하는 경우가 있는 바, 이렇게 법률에 의하여 위임된 범위내의 사항에 대하여 행정부가 성문으로 그 내용을 정한 경우의 명령을 말한다. 따라서 하나의 법률에 집행명령 즉 시행령은 하나밖에 존재하지 아니하나, 당해 법률에서 행정부에 위임하여 제정할 것을 요구하는 위임내용이

---

5) 민주정치의 생명인 선거의 공정과 합리적인 관리를 담당하는 중앙선거관리위원회도 그 활동에 있어 다른 외부적 기관으로부터 부당하게 간섭받거나 그 활동의 방향을 간섭당한다는 것은 옳지 않다는 취지에서 그 자율권을 인정해 주는 것이다.

6) 헌법 제75조에 「대통령은 법률에서 구체적으로 범위를 정하여 위임받은 사항과 법률을 집행하기 위하여 필요한 사항에 관하여 대통령령을 발할 수 있다」고 하여 대통령의 명령제정권을 정하고 있다.

7) 헌법 제95조에서는 「국무총리 또는 행정각부의 장은 소관사무에 관하여 법률이나 대통령의 위임 또는 직권으로 총리령 또는 부령을 발할 수 있다」라고 규정하고 있다.

많을 경우에는 위임명령은 여러 개가 존재할 수 있는 것이다.

4. 자치법규

자치법규란 지방자치단체가 제정하는 성문법규를 말한다. 현재 우리나라의 지방자치단체는 서울특별시를 비롯하여 광역시 및 도(道)로 이루어지는 광역자치단체가 있고, 시 · 군 · 구와 같은 기초자치단체가 있다. 이러한 자치단체는 그 자치단체 내의 고유한 업무를 가급적 중앙정부의 간섭을 받지 아니하고 처리할 수 있게 하기 위하여 필요한 법규를 제정할 수 있다.

지방자치단체는 자치행정의 집행기관과 지방의회로 구성되며 지방자치단체의 의회에서 일정한 절차를 거쳐 제정된 자치법규를 조례라고 하고, 자치단체의 장이 제정한 자치법규를 규칙이라고 한다. 따라서 조례와 규칙의 관계는 중앙정부의 법률과 명령의 관계와 같다. 자치법규는 그 지방자치단체 내에서만 효력을 가진다는 것과 아무리 자치법규라 하더라도 법령에 위반되는 자치법규는 제정될 수 없음은 당연하다.

5. 국제성문법규

국제성문법규는 국제사회에서 통용되는 법규이다. 이러한 국제법규에는 일반조약과 국제기구법규, 지역공동체법규 등 세 종류가 있다. 우리나라의 경우 헌법 제6조 제1항에 근거하여 조약이나 일반적으로 승인된 국제법규는 국내법과 동일한 효력을 가진다. 따라서 우리나라가 직접적인 체약당사국이 되어 체결된 조약이든, 단지 회원국으로 가입된 국제기구에서 통용되는 법규이든 간에 그 효력은 국내의 법률과 동일하다.

조약이란 그 명칭이야 어떠하든, 한 개의 문서로 되어 있든 여러 부속문서가 있든, 국제법주체들이 일정한 법률효과를 발생하기 위하여 체결한 국제법의 규율을 받는 합의결정이다.[8] 여기서 국제법주체라 함은 과거에는 국가

8) 이는 1969년 조약법에 관한 비엔나(Vienna)협약 제2조 제1항 a를 기초로 한 조약의 일반적 개념이다. 조약은 여러 국제법주체들의 의사합치로 성립되므로 일방적 법률행위는 아니나 수락의 형태는 반드시 동시에 이루어져야 할 필요는 없고, 한쪽 당사자의 일방적 선언 후 다른 당사자의 수락도 상관이 없다고 할 것이다.

만을 의미하는 것으로 해석하였고 아울러 국가만이 국제관계에서 배타적인 지위를 누렸기 때문에 조약은 국가간의 문서에 의한 합의르 생각하였다. 그러나 수많은 국제기구가 등장하게 되면서 조약의 개념이나 내용에 많은 변화가 오게 되었다.

국제기구법규는 국가가 회원국이 되어 설립한 국제적인 단체에서 제정한 법규이다. 국제통화기금(IMF)이나 국제민간항공기구(ICAO), 세계보건기구(WHO), 만국우편연합(UPU), 세계무역기구(WTO) 등 국제기구에 따라서는 회원국들에 대하여 구속력을 갖는 강제규칙들을 제정하기도 한다. 그리고 이러한 강제규칙들은 그 회원국내에 영향을 미치기도 함은 당연하다.

지역공동체법규라 함은 국제사회에서 지역적 유대관계가 특히 긴밀한 일정지역의 국가끼리 공동체적 기구를 만들어 통일적이고 통합적인 운영을 통해 상호간의 이익을 도모하고자 하는 경향이 뚜렷해지는 바, 이들 지역공동체에서 제정한 법규들을 일컫는 말이다. 여기에도 규칙(réglement)과 지침(directives), 결정(décision) 등의 용어가 사용되고 있다.

제3절 불문법

불문법(ungeschriebenes Recht)이란 성문법처럼 일정한 입법적 기관에서 일정한 절차에 따라 인위적으로 일시에 제정한 법이 아니라 오랜 세월동안 사회구성원 일반이나, 법관 또는 법학자, 기타 전문가들의 한결같이 반복되는 행위에 따라 사회의 합리적 가치요소로 발전하고 그에 대하여 점차적으로 의무감이 발생함으로써 형성되는 법형식이다. 따라서 그 형식과 절차를 달리한다는 것뿐이지 성문법이나 불문법이나 모두 본질적으로 법이라는 점에서는 다를 바 없다. 불문법의 종류에는 관습법과 판례법 그리고 조리가 있다.

1. 관습법

(1) 관습법의 의의

관습법(Gewohnheitrecht; custumary law)이란 일정한 범위의 사회구성원들이 법으로 만들겠다는 의도없이 일정한 행위를 계속하여 반복함으로써 형성된 사회적 규범이 국가나 사회로부터 승인되어 하나의 법적인 효력을 가지게 된 것을 말한다. 따라서 관습법 형성에는 선례(先例)라고 부르는 일정한 행위가 반복되어 간다는 실질적 요소와 법적 의식이라는 심리적 요소가 모두 필요하게 된다.

(2) 관습법의 성립

우리나라와 같은 성문법 국가에서는 관습법이 성립될 여지가 상대적으로 적지만 일단 사회적 관행이 존재하여야 하고 그 관행에 대한 일반 국민들의 법적인 확신이 존재하여야 한다는 것은 관습법 성립에 있어 기본적으로 요구되는 요건일 것이다. 그리고 다음으로 오늘날 현대 국가에서 무엇을 법으로 할 것이냐에 관하여는 국가의사가 절대적이므로 국가적 승인이 그 요건이 될 것이다. 또한 성문법 체계에 있어서는 관습법이 우선적 효력을 갖는 것이 아니므로 성문화된 법에 의하여 그 성립의 여지가 주어져 있어야만 한다는 요건이 또 거론될 수 있다. 즉 법령으로 관습법에 따를 것이 규정되어 있어야만 하며, 동시에 법령내에 관습과 동일하거나 반대되는 내용이 이미 규정되어 있지 않아야 한다.

(3) 관습법의 효력

원칙적으로 관습법은 성문법이 불비할 때에 보충적으로 적용되는 효력을 갖는다. 왜냐하면 우리나라와 같이 성문법을 근간으로 하는 국가일수록 불문법은 성문법의 보충적 효력을 가지도록 하는 것을 원칙으로 하고 있기 때문이다. 우리나라 민법 제1조는 「민사에 관하여 법률에 규정이 없으면 관습법에 의하고 관습법이 없으면 조리에 의한다」라고 그 보충적 효력성을 분명히 밝히고 있다.

그러나 관습법이 성문법에 대한 보충적 효력을 지니는 것으로 반드시 모든 성문법에 존재하거나, 어떠한 경우라 하더라도 보충적 효력만을 지니는 것은 아니다. 가령 죄형법정주의를 택하고 있는 형사법의 경우 죄나 형벌은 법으로 정하여야만 성립될 수 있다. 그러므로 관습법으로써 죄형의 성립을 인정할 수 있느냐에 대하여는 대답은 자명하다. 따라서 형사관계법에서는 관습법의 성립이 배제되는 것이므로 관습법 효력의 원칙에 대하여 하나의 예외가 되는 셈이다.

또한 상법의 경우에 있어서는 상거래상 이루어지는 관습의 중요성을 인정하여 상관습에 대한 효력을 다른 민법이나 관습법에 비하여 우선시하고 있다. 우리나라 상법 제1조에서 「상사에 관하여 본법에 규정이 없으면 상관습법에 의하고 상관습법이 없으면 민법의 규정에 의한다」고 하여 상관습법의 지위를 밝히고 있다. 즉 상관습법은 상법에 대하여는 보충적 효력을 지니나 성문법인 민법에 대하여는 오히려 우선적 효력을 가지도록 함으로써 관습법의 성문법 보충적 효력에 대한 또 하나의 예외이다.

2. 판례법

판례법(Judikaturrecht; case law; judge-made law)이란, 동일한 종류의 사건에 대하여 같은 취지의 판결이 반복되어 일관된 법해석과 적용의 원리를 구성하게 되어 성립한 판례가 후속하는 동종사건의 판결에 구속력을 가지게 됨으로써 법적인 효력을 가지게 될 때, 이러한 형식의 법을 말한다. 일반적으로 판결은 하나의 사건에 대한 재판을 의미하는 데 대하여 판례는 그 자체로서는 당해 사건에 대한 재판을 의미하는 것이 아니라 재판에 내포된 추상적인 법률논리를 말하는 것이다. 따라서 판례의 존재는 동종의 사건에 대하여는 같은 취지의 판결이 내려질 것이라는 일반의 기대를 가능하게 하고 그러한 기대가 신뢰로 발전하며 이러한 일반의 신뢰에 판결이 부합할 때에 판례법의 형성이 가능해지는 것이다.

영미법계 국가에서 전통적으로 법의 근간을 이루는 것은 판례를 모아 놓은 보통법(common law)이며, 이 국가들을 우리는 판례법 국가라고 부르고 있다. 이러한 국가들에서는 선례구속(stare decisis:'판결을 지속시키다'라는 라틴어)의 원칙이 확립되어 있기 때문에 먼저 내린 상급법원의 판결은 그 후 같은 내용의 사건에 대하여 당해법원은 물론이고 하급법원도 구속하게 되어 선판례(judicial precedent)의 변경을 인정하지 않는다. 따라서 이들 국가에서는 판례는 중요한 法源이며 심지어는 판례에 어긋나는 입법작용조차 부정되는 효력을 갖기도 한다.[9)]

우리나라와 같은 성문법주의의 국가에서 판례가 가지는 지위나 효력은 영미법계에 속하는 판례법 국가와는 다를 뿐만 아니라 판례를 법원으로 인정하여야 하는가에 대한 논란이 있다. 이것이 판례의 법원성 여부에 관한 논란이다. 말하자면 성문법주의 국가에서는 기판력 상대성(旣判力 相對性)의 원칙이 확립되어 있기 때문에 판결의 효력은 당연히 동일한 사건과 동일한 당사자에게만 미친다. 여기서 기판력이란 재판이 확정되고 나면 동일한 사건이 또 다시 소송상으로 문제가 된다 하더라도 당사자나 법원은 그 판결에 반대되는 주장을 하거나 반대되는 판결을 할 수 없다는 판결의 효력을 말한다.

물론 재판이 확정되기 전에 심급제도에 의해서 상급법원의 판단은 당해 사건에 관하여 하급법원의 심판을 뒤엎을 수 있으므로 동일한 사건에 있어서는 상·하급 법원간에 구속력이 인정된다. 이는 우리나라의 경우 법으로써 규정되어 있다.[10)] 그러나 동질적인 것이지만 당사자나 관할법원이 엄연히 다른 사건인 경우에는 그렇지 아니하다. 예컨대 어떤 사건에 대한 A라는 상급법원의 확정판결이 있은 후, 그와 동종의 유사한 사건이 있어 그 하급법원인 B법원이 판결을 내리게 되었을 때, 그 하급법원은 반드시 A라는 상급법원의 판례에 따라야 한다는 규정이 없으므로 선례추종의 법적 구속도 없고 의무도 없다. 따라서 우리나라와 같은 성문법주의 국가에서는 판례는 형식적으로 법원(法源)이 될 수 없다는 부정적 결론을 내릴 수밖에 없다.

---

9) 이러한 效力을 갖는 판례를 창설적 판례라고 한다. 이러한 판례는 새로운 법이 하나 만들어지는 것과 같은 효력을 가지며, 이후 이 판례에 어긋나는 판례의 출현을 부정하는 효력을 가진다.

10) 우리나라의 법원조직법 제8조에서는 「상급법원의 재판에 있어서의 판단은 당해 사건에 관하여 하급심을 기속한다」라고 규정함으로써 동일사건의 판단에 있어 상·하급 법원간의 기속관계를 명시하고 있다.

그러나 실질적으로 법원 내부의 구조나 심급제도를 감안하여 생각해 본다면 상기의 결론에 선뜻 찬성할 수만은 없다. 그 이유는 다음과 같이 요약할 수 있다.

① 우리나라의 최고법원은 대법원이라는 것, ② 대법원은 모든 사건의 심급에서 최종심이라는 것, ③ 따라서 많은 하급심 법원은 대법원의 판례와 다른 판결을 내림으로써 파기될 우려 때문에 가급적 상급심인 대법원의 판례에 따르려 한다는 점, ④ 대법원의 판결은 법률심이고, 대법원은 그 스스로 내린 판결에 대한 존중의 자세를 비교적 강하게 견지하고 있다는 점이다. 즉 대법원은 스스로 특히 그 판결의 태도를 바꾸어야 할 상당한 이유가 없는 이상 법해석의 일관성 유지를 통한 법적안정성의 목적과 사법위신의 보호 등을 이유로 자신들의 견해를 좀처럼 변경하려 하지 않는다는 점이다. ⑤ 그 결과 일반 사람들도 대체로 비슷한 사건에서는 같은 취지의 판결이 내려질 것이라는 기대를 하면서 판례의 태도에 따라 그의 행위를 규제하게 되는 결과를 가져오므로 하나의 법적 존재의 가치를 지니게 된다는 점 등이다. 그러므로 앞서 밝힌 선례존중의 원칙은 확립되어 있지 아니하나 실질적으로는 상급심의 선판례가 후속되는 하급심의 판결에 영향을 미치게 되어 法源으로서의 기능을 한다고 할 수 있다.

3. 조리

조리(條理 : Natur der Sache; nature of things)란 사물이나 자연의 본질적 법칙이며 그 사회의 합리성이라고 간단히 표현할 수 있다. 즉 사람들이 통상적으로 가지는 건전한 상식으로써 판단할 수 있는 자연의 이치나 도리를 말한다. 따라서 조리는 다른 말로 사회적 타당성, 정의, 형평, 사회상규, 신의성실의 원칙, 사회적 통념, 객관적 원리, 사리 등으로 표현되기도 한다.

조리의 법원성에 관하여는 긍정설과 부정설이 있다. 조리를 법원으로 인정하고자 하는 동기는 우리들의 사회생활에서 일어나는 일들은 매우 복잡하고 다양하게 변화하는데 법은 아무리 정교하게 규정한다 하더라도 인간의 이러한 생활관계를 모두 성문화 된 법으로써 규정하기란 매우 힘들다는 데에서부터 출발한다. 결국 이러한 경우 관습법이나 판례(법)에 의하여 해결하게 되나 만일 관습법이나 판례에 의하여 해결하지 못하는 경우 마땅한 법이 없다는 이유로 재판의 거부나 회피가 가능한가? 이에 대하여는 부정적인 견해가 지배적이다. 따라서 적용할 法源이 없을 때 최후의 法源으로서, 입법적 불비나 현실적인 법의 흠결을 보완하는 법관의 입법적 보충권으로서 조리가 인정된다고 이해하는 것이 바람직하다.

우리나라 민법 제1조에는 「민사에 관하여 법률에 규정이 없으면 관습법에 의하고 관습법이 없으면 조리에 의한다」라고 하여 조리가 민사에 관하여 최후의 法源으로서의 지위를 가진다는 것을 명시하고 있다.[11]

---

11) 스위스 민법 제1조 제2항의 규정에 의하면 조리의 의미를 확실히 이해할 수 있다. 즉 「적용할 법규가 도무지 없는 경우에 법관은 자신이 입법자였더라면 제정하였을 가정적 법규에 따라 재판하여야 한다」라고 하고 있는 바, 이것이 바로 조리이다.

제 5 장

법적 체계와 분류

제1절 서론

법은 원래 다양한 사회관계를 규율하는 것이므로 법 그 자체도 매우 복잡하게 구성되어 있을 뿐만 아니라 법의 체계도 간단하지 않다. 따라서 이러한 법의 체계를 단순히 설명하거나 유사한 성격의 법끼리 분류되는 것을 하나의 유형화된 도식으로 나타낸다는 것은 무리일 뿐만 아니라 자칫 오류를 범하기 쉽다.

그러나 이러한 복잡한 법도 일정한 목적 하에 제정되고 그 속에는 의도된 제도와 틀을 가지고 있다. 따라서 복잡하고 다양하게 흩어져 있는 여러 법규범들을 일정한 기준에 따라 분류하고 정돈하여 논리적으로 일관성 있는 체계를 수립함과 아울러 법규간의 모순을 없애는 것은 법적 안정성을 도모하고 법의 확실성을 유지하기 위하여 매우 필요한 일이다.

제2절 법적 체계

법규범의 체계(Rechtssystem; legal system)를 밝힘에 있어서 주요한 공통적 요소는 법률제도이다. 법률제도란 일정한 분야에 있어 법규범으로 조직되는 어떤 사회관계의 유형의 총체를 말한다. 선거제도, 교육제도, 공무원제도, 혼인제도, 증거제도 등과 같이 특정한 사회관계의 법규칙을 일정한 유형에 맞추어 정돈하여 놓은 단위라고 할 수 있다. 그런데 사회를 규율하고 유지하는 이러한 각종 제도들은 상호수평적인 대등관계에 있는 것도 있으나 서로 수직적 상하관계에 있는 것도 있고 제도간에 공통적 요소를 가진 것도 있다. 따라서 이러한 법률제도들을 관련된 중심요소를 기준으로 하여 횡적으로 정돈하고 그 정돈된 법률제도들을 다시 공통적 요소를 중심으로 하여 수직적 위계를 세워나가면 다양하면서도 일체감 있는 법률적 체계를 형성할 수 있는 것이다.

예컨대 물권이나 채권계약, 부당이득, 사무관리 등은 재산에 관한 법제도로 묶고 이를 가족이나 친족에 관한 인간관계의 법제도와 합하면 일반시민들의 사생활에 관한 민법이라는 법체계를 세울 수 있는 것과 같다.

이렇듯 하위의 법적 제도들이 모여 상위의 법적 제도를 만들고 그 상위의 법적 제도들은 또 일정한 공통적 요소로써 그 상위의 법적 제도를 이룸으로써 일정한 법적 체계를 형성하고 있다. 나아가 이러한 법적 체계는 각 법적 공동체를 단위로 하여 하나의 통일된 법적 체계에 지배받게 된다. 즉 한국이라는 법적 공동체내에서 헌법을 중심으로 한 그 하위에 일정한 기준에 의하여 민사법이니 형사법이니 행정법이니 하는 법적 체계로 연결되어 다시 그 하위에 이르기까지 통일된 실정법적 체계를 이루고 있는 것이다. 따라서 각 나라마다 하나의 통일된 법적 체계를 가지고 있고, 이는 논리적 통일성에 의하여 질서 있게 정돈된 것일 뿐만 아니라 크고 작은 기준에 따라 분류되는 일정한 법원칙을 중심으로 정돈되는 작업을 수없이 반복하여 이루어진 거대한 유기적 조직체와 같은 구조를 가지는 것이다.

제3절 법의 분류

앞에서도 언급한 바와 같이 법은 복잡한 인간의 사회생활을 규율하는 것이므로 일정한 체계 속에서도 매우 복잡한 구조와 내용을 가지고 상하좌우로 얽혀 있다. 따라서 법은 그 내용과 기능 그리고 성격 등에 따라 일정한 기준에 의하여 다양하게 분류해 볼 수 있다. 그러나 분류하여 볼 수 있다고 하여 단순한 도식이나 그림으로 완벽하게 표현할 수 있는 것은 아니지만 대체적인 분류도를 다음과 같이 제시해 볼 수 있다.

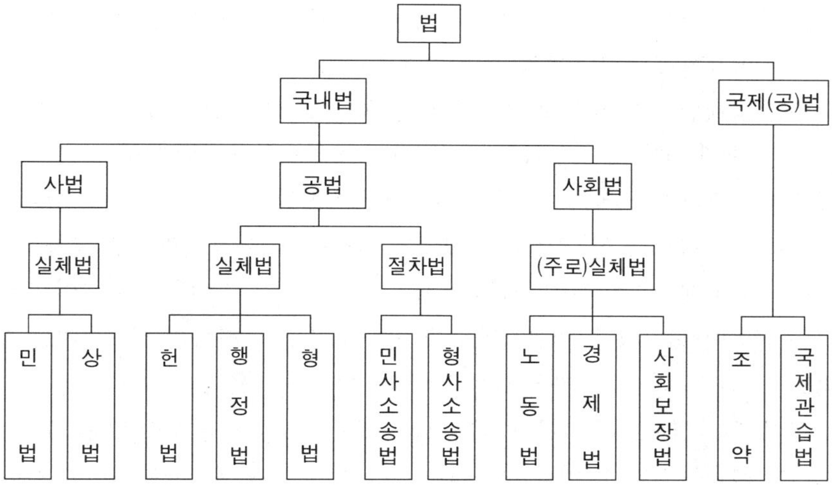

법의 일반적 분류

이하에서 현실적으로 분류의 의미를 가지는 몇 가지 기준에 의하여 법을 나누어 보면 다음과 같다.

1. 국내법과 국제법

국내법과 국제법(Völkerrecht; international law)은 우선 그 명칭이 다르듯이 국내법이란 한 국가에 의하여 승인되어 그 국가의 통치영역 내에서만 효력을 가지는 법을 말하고, 국제법이란 국가와 국가 혹은 국제단체에 의하여 승인되어 국제사회에서 통용되는 법이다. 따라서 그 적용범위에 있어서 일단 다르다고 할 수 있다. 오늘날 국제사회가 매우 긴밀한 관계를 유지하면서 국제법에 대한 관심과 국제법의 적용 사례들이 늘어가고 있기 때문에 국제법에 대한 이해의 중요성이 더욱 증대되고 있다. 자칫 국제법을 국내법과 전혀 다른 별개의 법체계로 이해하기 쉬우나 앞서 성문법의 체계에서도 밝힌 바와 같이 국제법도 국내에서 적용되는 것이므로 국제법도 국내법의 연장선에서 이해되어야 할 것이다.

국제법이 국내법과 구별되는 또 다른 점은 입법기관이나 입법의 절차 등이다. 국내법은 입법을 담당하는 국회가 있고 그 절차가 일정하게 정하여져 있는 반면 국제법은 일정한 절차나 형식이 정해져 있다기 보다는 국가간의 합의에 의하여 조약이나 협정 등의 형태로 나타난다.

다음 국제법은 그 효력에 있어서 국내법과는 다른 측면이 있다. 즉 국제법은 그 위반에 대한 제재에 있어 국내법보다 불완전하다. 그 이유는 국제법적 제재를 담당하는 국제기관이나 국제기구가 가지는 강제력이 현실적으로 국가권력을 바탕으로 한 국내법적 제재에 비하면 매우 약하거나 국제정치적 영향력의 지배를 많이 받기 때문이다. 사실 국제법은 강대국을 위하여 봉사하는 규범이라는 비판 속에 국제법의 법적 성질을 부정하는 견해까지 등장하고 있기는 하나, 이를 바른 견해로 받아들이기는 힘들다.

한편, 일반적으로 우리가 국제법이라고 부르는 법은 국제사법(國際私法)이라고 불리는 법과 구별할 경우에는 그 공식 명칭을 국제공법이라고 한다. 국제사법이란 개인적인 문제가 국제적으로 발생할 경우 어느 나라의 법을 적용할 것인가를 결정하는 국내법적 성격을 가지는 법으로 국가마다 가지고 있다. 그러나 명칭에 국제라는 용어 때문에 흔히 국제법의 일종으로 오해하기 쉽다. 따라서 최근에는 우리나라를 비롯한 각국에서는 국제사법을 섭외사법이라고 부르고 있다.

2. 공법 · 사법 · 사회법

전통적으로 법을 분류할 때에는 공법(öffentriches Recht)과 사법(Privatrecht)으로 2원분류를 해 왔으며 이는 로마법(Roman law)으로부터 비롯된다. 그러나 사법이론의 발달과 사법의 공법화 현상으로 인하여 새로운 법영역인 사회법이 탄생함으로써 최근에는 법의 3원분류가 일반적이다. 아울러 이 새로운 법영역의 이해는 공법과 사법의 발달과정과 연관되어 있으며, 특히 사법의 발달과정과 관계가 깊다. 공법과 사법의 구별에 대한 이론을 먼저 고찰한 후 사회법의 형성배경과 그 개념을 소개하기로 한다.

(1) 공법과 사법의 구별학설

앞에서도 밝힌 바와 같이 로마법 이래 행해오던 공・사법 구분의 기준에는 몇 가지의 학설이 있다. 그러나 이 학설들은 어느 것이나 절대적으로 옳은 것은 아니고 모두 일면의 타당성과 함께 일면의 비판점도 아울러 지니고 있다.

(가) 이익설

이는 법이 보호하려는 이익이 공익이냐 사익이냐에 따라 공법과 사법을 구별하려는 학설이다. 즉 어떠한 법이 전체적이고 공적인 이익을 도모함에 그 입법적 목적이 있다면 공법으로, 사적이고 개인적인 이익을 도모함에 그 목적이 있다면 사법으로 본다는 견해이다. 이 설은 원래 로마의 법학자 울피아누스(Domitius Ulpianus, ?～228)[1]가 로마 자신의 지위에 관한 법은 공법이고 개인의 이익에 관한 법은 사법이라고 한 데에서 출발한다. 이 설은 법의 목적을 중심으로 하여 공사법을 구별하려는 견해이므로 목적설이라고도 한다.

따라서 오늘날 법전적 체제를 중심으로 이 학설을 적용한다면 공익보호를 목적으로 하는 헌법, 행정법, 형법, 소송법 등은 공법에 속하고 사익도모를 목적으로 하는 민법이나 상법은 사법에 속하게 된다.

그러나 이 설에 대한 비판은 우선 공익과 사익의 한계가 분명하지 아니하다는 점이다. 즉 어디까지가 공익이고 어디까지가 사익인가에 대하여 명확한 구분을 할 수 없다는 것이다. 왜냐하면 공익도 사익을 도모함이 없이는 보

1) 소아시아 출신의 「로마」법학자로서 「로마」법학자 중 최대의 다작가이다. 놀랄만치 방대한 저술활동을 한 인물로서 로마법 초기학자들의 업적을 집대성하여 후세 동로마제국 중흥의 주역이었던 유스티니아누스(Flavius Petrus Sabbatius Iustinianus, 483～565)황제의 법전편찬에 지대한 영향을 끼쳤다. 저서로는 「고시주해」83권, 「시민법주해」51권 등 23종이 알려져 있다.

호할 수 없는 측면이 있을 뿐만 아니라, 어떠한 이익을 공익이라고 보고 어떠한 이익을 사익이라고 보느냐에 관한 기준이 엄밀하게 설정되어 있지 아니하기 때문이다. 뿐만 아니라 오늘날 법전체계로 보아 공익보호를 목적으로 하는 형법도 사익을 외면하는 법이 아니며, 사익보호를 목적으로 하는 민법에도 공익을 도모하기 위한 규정들을 많이 가지고 있으므로 이러한 이익을 기준으로 하여 공법과 사법을 구분한다는 것은 현실적으로 보아 부적합하다.[2)]

(나) 법률주체(당사자)설

이 설은 법률관계를 맺는 주체가 누구냐에 따라 공법과 사법을 구별하려는 학설이다. 즉 법률관계를 맺는 양당사자 모두 사인인 경우 그에 적용되는 법은 사법이고, 법률관계의 어느 한당사자 혹은 양당사자 모두 국가이거나 공공단체(지방자치단체)인 경우 그 사이에 적용되는 법은 공법이라고 한다.

이 설에 의하면 비교적 공 · 사법을 구분하는 기준이 단순하고 명확해 민 · 상법은 사법이고 양당사자 모두 국가인 국제법을 비롯하여 어느 한 당사자만이 국가인 헌법, 행정법, 형법, 민사소송법, 형사소송법 등은 공법으로 분류된다.

그러나 국가가 개인과 매매계약이나 임대차계약, 도급계약 등과 같은 사법상의 계약을 체결할 경우[3)] 개인과 개인이 맺는 사사로운 계약과 다를 바 없기 때문에 적용되는 법은 사법이지만, 이 설의 이론으로는 공법이 되는 것을 설명할 수 없게 된다. 따라서 이 설은 국가의 개념을 경우에 따라서 사인 혹은 공법인으로 보아야 하는, 즉 국가의 개념을 이원적으로 파악해야 하는 단점을 가진 학설이다.

---

2) 예컨대 개인소유의 산에서 허가없이 나무를 자르지 못하게 하는 것은 소유자 개인의 이익에도 관계되지만 공익적 의미가 더 크다. 또 국가가 고속도로의 건설이나 공공시설의 설립을 위하여 개인업체와 사법상의 공사계약을 맺는 경우 공익을 위한 일이지만 성격은 사법적인 계약이다.

3) 국가가 필요에 의하여 개인의 토지를 매입할 경우나 개인의 토지나 건물을 임차하는 경우가 있을 수 있으며, 이 경우 어느 한 당사자가 국가라고 하여 같은 성격을 가지는 계약에 대해 다른 법이 적용되는 것이 아니며, 또 적용되는 똑같은 법이 당사자에 따라 공법이 되었다가 사법이 되었다가 하는 것도 이상하다.

(다) 법률관계설

이 설은 법률관계에 있는 당사자들이 상호 어떠한 지위에서 어떤 형태로 법률관계를 맺느냐에 따라 공·사법을 구별하려는 학설이다. 말하자면 법률관계의 성질에 따른 구별 학설이다. 이 설에 의하면 법률관계의 당사자가 상호 수평적 대등관계이거나 횡적인 평등관계에 있으면 그 사이에 적용되는 법은 사법이고, 당사자가 수직적 상하권력관계나 명령과 복종관계 혹은 일방적 불평등관계에 있으면 그 사이에 적용되는 법은 공법이라는 것이다. 따라서 이 설에 의하면 국가가 그 통치권에 기초한 권력적 작용으로 이루어지는 법률관계를 규율하는 법인 헌법이나 행정법, 형법, 소송법, 세법 등은 공법이고, 사인간에 대등한 법률관계를 규율하는 민법이나 상법은 사법이 된다.

그러나 이 설에 의하면 부모와 자식간의 관계를 규율하는 친족법이 속해 있는 민법이 공법으로 분류되어야 하는 모순이 있다. 왜냐하면 친족법은 부모와 자식간의 관계를 완전한 평등관계로 규정하고 있지 않기 때문이다. 또 국제법은 주권을 가진 국가와 국가가 상호 대등적 관계에서 성립시켜 통용되는 법이므로 이 설의 논리상 사법으로 분류될 수밖에 없는 것과 행정법상 관리행위에 대한 설명이 가능하지 않게 된다.

(라) 통치관계설

이는 법률주체설과 법률관계설의 단점을 보완하고자 주장된 설로서, 국가나 공공단체의 통치적 작용에 관한 법률관계를 규율하는 법은 공법이며 그 외의 법률관계 즉 비통치적 법률관계를 규율하는 법은 사법이라는 것이다. 따라서 국가 또는 공공단체의 일반국민들을 통치하기 위한 조직과 권한, 그 통치작용의 형태, 국민의 참정권 등과 같은 국가생활에 관한 법은 공법에 속하고 이러한 통치적 생활과 관계없는 법은 사법이다. 또 국가나 공공단체가 개입된 법률관계라 하더라도 통치작용이 아니면 그 관계를 규율하는 법은 사법이다.

이 설에 따르면 주체설에서 국가가 사인의 자격으로 행위하는 것에 대한 해법을 제시할 수 있으며, 법률관계설에서 불평등 관계를 무조건 공법으로 보아야 하는 단점도 어느 정도 보완할 수 있다.

그러나 이 설은 통치라는 개념을 중심으로 하여 그 내용을 전개하는 설이므로 국가가 통치적 관계에 있느냐 아니냐를 판단하여야 하는 점에서는 법률주체설이 받는 비판을 동시에 받을 수 있으며, 통치의 개념을 불평등한 내적 통치와 평등을 전제로 한 외교적 관계인 외적 통치로 나누어 생각하여야 하는 점에서 법률관계설이 받는 비판을 아울러 받는 설이기도 하다. 그러나 통치의 개념은 비교적 이해하기가 쉽고, 통치ㆍ비통치의 구분이 명확하기 때문에 이러한 비판의 소지에도 불구하고 많은 학자들이 지지하고 있다.

요컨대 지금까지 공ㆍ사법 구별에 관한 여러 학설을 살펴보았으나 오늘날의 법전적 체제로 보아 어떠한 학설에 의한다 하더라도 대체로 헌법, 행정법, 형법, 민사소송법, 형사소송법, 조세관계법, 국제법 등은 공법이고 민법이나 상법 등은 사법으로 분류된다. 그러나 실제로는 공법으로 분류되는 형법에도 사법적 규정이 있으며, 사법으로 분류되는 민법이나 상법에도 공법적 규정이 있을 수 있다. 따라서 현실적으로는 완성되어 있는 법전을 두고 공ㆍ사법을 논하는 것보다는 하나의 법전 속에 포함되어 있는 개별적ㆍ구체적인 규정의 성격을 판단하여 공법적 규정과 사법적 규정을 분류하는 것이 옳을 것이다.

(2) 공ㆍ사법 구별의 이유

위에서 언급한 바와 같이 공법과 사법의 구별은 어느 학설에 의하든지 대체로 공ㆍ사법을 구별해 놓으면 같은 결과로 분류된다. 그러면 이와 같이 공법과 사법을 구별하여야 하는 현실적인 이유는 무엇인가? 그것은 공법의 적용원리와 사법의 적용원리가 다르기 때문이다. 그리고 공ㆍ사법을 엄격히 구분함으로써 법의 원리가 달리 적용되어 나타날 수 있는 폐해를 없애고자 함에 있다.

즉 공법의 적용원리는 강제성의 원리이고 사법의 적용원리는 사적자치의 원리 즉 계약자유의 원리이다. 말하자면 공법은 양당사자의 의사의 합치에 의한 법률관계의 창설보다는 그 법이 가지는 본래의 목적을 존중하여야 하므로 통치의 목적을 달성하기 위하여 적용이 강제되는 면이 있다. 그러나 사법이 적용되는 영역에서는 사인이 스스로 그 의사에 따라 자유로이 법률관계를 창설할 수 있다(사적자치의 원리). 즉 계약에 의하여 법률관계의 당사자는 법률관계의 성립 · 불성립을 비롯하여 그 계약의 내용과 이행에 관한 모든 세부적인 사항을 자유로이 결정할 수 있는 것이다(계약자유의 원리). 따라서 공 · 사법의 구별은 법적용의 원리가 다르게 적용되는 것을 방지하는 역할을 하는 것이며 만일 공 · 사법의 원리가 잘못 적용되었을 경우 법의 목적을 달성할 수 없거나 아니면 개인의 권리가 부당하게 침해받거나 간섭받는 결과를 가져올 수 있기 때문에 이의 구별은 필요하다.

(3) 사회법의 형성(사법의 공법화)

(가) 사회법의 등장 배경

앞에서도 언급하였듯이 공법과 사법은 일찍부터 구분되어 왔고 그 나름대로의 논리적 발전을 거듭해 왔다. 그러나 법이란 그 시대의 이데올로기를 반영하는 것일 뿐만 아니라 하나의 제도로서 새로운 체제를 발전시키는데 공헌하기도 한다. 따라서 근대사회로 접어들면서 법의 적용논리는 시대의 변화에 따라 바뀌기 시작했고 아울러 새로운 적용원리를 갖는 또 다른 법영역 탄생의 계기가 형성되기도 하였다.

이른바 산업혁명을 거치면서 근대사회는 상품생산을 위주로 하는 자본주의사회로 전환되었고, 그 사회의 상품생산관계를 성립시키는 기초는 근대사법이었다. 사법의 기본적 이념은 사적자치이며 계약자유의 원리에 기초하고 있으므로 사인이 법률관계를 자유로이 창설할 수 있는 범위가 널리 인정되었고, 국가는 가급적 이에 간섭하지 않는다는 소위 자유방임적 원리가 지배적이었다. 즉 개인의 자본은 개인이 전적으로 처분할 권리가 있음과 아울러 어떤 형식을 통하여 어떻게 운영하고 처분하든 국가를 비롯한 어느 누구로부터도 간섭받지 않는다는 것이다. 또 개인이 누구와 어떠한 조건으로 어떤 계약을 어떠한 조건으로 체결하든지 아무도 간섭하지 말 것을 요구하였고 자신의 직접적인 고의나 과실에 의한 손해발생의 경우가 아니면 어느 누구에게도 책임을 지지 않는다는 원리가 일반적으로 받아들여지고 있었다.

이러한 개인의 재산에 대한 절대적인 권리의식은 자본주의적 경제체제와 맞물려 사유재산제도를 확립시키는 기초로 작용하였고, 계약자유의 원리는 영리활동의 자유를 보장하는 법적 표현이었다. 또한 자신의 직접적인 행위에 의한 손해발생의 경우가 아니면 자신이 책임지지 아니하는 과실책임의 원리는 철저한 개인주의를 팽배하게 만들었다. 그 결과 이러한 법원리는 자본주의적 경제체제에 정신적 · 제도적 기초로 작용하며 자본주의 경제의 발전과 정착에 일조를 하였다.

그러나 자본주의 경제가 고도로 발전하면서 이러한 자유방임에 의한 폐해가 심각해지자 법적 · 제도적 기초에 대한 저항이 일어났고, 이를 방치할 경우 국가의 존립조차 흔들릴 위험에 직면하여 국가로서는 이에 적극적으로 개입하여 조정 · 통제하지 않을 수 없게 되었다. 사실 근대초기 사람들은 자유와 권리는 그 자체로서 생활의 필요충분조건이라 생각하였고 「국가로부터의 자유」를 주장하였다. 그러나 진정한 자유와 권리는 생존적인 기초가 확립되어 있을 때에 비로소 의미를 가지게 된다는 것을 깨닫게 되자 국가의 후견적 역할을 기대하게 되었고, 또 그러한 국가의 역할이 강력하게 전개되기를 희망하게 된 바, 이는 「국가에 의한 자유」를 의미하는 것이었으며, 사법의 공법화 현상의 출발이라 할 수 있다.

소위 「사유재산과 자본의 운영은 개인의 자유」라는 원리하에 방치되어 왔던 자본잠식으로 인하여 독과점자본이 출현하고, 무정부적 생산으로 인한 생산과 소비의 불균형이라는 모순이 발생하자 국가는 이에 적극 개입하지 않을 수 없었다. 또 계약자유의 원리에 의하여 발생하는 자본가와 노동자와의 대립적 현상은 빈익빈 부익부와 같은 사회의 구조적 모순을 심화시키는 원인으로 작용하므로 국가로서는 이 또한 방치할 수 없게 되었다. 나아가 고령이나 질병 등으로 인하여 노동력을 상실한 근로소득자에 대한 최저생계의 유지는 국가적인 의무로 간주되기에 이르렀다. 이러한 다양하고 복합적인 문제를 해결하기 위하여 각기 다른 요인에 착안하여 발전해 온 것이 바로 경제법, 노동법, 사회보장법 등과 같은 법영역이다.

(나) 사회법의 종류

경제법은 자유방임적 시장경제질서에 대한 국가의 간섭과 보호 및 조정의 결과이다. 자본주의 성장과정에서 노출될 수 있는 대자본의 결합을 통한 시장독점체제를 제한하여 경제사회전반의 불균형을 시정하는 독점규제에서부터 공정한 거래를 통한 상거래 질서를 유지하기 위하여 기업을 비롯한 경제주체들의 활동에 대한 규제에 이르기까지 광범위한 영역을 포함하고 있는 법영역이 곧 경제법이다.[4] 따라서 고용을 창출하고 중소기업을 보호하며, 유효수요를 확대시키기 위한 공공정책의 기초를 형성함과 아울러 유사시 국가경제질서를 통제하고 조정하는 경제에 관한 총체적 질서를 일컬어 우리는 경제법이라 한다.

노동법은 자본주의 사회에서 필연적으로 발생하는 경제적 강자인 자본가 혹은 사용자와 경제적 약자인 노동자와의 갈등을 완화시키고, 그들에게 힘의 균형을 유지시키고자 국가가 개입한 법의 영역이다. 말하자면 노동자들이 가급적 좋은 조건에서 일할 수 있도록 근로조건의 일정한 기준과 최소한의 한계를 어느 정도 강제로 정한다든지 경제적 약자인 노동자가 자본가에게 대항할 수 있는 합법적인 힘을 주기 위하여 그들이 단체를 결성할 수 있게 하는 것 등을 그 내용으로 한다. 또 그 단체를 통하여 사용자와 교섭할 수 있게 하며, 그 교섭의 결과에 따라 합법적인 투쟁을 할 수 있도록 함으로써 노동자에게 그 스스로 경제적 지위를 향상시키고 유지할 수 있도록 국가가 간섭하여 탄생한 법영역이다. 요컨대 노동법이란 자본주의 사회에서 종속노동관계를 규율하는 실정법질서를 총칭하여 일컫는 용어이다.[5]

사회보장법은 자본주의 발전과정에서 비롯된 국민들의 소득격차를 근본적으로 해결하기 위하여 국가가 직접 소득의 재분배를 내용으로 하는 각종 제도적 장치와 관련되는 법영역을 말한다. 20세기에 접어들면서 각국은 국

---

4) 이러한 영역에 속하는 법으로는 대표적으로 독점규제및공정거래에관한법률, 물가안정에관한법률, 부정경쟁방지법, 증권거래법, 부정수표단속법, 중소기업기본법, 중소기업창업지원법, 정보화촉진기본법 등이 있다. 그 밖에 농지법, 광업법, 할부거래에관한법률, 방문판매에관한법률, 은행법 등 그 수가 많다.

5) 이에 속하는 법으로 대표적인 것은 근로기준법, 최저임금법, 노동위원회법, 노동조합및노동관계조정법(구 노동조합법과 노동쟁의조정법이 합해진 것임), 남녀고용평등과일・가정양립지원에관한법률, 근로자참여및협력증진에관한법률(구 노사협의회법), 직업안정법(구 직업안정및고용촉진에관한법률) 등이 있다.

민의 최저생활을 보장하고 그 수준을 향상시키는 것을 국가의 목표이자 의무로 하는 이른바 복지국가를 지향하고 있다. 따라서 국가는 국민들이 실업이나 질병, 신체불구, 노후, 궁핍 등으로 인한 소득의 결손에도 불구하고 안정된 생활을 영위할 수 있도록 각종의 제도를 창출하여야 할 의무가 있다. 즉 노후에도 연금의 혜택이 주어져 안정된 생활이 보장되어야 하고, 노동활동 중 사고나 질병에 의하여 노동력을 상실하였더라도 생계의 보장이 되어야 하며, 자녀의 양육을 위한 최소한의 교육경비에 대한 염려는 없어야 할 것이다. 이러한 제도의 실현은 국가의 강력한 의지에 의해서만 가능하며 이렇게 국가의 의지가 반영되어 나타난 국민들의 안정된 최저생계유지와 관련된 제도법 영역이 사회보장법이다.6)

상기와 같은 법영역들은 모두 자본주의 사회가 안고 있는 구조적인 모순을 시정하고자 하는 과정에서 탄생한 법영역들로서, 본시 사법의 적용원리에 맡겨야 하는 것이지만 국가가 개입하지 않으면 해결할 수 없기에 공법의 적용원리가 가미된 법영역이다. 따라서 위의 세 가지 법영역은 공법도 아니고 사법도 아닌 중간적 성격을 띤 법이므로 이들을 모두 합하여 사회법이라 부른다.

3. 일반법과 특별법

(1) 구별의 기준

일반법(gemeingültiges Recht)과 특별법(Spezialrecht)의 구별은 그 법의 효력이 발생하는 범위가 어떠한가에 의한 것으로서 그 법의 효력이 일반적인 모든 사람이나 일반적인 모든 장소나 일반적인 모든 사항에 대하여 발생하는 것이면 일반법이고, 그 법의 효력이 특별한 사람이나 특별한 장소나 특별한 사항에 대하여 발생하는 것이면 특별법이다. 이를 나누어 자세히 살펴보면 다음과 같다.

첫째, 법이 적용되는 사람을 기준으로 하여 볼 때, 그 국가의 일반인들에게

---

6) 이에 관한 법으로 대표적인 것은 사회보장기본법, 국민기초생활보장법, 국민연금법, 국민건강보험법, 국민건강증진법 등이 있고, 그 밖에 자동차손해배상보장법, 주택임대차보호법, 소비자기본법, 전자상거래등에서의소비자보호에관한법률 등이 있다.

모두 적용되는 법은 일반법이고, 일정한 신분을 가진 자나 특별한 지위에 있는 자에게만 적용되는 법은 특별법이다. 예를 들면 우리나라 사람들 가운데 헌법이나 행정법 혹은 형법의 적용을 받지 않는 사람은 없기 때문에 이러한 법들은 일반법에 속한다. 그러나 공무원법이나 군형법 등은 공무원이나 군인의 신분을 가진 자에게만 적용되는 법이므로 인적 기준에서 특별법이다.

둘째, 법이 적용되는 장소를 기준으로 하여 보면, 그 국가의 모든 장소에 적용되는 법이면 일반법이고, 국가의 어느 일부지역에서만 효력을 갖는 법은 특별법이다. 예컨대 민법이나 행정법, 형법, 공무원법, 군형법 등은 우리나라의 어느 지역이든지 간에 모두 적용되는 법이기 때문에 일반법이지만, 서울특별시를 비롯한 지방자치단체에서 제정하는 조례나 규칙 등은 해당지역에서만 효력을 가지는 것이므로 장소적으로 보면 특별법이다.

셋째, 법이 적용되는 사항을 기준으로 하여 보면, 비교적 일반적이고 넓은 사항에 대하여 적용되는 법이면 일반법이고, 비교적 좁고 특수한 사항에 대하여 적용되는 법은 특별법이다. 그런데 이 기준은 앞의 두 기준에 비하여 상대적인 성격의 기준이다. 왜냐하면 하나의 법이 적용되는 사항이 넓고 일반적인 사항인가 아니면 좁고 특수한 사항인가 하는 것은 비교되는 사항에 따라 달라질 수 있기 때문이다. 따라서 사항을 기준으로 하는 경우, 하나의 법을 두고 절대적으로 일반법과 특별법을 구분할 수는 없다. 예컨대 상법은 상행위나 상거래 및 상인에게 적용되는 법이므로 일반적 법률관계에 적용되는 민법에 대하여 비교적 좁고 특수한 사항을 규정하고 있으므로 민법은 일반법, 상법은 특별법이라 할 수 있다. 그러나 상법은 금융을 영업으로 하는 은행에 관하여 규정한 은행법과 비교하면 오히려 일반법적인 지위에 있게 되고 은행법이 특별법의 지위에 있게 된다. 이를 일반법과 특별법 구별의 상대성이라고 한다.

그런데 일반법과 특별법의 구별은 위와 같이 법령 상호간에만 존재하는 것이 아니라 동일한 법령내에 있는 조문과 조문사이에도 존재할 수 있고,[7]

---

7) 예컨대 민법 제162조 제1항은 채권의 일반적 소멸시효를 규정하고 있고, 제163조와 제164조는 채권의 종류를 명시하여 각각 3년과 1년의 단기소멸시효를 규정하고 있으므로 제163조와 제164조의 규정은 제162조 제1항에 대하여 특별법의 지위에 있게 된다.

심지어는 같은 조문내의 항과 항 사이에서 존재하기도 한다.8) 따라서 법규 전체를 두고 일반법 · 특별법의 성격을 나누는 것도 의미가 있으나 사실은 구체적 · 개별적 조항에 따라 일반법과 특별법을 구별하는 것이 더욱 타당하다.

(2) 구별의 실익

일반법과 특별법을 구별하는 가장 주된 이유는 무엇보다도 법적용상의 우선 순위를 결정함에 있다. 즉 특별법은 일반법에 우선한다는 원칙에 따라 일정한 사항에 대하여 특별법이 있을 경우 특별법이 우선적으로 적용되고 일반법은 특별법이 없는 경우 보충적으로 적용된다.

그러나 이 원칙도 어디까지나 일반법과 특별법의 제정주체가 동일하고 법의 위계적 질서상 등급이 같은 경우에 적용되는 것이다. 따라서 제정주체가 다른 경우에는 상위의 주체가 제정한 법이 우선하고, 법의 등급이 다른 경우에는 일반법 · 특별법에 상관없이 당연히 상위등급의 법이 우선함을 유의하여야 한다.

4. 원칙법과 예외법

(1) 구별의 기준 및 개념

원칙법과 예외법(Ausnahmerecht)의 구별의 기준도 일반법과 특별법의 구별과 같이 법의 적용범위 즉 효력범위에 관한 것이기는 하나 그 구별의 실익이나 의미가 다르다.

원칙법이란 문자 그대로 일정한 사항에 대하여 원칙적 · 일반적으로 적용되는 법을 말하고, 예외법이란 원칙법에서 규정한 사항에 대하여 특별한 사정이 있는 경우 원칙법 적용이 배제되고 예외적으로 적용되는 법이다.

원칙법과 예외법의 구별이 일반법과 특별법의 구별과 다른 점은 원칙법과 일반법은 사실 그 개념에 있어 유사하나 예외법이 특별법과는 그 개념을 달

8) 예컨대 형법 제250조 제1항에서는 일반적 살인죄에 대하여 규정하고 있으나 제2항은 존속살인죄에 대하여 규정하면서 그 형벌을 강화하고 있다. 따라서 제2항의 존속살인은 일반인을 살인한 것과는 특별히 달리 취급하고자 하는 취지이므로 제2항은 제1항에 대하여 특별법적 지위에 있다고 함이 옳다.

리한다는 것과 원칙법이 예외법에 대하여 가지는 관계와 일반법이 특별법에 대하여 가지는 관계가 서로 다른 점이다. 말하자면 일반법은 특별법에 대하여 보충적 효력관계에 있음에 반하여 원칙법은 예외법에 대하여 보충적 효력관계에 있는 것이 아니라 예외법에 해당되는 사항이 발생하면 원칙법은 무시된다. 또 원칙법과 예외법의 내용은 상호간에 정도의 차이나 보완적 내용으로 되어 있는 것이 아니고 상호간 모순된 내용으로 이루어져 있는 경우가 대부분이므로 원칙 아니면 예외가 적용되는 양자택일의 관계이다.

예컨대 민법 제3조의 「사람은 생존한동안 권리와 의무의 주체가 된다」는 규정과 민법 제762조의 「태아는 손해배상의 청구권에 관하여는 이미 출생한 것으로 본다」는 규정 및 제1000조 제3항의 「태아는 상속순위에 관하여는 이미 출생한 것으로 본다」는 규정을 비교해 보자. 우선 사람의 권리능력 존속기간을 규정한 제3조는 원칙적인 규정이라고 할 수 있다. 그러나 이 원칙이 그대로 지켜질 경우 불합리한 결과가 생길 수 있는 예외적인 경우를 예정하여 제762조와 제1000조 제3항은 아직 출생하지도 않은 태아에게 권리능력을 인정한 것이므로 이는 예외법적인 규정이라 할 수 있다.

그러나 원칙법과 예외법이 이렇게 조문과 조문 사이에 존재하는 경우도 있지만 같은 조문 내에서 단서로 존재하는 경우도 많다. 예컨대 민법 제5조 제1항에 「미성년자가 법률행위를 함에는 법정대리인의 동의를 얻어야 한다」는 본문 규정이 있고, 「그러나 권리만을 얻거나 의무만을 면하는 행위는 그러하지 아니하다」라는 단서 규정이 있다. 이때 본문 규정은 원칙법적인 규정이고 단서 규정은 예외법적인 규정이라 할 수 있다. 또 민법 제16조 제1항의 「무능력자의 계약은 추인 있을 때까지 상대방이 그 의사표시를 철회할 수 있다. 그러나 상대방이 계약당시에 무능력자임을 알았을 때에는 그러하지 아니하다」라는 규정에서 본문과 단서 사이에는 원칙법과 예외법의 존재를 인정할 수 있다. 따라서 단서 규정들은 어떠한 법규이든 대체로 그 예는 많이 발견할 수 있으며, 이러한 단서 규정에 대하여는 예외법적 지위를 인정하여도 무리가 없을 것이다.

(2) 구별의 실익

원칙법과 예외법을 구별하는 실익은 우선 법해석적으로 중요한 의미와 차이를 가진다. 예외없는 규칙이 없듯이 어떠한 법규라도 원칙에 대한 예외법적인 규정을 둘 경우가 발생하였다면 그 예외법적인 규정의 해석은 원칙법에 비하여 매우 엄격하게 하여야 한다. 왜냐하면 예외법을 비교적 관대하게 확대하여 해석한다면 원칙이 붕괴되기 때문이다. 따라서 예외법적인 규정은 해석에 있어 임의의 확장해석이나 유추해석을 금하고 예외법이 의도하는 목적에 충실하고도 엄격하게 한정적인 해석을 하여야 한다.

또 하나의 구별실익은 소송절차에 있어 거증(擧證:증거 제시)책임의 전환을 가져온다는 점이다. 즉 원칙법의 경우에는 그 전제사실의 주장자가 거증책임이 있으나, 예외법의 경우에는 그 전제사실을 부인하는 자가 거증책임이 있다는 점이다. 따라서 원칙법과 예외법은 그 전제되는 사실에 대한 거증책임이 전환된다는 점에서 구별의 실익이 있다 할 것이다.

5. 강행법과 임의법

이 분류는 법의 적용방식이 강행적이냐 임의적이냐에 따른 구별이다. 즉 법의 효력이 당사자가 원하건 원치 아니하건 그 의사여하에 관계없이 강제적으로 나타나는 법은 강행법(zwingendes Recht)이고, 당사자의 의사에 따라 법의 효력이 좌우되는 법은 임의법(nachgiebiges Recht)이다.

임의법의 발생근거를 제시한 대표적인 예는 민법 제105조이다. 본조에서는「법률행위의 당사자가 법령 중의 선량한 풍속 기타 사회질서에 관계없는 규정과 다른 의사표시를 한 때에는 그 의사에 의한다」라고 하여 선량한 풍속이나 사회질서와 관계가 있는 규정이 아니면 법률관계의 당사자 의사를 최대한 존중한다는 임의법규정이다. 따라서 민법 전체에서 당사자의사가 존중되어야 할 계약법 분야나 상법 중 상행위에 관한 분야에서 폭넓게 임의법이 인정되고 있다. 그러나 친족 · 상속, 권리능력, 물권, 회사법, 어음 · 수표법 등의 분야와 공법 영역은 대개 임의법의 수용이 적절치 못하거나 법의 목적상 강행법적 규정이 많다. 그 결과 대체로 사법적 영역에 임의법적 규정들이 많고 공법적 영역일수록 강행법적 규정이 많은 경향을 보이고 있다.

일반적으로 강행법과 임의법의 구별은 법조문상의 표현으로써 알 수 있는 경우에는 그 구별이 명백하다. 예컨대, 민법 제1041조의 「상속인이 상속을 포기할 때에는 …… 가정법원에 포기의 신고를 하여야 한다」라는 규정에서 「하여야 한다」는 등의 표현이 있으면 대체로 강행법이라 볼 수 있다. 그러나 민법 제473조 전단의 「변제비용은 다른 의사표시가 없으면 채무자의 부담으로 한다」는 규정에서 「다른 의사표시가 없으면」이라는 표현이나, 민법 제833조의 「부부의 공동생활에 필요한 비용은 당사자간에 특별한 약정이 없으면 부부가 공동으로 부담한다」라는 규정에서처럼 「당사자의 특별한 약정이 없으면」이라는 등의 표현이 있으면 임의법으로 본다. 그밖에 법문의 표현만으로는 강행법과 임의법을 구별할 수 없는 경우에는 그 규정의 입법취지나 내용, 사회적 사정 등을 종합적으로 고려하여 대체로 공익과 관련되는 성격이 강한 규정이면 강행법이고 사익과 관련된 규정이면 임의법으로 보아야 할 것이다.

강행법과 임의법을 구별하는 실익은 공・사법의 경우와 같다. 즉 임의법적 성격을 가지는 법은 당사자의 의사를 확인하여 철저히 그 당사자의 의사가 충실하게 반영될 수 있도록 법의 효력이 나타나야 하고, 반대로 강행법의 경우에는 그 법규정의 입법적 취지를 살림과 동시에 임의적 당사자 의사가 개입되어 동일한 법규정이 개별적・구체적 상황에 따라 각기 다르거나 아니면 엉뚱한 효력을 나타내는 일이 없어야 할 것이다. 예컨대, 민법 제103조의 「선량한 풍속 기타 사회질서에 위반한 사항을 내용으로 하는 법률행위는 무효로 한다」, 민법 제812조 제1항 「혼인은 가족관계의등록등에관한법률에 정하는 바에 의하여 신고함으로써 그 효력이 있다」 등의 규정은 강행법적 규정이므로 당사자의 의사여하에 따라 법의 효력이 달라질 수 없다. 그러나 임의법의 경우 당사자의 의사가 있으면 그 의사를 존중해서 그 의사에 따른 법률효과가 발생하도록 하여야 할 것이다.

6. 실체법과 절차법

실체법(materielles Recht; substantial law)이란 법주체간의 관계(법률관계) 그 자체를 규율하는 법이고, 절차법(Verfarensrecht)은 권리의 실질적 내용을 실현하기 위하여 취하여야 할 방법을 규율하는 법이다. 따라서 실체법과 절차법의 구별은 법이 규정하고 있는 내용이나 사항을 기준으로 한 분류이다.

실체법은 권리와 의무에는 어떠한 종류가 있으며, 그것은 어떻게 변동하며, 어떠한 주체에 귀속하며, 또한 어떠한 효과를 가지느냐 등 일반적으로 권리 · 의무의 실체를 규정하는 법이다. 따라서 이러한 내용이 규정되어 있는 헌법, 형법, 민법, 상법 등은 여기에 속한다.

절차법은 실체법에 상대되는 표현으로서 보통 소송이나 재판절차를 규율하는 법으로서 실체법이 목적적 · 설정적 · 선언적 성격을 가짐에 비해 절차법은 수단적 · 방법적 · 기술적 성격을 가지고 있다 할 것이다.

양자의 관계를 보면, 실체법에서 아무리 많은 권리와 의무를 규정하고 있다 하더라도 그것을 실현하는 절차를 규정한 절차법과의 조화가 없으면 무의미하다. 따라서 일반적으로 민사실체법(민법이나 상법)에 대하여 민사절차법(민사소송법)이 존재하고, 형사실체법(형법 등)에 대하여 형사절차법(형사소송법)이 조화되어 권리와 의무들이 실효성을 가지게 된다.

실체법과 절차법이 모순되는 때에는 실체법이 우선하며, 법원은 실체법이 없더라도 재판의 진행에 영향을 받지 아니하나, 절차법이 없는 경우에는 재판을 진행할 수 없다. 또한 형식에 있어 모든 실체법에 절차법이 따로 존재하는 것이 원칙이기는 하나 이러한 원칙이 철저히 지켜지는 것은 아니고 경우에 따라 실체법 속에 절차법적 규정이 포함되어 있기도 하고, 또 절차법 속에 실체적 규정이 존재하기도 한다.

제 6 장

법의 효력

법의 효력(Geltung des Rechts; validity of law)이란 법이 그 규범의 의미내용대로 실현될 수 있는 상태에 있는가의 문제이다. 즉 법이 규범으로서의 타당성도 가지고 있으며, 또 그에 따른 실질적인 구속력도 있을 뿐만 아니라 국민일반에게 행위의 규범으로서 적용될 사실상의 힘이 있는가를 말하는 것이다. 따라서 실질적으로 법의 효력은 보통 두 가지 측면에서 고찰된다.

하나는 법은 규범이기 때문에 사실여하에 불구하고 그 규범이 갖는 의미내용대로 실현되어야 한다는 당위적인 요구를 가지는 것으로서, 법이 마땅히 이러한 요구를 가질 수만 있다면 「그 법은 효력이 있다」고 할 수 있다는 것이다. 법의 효력이 가지는 이러한 규범적인 면을 타당성(Gültigkeit)이라고 한다. 또 하나는 법이 이와 같이 규범의 세계에서 타당하기만 할 뿐 실제로는 그 규범적 의미내용이 도무지 사실로서 실현되지 않는다면 그러한 법을 효력이 있다고는 말할 수 없다는 측면이다. 그러므로 법이 효력을 가지기 위하여는 그 규범의 의미내용대로 사실을 움직일 수 있는 힘이 있지 않으면 안되는데 법의 효력에 요구되는 이러한 사실적인 면을 법의 실효성(Wirksamkeit)이라고 한다. 그리고 실효성이 있는 법이 그 국가의 정치적 · 역사적 · 이념적 · 사회적 배경으로 인하여 시간적 · 장소적 · 인적인 범위에서 어떠한 제약이 있는가를 고찰하여야 한다.

위에서 언급한 바와 같이 법의 효력근거가 무엇인가의 문제 즉 법은 규범으로서의 타당성만 있으면 효력이 있다고 할 수 있는가와 아무리 타당성이 있더라도 지켜지지 않는 법은 효력이 있다고 할 수 없다는 것을 조화시키는 문제가 법의 실질적 효력의 문제이다. 말하자면 법의 효력에서 규범적인 측면인 타당성과 사실적 측면인 실효성을 조화시키는 문제 즉 법의 효력근거를 究明하는 문제가 법의 실질적 효력의 문제인 것이고, 법이 실제로 어떠한 효력범위를 가지느냐의 문제가 법의 형식적 효력의 문제이다.

제1절 법의 실질적 효력

법이 실질적으로 효력을 발휘하기 위해서는 우선 그 법규의 내용이 모든 사람으로부터 수용될 수 있는 타당성이 있어야 한다는 것이 전제조건이다. 법규의 내용이 타당하지 않다면 어떤 사람에게도 적용하는 것이 불가능하며 실질적으로 효력이 나타나게 하는 자체가 부당하다. 그러나 법이 타당하다고만 하여 반드시 현실적으로 효력이 나타나고 실질적으로 모두 적용되는 것은 아니다. 경우에 따라서는 타당성이 있는 법이지만 실제로는 효력을 나타내지 못하는 법이 있는가 하면, 타당성 없는 법이 실효성을 가지기도 한다. 그러므로 법의 실질적 효력에서는 법의 타당성과 실효성의 조화가 가장 근본적인 문제이며 이는 규범적 당위와 현실적 요구와의 조화이기도 하다. 요컨대 타당성을 갖는 법이 실제로 행해질 때가 법의 실질적 효과가 가장 이상적으로 이루어지는 상태라고 할 수 있다. 여기에서는 우선 법의 타당성부터 살펴보고 법의 실효성을 언급하기로 한다.

1. 법의 타당성

법의 타당성이란 그 내용이 과연 그 사회관계를 규율함에 있어 적합한가에 대한 문제이다. 즉 행위규범으로서 법은 사람에게 금지나 명령의 형식을 통하여 행위의 준칙을 제공하고, 그것이 설령 침해되거나 무시되더라도 항상 그에 따를 것을 요구하는데 이러한 당위적 요구를 법의 타당성이라 한다. 이러한 항구적인 요구는 바로 법규범의 객관적 당위성을 표현하는 것이기도 하다.

그런데 법이 타당성을 가지는 근거, 즉 무슨 근거로 법은 현실적으로 실현될 것을 요구하는가에 대하여는 역사적으로 여러 견해로 나타나고 있다.

우선 약육강식이라는 자연계의 법칙을 인간의 세계에 적용시켜 이론을 전개한 학자들의 견해는 실질적인 권력자의 힘과 실력, 그리고 명령이 법으로 화체되어 법이 효력을 가지게 되는 근거로 작용한다고 주장한다. 이러한 주장을 하는 학자들은 이탈리아의 정치학자이자 역사가인 마키아벨리(N.Machiavelli)[1], 메르켈(A.J.Merkel)[2], 홉스(T.Hobbes), 라쌀(F.Lassalle)[3], 오스틴(J.Austin)[4] 등이다. 이 설은 현실적인 권력의 표현으로서의 법의 개념을 기초로 하여 전개한 학설로서 법의 효력의 담보로서의 실력을 법과 동

1) 마키아벨리(Niccolo Machiavelli; 1469～1527)는 정치현상을 윤리적 · 종교적 입장으로부터 떠나서 고찰하려고 한 점에서 근대정치학의 아버지라고 불린다. 무엇보다도 권력의 확대를 국가의 목적으로 하는 그의 실력설은 근대의 파시즘에 의하여 원용되었다. 오늘날 일반적으로 사용하는 「마키아벨리즘」이라는 용어는 조금도 도덕에 구속되지 않는 정치술이라는 의미로서 그로부터 유래하는 것이기는 하나 그것은 반드시 그의 정치사상의 논리필연적인 결론은 아니다.

2) 독일의 형법학자로 1836년에 태어나 1896년에 타계하였다. 프라그대학과 윈대학, 슈트라스부르크대학의 교수를 역임하였다.

3) 라쌀(Ferdinand Lassalle; 1825～1864)은 독일의 사회주의자요 노동운동지도자이다. 부유한 유대인 견직물 상인의 아들로 태어나 베를린(Berlin)대학 재학 중 이미 헤겔좌파의 투사로 알려졌다. 프랑스 사회주의자와 마르크스(K.Marx)의 영향을 받아 1845년경 사회주의자가 되면서 마르크스와 엥겔스에 협력하였다. 1863년 독일사회민주당의 전신인 전독일노동자동맹을 조직하였으나 이듬해 연애문제로 결투를 하다가 부상을 당해 사망하였다. 그의 사회주의는 헤겔의 국가관에 강한 영향을 받았으며, 다분히 관념적 · 국가주의적이었기 때문에 국가사회주의라고 불리었다. 저서는 노동자강령(1862), 공개답장(1863) 등이 있다.

4) 영국의 법학자 오스틴(John Austin; 1790～1859)은 처음에는 군인이요 변호사였다. 후에 런던(London)대학의 법리학 교수로 재직하였으나 허약한 체질로 인하여 그의 학문적 재능을 충분히 발휘치 못하였다. 그러나 진보된 법제에 있어서 법률상의 기본개념을 검토한 최초의 영국인이다. 법과 도덕을 엄격히 구별하였으며, 법을 주권자의 명령이라 하여 밴담(Bentham)의 공리주의에 찬성하였다. 소위 분석법학의 확립자 · 대표자로 그의 공적이 인정받고 있다. 그의 저서로는 법리학강의(Lectures on jurisprudence, 2vols.: 1863), 법리학의 범역(The province of jurisprudence determined: 1832) 등이 있다.

일시 한 오류가 있다.

아우구스티누스(Augustinus)[5]나 아퀴나스(T.Aquinas)[6] 등에 의하면 법은 신의 의사에 합치하여야 하고 따라서 그 법은 사람들의 신앙의 대상이며 신앙이 있기에 타당성을 가진다고 하여 신앙설을 주창하였는가 하면, 독일의 경제학자 슈몰러(G.Schmoller)는 법에 대한 규범복종자의 윤리적 확신이 법의 효력의 계기라고 하였다. 또한 예링(R.v.Jhering)은 법을 준수함으로써 얻는 이익이 법을 준수하게 되는 계기이고 또 효력의 근거라고 하였다.

한편, 로크(J.Locke)[7]나 루소(J.J.Rousseau)[8]는 법은 사회계약에 의해 인민들이 성립시킨 것이므로 그 효력의 근거를 사회계약에서 찾아야 한다고

---

5) 아우구스티누스(St.Aurelius Augustinus; 354~430)는 중세교부시대의 신학자이자 철학자이다. 그 고유의 인생체험과 직관에 기하여 많은 저서를 냈다. 스토아 학파(Stoic school)의 영향을 받아 자연법을 기독교교리의 기초로 삼고, 신의 우주계획의 영구법이 이성적 인간사회에 있어서 자연법이 된다는 것, 다시 자연법이 현세의 법의 보편적 원리가 된다는 것을 명백히 하였다.

6) 토마스 아퀴나스(St. Thomas Aquinas; 1225~1274)는 이탈리아의 신학자이자 철학자요 성인이다. 파리(Paris)대학의 신학교수로서 아리스토텔레스의 철학에 의거하여 기독교의 세계관을 집대성하였다. 그는 법을 영구법 · 자연법 · 인정법으로 구분하고 영구법은 신의 이성에서 출발한 세계지배의 원리이고, 자연법은 이성있는 인간이 그 이성의 빛에 의하여 알 수 있었던 한도에 있어서의 행위의 보편원리이고, 인정법은 자연법을 때와 곳을 달리하는 현실사회에 적용하기 위하여 필요한 세목규정이라고 생각하였다. 그의 저서로는 신학대전(Summa theologica), 철학대전(Summa contragentiles) 등이 있고 여기에는 스콜라 학파(Scholastic)의 법사상이 전개되어 있다.

7) 로크(John Locke; 1632~1704)는 영국의 경험주의 철학자로서 이미 여러 경로를 통해 널리 알려진 인물이다. 신권설을 배척하고 1688년의 영국혁명을 정당화하는 이론을 전개하여 근대민주정치의 기초원리를 확립한 인물이다. 로크의 자연법사상은 영국민주주의의 원류일 뿐 아니라 미국 독립의 지도정신이 되고 그 영향은 오늘날 한국헌법에도 미친 것으로 유명하다. 그의 주저는 시민정부이론(Two treatises on civil government: 1690), 인간오성론(An essay concerning human understanding: 1690) 등이 있다.

8) 루소(Jean Jacques Rousseau; 1712~1778)는 프랑스의 사상가이자 소설가로 우리에게 널리 알려진 인물이다. 정치나 법률에 관한 측면에서는 기존의 자연법 사상을 비판하고, 국가권력의 이론적 근거를 계약에서 찾으려 하였으며, 주권자인 국민의 의사는 대표될 수 없다고 주장한 점에서 직접민주제의 주창자로 알려지고 있다. 그의 사회계약은 개인을 국가 안에 전부 몰입시키는 경향이 있는 까닭에 미국독립선언에서 표시된 것과 같은 로크의 자유주의와는 상반되는 의미를 가진다. 주저는 사회계약론(Du contrat social ou principes du droit politique: 1762), 인간불평등기원론(Discours sur l´origne et les fondements de l´inégalité parmi des hommes: 1754) 등이 있다.

주장하였고, 순수법학의 창시자 오스트리아의 켈젠(H.Kelsen)[9]은 법이란 그 법이 포함되어 있는 전체적 법질서의 단계구조 속에서 그 상위의 법규범에 그 하위법의 효력의 근거가 있다고 하면서 법단계설을 주장하고 있다. 그 외에도 칸트(I.Kant)는 법의 효력근거를 인간이성이 선천적으로 인식하는 보편 규칙에서 찾고 있고, 대표적 실리주의자 밴담(J.Bentham)[10]학파는 법의 효력 근거를 사회 전체의 즐거움·이익에서 유도하고 있기도 하다. 그러나 어느 학설에 의하든지 만족할 만한 결론에 도달할 수 없음은 다양한 학설의 존재에서 이해할 수 있다.

요컨대 법의 타당성이란, 무엇이 법이며 무엇 때문에 법이냐를 모두 포함하는 의미이다. 이는 곧 법의 근거와 합목적성, 그리고 법의 합리성을 모두 포함하는 것이다. 즉 법의 근거는 입법자의 의도에서 구하는 것이 아니라 자연과 인간 그리고 사회의 객관적 관찰을 통하여 검토하여야 한다는 것이다.

또 법이 현실에서 그 규정하고 있는 의미와 내용대로 실현되기를 요구하

---

9) 켈젠(Hans Kelsen; 1881～1973)은 순수법학의 창시자로서 빈법학파(Wiener Rechtsschule)를 지도하였고 20세기전반의 최대법학자로 지목받았다. 나치의 탄압을 피하여 제네바(Geneva)와 프라하(Praha) 등지로 옮겨다니며 연구하다가 제2차대전발발후 미국으로 망명, 버클리의 캘리포니아 대학에서 정치학부 교수로 재직하였다. 그는 선험적 인식론 및 존재와 당위의 이원론의 입장에 서서 실정법의 순수이론을 건설하였다. 주관적 가치판단과 사회학적(인과과학적) 방법을 배척하고, 실정법 규범을 실증적으로 분석한 그의 이론은 순수법학이라는 이름으로 유명하며, 법단계설·근본규범의 이론 등 많은 빛나는 업적을 공법 및 국제법의 영역에 남겼다. 주저로는 국법학의 주요문제(Hauptprobleme der Staatsrechtslehre: 1911, 2Aufl.: 1923), 일반국가학(Allgemeine Staatlehre: 1925), 순수법학(Reine Rechtslehre: 1934), 법과 국가의 일반이론(General theory of law and state: 1945) 등이며 그 밖에 많은 저서들이 있다.

10) 벤담(Jeremy Bentham; 1748～1832)은 영국의 법학자요 공리주의(실리주의)의 철학자이다. 그의 근본사상은 「최대다수의 최대행복」(the greatest happiness of the greatest number)에 요약되며, 도덕도 정치도 법도 이 척도에 의하여 평가되며, 실행되어야 할 것을 주장한다. 그리하여 법은 사회생활의 실익을 증진할 것을 임무로 한다는 입장으로부터, 당시 블랙스톤(William Blackstone; 1723～1780)에 의해 대표되던 보수주의적 법이론에 반대하여 실익없는 법제도의 개혁과 사회의 실리에 기여할 입법정책의 촉진을 주장하였다. 귀족지주가 특권계급을 이루고 있던 당시의 사회에 있어서 그의 최대다수의 최대행복의 개념은 중산계급을 위하여 개인주의적공리주의의 행동원리를 제공하였다. 주저로는 정부소론(Fragment on government: 1776), 입법론(Theory of legislation), 도덕과 입법의 원리(Instruction to the principles of morale and legislation: 1789) 등이 있다.

는 것은 법속에 인간생활을 지배하며 움직여나가는 객관적인 목적이 내재하기 때문이라는 주장도 있다. 예링(R.v.Jhering)의 「목적은 모든 법의 창시자이다」[11)]라는 말이나 라드부르흐(G.Radbruch)의 무엇이 법인가를 정하는 구체적인 기준은 법의 목적에 있으며, 법의 목적은 정의와 합목적성이라고 한 말은 이를 뒷받침하는 것이다.

법은 그 사회의 공동선을 목적으로 하고 있기 때문에 어느 특정집단이나 계층의 이익을 추구해서는 아니 되고, 그 사회의 도덕 · 관습 · 필요성 등 합리적 가치요소들을 반영해야 한다. 따라서 법의 근거와 목적 그리고 합리성의 조건이 충족된다면 그 법은 타당성이 있다고 할 수 있을 것이다.

2. 법의 실효성

법의 실효성이란 법이 현실적으로 규범이 의미하고 있는 내용대로 실현되고 있는 것을 말한다. 그런데 어떠한 법이 「실효성이 있다」라고 함은 무엇을 의미하는 것일까? 그것은 두 가지 측면에서 분석하여 볼 수 있다.

우선, 형식적인 측면으로서 국가권력에 의하여 강제되는 면이 있다는 것이다. 말하자면 법을 위반하면 어떠한 형태로든 객관적인 제재를 받도록 되어 있으며, 또 실제로 제재를 받는다는 것이다. 예컨대 형법 제259조 제1항 「사람의 신체를 상해하여 사망에 이르게 한 자는 3년 이상의 유기징역에 처한다」는 규정의 규범적 요구는 「사람을 폭행하지 말라」는 것이고, 만약 위반하였을 때에는 국가권력에 의하여 3년 이상의 유기징역이라는 제재가 가해진다(효력이 나타난다)는 것이다. 그렇게 되면 아예 사람을 폭행하지 아니하거나, 폭행사건이 일어나더라도 폭행한 자에 대한 제재가 가해짐으로써 사회질서는 다시 회복되는 것이다. 이는 법의 강제규범성을 나타내는 것이고, 이를 곧 법이 규정한 의미내용대로 실현된다고 하는 실효성이라고 할 수 있다.

그러나 한편으로 좀더 깊이 생각해 보면 이렇게 법이 강제력을 가지고 있다고만 해서 반드시 실효성이 있다는 의미가 아니다. 말하자면 실질적이고

---

11) 예링은 1877년 그의 저서 「Der Zweck im Recht(법에 있어서의 목적)」에서 "목적은 모든 법의 창조자이다"라는 지도원리하에 목적법칙과 보상 · 강제 · 윤리 등의 사회적 운동의 공간(공간=지렛대적인 역할)을 분석하여 목적법학의 기초를 수립하였다.

궁극적인 법의 실효성이란 이러한 형식적인 실효성외에 뭔가를 더 요구하고 있는 것이다. 예컨대 다음과 같은 경우를 생각해 보자. 현재 강제력을 가지고 있는 법의 내용이 타당성이 없는 것도 있고 타당성이 있는 것도 있다. 그렇다면 그 내용적 타당성이 있건 없건 간에 앞의 형식적 측면으로만 보면 법의 실효성은 있는 것이 된다. 그러나 타당성이 없다고 생각되는 법에 대하여 많은 사람들이 동시에 지키지 않는다면 과연 그 많은 사람들을 다 처벌하면서 법의 실효성을 유지할 수 있을 것인가에 대하여 회의를 가지지 않을 수 없다. 따라서 이러한 법은 일시적으로 적용될 수는 있을지라도 궁극적으로는 다중의 저항을 받게 되어 실효성을 유지할 수 없게 될 것이다. 그러므로 법의 실효성은 국가권력에 의해 강제된다는 것 외에 대부분의 사람들에 의하여 그 내용이 타당한 것으로 수락되어야 한다는 것을 의미한다. 이는 곧 법의 타당성의 문제요 사회정의와 직결되는 문제이다.

요컨대 법의 실효성이란 법이 그 내용적으로 타당성을 유지하고 있다는 실질적인 요소와 그 타당성 있는 규범이 국가권력에 의하여 평등하고도 강력하게 실현되고 있다는 강제성과 더불어 실현되고 유지되는 것이다. 이는 정의와 법적안정성과의 관계이기도 하며 이의 조화는 법학에 있어서 영원한 과제이기도 하다.

제2절 법의 형식적 효력

앞에서도 언급한 바 있거니와 법의 형식적 효력이란 법이 실질적으로 적용되는 경우 그 효과가 구체적으로 어떠한 시기를 기준으로 하여, 어떤 범위의 사람들과 장소에 미치느냐 하는 법의 효력범위에 관한 문제이다. 이에 관하여는 법이 효력을 나타내는 시기와 적용지역, 적용대상자별로 기준을 나누어 살펴볼 필요가 있다.

1. 법의 시간적 효력

법의 시간적 효력이란 법은 언제부터 효력을 발생하며 언제부터 효력을 상실하는가의 문제이므로 법의 효력발생 시기(始期)와 종기(終期) 및 기간, 소급효 등에 대하여 살펴보기로 한다.

(1) 법의 유효기간(시행~폐지)

법은 시행일로부터 폐지일까지 그 효력을 가진다. 이 기간을 법의 시행기간 혹은 유효기간이라고 한다.

통상적으로 법은 제정·공포되면 일정한 기간을 정하여 널리 알리고, 그 후 일정한 기일을 정하여 법의 효력이 발생한다. 이때 법의 효력이 발생하는 날을 법의 시행일이라고 하는데, 성문법의 경우 그 법의 시행일을 명시하는 것이 대부분이다. 예컨대 공포일로부터 시행일까지 일정한 기간을 두는 경우도 있고, 공포일을 시행일로 하는 경우도 있다. 그러나 법의 시행일을 명시하지 아니한 경우에 대비하여 헌법 제53조 제7항은「법률은 특별한 규정이 없는 한 공포한 날로부터 20일을 경과함으로써 효력을 발생한다」고 규정하고 있다.

법은 폐지됨으로써 그 효력을 상실한다. 즉 법의 폐지란 법의 효력을 상실시키는 명시적 혹은 묵시적 행위를 말한다. 명시적 폐지의 대표적인 경우는 법을 전면적으로 개정하는 경우이다. 말하자면 법이 그 목적이나 지위나 제정주체는 바뀌지 않고 새로운 내용으로 대체되면서 지금까지 있어오던 구법의 폐지를 명시하는 경우이다. 다음은 법이 제정될 때에 미리 자신의 운명이 결정되어 있는 법이 있다. 즉 법이 제정될 당시 법의 효력발생기간이 미리 정해져 그 시기가 경과하면 특별한 조치가 없는 한 법의 효력이 상실되는 경우이다. 이러한 법을 한시법(Zeitgrenzerecht)이라 한다. 그리고 드문 경우이기는 하나 법의 목적이 달성되어 그 법이 더 이상 존재할 필요가 없게 됨으로써 자연히 효력을 상실하게 되는 경우도 있다.12)

묵시적 폐지란 법령의 효력을 상실시킨다는 명시적 규정은 없으나 실제로는 그 효력을 상실시키는 일정한 행위를 함으로써 폐지시키는 것이다. 즉「A」

---

12) 예컨대 장기간에 걸쳐 이루어지는 건설공사나 광산개발, 혹은 토석채취에 관하여 특별한 법을 만든 뒤 그 공사나 개발 및 채취가 끝나면 그 법의 효력이 자연히 소멸하게 되는 경우인데, 원자력발전소건설에 관한 法이나 운하건설에 관한 법령 등이 그 예이다.

라는 법과 동일한 목적 · 지위 · 제정주체를 지닌 「B」라는 법을 제정하면 같은 내용을 가진 법이 양립할 수 없으므로 「A」라는 법은 특별한 규정이 없더라도 후에 만들어진 「B」라는 법에 의해 효력이 상실된다. 이를 「후법(신법) 우선의 원칙」이라 한다. 그러나 이 원칙은 절대적인 것이 아니라 형식적 효력에 대한 예외적인 제약이 있다. 즉 후법이라 하더라도 그것이 선법에 비하여 일반법적 지위를 가지는 것이라면 「특별법우선의 원칙」에 의하여 선법의 효력을 상실시키지 못한다. 또 어떤 법(A)과 목적이 같으면서 내용은 다른 법(C)이 그 후에 제정되었고 그 후법(C)이 선법(A)보다 상위법이라면, 상위법에 선법에 대한 명시적 폐지 규정이 없더라도 「상위법우선의 원칙」에 의하여 선법은 하위법으로서 효력을 상실한다.

(2) 법령불소급의 원칙

법령불소급의 원칙이란 시간적 효력의 원칙을 나타낸 말로서 이미 언급한 바와 같이 법은 그 시행시부터 장래에 걸쳐 효력을 발생할 뿐이며, 그 시행전의 사항에 대하여 소급적용되지 아니한다는 원칙을 의미한다.

이러한 원칙을 도입한 가장 큰 이유는 법률생활의 안정과 기득권의 보호이다. 즉 사람들은 보통 법률생활을 함에 있어 현재의 법을 중심으로 하여 생활하는데 어느 날 갑자기 현행법이 시행되기 전의 법률관계에까지 영향을 미칠 수 있는 법을 만든다면 일단 지금까지 안정되었던 생활이 흔들리게 되고, 또 과거의 법에 의하여 이미 얻었거나 얻게 된 이익을 박탈당할 염려도 있는 등 기득권 보호의 원칙에도 어긋난다. 이러한 이유 중 특히 중요한 의미를 가지는 영역은 형법영역이다. 왜냐하면 기본적 인권의 보호와 가장 밀접한 관련을 갖는 법이 형벌법규이기 때문이다. 따라서 형법은 제1조 제1항에서 「범죄의 성립과 처벌은 행위시의 법률에 의한다」고 규정하여 행위시에 범죄가 되지 아니하는 행위를 소급법으로써 처벌하지 못하도록 죄형법정주의를 선언하고 있다. 뿐만 아니라 이러한 원칙은 국민들의 인권을 보호하는데 매우 중요한 원칙이므로 헌법에서도 규정하고 있다. 즉 헌법 제13조 제1항의 「모든 국민은 행위시의 법률에 의하여 범죄를 구성하지 아니하는 행위로 소추되지 아니하며, 동일한 범죄에 대하여 거듭 처벌받지 아니한다」와 제2항의 「모든 국민은 소급입법에 의하여 참정권의 제한을 받거나 재산권을 박탈당하지 아니한다」는 규정은 이러한 정신을 반영한 최고의 규범이다.

그러나 법령불소급의 원칙은 절대적인 것이 아니라 이 정신에 위배되지 아니하는 범위 내에서 일정한 예외를 인정하는 경우가 있다. 우선 민법의 경우 부칙 제2조에서 「본법은 특별한 규정이 있는 경우 외에는 본법시행일전의 사항에 대하여도 이를 적용한다. 그러나 이미 구법에 의하여 생긴 효력에는 영향을 미치지 아니한다」고 하여 신법의 소급효를 인정하고 있고, 상법시행법 제2조에서도 같은 내용의 규정을 두고 있다. 또한 죄형법정주의에 의하여 형벌은 소급하지 아니하는 것이 원칙이나 만약 새로운 법을 소급하여 적용하는 것이 그 적용을 받는 자에게 오히려 이익이 된다면 구태여 소급적용을 금지할 이유가 없다. 따라서 형법은 이러한 경우에 대비하여 명문으로 예외를 두어 소급적용을 인정하고 있다(형법 §1②). 이는 죄형법정주의가 기본권 보장을 위한 제도임을 감안할 때에 그 취지에도 부합하는 것이다.

(3) 경과규정(시제규정)

구법과 신법이 교체되는 경우 구법하에서 일어난 사항이 신법의 시행일전에 모두 마무리되고 신법이 시행될 때에는 모든 법률문제들이 새로이 시작될 수는 없을 것이다. 따라서 구법하에 발생한 법률문제가 신법이 시행되고 난 후에도 마무리되지 않고 계속 진행되는 경우 그 사항에 대하여 과연 구법을 적용할 것인지 신법을 적용하여야 할 것인지를 결정하여야만 한다. 경과규정이란 이렇게 구법과 신법의 사이에 걸쳐 발생하여 진행되는 사항에 대하여 적용받을 사람의 이익에 최대한 부합하도록 합리적이고 타당성있게 구체적 사안들을 판단하여 양법 중 어느 법을 적용할 것인지를 결정한 규정을 말한다.[13] 통상 이러한 경과규정은 형식상 그 법의 부칙이나 혹은 그 법의

---

13) 예로서는 상법시행법 제4조(시효에 관한 경과규정) 제1항에 「상법 시행당시 구법의 규정에 의한 소멸시효기간을 경과하지 아니한 권리에는 상법의 시효에 관한 규정을 적용한다」와 민법 부칙 제3조 「구법에 의하여 친족이었던 자가 이 법에 의하여 친족이 아닌 경우에는 이 법 시행일로부터 친족으로서의 지위를 잃는다」는 친족에

시행법령에 규정하는 경우가 대부분이며, 구법하에서 발생한 사항에 대한 법률관계가 형평성을 유지하면서 원만히 해결되도록 하는 데에 목적을 둔 일종의 특별규정이다. 이는 구법과 신법의 사이에서 일어난 일에 대한 적용규정이라는 의미에서 시제법(時際法) 혹은 시제규정이라고도 한다.

2. 법의 장소적 효력

(1) 원칙

한 국가의 법의 효력이 미치는 장소적 범위는 원칙적으로 그 국가의 통치권이 작용하는 모든 영역이다. 그러므로 그 국가의 통치권이 미치는 영역, 즉 영토, 영해, 영공내의 모든 사람과 물건에 대하여 법의 효력이 발생하는 것이다. 이를 속지주의라 하며 이는 국가의 영토관할권에서 오는 당연한 결과이다. 영토관할권이란 국가가 자기 영토에 근거하여 그 영역 내에서 행사하는 관할권의 전체를 말한다.

(2) 예외

법의 장소적 효력은 원칙적으로 국가전역이지만 그 예외가 있다.

우선, 법이 그 국가내의 일부 지역에만 효력을 미치는 경우가 있다. 즉 장소적 특별법의 경우가 그러한 경우인데, 예컨대 지방자치단체에서 제정한 법규 등은 그 자치단체 내에서만 효력을 발휘하게 된다. 그리고 법규의 규정내용이 특별한 성격을 띤 지역에 관한 것일 때에도 마찬가지로 이 예외의 경우와 같은 논리로 볼 수 있다.[14]

둘째, 한 국가의 영토에 관한 관할권이 어떤 정치적인 목적으로 일부지역에는 미치지 아니하는 경우가 있다. 즉 그 국가의 일부가 조차지로서 다른 나라에 제공되었거나 아니면 점령지로서 다른 나라에 의해 접수된 경우에는 그 국가의 법의 효력이 그 지역에는 미칠 수 없다.

관한 경과규정 외에 제4조, 제5조, 제7조, 제8조, 제12조 등이 있다. 형법에서도 부칙 제3조(1개의 행위에 대한 경과조치)와 제4조(형에 관한 경과조치) 등의 예가 있다.

14) 예컨대 도시계획법이나 주차장법 등과 같은 것으로서 이 법들은 그 목적상 도시나 자동차 주차장과 같은 한정된 지역에만 적용된다고 할 수 있다.

셋째, 어떤 한 국가에 등록되어 있는 선박이나 군함, 항공기는 그 소재지가 공해이든 타국의 영역이든 자국법이 적용된다.15) 왜냐하면 선박이나 항공기 내의 공간은 자국영토의 연장으로 보기 때문이다.

3. 법의 대인적 효력

(1) 입법주의

법의 사람에 대한 효력범위를 정하는 데에는 두 가지의 입법주의가 있다. 하나는 속지주의이고 다른 하나는 속인주의이다.

속지주의란 그 국가의 통치권이 미치는 영역을 기준으로 하여 그 국가의 영역 내에 있는 사람이면 모두, 즉 내국인이든 외국인이든 불문하고 그 국가의 법이 적용된다는 입법주의이다. 속인주의는 그 국가의 국적을 기준으로 하여 자기 나라의 국적을 가진 국민이면 장소야 어디에 있건간에 그 국가의 법이 적용된다는 입법주의를 말한다.

오늘날 대부분의 국가는 영토관할권에 기초하여 속지주의를 원칙적으로 적용하고 있다. 그러나 국가는 자기 나라의 국적을 가진 사람에 대한 관할권도 가지고 있다. 따라서 다른 나라의 영역 내에 있는 자기 국민에 대한 관할권을 당연히 가지는 속인주의도 적용이 된다. 그러나 여기에는 다른 나라의 영토관할권에 기한 속지주의와 충돌하는 면이 있으므로 상당한 제약이 따른다. 그럼에도 불구하고 현대의 국가들은 속지주의와 함께 속인주의도 채택하는 경우가 대부분이다.

(2) 대인적 효력의 예외

법의 인적 효력에 대한 위와 같은 일반적인 적용원칙에 대하여 일정한 경우 그 예외가 인정되고 있다.

우선, 사람에 대한 특별법의 경우에는 모든 사람에게 적용되는 것이 아니라 특수한 신분이나 일부의 사람들에게만 적용된다는 점에서 그 예외가 된

---

15) 형법 제4조에는 「본법은 대한민국영역 외에 있는 대한민국의 선박 또는 항공기내에서 죄를 범한 외국인에게 적용한다」라고 하여 자국영토의 연장임을 시사해주고 있다.

다. 예컨대 국가공무원법이나 군형법 등이다.

둘째, 그 신분상 일반적인 법의 집행대상에서 제외되는 사람이 있는 바, 이 또한 대인적 효력의 예외에 속한다. 즉 대통령이나 국회의원의 경우 그 직무 수행상 일정한 범위에서 형사상 특권이나 불체포특권을 인정하는 경우가 그러하다.[16)]

셋째, 자국내의 외국인에 대하여는 공법상의 권리나 의무 등이 제한되어 예컨대 선거권이나 병역의 의무 등에 관한 규정이 적용되지 않으며, 사람의 신분이나 능력과 관련된 혼인이나 이혼, 친족, 상속 등에 관하여도 일반적으로 자국법이 적용되지 않으므로 예외라 할 수 있다. 또한 외교관이나 외교사절단이 파견국의 대표로서 그 맡은 기능을 독립적 · 효율적으로 수행할 수 있도록 외교특권이나 면제를 받은 접수국 내에서 누리는 특별한 혜택은 법의 대인적 효력에서 예외로 인정되는 것이다.

16) 헌법 제84조에서는 「대통령은 내란 또는 외환의 죄를 범한 경우를 제외하고는 재직중 형사상의 소추를 받지 아니한다」라고 하여 대통령의 특권을, 제44조 제1항에서 「국회의원은 현행범인인 경우를 제외하고는 회기중 국회의 동의없이 체포 또는 구금되지 아니한다」 제2항에서 「국회의원이 회기 전에 체포 또는 구금된 때에는 현행범인이 아닌 한 국회의 요구가 있으면 회기중 석방된다」라고 하여 국회의원의 특권을 명시하고 있다.

제 7 장

법의 해석

제1절 법해석의 의의

법이란 원래의 성격이 일반성과 추상성을 가질 수밖에 없다. 왜냐하면 사회적으로 발생하는 여러 가지 상황은 매우 다양하고 복잡하지만 거기에 적용될 문자로 된 법규는 일일이 그 상황에 꼭 맞도록 만들 수 없기 때문이다. 예컨대 살인을 하는 방법은 매우 다양하지만, 그 다양한 살인의 방법마다 법규정을 일일이 제정한다는 것은 불가능하므로 일반적인 표현으로써 규정을 할 수밖에 없다. 더구나 법규정상 사용하는 용어는 매우 복잡하고 미묘한 상황에 적용될 수 있도록 그 의미나 개념이 통상적인 범위를 벗어나는 경우도 있고 때로는 일상적 의미와는 다른 의미로 쓰이는 경우도 흔히 있는 것이다. 예컨대 법률용어로 「사람」이란 생물학적 개념의 「사람」과는 다르며, 법에서 사용하는 「선의」나 「악의」는 일반 언어학상의 사전적 개념과는 다르다.

이와 같이 일반적 추상적으로 표현되어 있는 법규를 구체적이고 다양한 사회적 사실에 적용할 수 있도록 그 의미와 내용을 분명히 밝히는 작용을 법해석이라 한다.

제2절 법해석의 필요성

법해석이 왜 필요한가에 대하여 여러 가지 이유를 들 수 있겠으나 첫째, 법의 진실된 의미를 파악하기 위하여 법해석은 필요하다. 즉 법이 문자로 표현되어 있다고 하여 그 문자 자체가 가지는 의미에만 충실한다면 올바른 법의 의도나 진실된 법규범의 가치를 발견하지 못할 수도 있다. 따라서 문자로 이루어진 법규를 좀 더 넓게 혹은 좁게, 혹은 동일하고 타당한 이유의 유추 등의 다양한 방법으로 해석함으로써 법이 갖는 진실된 의도와 가치에 부합되는 법적용을 유도해 내기 위하여 법해석은 필요한 것이다.

둘째, 발전하는 사회적 상황에 법이 부합되기 위하여 상황에 맞는 법해석이 필요하다. 왜냐하면 법제정 이후 사회는 계속하여 발전하여 가지만, 입법자가 법제정 당시 이 모든 사회발전의 방향이나 상황을 완전히 예상하여 법규를 제정한다는 것은 불가능하기 때문이다. 물론 법개정의 과정을 거쳐 새로운 사회적 상황에 대처할 수도 있지만 이는 까다로운 절차를 요하는 것이며 사회적 상황의 변화에 따라 일일이 법을 개정한다는 것은 법적안정성의 확보를 위하여서도 바람직한 일은 아니다. 오히려 사회가 발전하고 사회적 상황이 변화하더라도 객관적이고 합리적인 법의 해석을 통하여 충분히 대처할 수 있는 것이며, 실제로 그러한 예는 얼마든지 있다.[1] 따라서 법을 적용하는 단계에서 구체적 상황에 맞도록 법규정의 의미를 밝혀내는 것은 매우 중요하고 필요한 일이다.

제3절 법해석의 종류

법해석에 대한 방법은 지금까지 매우 다양한 방법들이 논의되어 왔고, 지

1) 1804년 제정된 프랑스민법(나폴레옹민법전)이 오늘날에도 명맥을 유지하고 있음은 물론 개정의 역사가 없었던 것은 아니나 객관적이고 합리적인 법해석을 통하여 시대적 변화에 대응해 온 대표적 본보기이다.

금도 그 종류가 논의되고 있으나 우선 크게 두 가지 기준으로 나눈다. 하나는 그 해석이 실질적인 적용상의 힘을 갖는 국가기관에 의한 해석이 있고, 다른 하나는 그러한 힘은 없으나 국가기관의 해석에 일정한 이론적 기초를 제공해 주는 해석이 있다. 전자를 유권해석이라 하고 후자를 학리해석(무권해석 혹은 학문적 해석)이라 하는데, 전자는 또 해석하는 국가기관의 종류에 따라 세 종류로 나누며, 후자 역시 해석의 방법에 따라 여러 가지로 나누어진다. 법해석의 방법들을 자세히 살펴보면 다음과 같다.

1. 유권해석

유권해석(authentische Interpretation)이란 넓은 의미로는 국가기관이 행하는 해석을 말하며 학리해석에 대립하는 개념이다. 공권적 해석이라고도 하며 어떠한 국가기관에서 행하는 해석인가에 따라 입법해석, 사법해석, 행정해석으로 나뉜다.

(1) 입법해석

입법해석(gesetzgeberische Auslegung)은 입법기관이 어떤 법규의 의미나 내용적 정의를 밝힘에 있어 이를 입법의 형태로써 밝히는 것을 말한다. 이것은 입법기관이 내리는 해석이라는 점과 입법의 형태로써 해석을 한다는 점에서 입법해석이라 한다. 따라서 입법해석은 실질적으로는 법의 해석이라기보다는 법에서 사용하는 용어나 법규의 의미를 해석하는 해석법규를 만드는 것이므로 또 하나의 입법작용이라 할 수 있다. 그러므로 입법해석은 말이 해석이지 곧 법인 것이며, 이 해석법규에 대한 해석이 또 다시 이루어져야 할 필요도 있다.

입법해석은 대체로 해석하여야 할 내용을 가진 법규 속에 하나의 조문으로 위치하는 경우가 대부분이나 반드시 그러한 것은 아니고 경우에 따라서는 부속법령을 통하여 해석하는 경우도 있다. 예컨대 민법 제98조의 「본법에서 물건이라 함은 유체물 및 전기 기타 관리할 수 있는 자연력을 말한다」라는 물건의 정의에 대한 조문은 전자의 대표적인 경우이고 상법 제4조의 상인의 개념을 밝힌 규정 등도 여기에 포함된다. 그리고 어음법 중 부칙 제81조의 「본법에서 휴일이라 함은 국경일, 공휴일, 일요일 기타의 일반 휴일을 이른다」는 규정은 후자의 예이다.

입법해석은 그 규정내용으로 보아 어떤 개념이나 용어에 대한 정의를 내리는 정의적 해석규정이 있는가 하면, 그 외에도 법조문해석에 대한 편의를 제공하기 위한 예시적 규정 및 다른 법규의 해석범위를 나타내 주는 간주규정이 있는데 이들 모두 입법해석의 한 형태로 취급된다. 상법 제46조의 기본적 상행위와 제47조의 보조적 상행위에 관한 규정은 전자와 후자의 예이고, 형법 제346조의 「본장의 죄에 있어서 관리할 수 있는 동력은 재물로 간주한다」는 규정 등은 후자에 속하는 예라 할 수 있다.

(2) 사법(司法)해석

사법해석이란 사법부(司法府) 즉 법원이 판결을 내리는 권한에 기초하여 행하는 법규의 해석을 말한다. 다른 말로는 재판상 해석이라고도 한다.

사법해석은 구체적인 쟁송사건에 있어 법원이 판결로써 내리는 해석이다. 즉 형사사건에 있어서는 검사의 기소에 의하여, 민사사건에 있어서는 원고의 제소에 의하여 법원은 그 사건에 대한 해결을 오직 판결로써만 내릴 수 있다. 이러한 사법해석은 그 해석자체에 기판력이 인정되므로 권위가 한층 강력하며, 따라서 법해석상 중요한 의미를 지닌다. 기판력(旣判力)이란 재판이 확정되면 그 판결의 효력이 당해사건에 대하여 법원은 물론 당사자들을 구속하여 같은 내용이 다시 소송상의 문제로 되더라도 먼저 판결과 상반되는 주장을 할 수 없도록 하는 법적인 힘을 말하는 것이므로 사법해석은 강력하고도 최종적인 유권해석에 속한다고 할 수 있다.

그러나 기판력은 당해사건에만 미치는 것이므로, 다른 사건이나 혹은 동종의 사건이라 하더라도 소송을 달리하는 사건의 경우에는 해석의 힘이 미치지 아니하므로 일반적 유권해석의 범위에서 제외하려는 주장도 있음이 사실이다. 하지만 당해사건의 최종심인 대법원의 판결은 그 사건에 있어 최종적이고 권위적인 법해석일 뿐만 아니라 그에 후속하는 사건에 있어서도 일종의 판단기준을 제공하는 실질적인 면이 없지 아니하며, 더구나 일반인들도 대법원의 해석을 하나의 법적 행동기준으로 인식하는 경우가 많으므로 사법해석을 일반적 유권해석으로 이해하여도 무리가 없을 것이다.

요컨대 사법해석은 법원의 판결을 통하여 이루어지는 것이며, 심급에 의하여 최종적으로 내려진 대법원의 판결은 당해사건의 당사자는 물론 그 외의 일반인들의 향후 행위결정에 영향을 미칠 수 있는 측면이 강하므로 중요한 유권해석으로서의 의미를 가진다.

(3) 행정해석

행정기관은 법을 집행하는 기관이다. 그런데 행정기관이 법을 집행하다가 보면 경우에 따라 법규의 의미나 내용을 구체적으로 밝혀야 할 때가 있는 바, 이러한 행정기관에 의한 법의 해석을 행정해석이라 한다. 예컨대 하급관청이 상급관청에 법집행을 위한 질의를 할 경우 상급관청이 행하는 회답은 곧 행정해석이며, 하급관청의 질의가 없더라도 상급관청이 법집행상 기준을 제시하기 위한 훈령 · 지시 등이 여기에 속한다.

행정해석은 법집행을 담당하는 행정관청이 하는 해석이므로 하급관청은 상급관청의 법해석에 구속된다. 이는 행정관청의 위계적 질서로 보아 당연한 결과이며, 상급관청의 훈령이나 지시가 없는 경우에는 하급관청이 그 스스로의 판단에 의해 법해석을 내리며 이러한 하급관청의 해석은 유효하다.

행정해석은 행정관청에 의한 해석이므로 실질적으로 일반국민들과 가장 밀접한 이해관계가 있는 해석이며 그 효력이 강력하다. 따라서 행정해석도 행정상 권한 있는 해석으로서 행정행위의 하나이고, 불법 · 부당한 사유가 없는 한 행정행위의 공정력(公定力)이 인정되는 관계로 일단 유효한 해석으로 성립 · 존속된다. 그러나 이러한 행정해석도 불법 · 부당한 것으로 상급관청에 의해서 혹은 사법적 판단에 의해서 결정될 경우에는 취소된다. 이러한 의미에서 보면 행정해석은 실생활과 관계가 깊은 유권해석이기는 하나 종국적 효력을 갖는 해석은 아니며 사법적 해석의 하위개념으로 이해된다.

2. 학리해석(무권해석)

학리해석(doctrinal interpretation) 혹은 학문적 해석은 법학자들이 학문적인 입장에서 법규의 의미를 밝히는 작용을 말한다. 이는 유권해석에 상대되는 개념으로서, 그 해석내용에 대하여 아무런 구속력이나 권한이 주어지지 아니하기 때문에 무권해석(無權解釋)이라고도 한다. 그러나 이 해석이 가지는 중요한 의미는 유권해석의 논리적이고 이론적인 기초를 제공함에 있다. 학리해석은 그 방법에 따라 크게 문언 혹은 문리해석과 논리해석으로 나누고, 논리해석은 다시 여러 가지의 해석방법으로 나눌 수 있다.

(1) 문언해석(문리해석)

문언해석(grammatische Auslegung; grammatical interpretation)이란 법규를 구성하는 문언의 의미를 글자 그대로 사전적 의미로써 밝히려는 해석이다. 따라서 字意的 解釋이라고도 하는데, 이 해석의 근거는 법제정 당시 입법자들은 그 법이 의도하는 목적을 실현하기 위하여 가장 적합하고 적절한 표현을 사용하였을 것이기 때문에 법문의 자구적 의미를 충실히 해석하여야 법의 의도와 목적을 살릴 수 있다고 하는 생각에서부터 출발한다. 실제로 성문법을 해석하는 경우 이 문언해석은 그 해석의 완성을 위하여 필수불가결한 기초단계임에 틀림없다. 따라서 모든 성문법규에 있어 그 해석의 첫 단계는 이 문언해석으로부터 시작하여야 하고 또 여기에 충실하여야 한다.

그러나 이 문언해석은 그 방법상 일정한 한계가 있다. 즉 문언해석만으로는 법문에서 사용하는 용어의 법적인 의미가 일반적 의미와는 다르게 사용되는 수도 있고, 같은 용어라 하더라도 경우에 따라 달리 해석하여야 할 경우도 있으나 이러한 필요에 충분하지 못하다. 대표적인 예로 법률용어 중 선의의 제3자나 악의의 제3자라는 말에서 善意와 惡意는 일반적으로 사용하는 의미로는 도저히 법적인 의미를 파악해 낼 도리가 없다. 나아가 법에서 사용하는 「사람」이라는 용어는 얼핏 보아 평범한 용어이지만, 이 용어를 사용하는 법이 어떠한 법인가에 따라 또 같은 법이라 하더라도 쓰이는 상황에 따라 그 의미하는 내용범위가 상당히 달라지는 용어이므로 도저히 문언해석으로는 완벽한 법적 의미를 도출해 낼 수 없다. 따라서 또 다른 해석방법의 도움이 없이는 문언해석의 한계를 극복할 수 없게 된다. 이러한 필요에 의해 나타난 해석이 다음에 설명하는 논리해석이다.

(2) 논리해석

논리해석(logische Auslegung; logical interpretation)이란 법규의 자구나 문장의 문법적 의미에 구애받지 아니하고, 또 입법자의 의도에 관계없이 법문의 논리적 의의나 추리에 의거하여 행하는 해석방법이다. 즉 이는 법문의 자구나 문장의 문법적 의미뿐만 아니라 법제정의 취지나 목적, 사회생활상의 필요, 다른 규정들과의 관계 등을 폭넓게 고려하여 법의 발생적 · 심리적 · 주관적 의의를 초월한 객관성의 보장에 이바지하려는 해석방법인 것이다. 이러한 논리해석은 때로 과도한 형식논리에 치우쳐 실제사회에 적합하지 않은 모순을 발생시키기도 하지만 법의 구체적 타당성을 확보하고 나아가 법의 실질적인 기능을 완수하게 하며, 법적용에 있어 합리성과 객관성을 확보하는데 필수불가결한 해석방법이다. 논리해석에는 다음과 같은 종류들이 있다.

(가) 확장해석과 축소해석

확장해석(extensive interpretation)은 법문을 문리적으로 해석하였을 때 그 의미가 너무 좁기 때문에 본래의 문리적 의미보다 다소 그 의미를 넓혀 해석하는 방법을 말하고, 축소해석(restrictive interpretation)이란 그 반대로 본래의 문리적 의미보다 다소 제한하여 해석하는 방법을 말한다. 법문에 있는「수목」의 개념을「나무」라고만 해석하여서는 그 법규정의 목적을 달성하기에 부적합할 경우 수목의 개념을 다소 확대하여「화초」까지도 수목에 포함하는 것으로 해석하는 방법은 전자의 예이고, 민법의 수많은 조문들에 나타나는「선의의 제3자」라는 용어의 해석은 원래는「그 법률관계의 당사자 이외의 모든 사람」이라는 의미이지만 경우에 따라서는 이 제3자의 범위를 당사자 이외의 모든 사람으로 할 필요가 없으므로「당사자와 그 포괄적 승계인 이외의 자로서 그 법률관계로 인하여 새로운 이해관계를 가지는 자」로 범위를 제한하여 해석하는 경우 등은 후자의 예가 된다(민법 §108②, §109②, §110③).

확장해석과 축소해석은 경우에 따라 임의로 할 수 있는 것이 아니라 법의 원칙상 인정되는 일정한 기준이 존재하므로 대체로 이에 합당하도록 해석이 이루어져야 한다. 즉 일반적 · 보편적 · 원칙적인 법규정은 가급적 확대해석을 하도록 하고, 특별하고 예외적인 법규정은 확대해석을 금하고 오히려 엄격하게 또 제한적으로 해석한다. 또한 법을 적용받는 자에게 유리한 규정은 가급적 확대해석하고, 법을 적용받는 자에게 오히려 불리하거나 의무부과와 관련된 규정은 가급적 축소하여 해석한다.

(나) 반대해석과 물론해석

반대해석이란 어떤 사실에 대하여 법규정이 일정한 법률효과를 인정하는 경우에, 그 사실과 다른 사실에 대하여는 법규정은 없으나 입법적 취지로 미루어 그 반대의 법률효과를 인정하는 것이 논리적으로 타당할 경우 그렇게 해석하는 방법을 말한다. 반면 물론해석이란 어떤 사실에 대하여 법규정이 일정한 법률효과를 인정하는 경우에, 그 사실과 다른 사실에 대하여는 법규정은 없으나 입법적 취지로 미루어 당연히 혹은 더욱 강한 이유로 그 규정과 동일한 법률효과를 인정하는 것이 논리적으로 타당할 경우 당연히 그렇게 해석하는 방법을 말한다.

민법 제4조의 「만 20세로 성년이 된다」라는 성년자의 규정으로부터 반대해석을 하면 미성년자의 개념이 도출되는 것과 민법 제808조 제2항 「금치산자는 부모 또는 후견인의 동의를 얻어 혼인할 수 있다」는 규정을 바탕으로 금치산자보다 심신 결함의 정도가 가벼운 한정치산자는 당연히 부모나 후견인의 동의를 얻어 혼인할 수 있다고 해석하는 경우 등은 각각 그 예이다.

(다) 유추해석

유추해석이란 어떤 일정한 사항에 대하여는 법규정이 있으나 그와 유사한 사항에 대하여는 법규정이 없는 경우, 그 일정한 사항과 유사한 사항사이에 공통적 요소를 발견하여 동일한 법리가 적용될 수 있다고 판단되면 법규정이 없는 유사한 사항에 대하여도 같은 법률적 효과를 인정하는 해석방법이다.

여기서 중요한 것은 유추의 근거이다. 즉 어떠한 근거에 의하여 유추할 것인가의 문제로서 일단은 당해 법규정의 입법이유를 검토하여 그 합리적 타당성이 다른 사항에 대하여도 타당하다면—법규정은 없으나 해석을 통하여 법적으로 동일한 취급을 받는 것이 옳으므로—유추할 수 있다고 본다. 예컨대 「소를 매지 마라」는 규정을 해석할 경우, 소를 매었을 때의 폐해가 말에게도 꼭같이 해당된다면 말도 맬 수 없다고 해석하는 것이나, 「유치권의 행사는 채권의 소멸시효의 진행에 영향을 미치지 아니한다」는 민법 제326조의 규정을 질권의 행사에도 마찬가지로 타당하다는 유추에 의하여 해석하는 것 등이다. 만일 이러한 합리적 타당성이 공통적으로 존재하지 아니하는 사항이라면 오히려 반대해석이 가능하다. 그러나 유추해석을 할 것이냐 반대해석을 할 것이냐를 결정하는 것은 쉬운 일이 아니다.

한편 유추해석이란 법규의 의미를 유추에 의해 확장하는 것이라는 생각에서 확장해석의 일종으로 흔히 생각할 수도 있으나 확장해석은 법규의 문리적 의미를 단순히 확대하면 일반적 의미로부터 당연히 해석해 낼 수 있는 것으로 입법자의 의사에 속한다고 할 수 있다. 그러나 유추해석은 법규의 개념이나 문리적인 의미의 단순한 확장을 통하여서는 도저히 동일한 효과를 얻을 수 없을 뿐만 아니라, 법규가 존재하지 아니하는 다른 경우에 동일한 타당성의 근거를 적용하여 해석하는 것이기 때문에 입법자의 예상을 뛰어넘는 것을 정하는 것이다. 그러므로 위의 예에서 소의 개념을 아무리 확장하여도 말이 소의 개념적 범위에 포함될 수 없는 것과 같다.

법해석에 있어 유추해석이 왜 필요한가에 대하여는 다음과 같은 설명이 가능하다. 즉 성문의 법으로써 현실적인 사회상황을 모두 규정하기란 한계가 있음에도 불구하고 법의 유추해석을 허용하지 아니한다면, 법이 사회규범으로서 갖는 효용이 감소할 뿐만 아니라 유사한 사항에 대하여 동일한 법리가 타당한데도 불구하고 규정의 미비로 같은 효과를 기대할 수 없다는 것은 불합리하며, 부당한 결과를 초래할 수도 있다. 따라서 일일이 이러한 규정의 설치가 불가능함에 대비하여 유추해석은 필요하고 또 허용되는 것이다.

법해석 방법의 하나로서 유추해석은 私法에 있어서 법질서 전체의 목적과 개별적인 경우의 실정에 비추어 필요하다고 인정되는 경우에는 일찍부터 허용되어 온 것이 사실이다. 그러나 허용된다고 하여 어느 법에서나 언제나

무제한 허용되는 것이 아니다. 왜냐하면 법의 성질상 유추해석을 허용하면 법의 대원칙이 무너지고 그 결과 개인의 권리가 부당하게 침해될 소지가 있는 법이 있기 때문이다. 즉 형벌법규의 경우 죄형법정주의라는 대원칙이 존재하기 때문에 유추해석의 방법은 이 죄형법정주의 원칙이 있는 한 채용될 수 없으며, 만일 허용된다면 규정에 없는 죄의 성립과 형벌의 부과가 가능하여 개인의 인권이 부당하게 침해될 가능성이 있는 것이다. 하지만 근래 목적론적 해석의 견지에서는 형법에 있어서도 논리적으로 당연한 범위 내에서 유추해석을 인정하는 설도 유력하게 제시되고 있다.

유추해석과 유사한 개념으로 법규정에 사용하는 「준용」이라는 용어가 있다. 준용이란 비슷한 사항이 여럿 있는데 그 중 어느 하나에 대하여 법규를 제정한 경우, 입법기술상 그 비슷한 사항에 대하여 별개의 규정을 중복적으로 두는 번잡을 피하고 법규정을 간결하게 하기 위하여 유추적용할 것을 법으로써 규정하는 것을 말한다. 그러므로 유추는 법해석의 한 방법이고, 준용은 동일규정의 중복을 피하기 위한 소위 법규정의 경제성의 원리에 의한 입법기술의 한 방편으로서 순수하게 말하면 유추해석이라 볼 수 없다. 그러나 준용은 유추가 가능한 경우에 사용하는 것이기 때문에 그 기초는 같은 것으로 보아도 무리가 없다.

(라) 보충해석

보충(補充)해석이란 법문상의 의미가 불분명하거나 혹은 현재의 법규정상 그 규정하고 있는 내용의 사항을 완전히 해결하기에는 미흡한 경우, 법규정이 가진 진의에 합당하도록 보충하여 해석하는 방법을 말한다. 보충해석의 예로서는 민법 제240조 제3항과 관련된 것이 있다.[2)]

이와 관련하여 보정(補正)해석이라는 것이 있다. 보정해석이란 법문에서 사용한 용어가 명백한 착오로 인하여 본래의 의미대로 해석할 경우 법이 의도하는 결과와 반하거나 혹은 실현될 수 없는 결과로 되기 때문에 고쳐서 해

---

2) 민법 제240조에는 인접지의 수목의 가지나 뿌리가 경계를 넘었을 때 그 제거에 대한 과정을 규정하고 있는 바, 제3항에서는 인접지의 수목의 뿌리가 경계를 넘은 때에는 임의로 제거할 수 있다고만 규정하고 제거된 뿌리의 소유에 관하여는 언급이 없다. 따라서 여기에 관하여는 보충해석을 통하여 그 소유를 밝힐 수밖에 없다.

석하지 않으면 아니 될 경우 제한적으로 행하여지는 해석을 말한다.[3] 이는 엄격히 말하여 법개정의 대상이지 해석의 대상은 아니다. 그러나 자구하나로 인하여 법을 개정하여야 하는 절차상의 번거로움과 정해진 법개정 시기 등으로 인하여 일단은 해석상으로나마 법적용의 불일치를 시정할 수 있다는 점에서 중요한 의미를 가진다.

3) 예컨대 공중위생법 제23조의 행정처분에 관한 내용 중 제1항의 영업허가의 취소에서 취소란 본래 처음부터 효력이 없는 것이지만 이는 현실적으로 불가능한 것이므로 철회와 같은 뜻으로 해석하는 경우라든지, 근로기준법 제26조 제1항의 근로계약의 해제는 조문의 전체적인 맥락으로 보아 해지로 해석하여야 마땅하기 때문에 해지로 해석하는 것 등이다.

제 8 장

법의 적용

제1절 법적용의 의의

법의 적용(Rechtsanwendung; application of law)이란 일반적 · 추상적으로 되어 있는 법규를 개별적인 사회현상에 맞추어 그 내용을 구체적으로 실현하는 작용을 말한다. 즉 법의 적용은 법적 가치판단을 받을 사회현상을 정확하게 확정하는 것과 그 판단의 기준으로 될 법의 의미내용을 명확하게 확정하는 것을 기초로 하여 행하여진다. 전자는 사실확정이라는 문제이고 후자는 법해석의 문제이다. 따라서 법의 적용은 구체적으로 발생한 사실을 바탕으로 법적가치를 가지는 사실을 확정하고 그에 관한 적절한 법의 해석을 통하여 법률적인 결론을 얻어냄으로써 완성되는 것이다.

이러한 법의 적용은 그 과정을 삼단논법식으로 설명하는 것이 가능하다. 즉 일반적 · 추상적으로 존재하는 법규를 대전제(major proposition)로 하고, 그 대전제하에 발생한 구체적 사실의 발생을 소전제(minor proposition)로 하여 그 소전제로부터 법적가치를 갖는 사실을 확정한 다음, 소전제에 대전제를 연결시켜 타당한 결론(conclusion)을 얻어내는 것이다. 우리는 일상생활을 이러한 대전제하에서 영위해 나가고 있기 때문에 항상 법의 적용을 받아가면서 살고 있다. 말하자면 길을 걸을 때는 도로교통법이, 사람이 죽으면 상속법이, 집을 사고 팔면 민법상 계약법이, 사람을 죽이면 형법이, 결혼을 하면 친족법이, 예금을 하면 상법이 항상 우리에게 적용될 것을 예비하며 대전제로서 존재하고 있기에 우리는 늘 법의 적용을 받아가며 살아가고 있는 것이다. 그럼에도 불구하고 우리가 법의 존재를 실감하지 못하는 이유는 소전제의 발생이 없기 때문이다. 만일 우리가 스스로 소전제를 발생시킨다면 법은 곧 그 적용의 절차를 진행시키게 될 것이다.

그런데 이러한 법적용의 과정을 보면 대전제인 법규는 이미 존재하고 있는 것이기 때문에 소전제가 어떻게 결정되느냐에 따라 그 소전제에 맞는 법규를 찾아내어 해석하기만 하면 된다. 따라서 법적용의 모든 과정에서 가장 중요하고도 법적용의 결과를 좌우하는 과정은 소전제의 단계이고, 좀더 상세하게는 구체적으로 발생한 사실로부터 얻어내는 법률적 인식인 사실의 확정이다. 「사실의 확정」이란 구체적으로 발생한 사실로부터, 적합한 법을 찾아내고 그에 따른 해석을 통하여 법률적인 판단을 내리는 데에 가치가 있는 사실들만을 발췌하여 일정한 사실의 존재 혹은 부존재를 결정하는 것을 말한다. 실질적인 법적용과정을 단계별로 보면 사실확정단계-법규발견단계-법해석단계-결론의 순으로 진행되기 때문에 사실확정은 법적용에 있어 가장 초기단계이면서 법적용의 전체적인 방향을 결정짓는 핵심적 단계이다. 그리고 결론은 대부분의 경우 사법적 판단을 의미하며 법적용의 최후는 거의 권

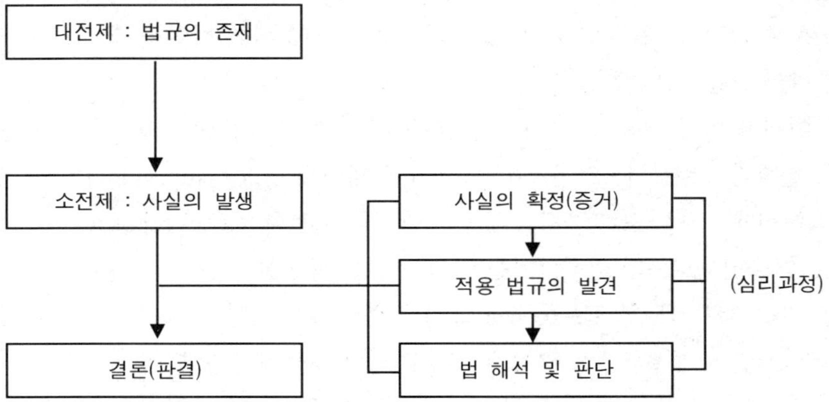

법적용의 단계구조

력적 강제로써 마무리되게 된다. 따라서 법적용의 절차는 형의 확정과 함께 형의 집행까지도 포함되는 것이며, 민사의 경우에도 판결에 따른 강제집행까지를 포함하는 것이다.

예컨대 형법 제260조 제1항 「사람의 신체에 대하여 폭행을 가한 자는 2년 이하의 징역, 500만원 이하의 벌금, 구류 또는 과료에 처한다」는 규정은 폭행죄에 대한 일반적・추상적으로 존재하는 법규로서 폭행죄 적용의 대전제가 된다. 그런데 만일 甲이라는 자가 乙이라는 자를 폭행한 사실이 구체적으로 발생하였다고 하면 이것이 법을 적용하기 위한 소전제가 되고 이때부터 법적용의 실질적인 단계가 시작되는 것이다. 따라서 甲이 乙을 폭행한 사실에서, 형법상의 폭행죄에 대한 법규를 적용하기 위하여 필요하고도 가치있는 사실들만을 골라 사실확정을 하게 된다. 즉 왜 폭행하였는가, 무엇을 사용하여 폭행을 하였는가, 폭행의 정도는 어느 정도인가, 일방적인 폭행이었나, 폭행후 처리는 어떻게 하였는가, 폭행사실이 이번이 처음인가 등은 이 폭행죄에 관한 법률적 판단을 내리는데 있어 가치있는 사실들이므로 이를 조사하여 그 사실여부를 정하는 절차가 사실확정의 절차인 것이다. 이와 같은 사실이 어떻게 확정되느냐에 따라 아마도 내려지는 형벌은 징역2년이 될 수도 있고 벌금형이 될 수도 있을 것이므로 사실의 확정은 법의 적용과정에서 매우 중요하다.

이처럼 사실확정은 법의 적용과정에서 매우 중요한 것이기 때문에 사건의 당사자나 사실확정의 권한을 가진 사람의 자의(恣意)에 의하거나 왜곡되어 이루어져서는 안된다. 따라서 사실확정은 따로 설명하고자 한다.

제2절 사실확정의 원칙 – 증거 –

이미 언급한 바와 같이 법을 적용하기 위하여는 법적용 삼단논법의 소전제인 사실을 확정해야만 한다. 이를 사실문제(Tatfrage)라고 한다. 그리고 이 사실문제에 대하여 사실을 규율하는 법규의 내용을 밝히는 것을 법률문제

(Rechtsfrage)라 하는데 이는 결국 사실확정과 법해석의 문제인 것이다.

사실확정은 구체적으로 발생한 사실로부터 법률상 가치있는 사실들만으로써 이루어진다. 왜냐하면 구체적인 사실들이 모두 법률적으로 가치있는 사실이 아니고 그 중에는 법률적 판단을 내리는데 중요한 사실이 있고 또 그렇지 아니한 사실들도 있을 수 있기 때문이다. 여기서 법적으로 중요한 사실이란 법률요건(juristischer Tatbestand)이나 구성요건(Tatbestand)에 해당하는 사실을 의미하며, 이는 실질적으로 접근하면 궁극적으로는 법의 개념이나 定義의 문제로 귀결된다. 즉 법적으로 중요한 사실이란 그 사회에 존재하는 법의 궁극적인 목적인 공동선과 합리성에 부합하는 것인가 어떤가를 판단하는 문제이다.

예컨대 역사가들이 역사적으로 존재한 많은 사실들 중에서 역사적으로 가치있는 사실들만을 발췌하여 역사를 구성하고, 그 역사적으로 가치있는 사실들로 구성된 역사를 중심으로 역사적인 해석과 결론을 얻어 다른 제반 가치들과 연결시키는 것과 마찬가지로 법적용에 있어서의 사실확정도 법적용을 위한 가치있는 사실들만의 인식이다. 즉 자동차를 운전한 자가 교통사고를 내어 사람을 다치게 하였다는 사실의 발생을 가정하여 보자. 그러면 교통사고를 낸 운전자에게 적용할 법규를 선택하고 법률적 판단을 얻기 위하여 먼저 교통사고라는 구체적 사실로부터 법률적으로 중요한 사실을 확정하여야 한다. 이때 운전자가 교통사고를 낼 당시의 많은 구체적 사실들 중에서 운전자의 옷 색깔이나 신발의 종류 등은 중요한 사실이 아니다. 그러나 운전자가 음주를 하였는가의 여부, 교통사고에 고의성이 있었는가의 여부, 운전자로서 교통법규를 준수하였는가의 여부, 운전자로서의 주의의무를 다하였는가의 여부, 교통사고 후 피해자의 처리를 어떻게 하였는가의 여부 등은 법률적 판단을 내림에 있어 매우 중요한 사실로서, 그 여부를 결정할 때에는 반드시 그에 따른 「증거」를 바탕으로 한 사실확정이 이루어져야 한다. 왜냐하면 사실확정이 어떻게 되느냐에 따라 재판의 결과는 완전히 달라지기 때문이다. 만일 증거에 의한 사실확정이 이루어지지 아니한다면 법적 정의는 실현될 수 없을 뿐만 아니라, 사실확정이 왜곡된 재판의 결과는 많은 사람들로 하여금 법에 대한 불신감을 조장할 것이며 법적안정성은 위협받게 될 것이다.

따라서 「법은 증거이다」라고 표현할 정도로 법률관계에서는 증거를 바탕으로 하여 모든 사실관계를 인정하고, 증거가 있는 사실은 증거가 없는 사실에 우선한다.

우리나라의 소송법상 특히 형사소송법에서는 증거재판주의를 채택하여 사실의 인정은 증거에 의하여야 한다고 분명히 밝히고 있으며(형소법 §307), 민사소송법에서도 증거로 제출할 수 있는 여러 가지 방법과 증거의 종류 등 증거에 관한 상세한 규정들을 두고 있다.[1] 일반적으로 증거로 될 수 있는 자료들은 본인의 진술이나 자백, 증인의 증언, 문서에 의한 증서, 전문가의 감정자료, 현장조사자료 등을 비롯하여 사실관계를 증명해 줄 수 있는 자료이면 모두 인정된다고 본다.

그러나 재판이란 법률적인 다툼인 소송을 해결하기 위한 것이고, 소송과정에서 제출되는 증거들은 대부분 그 소송당사자들이 자신들에게 유리한 최대한의 증빙자료들이고 또 그것들만을 모아 제출하는 경우가 통상적이다. 본래 당사자들이 제출하는 증거란 사실자체가 아니라 어디까지나 사실을 증명하고 추론하기 위한 당사자의 주장이며 수단적 자료에 불과하므로, 제출된 증거라고 하여 모두 실질적인 증거로서의 가치(증명력)를 갖는 것은 아니며 또 모두 증명력을 부여할 수는 없다. 그러므로 증거에 대한 실질적 가치의 판단은 객관적이고 논리적이며 경험법칙상 상대적으로 우수한 증거를 채택할 수밖에 없다. 현행 우리나라 소송법상 증거에 대하여는 재판부(법관)의 자유롭고 합리적인 판단에 전적으로 일임하는 이른바 자유심증주의를 채택하고 있음도 증거에 대한 이와 같은 증명력 부여의 원칙을 선언한 것이다.[2]

---

1) 민사소송법 제2편 제3장 「증거」의 증인신문, 감정, 서증, 검증, 당사자신문, 증거보전 등의 내용을 참조.

2) 민사소송법 제187조에 「법원은 변론의 전취지와 증거조사의 결과를 참작하여 자유심증으로 사회정의와 형평의 이념에 입각하여 논리와 경험의 법칙에 따라 사실주장의 진실여부를 판단하여야 한다」와 형사소송법 제308조의 「증거의 증명력은 법관의 자유판단에 의한다」는 규정을 참조.

제3절 사실확정의 예외적 방법

앞에서도 언급한 바와 같이 사실확정은 증거를 원칙으로 하여 이루어져야 한다는 이른바 증거재판주의가 확립되어 있고, 증거의 채택은 재판부의 자유심증주의가 인정되어 있다. 그러나 실제에 있어서는 증거를 제출하기가 곤란하거나 아예 불가능하여 이 원칙을 고수할 경우 사실관계의 인정(확정)이 상당기간 불안정하게 지속되거나 불가능해져 사회적으로 혼란을 초래할 수도 있다. 이렇게 어떤 사실에 대하여 입증이 곤란하거나 불가능한 경우에 대비하여 법은 불안정한 법률적 관계를 조기에 해결하고 일정한 법률정책적 효과를 얻기 위하여 증거가 없더라도 일정한 사실의 존부(성립 · 불성립)를 인정할 수 있는 추정과 간주 혹은 의제라는 제도를 두고 있다.

1. 사실의 추정(推定)

사람들이 사회생활을 함에 있어 법률관계나 사실이 명확하지 않은 경우에, 확실한 증거도 없으면서 서로의 주장이 팽팽하다면 이를 해결할 수 있는 방법은 없다. 그렇다고 해결책 없이 무작정 당사자들의 주장만을 계속하도록 방치할 수도 없는 노릇이다. 따라서 사실의 추정(Vermutung)이란 확고한 증거가 없어 어떤 사실이 불명확할 경우, 그 명확하지 않은 사실을 일단 있는 것으로 정하여 일정한 법률효과를 발생시키는 것을 말한다. 즉 법은 통상적으로 법률관계 또는 사실이 명확하지 않은 경우에, 일반적인 경우라면 존재할 것이라고 생각되는 상태를 표준으로 하여 그것을 기초로 일단 법률관계 또는 사실에 대한 판단을 내려 법률효과를 발생시키고 당사자간의 분쟁을 회피시키는 경우가 있는 바, 이렇게 하여 이루어진 판단을 추정이라고 한다. 여기서 일반적인 경우라면 존재할 것이라고 생각되는 상태란 대부분의 경우 현재의 상태를 의미하며 추정은 주로 현재의 상태를 존중하여 이루어진다. 즉 분명하지 않은 사실을 일단 법률로써 인정하여 반대의 증거가 없는 한 법률효과를 발생시키는 것이다.

추정은 보통 법문에서 「……한(인) 것으로 추정한다」는 표현으로 나타나 있으며, 이러한 표현이 있는 조항을 추정조항이라고 한다. 일반적으로 추정조항은 민사법의 경우에 많은 예가 있으며, 성질상 형사관계법에서는 그 예를 찾아볼 수 없다.

예컨대, 민법 제30조에서는 「2인 이상이 동일한 위난으로 사망한 경우에는 동시에 사망한 것으로 추정한다」라고 규정하고 있다. 이는 동시사망의 추정규정이다. 이 사실에 대한 추정규정을 둔 이유는 다음과 같다. 즉 동일한 위난으로 인하여 수인이 사망하였다 하더라도 사실은 그 사망의 시점이 모두 동일하지는 않을 것이며, 실제로 그 사망의 시점이 다를 경우 상속과 같은 법률관계에 상당한 영향을 미칠 수 있다. 그러나 그 사망의 시점이 다르다는 것을 확인할 수 있는 반증이 없이 현재로서 모두 사망한 상태라면 서로 다른 시점에 사망하였다는 증거가 나타나기 전까지는 동시에 사망하였다고 인정하는 것이 법률관계를 안정시키고 사회의 질서유지에 도움이 될 것이기 때문이다.

또 민법 제262조 제2항에는 「공유자의 지분은 균등한 것으로 추정한다」라고 규정하고 있다. 이는 동조 제1항에 「물건이 지분에 의하여 수인의 소유로 된 때에는 공유로 한다」는 규정과 함께 생각해 볼 때, 수인이 하나의 물건을 소유하고 있는 경우 내부적으로 그 지분의 양이 명백히 나누어져 있다는 증거가 제시되지 아니하는 한, 일단은 그 지분의 크기가 모두 같다고 하는 것이 정당하므로 현재의 상태를 존중하여 균등한 것으로 추정하는 것이다. 뿐만 아니라 민법 제198조에는 「전후양시(前後兩時)에 점유한 사실이 있는 때에는 그 점유는 계속한 것으로 추정한다」라고 점유계속의 추정규정이 있다. 이는 전에도 점유하였고 현재도 점유하고 있다면, 설령 그 중간에 점유이탈의 상태가 있었다 하더라도 그 사실이 증명되지 아니하는 한 계속하여 점유하였다고 인정하여 주는 것이 정당하고 현재의 상태를 존중하는 것이므로 법적 안정성의 확보를 통한 사회질서 유지에도 부합하는 것이다.

사실의 추정은 법이 불명확한 사실에 대하여 증거 없이 현재의 상태를 존중하여 사실의 존부여하를 일단 인정하는 것이므로 만일 그 추정된 사실에 의하여 불이익을 받는 자가 거기에 대한 반증을 제기한다면 추정된 사실은 번복된다. 따라서 추정의 효과는 절대적인 것이 아니라 반증이 제기될 때까지 일단 인정하는 법률효과인 것이다. 그러나 반증의 제기가 없으면 계속적으로 추정된 사실이 인정되는 것은 당연하다. 예컨대 민법 제200조에 「점유자가 점유물에 대하여 행사하는 권리는 적법하게 보유한 것으로 추정한다」는 권리의 적법추정 규정이 있다. 법은 이러한 추정규정을 통하여 일상의 사회생활에서 점유물에 대한 적법한 권리를 일일이 증명할 길이 없는 상황을 해결하고자 하는 것이다. 그러나 정당한 점유자가 아니라는 반증이 성립되면 추정된 사실은 뒤집어지게 된다. 또 민법 제830조 제2항의 「부부의 누구에게 속한 것인지 분명하지 아니한 재산은 부부의 공유로 추정한다」는 규정이나 동법 제844조 제1항 「처가 혼인 중에 포태한 子는 夫의 子로 추정한다」는 규정에서도 추정으로 인하여 불이익을 받는 자는 반증을 제기하여 추정된 사실을 부정할 수 있는 것이다.[3)]

2. 사실의 간주(看做) 혹은 의제(擬制)

간주(Fiktion)란 본질이 다른 것을 일정한 법률적 취급에 있어서 동일한 것으로 보고 동일한 효과를 부여하는 것을 말하며, 법률에 의하여 행해지는 경우도 있고 학설로 행해지는 경우도 있는 바, 여기서 말하는 사실의 간주는 법률에 의하여 행해지는 것을 말한다. 법률상의 간주는 모두 그 표현이 「……인(한) 것으로 본다」라고 되어 있으며, 드문 경우이기는 하나 「간주한다」라는 표현을 사용하기도 한다.

법문에 「본다」는 어떤 사실이 불명확한 경우, 법적 안정성이나 명확성을 확보하고 나아가 공익이나 법률정책상의 이유로 인하여 사실의 진실이나 당사자의 의사여하에 관계없이 일정한 사실의 존재 혹은 부존재를 결정적으로 확정하여 단순히 반증의 제기만으로는 부정할 수 없도록 사실을 확정하는 법적 제도를 말한다. 이는 반증을 들어도 법이 간주한 효과를 뒤집을 수 없다는 점에서 반증을 들어 그 효과를 부정할 수 있는 추정과는 구별된다.

---

3) 민법 제846조에서는 남편이 제844조의 경우에 자신의 친생자가 아님을 소송을 통하여 부인할 수 있도록 하고 있다. 그러나 98년 민법개정안에서는 남편만이 아니라 부부 중 누구라도 이러한 친생부인의 소송을 제기할 수 있도록 하였다.

사실의 간주규정은 민법이나 형사법에서 실제로 그 예가 많다. 민법 제141조에 「취소한 법률행위는 처음부터 무효인 것으로 본다. 그러나…」라고 하여 취소된 법률행위의 경우에는 아예 처음부터 효력이 없는 것으로 확정해 버리는 것이다. 따라서 취소된 법률행위를 다시 취소하지 아니하는 이상 그 효과는 소멸되지 않는 것이다.

또 동법 제28조 「실종선고를 받은 자는 전조(前條)의 기간이 만료한 때에 사망한 것으로 본다」는 규정도 실종선고를 받으면 사망과 동일하게 취급한다는 것이다. 즉 동법 제27조는 일반실종의 경우에는 5년, 특별실종의 경우에는 1년의 실종선고 요건기간을 두고 있는 바, 이 기간이 경과하면 일정한 자의 청구에 의하여 실종선고를 하도록 규정하고 있다. 따라서 실종선고를 받은 자가 살아서 돌아온다 하더라도 실종선고의 효과로 인한 사망의 효력에는 변함이 없는 것이다. 다만 이 경우에는 실종선고의 취소를 할 수 있으나 취소가 있다 하더라도 취소되기 전에 선의로 한 행위에 대하여는 영향을 미치지 않는다.[4)]

그 밖에 민법 제762조의 「태아는 손해배상의 청구에 관하여는 이미 출생한 것으로 본다」와 제1000조 제3항의 「태아는 상속순위에 관하여는 이미 출생한 것으로 본다」는 규정이나 형법 제346조의 「本章의 죄에 있어서 관리할 수 있는 동력은 재물로 간주한다」 등의 규정은 태아도 손해배상이나 상속순위를 정함에 있어서는 자연인으로 취급하고 전기나 가스와 같이 형체가 없는 동력도 절도나 강도의 대상이 된다고 보는 간주규정인 것이다. 그러나 법문상에 반드시 「본다」나 「간주한다」는 표현을 사용하지 않더라도 내용적으로 보아 법률상 간주인 경우도 있음을 유의하여야 한다.[5)]

---

4) 민법 제29조 제1항은 「실종자의 생존한 사실 또는 전조의 규정과 상이한 때에 사망한 사실의 증명이 있으면 법원은 본인, 이해관계인 또는 검사의 청구에 의하여 실종선고를 취소하여야 한다. 그러나 실종선고 후 그 취소 전에 선의로 한 행위의 효력에 영향을 미치지 아니 한다」고 규정하고 있고 제2항에는 「실종선고의 취소가 있을 때에 실종의 선고를 직접원인으로 하여 재산을 취득한 자가 선의인 경우에는 그 받은 이익이 현존하는 한도에서 반환할 의무가 있고 악의인 경우에는 그 받은 이익에 이자를 붙여서 반환하고 손해가 있으면 이를 배상하여야 한다」고 규정하고 있다.

5) 예컨대 형법 제9조 「14세 되지 아니한 자의 행위는 벌하지 아니 한다」는 형사미성년자 규정은 가령 사실상으로는 14세 이상의 외형적 신체와 정신적 연령을 가진 자라도 책임무능력자로 취급한다는 일종의 간주로 볼 수 있다.

이와 같이 간주는 공익상의 이유나 기타 법률정책상으로 증거자료가 없더라도 결정적으로 사실을 확정하여 단순한 반증에 의한 부인이나 부정이 허용되지 않는 효과를 발생하는 제도이기 때문에 추정보다 훨씬 강력한 사실확정력을 갖는 제도이다.

제 9 장

법의 제재

제1절 법적 제재의 개념

법은 인간의 공동적 사회생활에 있어 그 구성원들이 반드시 지켜야 하는 행위규범임은 이미 언급한 바 있다. 그리고 이러한 법을 준수하지 아니한 경우에는 그에 따른 제재를 강제적이고도 조직적으로 하여야 할 필요가 있다. 왜냐하면 그래야만 우리 사회는 공평한 사회를 이룰 수 있고 질서를 유지할 수 있을 뿐만 아니라 법을 준수한 자의 이익이 상대적으로 보호될 수 있기 때문이다.

법의 제재란 이렇듯 공동사회의 행위규범인 법을 준수하지 아니한 자에 대하여 그 사회의 통치권력에 기초하여 이미 법으로써 예정되어 있는 여러 가지 불리한 조치들을 강제적으로 가하는 것을 말한다. 법이 다른 사회규범과 구별되는 가장 큰 특징은 바로 강제성이 있다는 것이며 이 강제성은 곧 법의 제재와 연결되는 개념인 것이다. 법은 그 사회의 구성원이 가장 행복하고 편안한 삶을 영위하기 위하여 서로가 지켜야 할 규범이기에 이의 준수여부는 선택사항이 아니라 의무사항이다. 따라서 이러한 의무에 위반한 자에 대하여 정당한 권위를 가지는 힘이 일정한 제재를 가하는 것은 당연하다.

또한 법의 제재는 정당한 권위를 가지는 힘에 의하여 일정한 절차에 따라 이루어진다는 점에서 도덕적인 비난이나 종교적인 제재 혹은 불법적인 폭력과는 다르다. 도덕적인 비난이나 종교적인 제재는 제재의 주체도 다를 뿐만 아니라 강제성이 없는 경우가 대부분이며, 사형(私刑 : lynch)은 강제적인 방법이라는 점은 있으나 정당성을 결여한 것이므로 개인적으로 가해지든 집단적으로 이루어지든 폭력이므로 법적 제재와는 구별된다. 그러나 법적인 제재라 하더라도 그것이 정당한 국가권력과 절차에 의한 것이 아니라면 법의 탈을 쓴 폭력에 불과하므로 올바른 법적 제재라 할 수 없다.

법의 제재는 일반적으로 강제라는 표현으로 바꾸어 쓰기도 하는데 엄밀한 의미로 보면 다르지만 거의 같은 뜻으로 혼용되고 있다. 보통 강제라고 하면 이행의 의무를 가진 자가 그 이행을 하지 않을 경우 억지로라도 그 행위를 이행을 시킨다는 의미가 강한 반면, 제재는 이행강제의 의미보다는 이미 이행을 기대할 수 없는 상황에서 그 이행에 대신할 수 있는 어떤 다른 형태의 고통이나 불이익을 준다는 의미가 강하다.

법의 제재는 공법적 제재와 사법적 제재로 나눌 수 있으며, 공법적 제재는 다시 헌법적 제재와 행정법적 제재, 형법적 제재 그리고 국제법적 제재 등으로 나눌 수 있다.

제2절 공법적 제재

1. 헌법적 제재

헌법적 제재는 헌법에 위반한 자에 대하여 가하는 헌법상 불이익한 처분을 말한다. 헌법은 개인의 행위를 규율하는 행위법이 아니고 국민의 기본권과 의무를 정하는 수권적 규범이면서 국가의 기본적인 조직에 관하여 필요한 사항을 규정하는 조직법의 성격을 가지므로 일반 국민이 헌법에 위반되는 행위를 하여 헌법적 제재를 받는 경우는 거의 없다. 그러므로 이러한 경우 헌법적 제재를 받는 사람의 범위는 대체로 헌법적 규정에 따라 정해지게 되며, 헌법적 제재의 내용도 극히 한정적이다. 따라서 헌법의 규정에 따라 국민으로부터 선출된 지위에 있는 자이거나 아니면 통치권의 직접적인 담당자 등과 같은 소위 헌법적 기관에 종사하는 일부 계층의 사람들이 그 대상이 되고, 그 제재의 내용도 탄핵소추가 규정되어 있는 정도이다.

헌법적 제재의 경우를 보면 현행 우리 헌법 제65조 제1항을 들 수 있다. 同條에서는 「대통령 · 국무총리 · 국무위원 · 행정각부의 장 · 헌법재판소 재판관 · 법관 · 중앙선거관리위원회 위원 · 감사원장 · 감사위원 기타 법률이 정한 공무원이 그 직무집행에 있어서 헌법이나 법률을 위배한 때에는 국회는 탄핵의 소추를 의결할 수 있다」고 규정함으로써 일정한 자에 대한 헌법적 제재를 두고 있다. 이 경우 대통령을 제외한 탄핵소추는 국회재적의원 3분의 1이상의 발의에 의하여 재적의원 과반수의 찬성으로 한다(헌법 §65②).[1] 탄핵소추를 받은 자는 탄핵심판이 있을 때까지 그 권한행사가 정지되며(헌법 §65③), 탄핵의 심판은 헌법재판소에서 한다(헌법§ 111①2). 아울러 탄핵결정이 있으면 공직으로부터 파면함에 그치나 이는 헌법상의 효력일 뿐이고 이로써 민 · 형사상의 책임이 면제되는 것은 아니다(헌법§ 111①4).

2. 행정법적 제재

행정법적 제재(administrative sanction)란 행정법상의 의무가 있음에도 불구하고 그 의무를 위반한 자에 대하여 과해지는 처벌이나 기타의 불이익처분을 말한다.

행정법상의 의무를 위반할 수 있는 가능성이 있는 자는 크게 나누어 일반국민들과 공무원으로 나눌 수 있다. 이렇게 나누는 이유는 일반국민 즉 私人과 공무원의 경우에는 그 의무위반의 경우 행정법상 가해지는 제재의 형태가 다르기 때문이다. 따라서 공무원에 대한 경우는 일반국민의 경우와는 따로 그 제재를 살펴보아야 한다.

또한 행정법적 제재는 간접적으로는 일정한 행정법상의 의무이행을 확보

---

1) 단서에 「대통령에 대한 탄핵소추는 국회재적의원 과반수의 발의와 국회재적의원 3분의 2이상의 찬성이 있어야 한다」고 규정함으로써 대통령에 대한 탄핵소추의 의결요건을 엄격히 하였다.

하는 효과를 기대할 수 있지만, 직접적으로는 일정한 행정법상의 의무위반에 대한 제재로서의 뜻을 지닌다는 점에서 행정법상의 강제집행과는 성질을 달리한다. 그러나 여기서는 행정법상의 제재로서 같이 다루기로 한다.

(1) 일반국민에 대한 제재

(가) 행정벌

행정벌(Verwaltungsstrafe)이란 행정법상의 의무위반에 대한 제재로서 통치권에 의거하여 부과하는 벌을 말한다. 행정벌이 과해지는 그 대상이 되는 非行을 행정범(Verwaltungsdelikt)이라 한다. 행정벌은 직접적으로는 행정법상의 의무위반에 대한 제재로서의 의미를 가지는 것이나, 간접적으로는 의무자에게 심리적인 위압감을 가함으로써 의무이행을 촉진시키는 수단으로서의 의미를 가진다. 그렇기 때문에 행정법상의 의무를 규정하는 법규는 동시에 행정벌에 관하여 규정하는 것이 보통이다.

행정벌은 처벌의 내용 및 대상에 따라 여러 가지로 구분할 수 있다. 처벌내용에 따라서는 행정형벌과 행정질서벌로 나누는데 행정형벌이란 행정법상의 의무위반자에 대한 제재로 사형 · 징역 · 금고 · 자격상실 · 자격정지 · 벌금 · 구류 · 과료 및 몰수와 같이 형법상의 형을 과하는 행정벌을 말한다. 이는 원칙적으로 형법상의 형벌을 과하는 것이기 때문에 형법총칙과 형사소송의 절차에 의하지만(형법 §8) 예외적으로 즉결심판절차나 통고처분절차에 의하는 경우도 있다(법원조직법 §34, 조세범처벌절차법 §9, 도로교통법 §118). 행정질서벌이란 행정법상 의무위반자에 대하여 형법상 형명이 없는 벌, 즉 과태료를 과하는 행정벌을 말한다. 행정질서벌은 일정한 신고나 보고, 등록, 서류비치 등의 행정법상 의무태만 등과 같이 간접적으로 행정목적의 달성에 위해를 끼친 행위에 대하여 과하는 행정벌이다. 따라서 이는 형벌이 아니므로 형법총칙이 적용되지 아니한다. 처벌의 대상에 따른 종류로는 경찰벌, 재정벌, 군정벌, 규제벌, 공기업벌 등이 있다.

그러나 오늘날은 행정작용이 광역화 · 다양화됨에 따라 종래의 행정벌 위주의 제재수단에서 벗어나 매우 다양한 제재수단이 나타나고 있는 바, 과징금이나 가산금, 공급거부, 공표, 인 · 허가 등의 철회 · 정지 등은 그 예이다.

(나) 행정상 의무이행강제

행정상 의무이행강제란 행정청이 행정법상의 의무이행상태를 실현하기 위하여 개인의 신체 또는 재산에 실력을 가함으로써 행정상 필요한 상태를 실현시키는 작용을 말한다. 여기에는 직접적인 의무이행강제수단이 있고 간접적인 의무이행강제수단이 있는데 간접적인 의무이행강제수단은 위에서 본 행정벌 등의 내용이 여기에 해당하고, 행정상 의무이행강제라 함은 주로 직접적인 의무이행강제수단을 의미한다. 따라서 이를 행정상 강제집행이라고 한다.

행정상 강제집행(Zwangsvollstreckung)이란 행정법상의 의무가 의무자에 의해 스스로 이행되지 아니한 경우에 실력으로써 그 의무를 이행시키거나, 이행이 있은 것과 같은 상태를 실현시키는 행정권의 작용을 의미한다.

행정상 강제집행의 수단으로는 일반적으로 대집행, 집행벌, 직접강제, 행정상 강제징수 등이 있으나 우리나라에서는 대집행과 행정상의 강제징수만이 일반적으로 인정되고 있으며, 직접강제 및 집행벌은 특별법에서 특히 인정하고 있는 때에 한하여 예외적으로 허용될 뿐이다.

대집행(代執行:Ersatzvornahme)이란 행정법상의 대체적 작위의무를 진 자가 그 의무를 이행하지 아니한 경우에, 당해 행정청이 스스로 또는 제3자로 하여금 의무자가 하여야 할 행위를 하게 함으로써, 의무의 이행이 있는 것과 같은 상태를 실현시킨 후, 그에 관한 비용을 의무자로부터 징수하는 행정상의 강제집행이다. 대체적 작위의무란 반드시 본인이 실행하지 아니하더라도 그 행정상 필요한 상태를 나타낼 수 있는 성질의 의무를 말한다. 대집행의 절차는 행정청이 문서로써 상당한 이행기간을 주어 대집행의 계고를 하고, 그 계고에도 불구하고 지정된 기한까지 의무를 이행하지 아니하는 경우에는 대집행영장을 발급한 후 대집행을 실행하여야 한다. 교통사고 후 교통소통을 위한 사고차량의 제거나 불법광고물이나 광고시설물 등의 제거 및 철거와 같은 경우에 흔히 많이 쓰이는 행정처분이다.

집행벌(Executivstrafe)이란 행정법상의 부작위의무 또는 비대체적 작위의무를 가진 자가 그 의무를 이행하지 아니하는 경우에 의무이행을 간접적으로 강제하기 위하여 과하는 금전부담을 말한다. 비대체적 작위의무란, 예컨대 법정전염병에 대한 예방주사를 맞아야 할 의무 등과 같이 본인이 직접 실행하지 않으면 일정한 행정적인 목적을 달성할 수 없는 의무를 말한다. 이 집행벌은 일정한 기한까지 의무를 이행하지 아니한 때에는 일정한 금액의 과태료 등 금전지급의무를 과할 뜻을 미리 계고함으로써 의무자에게 심리적인 압박을 주어, 그 의무를 이행하게 하려는 강제집행수단이다. 그러므로 이는 의무위반에 대한 제재로서의 벌이 아니기 때문에 행정벌과 다르다. 우리나라의 경우 집행벌은 일반적으로 인정되고 있지도 않을 뿐만 아니라 특별법에서도 그 예를 찾아보기가 힘들다.

직접강제(unmittelbarer Zwang)란 행정법상의 의무가 이행되지 아니한 경우에, 의무자의 신체 또는 재산에 실력을 가함으로써 직접 의무의 이행이 있은 것과 같은 상태를 실현하는 행정상의 강제집행이다. 이는 의무자의 신체 또는 재산에 실력을 가함으로써 직접 의무의 이행이 있은 것과 같은 상태를 실현한다는 점에서는 행정상 즉시강제와 같고 대집행과는 다르며, 의무불이행을 전제로 한다는 점에서 행정상 즉시강제와 다르다. 우리나라의 경우 직접강제도 집행벌과 마찬가지로 일반적으로 인정되지는 않고 있으며 특별법상 인정되고 있다(공중위생법 §25, 식품위생법 §62, 출입국관리법 §59, §62 ~ §64).

행정상 강제징수(Zwangsbeitreibung)란 행정법상의 금전지급의무가 이행되지 아니한 경우에, 의무자의 재산에 실력을 가함으로써 그 의무가 이행된 것과 같은 상태를 실현시키는 행정상의 강제집행을 말한다. 행정상 강제징수에 관한 일반법으로는 국세징수법이 있다. 행정상 강제징수의 절차를 일반법을 기준으로 하여 보면 다음과 같다. 우선 정해진 기한까지 의무를 이행하지 않으면 가산금이나 중가산금(重加算金)을 징수하고, 그래도 이행하지 않으면 독촉(법적 용어로 보통 '최고(催告)'라고 함)절차를 거쳐 재산을 압류한다. 그리고 그 압류재산의 환가처분절차(매각 등의 방법으로 금전화하는 것)를 거쳐 환가대금의 배분 등의 절차를 거친다.

(2) 공무원에 대한 제재

공무원은 그가 공무원으로서의 의무를 위반함으로써 공무원관계 내부에서 지게 되는 좁은 의미의 책임과 공무원으로서의 의무위반이 일반법익을 침해함으로써 지게 되는 넓은 의미의 책임이 있다. 전자의 경우 공무원에게 과해지는 제재로서 주요한 것으로는 징계가 있고 그 외에 국가에 대한 변상책임이 있다. 넓은 의미의 책임에는 좁은 의미의 책임과 동시에 일반법질서의 침해로 인하여 지게 되는 형사상의 책임 및 민사상의 배상책임을 포함한다.

공무원에 대한 행정법적 제재로는 가장 중요한 것이 징계처분이다. 징계란 공무원의 의무위반에 대하여 공무원관계의 목적을 달성하기 위하여 국가 또는 지방자치단체가 사용자로서의 지위에서 과하는 제재를 말하는데, 그 제재로서의 벌을 징계벌이라고 하고, 그 제재를 받을 책임을 가리켜 징계책임이라고 한다.[2)]

공무원이 징계를 받는 원인은 국가공무원법령의 위반이나 직무상 의무위반 및 태만 혹은 직무의 내외를 불문하고 그 체면 또는 위신을 손상하는 행위를 한 때이다.

공무원에 대한 징계의 종류에는 파면, 해임, 정직, 감봉, 견책 등 다섯 가지가 있다(국가공무원법 §79, 지방공무원법 §70). 파면은 공무원의 신분을 박탈하고 연금을 제한하여 지급하는 것을 말하며, 해임은 공무원의 신분을 박탈하나 연금은 지급하는 것이다. 정직은 1월 이상 3월 이하의 기간 중 공무원의 신분은 보유하나 직무에 종사하지 못하고 보수의 3분의 2를 감하는 것이며, 감봉은 1월 이상 3월 이하의 기간 동안 보수의 3분의 1을 감하는 것이다. 견책은 前過에 대하여 훈계하고 회개하게 하는 것을 말한다. 이와 같은 징계를 받은 공무원은 그 승진임용에 있어서 일정한 기간 동안 일정한 제한이 가해진다(국가공무원법§80⑤). 공무원은 그의 행위가 공무원관계의 의무에 위반되는데 그치지 아니하고 그것이 형법상의 범죄를 동시에 구성하는 경우, 그 공무원은 일반법익의 보호를 위

2) 대법원에서도「공무원에 대한 징계처분은 공무원관계의 질서를 유지하고 기강을 숙정하여 공무원으로서의 의무를 다하도록 하기 위하여 과하는 제재이다」라고 판시하고 있다(대법원판결 1983.6.28 · 83누130 참조).

하여 형사상의 책임을 지지 않을 수 없다. 또한 공무원이 그 직무를 행하는 과정에 불법행위로 인하여 타인에게 손해를 가하였다면 그 손해에 대하여 민사적인 배상책임을 지기도 한다.[3)]

3. 형법적 제재

형법적 제재란 형법이나 기타 형벌법규를 위반한 자에 대하여 과하는 제재를 말한다. 일반적으로 형법이나 형벌법규에 위반된 행위를 범죄(행위)라고 하고 이를 행한 자를 범죄(행위)자라 한다. 범죄에 대한 법률효과 또는 제재에는 형벌과 보안처분이 있는데, 범죄에 대한 가장 중요한 법률효과이면서 형법이 규정하고 있는 유일한 제재가 형벌이다. 형벌의 개념과 종류 및 그 내용을 살펴보면 다음과 같다.

(1) 형벌의 개념

형벌은 국가가 범죄에 대한 법률상의 효과로서 범죄자에 대하여 그의 책임을 전제로 하여 과하는 법익의 박탈을 의미한다. 이 개념을 중심으로 형벌의 의의를 분석하여 보면 다음과 같이 설명할 수 있다.

우선 형벌은 「국가가 과하는 것」이라는 표현에서 형벌의 주체는 국가임을 분명히 하고 있으며, 따라서 형벌은 언제나 공형벌(公刑罰)이며 국가적 형벌이라고 할 수 있기에 私人은 어떠한 경우에도 형벌을 과할 수 없다.

또 형벌은 「범죄에 대한」 법률상의 효과이므로 반드시 범죄를 전제로 하는 것이라는 의미를 도출할 수 있다. 그러므로 범죄를 전제로 하지 아니하는 형벌은 있을 수 없다. 뿐만 아니라 「법률상의 효과」이기 때문에 형벌은 법적인 근거를 반드시 가지고 있어야 함을 의미하는 것이기도 하다. 따라서 범죄나 이를 전제로 한 형벌이나 모두 법으로써 정해진 범위 내에서만 성립될 수 있음을 뜻한다.

---

3) 이에 대하여는 학설의 대립이 있으나, 공무원이 고의 또는 과실로 인한 위법행위로 타인에게 손해를 가하였을 때에는 통상적으로 국가나 공공단체가 일차적으로 책임을 부담하며, 특별히 그 공무원에게 고의나 중과실이 있을 때에만 국가나 공공단체가 구상권을 행사할 수 있을 뿐이다.

그리고 형벌은 「범죄자에 대하여 그의 책임을 전제로 하여」 과하는 것이기 때문에 형벌은 범죄에 대하여 과하는 것이 아니라 범죄자에 대하여 과하는 제재이다. 따라서 형벌은 범죄인의 위험성을 기초로 하는 것이 아니라 개별적인 행위, 즉 책임을 기초로 하여 과하여지는 제재이므로 과거를 대상으로 하는 제재인 것이다.

마지막으로 형벌은 「법익의 박탈」을 그 내용으로 하므로 법적으로 누릴 수 있는 이익을 강제적으로 빼앗는 것을 의미한다. 여기서 법익이란 생명에 대한 이익이나 신체의 자유 혹은 재산상 가지는 여러 가지 권리나 개인의 명예에 대한 이익 등을 말하는 것이다.

(2) 형벌의 종류

이미 언급한 바와 같이 형벌은 범죄자의 법익을 박탈하는 것인데 형벌에 의하여 박탈되는 법적 이익의 종류에 따라 형벌을 분류하면 네 가지로 나눌 수 있다. 즉 생명자체에 대한 이익을 박탈하는 생명형과 신체의 자유를 제한하여 자유로운 활동을 할 수 있는 기회를 박탈하는 자유형, 그리고 자본주의 사회에 특유한 사유재산의 권리를 제한하거나 박탈하는 재산형과 개인의 명예에 관한 것으로서 개인의 사회적인 자격을 상실케 하거나 제한하는 자격형 등이 그것이다. 이러한 종류에 해당되는 형법상 구체적인 형벌은 모두 아홉 가지이다. 즉 사형과 징역, 금고, 구류, 벌금, 과료, 몰수, 자격상실 및 자격정지 등이다.

(가) 생명형

수형자의 생명 그 자체에 대한 이익을 박탈하는 것을 내용으로 하는 형벌로서 사형(Todesstrafe)이 여기에 속한다. 이는 형법이 규정하고 있는 형벌가운데 가장 무거운 형벌이라는 의미에서 극형이라고도 한다.

현행 우리나라 형법이 사형을 규정하고 있는 범죄로는 대체로 내란이나 외환관련 살인행위나 이적행위 혹은 폭발물 · 방화 · 교통방해 · 음용수 등을 통한 인명살상행위나 강도살인 등과 관련된 것으로 대략 16종류의 규정을 두고 있다.[4] 그런데 이 중에서 형법 제93조의 여적죄에 대하여는 사형만을 규정하여 절대적 법정형으로 하였고, 그 밖의 범죄에 대하여는 모두 사형과 징역형을 선택할 수 있도록 함으로써 상대적 법정형을 취하고 있다. 그러나 현실적으로는 이외에도 특별법에 의하여 사형범죄의 범위는 현저히 확대되고 있다.

사형의 집행방법에 있어서 각국이 채택하고 있는 방법은 여러 가지이나 우리나라에서는 형법에서 교수형(絞首刑)을 택하고 있고, 군형법은 총살형을 인정하고 있다.5)

사형에 대하여는 그 존폐에 관한 논란이 적지 아니하다. 최근에는 사형을 법정형으로 규정한 범죄의 지나친 확대에 대한 비판이 있으며 따라서 그 범위를 축소해야 한다는 지적도 있음이 사실이나 실현되지 아니하고 있다.

(나) 자유형

자유형(Freiheitsstrafe)이란 수형자의 신체적 자유를 박탈하는 것을 내용으로 하는 형벌을 말한다. 자유형은 범죄인의 자유를 박탈함에 의하여 이를 개과천선하게 하는 교육적 내용을 주된 목적으로 하며, 자유형의 집행도 아울러 범죄인의 사회복귀를 그 목적으로 한다. 형법상 인정되는 자유형으로는 징역, 금고, 구류가 있다.

징역은 수형자를 교도소내에 구치하여 정역에 복무하게 하는 것을 내용으로 하는 자 유형 가운데 가장 무거운 형벌이다(형법 §67). 징역에는 무기와 유기의 두 종류가 있다. 무기징역은 종신형에 해당되는 것이기 때문에 자유형의 사회복귀 목적의 정신에 어긋나는 것이라고 생각할 수도 있지만 10년이 경과된 후에는 가석방이 가능하다는 점에서6) 자유형의 사회복귀적 기능이 유지

---

4) 현행 형법상 사형을 규정하고 있는 범죄로는 내란죄(제87조), 내란목적살인죄(제88조), 외환유치죄(제92조), 여적죄(93조), 모병이적죄(제94조), 시설제공이적죄(제95조), 시설파괴이적죄(제96조), 간첩죄(제98조), 폭발물사용죄(제119조), 방화치사상죄(제164조), 현주건조물일수치사상죄(제177조), 교통방해치사상죄(제188조), 음용수혼독치사상죄(제194조), 살인죄(제250조), 강도살인 · 치사죄(제338조), 해상강도살인 · 치사 · 강간죄(제340조) 등이 있다.

5) 형법 제66조에서는 「사형은 형무소내에서 교수하여 집행한다」라고 규정하고 있으며, 군형법 제3조는 「사형은 소속군참모총장 또는 군사법원의 관할관이 지정한 장소에서 총살로써 이를 집행한다」는 규정을 두고 있다.

6) 형법 제72조 제1항에는 「징역 또는 금고의 집행 중에 있는 자가 그 행상이 양호하여

되는 형벌이라고 할 수 있다. 유기징역은 1월 이상 15년 이하이나 형의 가중 사유가 있어 가중처벌하더라도 25년까지를 상한으로 한다(형법 §42).

금고는 수형자를 교도소내에 구치하여 자유를 박탈하는 것을 내용으로 하지만 정역에 복무하지 않는 점에서 징역과 구별된다. 그러나 본인이 신청하면 정역을 부과할 수 있다(형법 §38, §68). 이 형벌은 주로 정치범이나 과실범과 같이 다소 명예를 존중할 필요가 있는 자에게 과한다는 점에서 명예적 구금이라고 할 수 있다. 금고에도 무기와 유기가 있고, 형기도 징역과 같다.

구류는 수형자를 교도소내에 구치하는 것을 내용으로 하지만 그 기간이 1일 이상 30일 미만인 점에서 징역이나 금고와는 다르다(형법 §46). 구류는 형법상 예외적인 경우에만 적용되고[7] 주로 경범죄처벌법이나 단행법규에 규정되어 있다.

(다) 재산형

재산형(Vermögensstrafe)이란 범인으로부터 일정한 재산을 박탈하는 것을 내용으로 하는 형벌을 말한다. 재산형은 원래 공형벌이 아니라 개인적 배상제도로서의 성질을 가진 배상금 또는 속죄금으로서 인정되어 오던 것이나 국가가 형사에 대한 집행권을 확립하면서 순수한 형벌로서의 지위를 차지하게 된 것이다. 형법은 벌금과 과료 및 몰수의 세 가지를 재산형으로서 인정하고 있다.

벌금과 과료는 범죄인에 대하여 일정한 금액의 지불의무를 강제적으로 부담하게 하는 것을 내용으로 하는 재산형으로서, 벌금이 가장 무거운 재산형인데 비하여 과료는 경미한 범죄에 대하여 부과하기 때문에 벌금보다는 그 금액에 있어 다소 차이가 있다는 점으로 구별된다. 벌금은 5만원 이상으로 하며 상한에는 제한이 없으며, 과료는 2천원 이상 5만원 미만으로 한다(형법 §45, §47). 벌금에 관한 규정은 화폐가치의 변화나 물가의 상승 등에 의하여 형벌로서의 효과를 기대할 수 없는 경우가 발생할 수 있으므로 벌금이나 과료

개전의 정이 현저한 때에는 무기에 있어서는 10년, 유기에 있어서는 형기의 3분의 1을 경과한 후 행정처분으로 가석방할 수 있다」고 규정되어 있다.

7) 예컨대 폭행죄(형법 제260조), 과실상해죄(제266조), 협박죄(제283조) 등이 여기에 해당된다.

등의 액수에 관한 특례법인 「벌금등임시조치법」이 있다.

몰수(Einziehung)는 범죄반복의 방지나 범죄에 의한 이득의 금지를 목적으로 범죄행위와 관련된 재산을 박탈하는 것을 내용으로 하는 재산형이다. 원칙적으로 다른 형에 부가하여 과하는 부가형이다. 따라서 主刑을 선고유예하는 경우 몰수의 선고유예도 가능하나 주형의 선고유예 없이 몰수만의 선고유예는 있을 수 없다. 그러나 행위자에게 유죄의 재판을 하지 않더라도 몰수의 요건이 있는 때에는 예외적으로 몰수만을 선고할 수도 있다(형법 §49).

몰수의 대상이 되는 재산의 범위는 다음과 같다. 첫째, 범죄행위에 제공하였거나 제공하려고 한 물건으로서 범죄행위의 도구나 수단. 예컨대 살인시 사용한 권총이나 흉기 및 도박의 자금 등이다. 둘째, 범죄행위로 인하여 생겼거나 이로 인하여 취득한 물건. 즉 범죄의 산출물을 의미하는데, 도박으로 취득한 금품이나 불법벌채한 목재, 문서위조행위에 의한 위조문서 등이다. 셋째, 앞의 두 경우의 대가로 취득한 물건. 즉 장물을 매각하여 취득한 금전이나 인신매매로 인한 매득금 등이다(형법 §48①).

이상과 같이 몰수의 대상이 되는 재산은 범죄행위와 관련된 것임을 요하므로 범죄사실과 관련이 없는 물건을 몰수할 수는 없다. 몰수를 하기 위해서는 몰수의 대상이 범인 이외의 자의 소유에 속하지 아니하거나, 범죄 후 범인 이외의 자가 그 사실을 알면서도 취득한 물건일 것을 그 요건으로 한다.

(라) 명예형

명예형(Ehrenstrafe)이란 범인의 명예 또는 자격을 박탈하는 것을 내용으로 하는 형벌로서 자격형이라고도 한다. 형법이 인정하고 있는 명예형의 종류에는 자격상실과 자격정지가 있다.

자격상실이란 일정한 형의 선고가 있으면 그 형의 효력으로서 당연히 일정한 자격이 상실되는 것을 말한다. 형법상 자격이 상실되는 경우로는 사형, 무기징역 또는 무기금고의 형을 선고받은 때이며 상실되는 자격은 ①공무원이 되는 자격, ②공무원의 선거권과 피선거권, ③법률로 요건을 정한 공법상의 업무에 관한 자격, ④법인의 이사 · 감사 또는 지배인 기타 법인의 업무에 관한 감사역이나 재산관리인이 되는 자격이다.

자격정지란 일정한 기간 동안 일정한 자격의 전부 또는 일부를 정지시키는 것을 말한다. 자격정지에는 일정한 형의 판결을 받은 자의 자격이 당연히 정지되는 당연정지와 판결의 선고에 의하여 비로소 자격이 정지되는 경우가 있다. 자격의 당연정지는 유기징역 또는 유기금고의 판결을 받은 자는 그 형의 집행이 종료하거나 면제될 때까지 위의 ①～③의 자격이 당연히 정지된다. 판결선고에 의한 자격정지의 경우 자격정지기간은 1년 이상 15년 이하이다. 판결선고에 의한 자격정지는 다른 형과 더불어 선택할 수 있는 형으로 규정되어 있으면 단독으로 과할 수 있고, 다른 형에 병과할 수 있는 경우에는 병과형으로 과할 수 있다. 자격정지기간의 起算은 선택형일 경우 판결확정일로부터 하며, 병과형일 경우 징역이나 금고의 집행종료 혹은 면제일로부터 起算한다(형법 §44 ①, ②).

4. 국제법적 제재

국제법적 제재란 국제사회에서 통용되는 국제법규에 위반한 국가나 단체 혹은 개인에 대하여 가하는 강제적 수단을 통칭하여 일컫는 말이다. 여기에서 강제적 수단이란 예컨대 군사적인 무력제재나 경제적인 단교나 간섭을 통한 제재 혹은 극단적으로는 전쟁과 같은 것을 의미한다.

국제법이 현실적으로 국가간의 국제법 실천을 규제하는 일종의 국제사회규범으로서 통용되고 있다는 사실 자체는 오늘날 도저히 부정할 수 없다. 그러나 우선, 언급한 바와 같이 국제법의 실효성에 있어서는 의문이 있으므로, 국제법에서 문제가 되는 것은 법이 규정하는 제재를 확보하기 위한 「강제」가 국제법의 본질적 요소인가 하는 것이다. 이에 대하여는 긍정하는 것이 타당하다. 왜냐하면 행위규범인 법규범은 항상 위반에 대하여 제재를 수반하고 있기 때문이다. 다음은 과연 국제법에 제재를 확보하기 위한 강제가 존재하는가 하는 점이다. 법의 본질적 요소로서의 강제란 법적 강제로서 사회적으로 시인되는 물리적 강제력의 성질을 그 속에 내포한 것이라야 한다. 말하자면 법위반자에 대한 사회적인 반격으로서의 의미가 부여된 강제, 즉 사실적 의미의 강제를 나타내는 것으로서 이러한 강제력이 있어야만 국제법이 법으로서 인정될 수 있을 것이다.

그런데 이러한 국제법적 제재는 그 제재의 주체가 불완전할 뿐만 아니라 제재의 법적 근거에 있어서도 국내법적 제재와는 비교되지 않을 정도로 미약하거나 그 실현이 불완전하다. 말하자면 국제법적 제재는 그 제재의 주체가 경우에 따라서는 국제적인 조직이나 단체일 수도 있고, 또 어떤 경우에는 한 국가가 다른 국가에 대한 제재의 주체가 될 수도 있다. 그러므로 국제법적 제재는 그 효력에 있어 절대성이나 객관성 혹은 공정성을 가진다기 보다는 그 국가가 갖는 국제적인 실력관계에 의하여 그 효력이 좌우될 수도 있다. 왜냐하면 국제사회에서는 국내법과 같이 그 집행을 담당하는 조직적인 중앙권력이 형성되어 있지 못할 뿐만 아니라 설령 그러한 국제조직이 있다고 하더라도 국제법의 효력을 담보하고 그 집행을 강력하게 추진할 수 있는가 하는 점에서 의문이 있기 때문이다. 결국 이는 궁극적으로 위에서 언급한 국제법의 본질적 의의와 관련되는 문제이다. 요컨대 국제법적 제재의 실효성은 국제법상의 주체인 각 국가나 단체가 그 스스로 국제법적 질서를 얼마나 준수할 의지가 있느냐와 국제법 위반자에 대한 제재에 얼마나 정당한 주장으로써 동조하느냐에 달려 있다고 할 것이다.

제3절 사법적 제재

사법적 제재란 사법에 속하는 민법이나 상법과 같은 법규에 위반한 자에 대하여 가하는 사법상의 제재를 말한다. 그런데 사법이란 원래 사적자치의 원리가 작용하는 것이므로 법에 의한 제재를 예정하지 아니하는 것이 원칙이다. 그러나 이러한 사적자치의 원리가 제대로 지켜지지 아니할 때에는 이에 대한 시정이나 보완이 이루어져야 할 필요가 있는 것이다. 따라서 사법은 그 스스로 이러한 필요에 의한 제재 규정을 가지게 되고 이에 의하여 이루어지는 제재를 우리는 사법적 제재라고 하는 것이다. 이러한 사법적 제재로 볼 수 있는 것에는 여러 가지가 있으나 대표적인 사법적 제재를 살펴보면 다음과 같다.

1. 손해배상

손해배상(Schadenersatz)이란 법률이 규정하는 일정한 경우에, 타인이 입은 손해를 전보하여 손해가 없는 것과 같은 상태로 하는 것을 말한다. 이는 사법상 손해를 중심으로 한 당사자들 간에 스스로 당연히 있어야 할 행위이기에 어떤 의미에서는 사법상 제재라고 보지 않을 수도 있다. 그러나 형평의 원리를 달성하기 위하여 당사자의 의사에 관계없이 손해의 전보를 의무화하여 새로운 법률관계를 형성시키는 것이므로 사법상 제재의 일종으로 보는 것이다.

민법상 손해배상의무를 발생시키는 원인으로서 가장 중요한 것은 위법행위, 즉 채무불이행과 불법행위이지만[8] 일정한 경우 손해의 전보를 내용으로 한 손해담보계약을 원인으로 하는 수도 있다. 또한 위법이라고 할 만한 행위가 아니더라도, 예컨대 무과실책임과 같이 형평의 원칙상 손해배상의무가 과하여지는 경우도 적지 않다.

배상되어야 할 손해의 범위는 손해배상책임을 발생시킨 원인이 된 사실과 인과관계가 있는 것에 한정되는 것은 당연하나 다시 그 범위를 상당인과관계로써 제한하는 것이 통설이다. 단 재산적 손해와 더불어 정신적 손해까지를 포함하며 적극적 손해뿐만 아니라 소극적 손해까지도 포함한다. 손해배상은 원래 실손해의 전보를 목적으로 하고 피해자로 하여금 그 이상의 이익을 취득하게 하는 것은 그 본래의 취지에 반하므로, 손해를 받은 것과 동일한 원인으로 이익을 얻은 때에는 그 이익을 공제한다.

손해배상의 방법은 금전배상을 원칙으로 하며[9] 예외적으로 원상회복이 인정된다. 단 명예훼손의 경우에는 금전적인 손해배상만으로는 그 명예가 회복되지 못하는 경우가 있으므로 법원은 피해자의 청구에 따라 손해배상에 갈음하거나 혹은 손해배상과 더불어 명예회복을 위한 사죄광고나 공개사과 등의 처분을 명령할 수 있다.

---

8) 채무불이행에 관하여는 민법 제390조 이하를, 불법행위에 관하여는 민법 제750조 이하를 참조.

9) 민법 제394조에 「다른 의사표시가 없으면 손해는 금전으로 배상한다」라고 규정하고 있다. 불법행위에 있어서는 민법 제763조의 준용규정 참조.

2. 강제이행(혹은 강제집행)

강제이행이란 채무자가 임의로 채무를 이행하지 아니하는 경우에 채권자의 청구에 의하여 국가권력으로써 강제적으로 채권의 내용을 실현하는 것을 말한다. 그 방법으로는 직접강제와 간접강제 그리고 대체집행 및 의사표시의무의 집행 등 네 종류가 있으나 의사표시의무의 집행은 대체집행의 개념에 포함될 수 있다. 한편 용어의 사용에 있어서 강제이행과 강제집행을 같은 의미로 사용하여도 무방하다는 견해와 민법과 민사소송법에서 별개의 의미로 사용된다고 하는 견해가 있다.

직접강제는 민사소송법상 집행기관이 그 집행력에 의하여 채무자의 의사에 구속되지 않고 강제로 권리의 내용을 실현하는 강제집행을 의미한다. 우리나라의 경우 금전채무의 집행이나 특정한 동산이나 대체물의 일정한 수량의 인도청구권의 집행 등의 경우에는 이 방법을 취한다.

간접강제는 채무자가 채무를 이행하지 않는 경우, 법원이 일정한 기간내에 이행하지 않을 때에는 손해배상을 지급할 뜻을 명함으로써, 채무자를 심리적으로 강제하여 이행시키는 집행방법으로서 그 성질상 직접강제나 대체집행이 허용되지 않는 불대체적 급부에 관하여서만 가능하다. 그러나 불대체적 급부 중에서도 성격상 허용되지 않는 것이 많기 때문에[10] 결국 간접강제는 채무자의 의사에만 의존하는 급부에 대하여서만 인정된다고 할 수 있다.

대체집행은 채무자가 채무를 이행하지 않을 때에 채권자가 법원에 청구하여 그 재판에 따라서 채권자 또는 제3자로 하여금 의무내용을 실현하게 하고 그 비용을 채무자로부터 금전으로 추심하는 것을 말한다 (민법 §389②, 민소법 §692).

3. 권리의 상실(실권조치)

실권조치란 법으로 주어진 권리를 가진 자가 그 권리를 행사함에 있어 법이 허용한 범위를 벗어난 행사를 하거나 혹은 법의 규정에 위반된 행위를 함으로써 그 법률상 자격이나 권리를 상실케 하는 법적 제재를 말한다. 민법상

10) 예컨대 남편(夫)의 아내(妻)에 대한 동거청구권이나 약혼의 강제이행, 저명한 화가에게 회심의 일작을 그리게 하는 것 등은 강제하는 것이 채무의 본래적 내용을 실현할 수 없는 것이므로 이에 대하여는 간접강제가 허용되지 않는다.

규정된 각종 권리의 소멸시효에 따라 권리를 상실시키는 제도들이나[11] 친권을 남용하여 그 친권을 상실하게 되는 경우 혹은 법정대리인의 부적당한 관리로 인한 관리권 상실 선고[12] 등과 상법상 주식인수인의 실권제도(상법 §307) 등은 그 예에 속한다.

11) 민법 제162조 이하에서 규정하는 채권의 소멸시효를 비롯하여 저당권의 소멸시효(제369조), 전세권의 소멸시효(제313조) 등 많은 종류의 권리에 대한 소멸시효 규정이 있다.

12) 민법 제924조에는「부 또는 모가 친권을 남용하거나 현저한 비행 기타 친권을 행사시킬 수 없는 중대한 사유가 있는 때에는 법원은 제777조(친족의 범위)의 규정에 의한 자의 친족 또는 검사의 청구에 의하여 그 친권의 상실을 선고할 수 있다」고 규정하고 있으며 제925조에서는 관리권 상실에 관한 규정을 두고 있다.

제10장
권리와 의무(법률관계)

제1절 법률관계와 권리 · 의무

인간은 사회적 존재이기 때문에 사회적인 행위를 하게 된다. 이는 인간의 행위가 홀로 이루어져 그 자신만의 문제로 끝나는 경우도 있으나 대부분의 경우 다른 사람들에게 영향을 미치고 또 남과 관계를 맺게 되는 행위를 한다는 의미이다. 즉 사회적인 행위라고 함은 바로 상대방이 있는 행위를 말하며 이러한 다양한 행위로써 다른 사람들과 어울리는 것을 생활관계라고 한다. 그런데 이 생활관계를 크게 둘로 나누어보면 법률적인 규범의 지배를 받는 생활관계와 그렇지 않은 생활관계가 있다. 전자에는 예컨대 매매나 상속을 한다거나 혼인이나 담보제공을 하는 등의 행위들이 속하는데 이를 법률관계라고 한다. 후자에는 대표적으로 종교생활이나 도덕적 생활관계 혹은 관습적인 생활관계 등이 속하며 이를 법률관계에 대비하는 개념으로서 사실관계라고 한다. 오늘날 대부분 사람들의 행위들이 법률관계로 이루어지는 경우가 많으며, 사회가 복잡해지고 발전하여 갈수록 법률관계는 크게 확대되어 가고 있다.

그런데 법률관계는 그 내용을 분석해 보면 대개 권리와 의무라는 양측면의 관계로써 이루어져 있다. 앞의 법과 도덕의 관계에서도 밝힌 바와 같이 법이 쌍면적 규범이라 함은 바로 이 권리와 의무라는 양측면을 동시에 가진다는 의미인 것이다. 말하자면 아무런 관계에 있지 않던 사람들이 일단 법률관계를 맺게 되면 상대방에 대하여 일정한 권리를 가지면서 동시에 그에 관련된 일정한 의무를 부담하는 관계에 서게 되는 것이다. 이렇듯 법률관계에서 어느 한 쪽의 권리 · 의무는 다른 상대방에게 그 반대의 권리 · 의무로 되는 것이므로 권리 · 의무는 법률관계의 양측면이라 말하며, 따라서 이 법률관계를 곧 권리 · 의무관계라고 표현하여도 상관없음은 이 때문이다.

예컨대 아무런 관계도 없던 甲과 乙이 서로 매도인과 매수인이 되어 부동산 매매계약을 체결하는 때부터, 평소에는 모르고 지내던 金군과 李양이 중매로 만나 혼인을 하는 순간, 또 구인광고를 보고 찾아 온 노동자 A와 사업주 B와의 사이에 고용계약이 체결되면서 그들은 법률행위를 한 것이고 따라서 이들은 법률관계에 서게 되어 각자 상대방에 대하여 「무엇무엇을 요구할 수 있는 일정한 권리」와 더불어 그와 관련된 「무엇무엇을 하여야 할 일정한 의무」를 지게 되는 것이다.

그런데 법률관계가 처음부터 오늘날과 같은 형태의 권리 · 의무관계로 형성되어 온 것은 아니었다. 과거 봉건적 체제하에서는 사회구조나 관계가 단순하였기 때문에 법률관계를 맺고 있다고 하여도 신분적으로 예속된 관계였기에, 권리를 누리는 자는 군주나 봉건영주로 한정되어 있었고, 일반 인민들은 거의 금지일변도의 의무본위 법률관계 속에 있었다. 그러던 것이 근대 초기사회에 접어들면서 시민계급이 탄생되고 일반시민의 권리, 특히 재산적 권리를 중심으로 법률관계는 철저히 개인주의적인 권리본위로 인식 · 형성되었다. 이러한 사상이 바탕이 되어 개인이 법률관계를 자유로이 창설할 수 있게 되는 등 개인주의와 자유주의가 기초로 된 원리들이 주장되었으며, 소유권절대의 원리나 계약자유의 원리 등은 근대사법의 기본원리로 작용하였다. 그러나 자본주의체제의 폐해와 부조리가 심화된 20세기 사회는 개인주의적 권리사상에 사회성을 강조하는 경향이 짙어졌고, 자유주의적 사상에 책임을 강조하는 입장으로 전환되기를 강요하였다. 따라서 최근의 법률관계는 개인보다는 사회본위의 사상에 의하여 권리나 의무에 대한 관념이 수정되어 있다는 것을 명심하여야 한다.

제2절 권리의 본질

지금까지 법률관계와 권리 · 의무를 설명하였으나 그렇다면 과연 권리란 무엇인가? 이에 대하여는 법규범이 자연법적 규범이냐 실정법적 규범이냐에 따라 의의가 달라진다. 자연법상의 자연권 즉 천부인권설이 의미하는 권리는 다분히 이념적인 것을 포함하는데 자연법론의 쇠퇴와 더불어 권리는 실정법상의 것으로 되어 왔다. 그러나 그 근저에 있어서 자연법상의 권리사상이 적지 않게 영향을 미치고 있다.

1. 권리의 개념

(1) 권리는 법으로부터 비롯되는 것이다.

여기서 법이라 함은 실정법을 말하며, 권리는 법이 존재함으로써 비로소 주어지는 것이다. 따라서 법이 있어야 권리도 존재하며, 법에 의하여 주어지는 권리가 아니면 정당한 권리가 아니다. 이러한 의미에서 자연법학자들이 말하는 천부의 권리는 여기서 말하는 권리가 아니다.

(2) 권리는 법률상의 힘이다.

권리가 힘이라고 할 때 이 힘은 법률상의 힘이기 때문에 단순한 실력과는 구별되는 힘이다. 힘은 타인을 구속하거나 타인의 행위를 강제할 수 있는 것인 바, 권리란 바로 특정 · 불특정의 개인이나 단체에게 어떠한 행위를 해 줄 것을(혹은 하지 말 것을) 강제할 수 있는 힘인데 그것이 법률적인 힘이라는 점에서 단순한 실력과는 구별되는 것이다. 따라서 권리란 개인의 실력여하에 관계없이 일단 주어지면 모두 동일한 힘으로 작용하며 각인에게 평등하다.

(3) 권리는 특정이익을 향유하는 것을 목적으로 한다.

여기서 이익이라 함은 인간이 생활함에 있어 가치 있는 것을 의미하기 때문에 재산적 이익뿐만 아니라 비재산적 이익, 즉 생명, 신체, 자유, 명예 등을 포함하는 개념이다. 또한 이러한 이익은 그 향유의 주체가 막연해서는 곤란하기에 권리자 즉 권리의 주체가 특정되어야 하는 것이다. 따라서 권리는 특정이익을 향유하는 것을 목적으로 하는 것이라는 의미가 나오는 것이다. 그러나 이익이 권리의 내용을 구성하는 것은 분명하나 이익 그 자체가 권리인 것은 아니므로 이러한 이익을 향유하기 위한 법의 보호적 수단이 마련될 때에 비로소 권리가 구체화되며, 이렇게 법에 의하여 보호되는 이익을 법익이라고 부르는 것이다.

2. 권리의 종류

권리는 법에 의하여 주어지는 힘이라고 하였다. 따라서 권리란 법을 떠나서는 생각할 수 없다. 그러므로 권리의 종류도 법의 분류방법에 의해 나누어 보는 것이 일반적이다. 앞에서 우리는 법을 분류함에 있어 공법과 사법 그리고 사회법으로 나누었다. 따라서 여기에서는 공법에 의하여 주어지는 권리인 공권과 사법에 의하여 주어지는 권리인 사권, 그리고 사회법적 권리인 사회권으로 나누어 살펴보기로 한다.

(1) 공권

공권(subjective öffentliche Rechte)은 공법상의 권리를 말한다. 공법관계란 지배자로서의 국가와 피지배자로서의 국민간의 관계를 말하는데, 공권은 그 당사자인 국가나 국민이 서로의 상대방에 대하여 가지는 권리를 말하는 것이다. 즉 국가가 국민에게 대하여 가지는 권리이기도 하고, 반대로 국민이 국가에 대하여 가지는 권리이기도 하다. 이를 구별하기 위하여 국가가 국민에게 가지는 공권을 국가적 공권이라 하고, 국민이 국가에 대하여 가지는 공권을 개인적 혹은 국민적 공권이라고 한다.

(가) 국가적 공권

국가적 공권은 국가나 공공단체 또는 국가로부터 그 권한을 부여받은 자가 지배권자로서 국민에 대하여 가지는 권리이다.

국가적 공권은 우선 삼권분립적 기초로서 입법권과 행정권, 사법권으로 나누어지는 것을 비롯하여 무엇을 목적으로 하는 공권인가에 따라 행정조직권, 재정권, 군정권, 형벌권, 경찰권, 공기업(특)권 등으로 나누는데 그 내용은 다음과 같다.

우선, 행정조직권은 행정사무를 담당할 국가기관의 설치, 명칭, 조직, 기능에 관한 규정을 정하고, 그 국가기관을 구성할 자의 임면, 권한 및 의무 등을 부여하는 권리를 말한다.

재정권은 국가 또는 지방자치단체가 그 수입을 얻기 위하여 국민을 상대로 한 조세부과의 권리를 말한다.

군정권은 우리나라의 경우 징병권이라고도 하는데, 이는 군대를 유지관리할 뿐만 아니라 국가안보의 목적을 위하여 국민에게 병역 기타 그에 상응하는 부담을 과하는 권리를 말한다.

형벌권은 범죄로 인한 형법상의 효과로서 사법작용에 기하여 국민의 법익을 박탈할 수 있는 권리를 말한다.

경찰권은 사회공공의 질서를 유지하기 위하여 행정작용으로서 국민에게 명령하고 강제하여 그 자유를 구속할 수 있는 권리를 말한다.

공기업(특)권은 국가 또는 공공단체가 특정한 공익의 목적을 위하여 사업을 경영할 수 있는 권리인데 통상 국가가 경영하는 사업의 경우 독점적인 사업이 많으므로 특권이라고 하기도 한다.

또 국가적 공권은 권리의 내용을 기준으로 하여 그 내용이 명령적인 내용인 경우에는 명령권 혹은 하명권이라 하고, 국민들의 신체나 재산에 강제적인 힘을 행사할 수 있는 권리인 경우에는[1] 강제권이라고 하며, 법률상의 권리를 설정 · 변경 · 소멸하게 하는 경우에는 형성권이라고 한다.

이상과 같은 국가적 공권의 특징은 원칙적으로 국가측에서 일방적으로 정할 수 있으며, 스스로의 힘으로 강제할 수 있다는 데에 있다.

(나) 국민적(개인적) 공권

국민적 공권은 피지배자로서의 국민이 지배자인 국가에 대하여 가지는 권리이므로 대체로 국가적 · 공익적 견지에서 인정되는 경우가 많다. 따라서

---

1) 여기에는 체포, 구금, 압수, 수색, 재산압류, 재산의 사용 및 처분 등의 권리가 있다.

경제적 가치를 내용으로 하는 일부의 권리를 제외하고는 대부분 일신전속적인 성질을 가지며 이전성이 없고 또 그 포기가 인정되지 아니하는 것이 특징적이다.

국민적 공권의 종류로는 우선 국가로부터 개인의 자유를 침탈당하지 아니할 권리인 자유권이 있다. 이는 국가로부터 부당한 간섭을 받지 아니할 권리라는 소극적 의미를 가지는 것에 특징이 있고, 우리나라의 경우 헌법상 구체적인 자유권을 보장받고 있다.[2] 또 국민이 국가에 대하여 국가가 자기를 위하여 적극적으로 활동할 것을 요구할 수 있는 권리인 수익권 혹은 요구권이 있다. 예컨대 교육을 받거나 근로를 할 수 있도록 해 줄 것을 요구하거나 각종 청원권, 재판청구권, 손해배상청구권 등이 그것이다. 다음은 참정권으로서 이는 국민이 국가 또는 공공단체의 공적인 업무에 참여할 수 있는 기회를 가질 수 있는 권리이다. 여기에는 대표적으로 국민투표권과 공무원선거권 그리고 공무담임권 등이 있다.

(다) 국제법적 공권

국제법적 공권이란 국제법상의 주체인 국가가 자국의 존립과 관련하여 다른 국가나 국제단체에 대하여 가지는 국제법상 인정된 권리를 말한다. 국제법이 공법에 속하므로 국제법상의 권리를 공권으로 분류하는 것이다.

여기에 속하는 권리로는 첫째, 한 국가가 대내외적으로 자신의 자유로운 의사에 따라 다른 국제법상의 주체와 독자적으로 관계를 맺을 수 있는 독립권이 있고, 둘째, 국가가 국제법상 다른 국가와의 상호관계에 있어 동등하게 취급될 권리인 평등권 혹은 상호존중권과, 셋째, 자국의 이익이 타국의 물리적 힘이나 행위에 의하여 침해될 경우 이를 자구적인 차원에서 같은 내용의 힘이나 행위로써 배제할 수 있는 권리인 자위권이 있으며, 넷째, 국가가 그 존립을 위하여 어떠한 조치나 행위를 할 수 있는 일체의 자유로운 권리인 자존권[3], 다섯째, 다른 국가와 상호 외교관계를 유지하고 인적·물적인 교통

---

2) 우리헌법상 신체의 자유를 비롯하여 거주이전, 직업선택, 통신과 종교, 양심, 언론·출판·집회·결사의 자유 등이 있다.

3) 자위권과 자존권의 차이는 일반적으로 자위권이라고 하면 군사적인 의미가 강하고 자존권이라 하면 경제적인 의미가 강한 것으로 인식하고 있다. 그러나 자존권의 내용

을 허가하는 권리인 교통권 등이 있다.

(2) 사권

사권(private rights; subjective private Rechte)이란 사법관계, 즉 재산과 신분에 관한 법률관계에 있어서 인정되는 권리를 말한다.

역사적으로 보아 사권은 공권에 대립하는 관념으로서 개인주의적 법률관에 있어서는 신성불가침의 권리로 인식되었다. 그러나 근래에 와서 법이 사권을 인정하는 이유가 결국 사회의 향상과 발전을 위하여 필요하기 때문이라고 생각하기 시작하면서 사권의 내용과 행사도 공공복리에 의하여 제한되며 이에 위반하면 권리의 남용이라고 인식하기에 이르렀다.

이러한 사권의 주체가 될 수 있는 자는 자연인과 법인이며, 자연인은 출생과 더불어 당연히 사권의 주체로 될 수 있는 능력을 취득한다. 사권은 여러 가지 기준에 의하여 다음과 같이 분류할 수 있다.

(가) 효력의 범위

① 절대권 : 권리의 대외적 효력이 다른 사람에 대하여 절대적으로 미치는, 즉 누구에게나 주장할 수 있는 권리를 말하는 데 대세권(對世權)이라고도 한다. 이 절대권의 침해는 누구에게라도 그것은 불법행위로 되어 손해배상책임이 발생하게 된다. 이에는 물권, 인격권, 무체재산권 등이 있다.

② 상대권 : 이는 절대권과는 달리 누구에게나 주장할 수 있는 권리가 아니라 특정한 사람에게만 주장하고 대항할 수 있는 권리로서 대인권(對人權)이라고도 한다. 따라서 상대권은 특정한 의무자가 정해지게 되며, 이 권리가 침해되더라도 곧 불법행위가 되는 것은 아니고 그 침해의 정도나 침해의 내용에 따라 불법행위로 될 것인지의 여부가 결정된다. 이 권리에는 채권이 대표적인 예이다.

(나) 권리의 내용(법익)

① 인격권 : 권리의 내용이 그 권리자의 인격과 분리되어서는 생각할 수

에도 자원개발권과 같은 경제적인 의미 외에도 국가존립을 위한 군비를 갖추는 것 등과 같은 개념도 포함된다. 다만 자위권과의 차이는 자존권이 국가존립을 위한 사전적 개념이라면 자위권은 사후적인 개념으로 이해될 수 있다는 데에 있다.

없는 이익일 경우의 권리를 인격권이라고 한다. 따라서 생명이나 신체, 자유, 성명 등에 관한 권리가 이에 속한다. 이는 인격과 결부된 권리이기 때문에 거래의 대상이 되지 아니하며 양도할 수도 없다. 이 인격권은 적극적·능동적인 권리가 아니라 소극적·수동적 권리인 점에 특징이 있다. 말하자면 내가 인격권을 가지고 있기 때문에 남에게 어떠한 행위를 해 줄 것을 요구할 수 있는 권리가 아니라, 자신의 인격이 침해되었을 때 비로소 인격권을 이유로 하여 그 침해로 인한 손해를 배상하여 줄 것을 청구할 수 있는 권리인 점에 의의를 가지는 특징이 있다.

② 신분권 : 이는 일정한 신분적 관계에 있는 자들 사이에 그 신분적 관계로 인한 이익을 주목적으로 하는 권리이다. 즉 부부나 가족, 친족, 친자 등의 관계로 인하여 가지게 되는 이익, 곧 부부간에 동거를 청구할 수 있다거나, 서로 협력하여야 한다거나, 부양을 청구할 수 있다거나, 혹은 자식에 대하여 부모가 친권을 행사한다거나, 상속을 하는 것 등을 내용으로 하는 권리이다. 이들은 모두 서로간에 일정한 신분관계를 가지고 있기에 가능한 이익들이므로 아무나 가질 수 있는 것이 아니다. 따라서 일신전속적이며 거래의 대상이 되지도, 포기할 수도 없음이 원칙이다. 이 신분권은 가족관계를 전제로 하여 발생하는 권리이므로 가족관계의 유지나 발전을 명제로 하는 권리이다. 따라서 권리와 동시에 의무의 성격도 강하게 띠는 이중적 성격을 가진다.

③ 재산권 : 이는 권리의 내용이 경제적·금전적·재산적 이익을 목적으로 하는 경우의 권리를 말한다. 따라서 재산적으로 가치있는 것이면 무엇이든지 이 권리의 대상이 될 수 있다. 가장 대표적인 것은 물건에 대한 지배의 권리인 물권과[4] 특정한 상대방에게 특정한 행위를 요구할 수 있는 채권이며, 그 밖에 저작권이나 특허권·상표권과 같은 무체재산권, 그리고 법인의 사원으로서 가지는 권리인 사원권 등이 있다.

(다) 권리의 행사유형(작용형태)

① 지배권 : 이는 권리자가 권리의 객체에 대하여, 다른 사람의 도움이나

---

4) 물권에 대하여는 민법 제2편에서 규정하고 있다. 물권 중 가장 완벽한 물권은 소유권이며, 그 밖에 점유권과 용익물권 및 담보물권이 있다. 용익물권에는 지상권·지역권·전세권이 있고, 담보물권에는 유치권·질권·저당권이 있다.

간섭없이, 직접 그리고 단독으로 모든 것을 실현할 수 있는 권리를 말한다. 물권이나 무체재산권 등이 이에 속한다.

② 청구권 : 이는 타인에 대하여 일정한 행위를 해 줄 것을 혹은 하지 않을 것을 요구할 수 있는 권리를 말한다. 이는 지배권과는 달리 상대방이 있는 권리이므로 타인의 도움이나 행위의 개입을 필요로 한다. 이의 전형적인 것이 채권이고, 그밖에 물권적 청구권과 친족권 중 일부가 청구권인 경우가 있다.

③ 형성권 : 이는 권리를 가진 자가 상대방의 동의나 승낙 등의 절차를 거치지 않고 일방적 행위에 의하여 일정한 법률효과를 발생하게 할 수 있는 권리를 말한다. 예컨대 사기나 강박에 의한 의사표시의 취소권[5]과 채무불이행의 경우 계약해제권, 동의권, 상계권, 추인권 등이 여기에 속하는 권리이다.

④ 항변권 : 이는 타인의 청구에 대하여 거절할 수 있는 권리를 말한다. 그러나 이 항변권은 타인의 청구권 행사를 부인하는 권리가 아니고 청구의 작용을 일시적으로 정지시키거나 배척하는데 그친다. 예컨대 보증인이 채권자에게 대하여 할 수 있는 주채무자의 재산추심의 최고권이나 검색의 항변권이(민법 §437) 있고, 통상의 쌍무계약에서 동시이행의 항변권(민법 §536①) 등도 항변권의 대표적인 예에 속한다.

㈑ 기 타

그 밖의 기준으로서 권리가 주체와의 관계에 있어 분리될 수 있는 성질의 것인가의 여부에 따라 일신전속권과 비일신전속권으로 나누기도 하고 권리 자체의 독립성 여하에 따라 주권리(주된 권리)와 종권리(종된 권리)로 나누는데, 주권리란 다른 권리와의 관계에 영향없이 완전히 독립하여 존재할 수 있는 권리를 말하고, 종권리란 주된 권리에 딸려있는 권리로서 독립적으로는 존재할 수 없는 권리인데 주권리와 운명을 같이 한다.[6]

---

5) 민법 제110조 제1항에는 「사기나 강박에 의한 의사표시는 취소할 수 있다」라고 규정하고 있다.

6) 예를 들면, 갑이 을에게 자기 가옥을 담보로 하여 1억 원의 금전을 차용하는 경우 을은 갑에게 1억 원의 피담보채권과 가옥에 대한 저당권을 가지게 된다. 이때 1억 원의 채권은 주된 채권이 되고 가옥에 대한 저당권은 종된 권리가 된다. 따라서 갑이 1억 원을 변제하면 저당권은 자동적으로 소멸하는 것이다.

(3) 사회권

법을 분류함에 있어 공법과 사법의 중간적 성격을 가진 법의 영역을 사회법이라 하였고, 그 사회법상 인정되는 각종의 권리를 사회권이라고 한다. 그러므로 사회권은 공권이나 사권과는 달리 그 종류에 따라 어떤 권리는 국가에 대한 권리의 성격을 가지고, 또 어떤 권리는 사인에 대한 권리의 성격을 가지기도 한다.

사회권은 사회법의 역사가 그러하듯 자본주의의 모순을 극복하기 위한 과정에서 발생한 권리일 뿐만 아니라 원래 개인간의 법률관계라고 생각하던 분야에 빈익빈 부익부의 심화로 인한 소득불균형의 시정과 공정한 경쟁체제의 확립, 그리고 국민의 기본적인 생존의 보장을 목표로 국가가 적극적으로 개입하여 비로소 구체화된 권리이다. 따라서 자본이 없는 대다수의 시민계급의 생존을 위한 권리라는 점에서 생존권적 기본권이라고도 한다.

사회권의 종류로는 헌법상 규정되어 있는 교육을 받을 권리나 근로의 권리(헌법 §31, §32) 및 근로자의 근로삼권[7], 사회보장에 관한 권리[8], 국가로부터 혼인이나 가족생활의 보장 및 모성과 보건보호에 관한 권리(헌법 §36 ①~③) 등이 있다.

3. 권리와 구별하여야 할 개념

(1) 권한

권한(competence; Zuständigkeit)이란 공법상으로는 행정기관이 법률상 유효하게 국가 또는 공공단체의 행위를 할 수 있는 범위를 가리키는데, 관할이라고도 한다. 행정기관이 가지는 권한의 내용과 범위는 헌법이나 법률 혹은 명령으로써 결정된다. 이 권한에도 지역적 · 사항적 · 인적인 범위에 따라 일정한 한계가 있다. 이 한계 내에서 그 사무를 처리하는 것은 그 기관의 직권인 동시에 직무이기도 하다. 일반적으로 권한을 초과하는 행위 또는 권한 없이 한 행위는 하자있는 행위로서 완전한 효력을 발생하지 못한다.

---

7) 헌법 제33조 제1항의 규정에 의한 권리이며, 이는 근로자의 단결권, 단체교섭권, 단체행동권 등이다.

8) 여기에는 헌법 제34조에서 보장하는 인간다운 생활을 할 권리(제1항)와 생활능력이 없는 국민의 생활보호에 관한 권리(제5항) 등이 포함된다.

사법상 권한의 의미도 대리인 또는 법인의 기관이 법률상 또는 계약에 의하여 유효하게 행할 수 있는 행위의 범위를 말한다.

(2) 권능

권능(Befugnis)이란 법률상 인정되어 있는 능력이라는 뜻이나, 다른 여러 가지의 의미로도 사용된다. 즉 법인의 기관과 관리인 혹은 대리인 등이 행할 수 있는 모든 것을 의미한다는 데에서는 권한이나 직권과 같고, 때로는 권리와 비슷한 의미로도 쓰인다.

그러나 권능은 권한이나 권리라는 용어보다는 융통성이 넓다. 왜냐하면 권능이란 능력의 범위나 한계보다는 그 내용 내지 작용에 중점을 둔 용어이기 때문이다. 어떤 학자는 권능이란「권리 중에 포함된 개개의 작용을 말한다」라고 정의를 내리기도 하는데, 가령「물건의 소유권자는 그 물건을 사용할 권능과 수익의 권능 및 그 물건의 처분에 관한 권능을 가진다」라고 하는 말은 권능을 이해하는 적절하고 대표적인 예이다.

(3) 권원

권원(title; Rechtstitel)이란 어떤 법률적 또는 사실적 행위를 하는 것을 정당화하는 법률상의 원인을 말한다. 예컨대 타인의 토지 위에 자신의 물건을 부속시키려면 그만한 근거가 있어야 한다. 따라서 그러한 근거는 그 타인의 토지를 정당하게 사용할 수 있는 법률행위가 있어야 하고 그 행위를 통하여 지상권이나 임차권 등이 설정되는 바, 바로 이 지상권이나 임차권 등이 그 권원인 것이다.

4. 권리의 행사

권리의 행사란 권리의 내용을 실현하는 행위를 말한다. 즉 권리의 내용이 특정한 이익이므로 그 이익을 향유하기 위하여 하는 행위를 의미하는 것이다.

그러므로 권리행사의 형태는 권리의 내용이 무엇인가에 따라 달라진다. 물권과 같은 지배권에 있어서는 권리의 행사가 주로 사실행위일 수밖에 없으며, 채권과 같은 청구권의 경우에는 급부를 청구하고 수령하는 행위이며, 형성권의 경우에는 의사표시를 하는 자체가 권리의 행사인 것이다.

이와 같이 권리의 행사는 보통 권리의 내용을 그 권리의 주체를 위하여 직접 실현하는 것을 의미하지만 좀더 넓은 뜻으로는 권리자체를 처분하는 것도 포함한다. 예를 들면 소유권을 양도한다든가 하는 행위도 권리의 행사인 것이다.

또 권리의 행사는 보통 권리의 주체가 그 스스로 직접 행하는 것이나, 경우에 따라서는 타인, 즉 대리인이나 관리인 등에 의하여 행하여지는 수도 있다.

권리행사의 역사를 보면 처음부터 오늘날과 같은 권리행사의 방법이나 한계가 정해진 것이 아니고, 시대에 따라 권리행사에 대한 원칙이나 인식도 바뀌어 현재에 이르게 되었다.

즉 초기 근대사회에서는 소위 개인주의와 함께 개인이 가지는 권리에 대하여는 천부적이고 절대적이라는 인식이 팽배해 있었기 때문에 개인의 권리행사에는 거의 제한이 가해지지 아니하였다. 즉, 권리를 행사하든 아니하든 그것은 절대적으로 권리자의 자유였고, 「자신의 권리를 행사하는 사람은 아무도 害하는 것이 아니다」라는 말도 로마법 이래 권리행사의 자유의 원칙을 나타낸 표현이기도 하다. 말하자면 초기 근대시민법은 개인본위, 권리본위로 운영되었고 사회본위나 의무본위로는 운영되지 아니하였다는 의미이다.

그러나 사회가 복잡하게 발전하고 자본주의의 폐해가 누적되면서 권리에 대한 인식도 변화하기 시작하였다. 20세기에 접어들면서 사회사상의 변화와 더불어 개인의 권리행사에도 사회적 타당성이 그 기준으로 작용하기 시작하였고, 공익을 위해서는 개인의 권리도 제한되어야 한다는 생각이 근대시민법의 기본원리의 수정을 가져오게 하였다. 자신의 권리를 행사하는 자는 아무도 해치는 것이 아니라는 말은 이미 사회적인 법원리가 아니었고, 권리에는 의무가 수반된다든가 권리의 행사는 동시에 그 사회의 공동이익에 봉사해야 한다는 생각이 일반적이었고 나아가 그러한 규범이 나타나기도 하였다.[9] 따라서 이는 개인의 권리도 사회의 공동이익을 위해서는 제한할 수 있

9) 1919년 독일의 바이마르(Weimar) 공화국 헌법 제153조 제3항에는 「소유권은 의무를 진다. 그 행사는 동시에 공동선을 추구해야 한다(Eigentum Verpflichtet. Sein Gebrauch

다는 의미이고, 만일 이러한 사회의 공공성과 사회성에 위배되는 권리의 행사는 소위 권리의 남용으로 인정되어 그 권리자체나 권리행사에 제한이 가해지게 된다.

우리나라에서도 20세기초 서구 유럽으로부터 확립된 이러한 원칙을 받아들여 권리를 행사하고 의무를 이행할 때에는 신의를 지켜 성실하게 수행하도록 규정하고, 권리는 어떠한 경우라도 남용해서는 안된다는 원칙을 법으로써 마련하고 있을 뿐만 아니라,[10] 이러한 원칙에 위배되는 권리의 남용이 있을 경우에는 그에 대한 적절한 제재나 법률적 불이익이 주어지게 되고, 남용이 심한 경우에는 권리가 박탈되기도 한다.

제3절 의무의 본질

1. 의무의 의의

의무(Pflicht; duty)란 규범에 의하여 과하여진 구속이다. 즉 자신의 의사여하에 관계없이 일정한 행위를 하여야 할 법적인 강제 혹은 구속을 말한다. 자신의 의사와 관계없이 주어지는 것이라는 점에서 의무는 선택적인 것이 아니라 의무자가 일정한 작위 또는 부작위를 하도록 법에 의하여 구속됨을 의미하며, 대부분의 의무는 권리에 상응하는 개념이다. 또 일정한 행위에는 작위와 부작위를 모두 포함하며, 법적인 강제나 구속이라는 점에서 도덕적인 의무와 구별될 뿐만 아니라 의무의 이행은 반드시 법에 의하여야 한다.

의무의 본질에 관하여는 권리본질의 학설과 같이 여러 가지 학설이 있으나 현재는 일정한 작위 또는 부작위하여야 할 법적 구속력라고 하는 권리법력설에 대응하는 견해에 대부분 동조하고 있다.

---

soll zugleich Dienst sein fur das gemeine Beste)」라고 규정하고 있다.

10) 현행민법 제2조에는「권리의 행사와 의무의 이행은 신의에 좇아 성실히 수행하여야 한다(제1항). 권리는 남용하지 못한다(제2항)」라고 규정하고 있다. 제1항을 신의성실의 원칙이라고 하고, 제2항을 권리남용금지의 원칙이라고 하는데 이는 민법의 전반에 걸쳐 적용되는 대원칙적인 규정임과 동시에 가장 폭넓게 적용되는 규정이기 때문에 학자들은 이를 제왕규정이라고 부르기도 한다.

2. 의무의 종류(분류)

우선 법을 공법과 사법 그리고 사회법으로 나누어 보았듯이 의무도 공의무와 사의무 그리고 사회의무로 나누어 볼 수 있다. 앞에서 살펴본 권리에 상응하는 의무의 분류를 살펴보면 다음과 같다.

(1) 공의무

공의무는 공법관계에서의 의무를 말한다. 즉 국가와 국민과의 관계에서 상호간에 가지는 의무를 가리키는 것이다. 따라서 국가가 국민에 대하여 가지는 의무를 국가적 공의무, 국민이 국가에 대하여 가지는 의무를 국민적 공의무라고 한다. 그리고 국제법적인 의무를 국제법상의 공의무라고 한다.

(가) 국가적 공의무

국가가 국민에 대하여 일정한 권리를 가지는 것에 대응하여 일정한 의무도 진다. 이를 국가적 공의무라고 하는데, 여기에 속하는 것은 대체로 국민이 국가에 대하여 가지는 권리의 이면으로 존재하는 것들이다. 왜냐하면 국민이 국가에 대하여 일정한 권리를 가진다는 것은 반대로 생각해 보면 국가로서는 의무라고도 할 수 있기 때문이다. 예컨대 국민이 국가에 대하여 자유권을 가지기 때문에 국가는 그 국민의 자유를 보장하여야 할 의무가 있는 것과, 국민의 참정권에 대하여 국가는 이를 수용하여야 할 의무가 있는 것 등이다. 따라서 일반적으로 국민이 국가에 대하여 가지는 기본적 권리에 대하여는 모두 그에 상응하는 국가적 공의무가 존재한다고 생각하면 좋을 것이다.

(나) 국민적 공의무

이는 국가적 공권에 대응하는 개념으로서 국민의 국가에 대한 일정한 의무를 말하는 데, 그렇다고 하여 반드시 국가적 공권에 일대일로 상응하는 의무는 아니다. 이에 속하는 의무로서는 납세의 의무, 병역의 의무, 근로의 의무, 재판복종의 의무, 공용비용부담의 의무 등이 있다.

(다) 국제법상의 공의무

국제법상의 공의무는 국가가 국제법상 일정한 권리를 가지는 만큼 일정한 의무를 지는 것은 당연하므로 이러한 국제법상의 의무를 말한다.

이 의무는 일반적인 국제법상의 조직에 가입하거나 혹은 국제법적인 효력을 가지는 협약이나 선언에 서명이나 동의를 함으로써 발생하는 경우도 있고, 국제법상의 이해당사자끼리의 조약에 의하여 발생하는 경우도 있다.

(2) 사의무

사의무(私義務)란 각종의 사법관계에서 발생하는 사권에 대응하는 의무를 말한다. 이는 사인상호간에 일정한 법률행위로 인하여 발생하는 권리와 의무관계가 가장 대표적이며, 여기에 국가나 공공단체가 통치적 작용으로서가 아니라 사인의 자격으로 사인과 사법적인 법률관계를 맺을 때 국가나 공공단체와 사인간에 발생하는 권리와 의무관계도 포함된다. 통상적으로 사의무는 사권과 거의 일대일로 대응하는 것이므로 권리의 행사와 의무의 이행을 함께 생각하면 대개의 권리에는 그에 상응하는 의무가 존재한다고 보아야 한다. 예컨대 채권자가 있으면 반드시 채무자가 있게 마련이고, 어떤 사람에게 일정한 물건에 대한 물권이 있다면 그 외의 다른 사람들은 그 물권을 침해하지 않아야 할 의무가 있는 것이다. 부모와 자식간에 친권이 존재한다고 할 때에 친권의 행사자가 있다면 친권에 따라야 하는 자가 있는 것이다.

(3) 사회의무

사회의무란 다소 생소한 표현이지만 사회법상의 권리인 사회권에 대응하는 개념이다. 즉 앞에서 살펴본 바와 같이 근로자에게 근로삼권이 있다면 이 근로삼권을 보장하여야 할 의무가 국가나 사용자에게 있는 것이다. 나아가 근로자도 이 근로삼권을 남용하여 근로삼권을 인정한 취지에 어긋나는 행동을 하지 않을 의무가 있으며, 협약을 준수할 의무도 진다. 교육을 받을 권리가 국민에게 있다면 국가는 교육을 공급하여야 할 의무가 있으며, 사회보장제도에 의한 혜택을 누릴 권리가 국민에게 있는 만큼 국가는 사회보장제도를 개발・유지・보급하여야 할 의무가 있는 바, 이러한 것들이 사회의무이다.

또한 의무를 내용적인 면에서 분류하면 다음과 같이 작위의무와 부작위의무로 나눌 수 있다.

(4) 의무의 내용적 분류

(가) 작위의무

작위의무란 의무의 내용이 의무자에 의한 적극적인 동작이 있어야만 실현될 수 있는 경우의 의무를 말한다. 말하자면 의무자가 직접 노무를 제공한다든가, 돈을 돌려주어야 한다든가 하는 행위를 하여야만 그 의무를 다하는 경우를 말하는 것이다. 통상 행위를 작위와 부작위로 나누어 신체의 적극적인 동작을 작위라고 하는 점에서 이를 적극적 의무라고도 한다.

(나) 부작위의무

부작위의무란 의무의 내용이 의무자가 아무런 행위를 하지 않아야만 실현될 수 있는 경우의 의무를 말한다. 여기에서 부작위란 아무 것도 하지 아니하고 무작정 가만히 있는 것이 아니라, 규범적으로 기대된 일정한 작위를 하지 아니하는 것을 말한다. 부작위를 신체의 소극적인 외부적 동작이라고 하므로 이를 소극적 의무라고도 한다. 이 의무의 대표적인 경우가 상법상 경업금지 혹은 피지(避止)의무 등이다.[11]

3. 의무의 이행

의무의 이행이란 권리의 행사와 상관관계에 있다. 이는 권리나 의무가 전혀 독립적으로 존재하는 것이 아니라 권리나 의무가 동일한 관계의 양면을 형성하고 있기 때문에 의무의 이행이란 곧 상대방의 권리의 실행에 따른 것이 된다. 따라서 의무는 권리의 또 다른 면이요 권리와는 상대적인 측면에서 이해되어야 한다. 그러나 권리의 이면이라 하더라도 의무는 권리와는 성격을 달리하는 것이다.

즉 권리를 행사함에 있어서는 그 권리자의 행사에 대한 어느 정도의 자유

---

11) 상법은 제17조에서 상업사용인에게 자기가 고용되어 있는 영업주와 경쟁적인 영업을 자기나 제3자의 이익을 도모하기 위하여 영위하지 못하도록 하는 의무를 규정하고 있다. 이러한 의무를 경업피지의무 혹은 경업금지의무라고 하는데 대표적인 부작위의무에 속한다. 그런데 이러한 종류의 의무를 부담하는 자는 상업사용인 외에도 영업양도인(제41조)이나 대리상(제89조), 합명회사의 사원(제198조), 합자회사의 사원(제269조), 주식회사와 유한회사의 이사(제397조, 제567조) 등이 있다.

가 인정이 되나, 의무는 의무자가 그 의무를 이행하든 하지 아니하든 자유가 아니라 일단 의무가 있으면 그것은 강제적으로 요구되는 것이다. 그러므로 의무는 신의에 좇아 성실히 수행하여야 한다. 우리나라의 민법에서도 제2조 제1항에 신의성실의 원칙을 천명하고 있는 바, 이는 의무이행의 기준과 원칙을 나타내는 것으로서 의무에 대하여는 이것이 시작이요 끝이라고 해도 과언이 아니다.

제4절 권리 · 의무의 변동

1. 권리 · 의무의 주체와 객체

권리와 의무가 존재한다는 것은 그 권리와 의무가 어느 누구에게든지 구체적으로 귀속해 있다는 것을 의미하고, 또 당연히 그러해야 한다. 이렇게 권리와 의무가 귀속되어 있는 자를 권리 · 의무의 주체라고 한다. 그리고 이러한 권리 · 의무의 주체가 될 수 있는 법적 지위나 자격을 권리능력 또는 법인격이라고 한다.

권리 · 의무의 주체가 될 수 있는 자는 자연인과 법인이다. 법인은 자연인이 아니면서도 자연인처럼 권리능력을 가질 수 있고, 독자적으로 유효한 법률행위를 할 수 있도록 법이 인격을 부여한, 즉 법이 만들어 낸 제도적 인격체이다. 이를테면 법은 사람의 단체나 재산의 단체에 이렇게 인격을 부여하여 전자는 사단법인이라 하고 후자는 재단법인이라고 하여 인격체를 창조한 것이다. 따라서 생명이 유한한 자연인이 무한정 활동할 수 없는 결점을 근대법은 법인이라는 제도를 통하여 보완함으로써 권리 · 의무의 주체인 사람의 활동에 있어 그 지속성과 영구성을 보장한 셈이다.

권리 · 의무의 객체는 권리 · 의무의 목적으로서 지배하는 것 혹은 지배되는 것을 말한다. 따라서 앞에서 이미 지적하였듯이 권리의 객체는 생활상 가치 있는 이익이며, 의무의 객체는 불이익이 될 것이다. 권리 · 의무의 객체에는 구체적으로 무체물 및 유체물로 나누어 생명, 자유, 명예, 정조, 비밀, 발명, 고안, 저작, 물건(전기나 관리가능한 자연력인 태양에너지나 원자력 등), 인간의 행위 등이 포함된다.

2. 권리 · 의무 변동의 의의

권리 · 의무의 변동이란 권리 · 의무의 발생, 변경, 소멸을 말한다. 이는 권리와 의무가 결국은 상관관계에 있으므로 권리의 변동, 즉 발생, 변경, 소멸과 같고 법률관계의 발생, 변경, 소멸과 같은 의미이기도 하다. 따라서 이를 권리의 주체를 중심으로 표현하면 권리의 취득, 변경, 상실로 나타낼 수도 있다.

권리 · 의무의 변동은 사람의 정신적 작용에 기하지 않은 사건에 의하여 발생하기도 하고, 사람의 정신적 작용에 기한 행위에 의하여 발생하기도 하는 등 그 원인은 여러 가지이다. 이렇게 권리의 변동을 일으키는 각종의 조건 내지 원인을 통틀어 법률요건이라고 하고, 이에 따른 법적 결과를 법적 효과라 한다. 그러므로 권리 · 의무의 변동을 논리적으로 말하면 법률요건의 충족에 따라 나타나는 법적 효과라고 할 수 있다. 이를 권리 · 의무의 주체를 기준으로 하여 나누어 살펴보면 다음과 같다.

3. 권리 · 의무 변동의 종류

(1) 권리 · 의무의 취득(발생)

권리 · 의무의 취득이란 특정한 권리 · 의무가 어떤 원인에 의하여 특정한 주체에 결합하는 것이다. 이를 권리 · 의무의 주체적 입장에서 보지 않고 객관적으로 보면 권리 · 의무의 발생이다. 권리 · 의무의 취득에는 원시취득과 승계취득이 있다.

원시취득은 타인으로부터 전래적으로가 아니라 독립해서 권리를 취득하는 것이다. 말하자면 다른 사람의 권리에 근거하지 않고 사회적으로 존재하지 않던 것을 새로 취득하는 것이다. 따라서 이를 권리의 절대적 취득이라고도 하며, 前主의 권리는 취득의 결과 당연히 소멸하는 것이다. 이는 승계취득에 대립하는 개념으로서 前권리주의 권리를 승계하는 것이 아니라 독립하여 권리를 취득하는 것이므로 비록 前권리주의 권리에 제한이나 부담 또는 하자가 있다고 하더라도 취득자는 그러한 제한 또는 부담・하자를 승계하지 않고 완전한 상태로 권리를 취득한다는 데에 특징이 있는 것이다. 이점에서 승계취득과 다르다.

예를 들어 보면 일반적으로 인격권이나 가족법상의 권리들은 대체로 원시취득에 해당되고, 재산적 권리의 경우 무주물 선점이나,[12] 유실물 습득,[13] 시효에 의한 취득[14] 등이 있다.

승계취득은 어떤 권리를 다른 사람의 권리에 기초하여 취득하는 것이다. 이는 원시취득에 상대되는 개념이며, 권리의 주체만이 달라지는 것이기 때문에 상대적 취득이라고 한다. 예컨대 상속이나 양도 등에 의하여 권리를 취득하는 경우가 그것이다.

승계취득에는 포괄승계와 특정승계가 있는데, 포괄승계란 전주의 권리를 단일원인에 의하여 일체로서 승계하는 것이며 상속이나 회사의 합병[15] 등이 이에 속한다. 특정승계는 여러 가지 개별적인 원인, 즉 계약 등에 의하여 권리를 승계하는 것이다.

또한 승계취득은 前主의 권리와 완전히 동일한 권리를 그대로 취득하는 이전적 승계와 前主의 권리에 기하여 이와 다른 별개의 권리를 취득하는 설정적 승계가 있다. 소유권의 양도와 채권의 양도 등은 전자에 속하고, 저당권

---

12) 민법 제252조에서는 무주물의 귀속에 대하여 규정하고 있다. 즉 무주의 동산을 소유의 의사로 점유한 자는 그 소유권을 취득하며(제1항), 無主의 부동산은 국유로 하고(제2항), 야생하는 동물은 무주물이며 사육하던 동물이라도 야생의 상태로 돌아가면 무주물로 한다(제3항).

13) 민법 제253조에서는 유실물의 소유권취득에 관하여 규정하고 있다. 즉 유실물은 법률에 정한 바에 의하여 공고한 후 1년 내에 그 소유자가 권리를 주장하지 아니하면 습득자가 그 소유권을 취득한다.

14) 민법 제245조와 제246조에서는 점유로 인한 부동산소유권의 취득과 동산소유권의 취득에 관하여 각각 규정하고 있다. 즉 부동산의 경우 미등기된 부동산은 20년간의 점유로써, 등기된 부동산은 10년간의 점유로써 소유권을 취득하도록 하였으며, 동산의 경우 10년간의 점유로 인하여 소유권을 취득하되 점유의 원인이 선의이거나 무과실일 경우에는 5년으로써 소유권을 취득하도록 하였다(제246조 제2항).

15) 민법 제1005조는 상속과 포괄적 권리의무의 승계를 규정하고 있는 바, 상속인은 상속이 개시되면 피상속인의 재산에 관한 포괄적 권리의무를 승계하도록 하고 있다. 또 상법 제235조에서는 합병으로 인하여 존속 또는 설립된 회사가 합병으로 인해 소멸한 회사의 권리의무를 승계하도록 하여 포괄적 승계를 규정하고 있다.

이나 지상권, 전세권 등의 설정으로 인한 타물권의 취득 등은 후자에 속한다. 예컨대 甲이 乙의 집에 전세를 들어 산다면 甲은 전세권을 가지게 되는데, 이때 甲의 전세권은 乙의 소유권에 기초한 제한된 물권인 전세권을 단지 계약에 의하여 취득하는 것이다.

승계취득은 원시취득과 달라, 前主의 권리에 부착되어 있던 부담 · 제한 등이 원칙적으로 취득자에게 승계된다.

(2) 권리 · 의무의 변경

권리 · 의무의 변경이란 권리 · 의무 그 자체는 계속 유지되면서 그 주체나 내용 그리고 효과 등에 변경이 생기는 것이다. 따라서 이것은 권리 · 의무의 본질이 변하는 것이 아니라 그 형태만이 변하는 것이기 때문에 권리 · 의무의 발생이나 소멸과는 다르다. 권리 · 의무의 변경의 종류를 보면 다음과 같다.

첫째, 권리 · 의무의 주체 변경은 권리 · 의무의 승계취득과 같다. 승계취득에 대하여는 앞에서 살펴본 바가 있으므로 설명을 생략한다. 다만 주체가 1인에서 수인으로 바뀌거나 그 반대의 경우도 주체의 변경으로 인한 권리 · 의무의 변경이라 할 수 있다.

둘째, 권리 · 의무의 내용 변경은 권리 · 의무의 성질이나 수량이 변하는 것이다. 즉 물건의 인도를 내용으로 하는 채권이 손해배상청구권으로 변경된다든가[16] 무이자인 채권이 이자부채권으로 바뀌는 경우와, 원래의 토지소유권 면적에서 홍수나 지진 등으로 토지소유권의 면적이 증감하거나 이자로 인하여 채권의 금액이 증가하는 경우 등이 그 예에 속한다.

(3) 권리 · 의무의 상실(소멸)

권리 · 의무의 상실이란 특정한 권리 · 의무가 어떤 법적 원인에 의하여

---

16) 이러한 경우의 구체적인 사례는 자동차나 기타의 물건을 인도하여야 할 채무가 있는 자가 자신의 부주의나 기타의 사유로 그 물건을 인도할 수 없는 상황에 이르게 된 때에는 그 물건을 인도할 수 없는데 대한 손해의 배상을 하여야 할 것이므로 자동차 인도청구권이 손해배상청구권으로 바뀌게 되는 것이며 결과적으로 권리 · 의무의 성질상 변경이 생기는 것이다.

종래의 주체로부터 이탈하거나 혹은 없어지는 것이다. 이는 권리의 취득이나 발생의 개념에 상대되는 개념으로서 그 원인은 법률행위나 준법률행위 혹은 법률의 규정에 의하는 경우 등 다양하다.

권리·의무의 상실은 관점에 따라 상대적 상실과 절대적 상실로 나눌 수 있다. 상대적 상실은 권리·의무의 이전을 기존의 권리·의무의 주체쪽에서 바라본 것인데, 그러나 이 경우에도 권리자체는 소멸하지 않고, 다만 그것이 원권리·의무자로부터 이탈하여 타주체에로 옮겨갔다는 것뿐이다. 이를 취득자측에서 보면 승계취득이고, 권리 그 자체로 보면 주체의 변경이 된다.

절대적 상실은 권리·의무가 그 주체에서 이탈할 뿐만 아니라, 그 이후에는 누구를 위하여서도 존재하지 않는 권리·의무 자체의 소멸을 의미한다. 예컨대 어떤 물건이 불에 타서 없어져 그 물건에 대한 권리가 상실된다거나 자동차를 폐차 처분하여 소유권이 없어지는 것과 같은 것이다.

•제2부•

생활사례를 통한 법의 이해

제 1 장

공공생활과 법

제1절 헌법적 사례

사례 1 : 헌법수호와 저항권

여당인 자유당과 야당인 민주당의 양당제가 확립된 가운데 정부는 야당인 민주당이 총선에서 다수당이 될 것을 우려한 나머지 김준용이 당수로 있는 민주당을 위헌정당으로 헌법재판소에 제소하였다. 김준용을 비롯한 민주당 당원들은 민주당이 자유민주적 기본질서에 반하는 어떠한 목적도 가진 바 없고 또 그러한 행동도 한 적이 없다고 주장하였으나 헌법재판소에 의하여 해산결정이 선고되었다. 이에 김준용을 비롯한 민주당 당원들은 명백한 야당탄압이라며 이를 규탄한다는 명분 아래 전국적인 대규모 집회 및 시위를 주최하였다. 이에 검찰에서는 민주당이 주최한 집회와 시위는 집회및시위에관한법률 제5조 위반으로 김준용을 기소하여 동법 제19조 제2항에 따라 2년의 징역형을 구형하였다. 김준용은 자신이 헌법전문 '불의에 항거한 4 · 19민주이념을 계승하고'라는 문구를 근거로 실정헌법상의 권리인 저항권을 행사했을 뿐으로 위법성이 조각된다고 주장하고 있다. 법원은 김준용의 주장을 받아 들여야 하는가?

해설

1. 법적 근거 및 관련 법령

▸ 헌법전문 : 유구한 역사와 전통에 빛나는 우리 대한국민은 3 · 1운동으로 건립된 대한민국임시정부의 법통과 불의에 항거한 4 · 19민주이념을 계승하고…….

▸ 헌법 제1조 ①대한민국은 민주공화국이다. ②대한민국의 주권은 국민에게 있고, 모든 권력은 국민으로부터 나온다.

▸ 헌법 제8조 ①정당의 설립은 자유이며, 복수정당제는 보장된다. ②정당은 그 목적 · 조직과 활동이 민주적이어야 하며, 국민의 정치적 의사형성에 참여하는데 필요한 조직을 가져야 한다. ③정당은 법률이 정하는 바에 의하여 국가의 보호를 받으며, 국가는 법률이 정하는 바에 의하여 정당운영에 필요한 자금을 보조할 수 있다. ④정당의 목적이나 활동이 민주적 기본질서에 위배될 때에는 정부는 헌법재판소에 그 해산을 제소할 수 있고, 정당은 헌법재판소의 심판에 의하여 해산된다.

▸ 헌법 제21조 ①모든 국민은 언론 · 출판의 자유와 집회 · 결사의 자유를 가진다.

▸ 집회및시위에관한법률 제5조[집회 및 시위의 금지] ①누구든지 다음 각호의 1에 해당하는 집회 또는 시위를 주최하여서는 아니된다.

1. 헌법재판소의 결정에 의하여 해산된 정당의 목적을 달성하기 위한 집회 또는 시위
2. 집단적인 폭행 · 협박 · 손괴(損壞) · 방화 등으로 공공의 안녕질서에 직접적인 위협을 가할 것이 명백한 집회 또는 시위

②누구든지 제1항의 규정에 의하여 금지된 집회 또는 시위를 할 것을 선전하거나 선동하여서는 아니된다.

2. 관련판례(헌법재판소 1997.9.25.선고, 97헌가4 결정)

대법원은 인혁당 재건단체 및 민청학련 사건(대법원 1975.4.8.선고, 74도

3323 판결)판결에서 피고인측이 "유신헌법 제53조에 근거하는 긴급조치 등은 국민의 천부적 인권을 침해한 것으로 유효한 조치라고 할 수 없으므로, 긴급조치 등에 위반한 행위는 저항권의 행사로서 위법성이 조각(阻却:물리치거나 방해함)된다"고 주장한 데 대하여 「저항권」은 실존하는 실정법적 질서를 무시한 초실정법적인 자연법 질서 내에서의 권리주장이며 이러한 전제하에서의 권리로써 실존적 법질서를 무시한 행위를 정당화하려는 것으로 해석되는 바, 실존하는 헌법적 질서를 전제로 한 실정법의 범주 내에서 국가의 법적 질서의 유지를 그 사명으로 하는 사법기능을 담당하는 재판권행사에 대하여는 실존하는 헌법적 질서를 무시하고 초법규적인 권리개념으로써 현행 실정법에 위배된 행위의 정당화를 주장하는 것은 그 자체 만으로서도 이를 받아들일 수 없다"고 판시하였다.

또한 10 · 26사태 당시 김재규 사건(대법원 1980.5.20.선고, 80도306 판결)의 재판에서도 대법원은 "저항권이 실정법에 근거를 두지 못하고 오직 자연법에만 근거하고 있는 한 법관은 이를 재판규범으로 원용할 수가 없다"라고 판시하였으나, 대법원판사 임항준은 "우리나라에 있어서의 정치의 기본질서인 인간존엄을 중심가치로 하는 민주주의 질서에 대하여 중대한 침해가 국가기관에 의하여 행하여 져서 민주적 헌법의 존재 자체가 객관적으로 보아 부정되어 가고 있다고 국민 대다수에 의하여 판단되는 경우에 그 당시의 실정법상의 수단으로는 이를 광정할 수 있는 방법이 없는 경우에는 국민으로서 이를 수수방관하거나 이를 조장 할 수는 없다 할 것이므로 이러한 경우에는 인권과 민주적 헌법의 기본 질서의 옹호를 위하여 최후의 수단으로서 형식적으로 보면 합법적으로 성립된 실정법이지만 실질적으로는 국민의 인권을 유린하고 민주적 기본 질서를 문란케 하는 내용의 실정법상의 의무 이행이나 이에 대한 복종을 거부하는 등을 내용으로 하는 저항권은 헌법에 명문화 되어 있지 않았더라도 일종의 자연법상의 권리로서 이를 인정하는 것이 타당하다 할 것이고 이러한 저항권이 인정된다면 재판규범으로서의 기능을 배제할 근거가 없다고 할 것이다. 위와 같은 저항권의 존재를 부정할 수 없는 근거로는 4 · 19 의거의 이념을 계승하여…… 새로운 민주공화국을 건설한다고 선언하여 4 · 19 사태가 당시의 실정법에 비추어 보면 완전한 범법행위로 위법행위임에도 불구하고 이를 우리나라의 기본법인 헌법의 전문에서 의거라고 규정짓고 그 의거의 정신을 계승한다고 선언하고 있어 위 헌법 전문을 법률적으로 평가하면 우리나라 헌법은 4 · 19의 거사를 파괴 되어가는 민주질서를 유지 또는 옹호하려는 국민의 저항권 행사로 보았다고 해석할 수밖에 없는데 우리나라 헌법이 인정한 것으로 보여 지는 저항권을 사법적 판단에서는 이를 부정할 수가 있을지 의문이고 또 저항권이 인정되는 이상 재판규범으로는 적용될 수 없다고 판단하여 그 실효성을 상실시킬 합리적 이유가 있다고 볼 수도 없다. 다수의견은 저항권이 실정법에 근거를 두지 못하고 있어서 이를 재판규범으로 적용할 수 없다는 취지로 설시(說示)하고 있으나 자연법상의 권리는 일률적으로 재판규범으로 기능될 수 없다는 법리도 있을 수 없거니와 위에 적시한 우리나라 헌법의 전문은 저항권의 실정법상의 근거로 볼 수도 있다고 할 것이다"라며 소수의견을 개진한 바 있다.

그리고 헌법재판소도 노동조합및노동관계조정법 등 위헌제청사건(헌법재판소 1997.9.25.선고, 97헌가4 결정)에서 "저항권은 국가권력에 의하여 헌법의 기본원리에 대한 중대한 침해가 행하여지고 그 침해가 헌법의 존재 자체를 부인하는 것으로서 다른 합법적인 구제수단으로는 목적을 달성할 수 없을 때에 국민이 자기의 권리 · 자유를 지키기 위하여 실력으로 저항하는 권리이다"라고 하여 헌법보호수단으로서의 저항권의 규범성을 인정하고 있는 것으로 평가할 수 있다.

3. 적용

(1) 김준용이 주장하는 저항권이란 불법적인 국가권력의 행사에 대하여 저항하는 권리로서, 입헌주의적 헌법질서를 침해하거나 파괴하려는 국가기관이나 공권력담당자에 대하여 주권자로서 개개국민 또는 그 집단이 헌법질서를 유지 · 회복시키기 위하여 최후의 무기로서 행사할 수 있는 헌법보장수단이다.

(2) 이러한 저항권의 목적은 인간존엄을 이념으로 하는 헌법상 민주적 기본질서를 유지 · 수호하기 위한 것으로 행사되어야 하며, 그 행사요건으로는 첫째, 국가권력의 행사가 민주적 기본질서를 중대하게 침해하고 헌법의 존

재자체를 부인하는 것으로, 위 사례에서 헌법상 자유민주적 기본질서의 실질화를 위한 복수정당제의 보장을 부정하고 있으며, 둘째, 국가권력행사의 불법이 객관적으로 명백해야 하는 것으로, 위 사례는 민주당이 다수당이 될 것을 우려해서 정부가 헌법재판소에 위헌정당으로 제소한 것과 헌법재판소의 해산결정은 불법적인 국가권력행사로 볼 수 있으며, 셋째, 저항권의 행사가 법의 유지 또는 회복을 위하여 남겨진 최후의 수단이어야 한다는 보충성의 요건을 충족하여야 하는데, 위 사례에서는 현행 사법적 구제수단으로는 더 이상 김준용의 권리를 구제하지 못하므로 보충성의 요건을 충족하였다고 볼 수 있다. 이러한 저항권의 행사는 원칙적으로 평화적이고 비실력적인 방법으로 행사되어야 하지만, 불가피한 경우에는 폭력적인 방법이 동원될 수도 있다. 정당한 저항권행사는 형법상 정당행위(형법 제20조)로서 공무집행방해죄 등 여타 범죄의 위법성조각사유가 되므로 김준용의 주장은 타당하며 법원은 받아들여야 한다.

사례 2 : 사형제도와 생명권

김영철은 살인과 특수강간 등의 혐의로 기소되어 제1심 및 항소심에서 사형을 선고받고 대법원에 상고를 함과 동시에 살인죄에 대한 법정형의 하나로서 사형을 규정한 형법 제250조 제1항, 사형을 형의 종류의 하나로서 규정한 같은 법 제41조 제1호에 대한 위헌법률심판을 신청을 하였으나 대법원은 김영철의 위 신청을 기각하였다. 이에 김영철은 헌법재판소법 제68조 제2항에 따라 이 사건 헌법소원심판을 청구하였다. 김영철의 주장에 대하여 헌법재판소는 어떤 결정을 내려야 하는가?

해설

1. 법적 근거 및 관련 법령

- ▶ 헌법 제10조 모든 국민은 인간으로서의 존엄과 가치를 가지며, 행복을 추구할 권리를 가진다. 국가는 개인이 가지는 불가침의 기본적 인권을 확인하고 이를 보장할 의무를 진다.
- ▶ 제37조 ①국민의 자유와 권리는 헌법에 열거되지 아니한 이유로 경시되지 아니한다. ②국민의 모든 자유와 권리는 국가안전보장·질서유지 또는 공공복리를 위하여 필요한 경우에 한하여 법률로써 제한할 수 있으며, 제한하는 경우에도 자유와 권리의 본질적인 내용을 침해할 수 없다.
- ▶ 형법 제41조[형의 종류] 형의 종류는 다음과 같다. 1. 사형
- ▶ 형법 제250조[살인, 존속살해] ①사람을 살해한 자는 사형, 무기 또는 5년 이상의 징역에 처한다.

2. 관련 판례(헌법재판소 1996.11.28.선고, 95헌바1 결정)

헌법재판소는 형법 제250조 등 위헌소원 사건에서 우선 사형제도가 헌법에 위반되는지 여부에 대해서 "생명권 역시 헌법 제37조 제2항에 의한 일반적 법률유보의 대상이 될 수밖에 없는 것이나, 생명권에 대한 제한은 곧 생명

권의 완전한 박탈을 의미한다 할 것이므로, 사형이 비례의 원칙에 따라서 최소한 동등한 가치가 있는 다른 생명 또는 그에 못지아니한 공공의 이익을 보호하기 위한 불가피성이 충족되는 예외적인 경우에만 적용되는 한, 그것이 비록 생명을 빼앗는 형벌이라 하더라도 헌법 제37조 제2항 단서에 위반되는 것으로 볼 수는 없다"고 판시하였다.

그리고 살인죄에 대하여 사형에 처할 수 있도록 규정한 형법 제250조 제1항이 헌법에 위반되는지 여부에 대해서도 "모든 인간의 생명은 자연적 존재로서 동등한 가치를 갖는다고 할 것이나 그 동등한 가치가 서로 충돌하게 되거나 생명의 침해에 못지아니한 중대한 공익을 침해하는 등의 경우에는 국민의 생명 · 재산 등을 보호할 책임이 있는 국가는 어떠한 생명 또는 법익이 보호되어야 할 것인지 그 규준을 제시할 수 있는 것이다. 인간의 생명을 부정하는 등의 범죄행위에 대한 불법적 효과로서 지극히 한정적인 경우에만 부과되는 사형은 죽음에 대한 인간의 본능적 공포심과 범죄에 대한 응보욕구가 서로 맞물려 고안된 '필요악'으로서 불가피하게 선택된 것이며 지금도 여전히 제 기능을 하고 있다는 점에서 정당화될 수 있다. 따라서 사형은 이러한 측면에서 헌법상의 비례의 원칙에 반하지 아니한다 할 것이고, 적어도 우리의 현행 헌법이 스스로 예상하고 있는 형벌의 한 종류이기도 하므로 아직은 우리의 헌법질서에 반하는 것으로 판단되지 아니한다."라고 결정하였다.

하지만 소수의견에서 김진우 재판관은 "헌법 제10조에 규정된 인간의 존엄성에 대한 존중과 보호의 요청은 형사입법, 형사법의 적용과 집행의 모든 영역에서 지도적 원리로서 작용한다. 그러므로 형사법의 영역에서 입법자가 인간의 존엄성을 유린하는 악법의 제정을 통하여 국민의 생명과 자유를 박탈 내지 제한하는 것이나 잔인하고 비인간적인 형벌제도를 채택하는 것은 헌법 제10조에 반한다. 사형제도는 나아가 양심에 반하여 법규정에 의하여 사형을 언도해야 하는 법관은 물론, 또 그 양심에 반하여 직무상 어쩔 수 없이 사형의 집행에 관여하는 자들의 양심의 자유와 인간으로서의 존엄과 가치를 침해하는 비인간적인 형벌제도이기도 하다"고 반대의견을 개진하였으며, 그리고 조승형 재판관도 "사형제도는 생명권의 본질적 내용을 침해하는 생명권의 제한이므로 헌법 제37조 제2항 단서에 위반되며, 형벌의 목적은 응보 · 범죄의 일반예방 · 범죄인의 개선에 있음에도 불구하고 형벌로서의 사형은 이와 같은 목적달성에 필요한 정도를 넘어 생명권을 제한하는 것으로 목적의 정당성, 그 수단으로서의 적정성 · 피해의 최소성 등 제원칙에 반한다"고 반대의견을 피력하였다.

3. 적용

(1) 생명권은 우리헌법상 명문규정이 존재하지 않지만 인간의 생존본능과 존재목적에 바탕을 둔 선험적이고 자연법적인 권리로서 헌법에 규정된 모든 기본권의 전제로서 기능하는 기본권 중의 기본권이다. 따라서 이러한 생명권을 제한하는 사형제도는 위헌성 여부에 대한 문제가 제기된다.

(2) 사형제도가 헌법에 합치되는 제도(합헌론)라고 주장하는 논거로는 첫째, 생명권은 상대적 기본권으로서 헌법 제37조 제2항에 의한 제한이 가능하며, 둘째, 헌법 제110조 제4항 단서는 우리헌법이 사형제도를 전제하고 있어 헌법에 위배되지 않으며, 셋째, 범죄에 대한 사형의 위하력(威嚇力)은 형사정책적으로 필요하며, 넷째, 사형이 부과되는 살인범죄에 대하여 사형 이외에 정의로운 대가관계에 있는 형벌은 찾을 수 없다는 점 등을 제시하고 있다. 이에 반해 위헌론은 첫째, 생명권은 절대적 기본권이기 때문에 생명권의 제한을 의미하는 사형제도는 위헌이며, 둘째, 생명권의 본질적 내용을 침해하는 것으로 제37조 제2항 위반이며, 셋째, 사형의 위하력은 검증되지 않고 있으며, 넷째, 사형제도의 존속은 현대 형법이 추구하는 교육형 사상과도 배치되며, 다섯째, 재판에 있어 오판의 가능성을 이유로 사형제도를 헌법에 위반된다고 주장하고 있다.

비록 헌법재판소와 대법원은 사형제도에 대해서 합헌적 입장을 견지하고 있지만, 법정형으로서 사형이 적정하다고 하더라도 이를 선고함에 있어서 특히 신중을 기하여야 하며, 합헌 · 위헌의 논의를 떠나 사형은 형벌로서 계속 존치시키는 것이 반드시 필요하고 바람직한 것인가에 대한 논의는 계속되어야 할 것이다.

사례 3 : 초 · 중등교원의 정년단축과 평등권 침해 여부

초등학교 교원인 배윤석과 사립중학교 교원인 이병준은 1999년 1월 29일 대학교원을 제외하고 교육공무원의 정년을 65세에서 62세로 단축하는 내용으로 교육공무원법 제47조 제1항이 개정·시행되자, 그로 인하여 교원인 자신들의 공무담임권, 평등권 등의 기본권이 침해되었다며 위 개정된 법률조항에 대한 위헌확인을 구하는 헌법소원심판을 청구하였다. 배윤석과 이병준의 주장은 받아들여 질 수 있을까?

해설

1. 법적 근거 및 관련 법령

▶ 헌법 제11조 ①모든 국민은 법 앞에 평등하다. 누구든지 성별 · 종교 또는 사회적 신분에 의하여 정치적 · 경제적 · 사회적 · 문화적 생활의 모든 영역에 있어서 차별을 받지 아니한다. ②사회적 특수계급의 제도는 인정되지 아니하며, 어떠한 형태로도 이를 창설할 수 없다. ③훈장 등의 영전은 이를 받은 자에게만 효력이 있고, 어떠한 특권도 이에 따르지 아니한다.

▶ 헌법 제25조 모든 국민은 법률이 정하는 바에 의하여 공무담임권을 가진다.

▶ 교육공무원법 제47조[정년] ①교육공무원의 정년은 62세로 한다. 다만, 「고등교육법」제14조의 규정에 의한 교원인 교육공무원의 정년은 65세로 한다.

▶ 고등교육법 제14조[교직원의 구분] ①대학 · 산업대학 · 교육대학 및 방송 · 통신대학에는 학교의 장으로서 총장 또는 학장을 두며, 전문대학 및 기술대학에는 학장을 둔다. ②학교에 두는 교원은 제1항의 규정에 의한 총장 및 학장 외에 교수 · 부교수 · 조교수 및 전임강사로 구분한다.

2. 관련 판례(헌법재판소 2000.12.14.선고, 99헌마112 · 137병합결정)

헌법재판소는 교육공무원법 제47조 제1항 위헌확인 사건에서 "입법자는 우리나라의 교육여건, 공교육 정상화 등 교육개혁에 대한 국민적 열망 등 여러 가지 사정을 종합할 때, 젊고 활기찬 교육분위기 조성을 위한 교직사회의 신진대사가 필요하고 바람직한 것이라고 보아 초 · 중등교원의 정년을 3년간 단축하여 62세로 설정하고 있는 바, 입법자의 이러한 교육정책적 판단과 결정은 나름대로 합리성이 있는 것으로 인정되고, 우리나라 다른 공무원들의 정년연령에 비교하여 보거나 외국의 교원정년제도와 비교하여 보더라도 교원정년을 62세로 한 것이 입법형성권의 한계를 일탈하여 불합리할 정도로 지나치게 단축한 것이라고 보기 어렵다. 그리고 개정법 부칙은 기존교원들에 대하여, 명예퇴직수당의 지급대상 및 지급액에 관하여 종전의 정년을 적용토록 함으로써 단축된 정년으로 인한 불이익을 어느 정도 보전할 수 있도록 배려하고 있는바, 이러한 경과조치의 존재, 기존교원에 대한 신뢰이익 침해의 정도, 정년단축을 통해 실현코자 하는 공익목적의 중요성 등을 종합적으로 고려할 때 헌법상의 신뢰보호원칙에 위배되는 것이라 할 수 없다. 따라서 교육공무원법 제47조 제1항은 헌법 제37조 제2항 또는 신뢰보호원칙에 위반하거나, 공무원의 신분보장 정신에 위반하여 공무담임권을 침해하는 것이라 할 수 없다. 그리고 초 · 중등교원과 대학교원은 그 임무, 자격기준, 임용과 승진의 과정 등의 면에서 차이가 있고, 이로 인하여 대학교원의 경우 그 최초임용시의 연령이 초 · 중등교원 보다 상대적으로 고령인 데다, 고등교육과 연구라는 업무의 성격상 초 · 중등교원보다 높은 연령까지 대학교원으로 재직할 필요성을 인정할 수 있는바, 입법자가 이러한 점에 착안하여, 대학교원의 정년을 초 · 중등교원의 정년보다 3년 높은 65세로 책정한 것은 합리적 근거에 기초한 것이라 할 것이므로 이로 인하여 초 · 중등교원들의 평등권이 침해된다고 할 수 없다"고 결정하였다.

3. 적용

위 사례에 대해 헌법재판소는 배윤석과 이병준의 주장을 기각하였다. 참고로 교육공무원법의 정년규정에 대하여 사립학교 교원들에게 기본권침해의 자기관련성이 인정되는지에 관하여 헌법재판소는 "교육공무원법 제47조 제1항은 교육공무원의 정년을 규정한 것으로서 교육공무원이 아닌 사립학교 교원들에게 적용되거나 준용되는 것이 아니며, 정부가 지급하는 사립학교 재정결함 보조금의 영향으로 사립학교 교원의 정년이 교육공무원의 정년과 연계하여 설정되고 있다 하더라도 그러한 경제적 · 사실적 관련성만으로는 사립학교 교원들이 위 법률조항으로 인하여 자신들의 기본권을 직접 침해받는다고 보기 어렵다"라고 하였다.

사례 4 : 결혼퇴직제의 위헌성 여부

영광병원의 취업규칙에는 "미혼인 간호사가 결혼하는 경우에는 퇴직한다"고 규정되어 있고, 미혼 간호사인 정순애는 그런 취지를 알고 채용당시 병원측의 요구로 '혼일할 경우 사직한다'는 각서를 제출한 바 있다. 그 후 혼인한 정순애가 자진하여 사직하지 아니하자, 영광병원은 취업규칙에 따라 정순애를 해고하였다. 그러자 정순애는 위 각서의 내용은 결혼퇴직제를 의미하는 것으로 헌법에 위배되어 무효라고 주장한다. 정순애의 주장은 정당한가?

해설

1. 법적 근거 및 관련 법령

- 헌법 제10조 · 제11조
- 헌법 제15조 모든 국민은 직업선택의 자유를 가진다.
- 헌법 제32조 ①모든 국민은 근로의 권리를 가진다. 국가는 사회적 · 경제적 방법으로 근로자의 고용의 증진과 적정임금의 보장에 노력하여야 하며, 법률이 정하는 바에 의하여 최저임금제를 시행하여야 한다. ②모든 국민은 근로의 의무를 진다. 국가는 근로의 의무의 내용과 조건을 민주주의원칙에 따라 법률로 정한다. ③근로조건의 기준은 인간의 존엄성을 보장하도록 법률로 정한다. ④여자의 근로는 특별한 보호를 받으며, 고용 · 임금 및 근로조건에 있어서 부당한 차별을 받지 아니한다. ⑤연소자의 근로는 특별한 보호를 받는다. ⑥국가유공자 · 상이군경 및 전몰군경의 유가족은 법률이 정하는 바에 의하여 우선적으로 근로의 기회를 부여받는다.
- 헌법 제36조 ①혼인과 가족생활은 개인의 존엄과 양성의 평등을 기초로 성립되고 유지되어야 하며, 국가는 이를 보장한다.
- 근로기준법 제6조[균등한 처우] 사용자는 근로자에 대하여 남녀의 성(性)을 이유로 차별적 대우를 하지 못하고, 국적·신앙 또는 사회적 신분

을 이유로 근로조건에 대한 차별적 처우를 하지 못한다.

▸ 남녀고용 평등과 일·가정 양립지원에 관한 법률 제7조[모집과 채용] 사업주는 근로자의 모집 및 채용에 있어서 남녀를 차별하여서는 아니된다. ②사업주는 여성근로자를 모집·채용함에 있어서 모집·채용하고자 하는 직무의 수행에 필요로 하지 아니하는 용모·키·체중 등의 신체적 조건, 미혼조건 그 밖에 노동부령이 정하는 조건을 제시하거나 요구하여서는 아니된다.

▸ 남녀고용 평등과 일·가정 양립지원에 관한 법률 제10조[교육·배치 및 승진] 사업주는 근로자의 교육·배치 및 승진에 있어서 남녀를 차별하여서는 아니된다.

▸ 남녀고용 평등과 일·가정 양립지원에 관한 법률 제11조[정년·퇴직 및 해고] ①사업주는 근로자의 정년·퇴직 및 해고에 있어서 남녀를 차별하여서는 아니된다. ②사업주는 근로여성의 혼인, 임신 또는 출산을 퇴직사유로 예정하는 근로계약을 체결하여서는 아니된다.

2. 관련 판례(대법원 1988.12.27.선고, 85다가657 판결)

헌법재판소는 민법 제809조 제1항 위헌제청 사건에서 "헌법 제10조 모든 국민은 인간으로서의 존엄과 가치를 가지며, 행복을 추구할 권리를 가진다. 국가는 개인이 가지는 불가침의 기본적 인권을 확인하고 이를 보장할 의무를 진다고 규정함으로써 모든 기본권의 종국적 목적(기본이념)이라 할 수 있고 인간의 본질이며 고유한 가치인 개인의 인격권과 행복추구권을 보장하고 있다. 그리고 이러한 개인의 인격권·행복추구권은 개인의 자기운명결정권을 그 전제로 하고 있으며, 이 자기운명결정권에는 성적(性的)자기결정권 특히 혼인의 자유와 혼인에 있어서 상대방을 결정할 수 있는 자유가 포함되어 있다(헌법재판소 1990.9.10.선고, 89헌마82 결정 참조). 또 헌법 제36조 제1항 혼인과 가족생활은 개인의 존엄과 양성의 평등을 기초로 성립되고 유지되어야 하며, 국가는 이를 보장한다고 규정하고 있는바, 이는 혼인제도와 가족제도에 관한 헌법원리를 규정한 것으로서 혼인제도와 가족제도는 인간의 존엄성 존중과 민주주의의 원리에 따라 규정되어야 함을 천명한 것이라 볼 수 있다. 따라서 혼인에 있어서도 개인의 존엄과 양성의 본질적 평등의 바탕 위에서 모든 국민은 스스로 혼인을 할 것인가 하지 않을 것인가를 결정할 수 있고 혼인을 함에 있어서도 그 시기는 물론 상대방을 자유로이 선택할 수 있는 것이며, 이러한 결정에 따라 혼인과 가족생활을 유지할 수 있고, 국가는 이를 보장해야 하는 것이다"고 결정하였다.

대법원은 정년퇴직무효확인사건(대법원 1988.12.27.선고, 85다카657 판결)에서 "근로기준법 제5조에서 말하는 남녀간의 차별적인 대우란 합리적인 이유 없이 남성 또는 여성이라는 이유만으로 부당하게 차별대우하는 것을 의미한다고 할 것이므로 교환직렬직종의 정년을 43세로 정하고 있는 한국전기통신공사의 취업규칙인 인사규정 제36조 제1항 단서의 규정내용이 합리적인 이유 없이 여성근로자들로 하여금 조기 퇴직하도록 부당하게 낮은 정년을 정한 것이라면 이는 위 근로기준법 소정의 남녀차별금지규정에 해당되어 무효라고 보아야한다"고 판시한 바 있다.

3. 적용

정순애가 영광병원의 취업규칙과 병원측의 요구로 작성한 각서의 내용인 결혼퇴직제는 합리적 이유가 없는 성적 차별대우로서, 여성의 인간으로서의 존엄성과 직업선택 · 수행의 자유, 근로의 권리 등 제반 기본권들을 과잉제한 하는 것으로, 헌법 제11조 제1항의 법 앞의 평등원칙에 반하여 정순애의 평등권을 침해하는 결과가 되며, 또한 혼인의 자유를 침해하고 민주적인 혼인제도에 위반되므로 헌법 제36조 제1항에도 위반된다. 영광병원에 의한 강요된 각서는 정순애의 기본권을 직 · 간접으로 침해하는 것인 동시에 남녀고용평등과일 · 가정양립지원에관한법률과 근로기준법의 강행규정들을 위반한 것이므로 위헌 · 위법으로 무효라고 보아야 한다. 따라서 정순애는 영광병원에 대하여 해고무효확인의 소를 제기할 수 있다.

사례 5 : 제대군인 가산점제도의 위헌성 여부

최윤정은 여성으로서 9급 국가공무원 공개경쟁채용시험에 응시하기 위하여 준비 중에 있다. 하지만 최윤정은 제대군인이 6급 이하의 공무원 또는 공사기업체의 채용시험에 응시한 때에 필기시험의 각 과목별 득점에 각 과목별 만점의 5퍼센트 또는 3퍼센트를 가산하도록 규정하고 있는 (구)제대군인지원에 관한 법률 제8조 제1항, 제3항 및 동법시행령 제9조가 자신의 헌법상 보장된 평등권, 공무담임권, 직업선택의 자유를 침해하고 있다고 주장하고 있다. 최윤정의 주장은 타당한가? (개정된 동법은 2009년 12월 10일부터 시행)

해설

1. 법적 근거 및 관련 법령

▶ 헌법 제11조 · 제25조 · 제32조 제4항, 제6항

▶ 헌법 제34조 ③국가는 여자의 복지와 권익의 향상을 위하여 노력하여야 한다. ⑤신체장애자 및 질병 · 노령 기타의 사유로 생활능력이 없는 국민은 법률이 정하는 바에 의하여 국가의 보호를 받는다.

▶ 헌법 제39조 ①모든 국민은 법률이 정하는 바에 의하여 국방의 의무를 진다. ②누구든지 병역의무의 이행으로 인하여 불이익한 처우를 받지 아니한다.

▶ (구)제대군인지원에 관한 법률 제8조[채용시 우대 등] ①제7조 제2항의 규정에 의한 취업보호실시기관이 그 직원을 채용하기 위한 시험을 실시할 경우에 제대군인이 그 채용시험에 응시한 때에는 필기시험의 각 과목별 득점에 각 과목별 만점의 5퍼센트의 범위 안에서 대통령령이 정하는 바에 따라 가산한다. 이 경우 취업보호실시기관이 필기시험을 실시하지 아니한 때에는 그에 갈음하여 실시하는 실기시험 · 서류전형 또는 면접시험의 득점에 이를 가산한다. ③취업보호실시기관이 실시하는 채용시험의 가점대상직급은 대통령령으로 정한다.

▶ (구)제대군인지원에 관한 법률시행령 제9조[채용시험의 가점비율 등]

①법 제8조 제1항의 규정에 의하여 제대군인이 채용시험에 응시하는 경우의 시험만점에 대한 가점비율은 다음 각호의 1과 같다.

1. 2년 이상의 복무기간을 마치고 전역한 제대군인 : 5퍼센트
2. 2년 미만의 복무기간을 마치고 전역한 제대군인 : 3퍼센트

②법 제8조 제3항의 규정에 의한 채용시험의 가점대상직급은 다음 각호와 같다.

1. 국가공무원법 제2조 및 지방공무원법 제2조에 규정된 공무원중 6급 이하 공무원 및 기능직공무원의 모든 직급
2. 국가유공자등예우및지원에관한법률 제30조 제2호에 규정된 취업보호실시기관의 신규채용 사원의 모든 직급

2. 관련 판례(헌법재판소 1999.12.23.선고, 98헌마363 결정)

헌법재판소는 제대군인지원에관한법률 제8조 제1항 등 위헌확인사건에서 "헌법 제39조 제1항에서 국방의 의무를 국민에게 부과하고 있는 이상 병역법에 따라 군복무를 하는 것은 국민이 마땅히 하여야 할 이른바 신성한 의무를 다 하는 것일 뿐, 그러한 의무를 이행하였다고 하여 이를 특별한 희생으로 보아 일일이 보상하여야 한다고 할 수는 없는 것이므로, 헌법 제39조 제2항은 병역의무를 이행한 사람에게 보상조치를 취하거나 특혜를 부여할 의무를 국가에게 지우는 것이 아니라, 법문 그대로 병역의무의 이행을 이유로 불이익한 처우를 하는 것을 금지하고 있을 뿐인데, 제대군인지원에관한법률 제8조 제1항 및 제3항, 동법시행령 제9조에 의한 가산점 제도는 이러한 헌법 제39조 제2항의 범위를 넘어 제대군인에게 일종의 적극적 보상조치를 취하는 제도라고 할 것이므로 이를 헌법 제39조 제2항에 근거한 제도라고 할 수 없고, 제대군인은 헌법 제32조 제6항에 규정된 "국가유공자 · 상이군경 및 전몰군경의 유가족"에 해당하지 아니하므로 이 헌법조항도 가산점제도의 근거가 될 수 없으며, 달리 헌법상의 근거를 찾아볼 수 없다.

그리고, 전체 여성 중의 극히 일부분만이 제대군인에 해당될 수 있는 반면, 남자의 대부분은 제대군인에 해당하므로 가산점 제도는 실질적으로 성별에 의한 차별이고, 가산점을 받을 수 있는 현역복무를 하게 되는지 여부는 병역

의무자의 의사와 관계없이 징병검사의 판정결과, 학력, 병력수급의 사정에 따라 정해지는 것이므로 가산점 제도는 현역복무나 상근예비역 소집근무를 할 수 있는 신체 건장한 남자와 그렇지 못한 남자, 즉 병역면제자와 보충역복무를 하게 되는 자를 차별하는 제도이다. 그리하여 평등위반 여부를 심사함에 있어 엄격한 심사척도에 의할 것인지, 완화된 심사척도에 의할 것인지는 입법자에게 인정되는 입법형성권의 정도에 따라 달라지게 될 것이나, 헌법에서 특별히 평등을 요구하고 있는 경우와 차별적 취급으로 인하여 관련 기본권에 대한 중대한 제한을 초래하게 된다면 입법형성권은 축소되어 보다 엄격한 심사척도가 적용되어야 할 것인바, 가산점 제도는 헌법 제32조 제4항이 특별히 남녀평등을 요구하고 있는 "근로" 내지 "고용"의 영역에서 남성과 여성을 달리 취급하는 제도이고, 또한 헌법 제25조에 의하여 보장된 공무담임권이라는 기본권의 행사에 중대한 제약을 초래하는 것이기 때문에 엄격한 심사척도가 적용된다.

제대군인에 대하여 여러 가지 사회정책적 지원을 강구하는 것이 필요하다 할지라도, 그것이 사회공동체의 다른 집단에게 동등하게 보장되어야 할 균등한 기회 자체를 박탈하는 것이어서는 아니 되는데, 가산점 제도는 아무런 재정적 뒷받침 없이 제대군인을 지원하려 한 나머지 결과적으로 여성과 장애인 등 이른바 사회적 약자들의 희생을 초래하고 있으며, 각종 국제협약, 실질적 평등 및 사회적 법치국가를 표방하고 있는 우리 헌법과 이를 구체화하고 있는 전체 법체계 등에 비추어 우리 법체계 내에 확고히 정립된 기본질서라고 할 '여성과 장애인에 대한 차별금지와 보호'에도 저촉되므로 정책수단으로서의 적합성과 합리성을 상실한 것이다.

가산점 제도는 수많은 여성들의 공직진출에의 희망에 걸림돌이 되고 있으며, 공무원채용시험의 경쟁률이 매우 치열하고 합격선도 평균 80점을 훨씬 상회하고 있으며 그 결과 불과 영점 몇 점 차이로 당락이 좌우되고 있는 현실에서 각 과목별 득점에 각 과목별 만점의 5퍼센트 또는 3퍼센트를 가산함으로써 합격여부에 결정적 영향을 미쳐 가산점을 받지 못하는 사람들은 6급 이하의 공무원 채용에 있어서 실질적으로 거의 배제하는 것과 마찬가지의 결과를 초래하고 있고, 제대군인에 대한 이러한 혜택을 몇 번이고 아무런 제한

없이 부여함으로써 한 사람의 제대군인을 위하여 몇 사람의 비(非)제대군인의 기회가 박탈당할 수 있게 하는 등 차별취급을 통하여 달성하려는 입법목적의 비중에 비하여 차별로 인한 불평등의 효과가 극심하므로 가산점 제도는 차별취급의 비례성을 상실하고 있다. 그렇다면 가산점 제도는 제대군인에 비하여, 여성 및 제대군인이 아닌 남성을 부당한 방법으로 지나치게 차별하는 것으로서 헌법 제11조에 위배되며, 이로 인하여 청구인들의 평등권이 침해된다.

헌법 제25조의 공무담임권 조항은 모든 국민이 누구나 그 능력과 적성에 따라 공직에 취임할 수 있는 균등한 기회를 보장함을 내용으로 하므로, 공직자선발에 관하여 능력주의에 바탕한 선발기준을 마련하지 아니하고 해당 공직이 요구하는 직무수행능력과 무관한 요소를 기준으로 삼는 것은 국민의 공직취임권을 침해하는 것이 되는바, 제대군인 지원이라는 입법목적은 예외적으로 능력주의를 제한할 수 있는 정당한 근거가 되지 못하는데도 불구하고 가산점제도는 능력주의에 기초하지 아니하고 성별, '현역복무를 감당할 수 있을 정도로 신체가 건강한가'와 같은 불합리한 기준으로 여성과 장애인 등의 공직취임권을 지나치게 제약하는 것으로서 헌법 제25조에 위배되고, 이로 인하여 청구인들의 공무담임권이 침해된다"고 결정하였다.

3. 적용

위 사례에 대해 헌법재판소는 최윤정의 주장을 받아들여 다음과 같은 이유로 위헌결정을 하였다. 제대군인 가산점 제도는 헌법상의 근거가 없는 제도이며, 또한 적극적 평등실현조치로 인정되기도 어렵고, 헌법이 차별금지영역으로 제시하고 있는 고용과 근로영역에서 최윤정을 차별하고 있고 공무담임권 등 헌법상 기본권을 중대하게 제한하는 것이므로 합리적 차별인지 여부에 대한 심사기준으로서 비례의 원칙이 적용되며, 가산점제도는 차별목적의 정당성은 인정할 수 있으나 차별로 인한 불평등의 효과가 극심하여 비례의 원칙에 반한다고 할 것이다. 따라서 제대군인지원에관한법률 및 같은 법시행령에서 규정하고 있는 군가산점제도는 최윤정의 평등권과 공무담임권을 침해하여 위헌이다. 현행 개정법은 가산점제도를 폐지하였다.

사례 6 : 조기입학불가와 교육의 권리

손유건은 현재 만 3세 5개월 된 남자 어린이로서 지난 1년간 사설영재학원에서 수학하여 집단생활을 경험하면서 언어교육과 그림, 음악, 유희, 회화, 수기 등의 표현력을 배워 왔고 한글과 영어해독은 물론 매일 일기까지 작성하는 습관을 몸에 익혀 왔기 때문에 국민생활에 필요한 기초적인 초등보통교육을 받을 만한 충분한 능력이 있다고 판단하여, 올해 초등학교에 취학하고자 하였으나, 초·중등교육법시행령 제15조, 제16조, 제17조의 각 규정에 의한 취학아동명부작성과 입학기일등의 통보, 취학의 통지가 없었기 때문에 취학하지 못하였다. 손군의 부모는 초·중등교육법 제13조가 손군에게 헌법상 보장된 교육의 권리를 침해한다며 초·중등교육법 제13조의 위헌확인을 구하는 헌법소원심판을 청구하였다. 손유건 군은 올해 초등학교에 취학할 수 있을까?

해설

1. 법적 근거 및 관련 법령

▸ 헌법 제31조 ①모든 국민은 능력에 따라 균등하게 교육을 받을 권리를 가진다. ②모든 국민은 그 보호하는 자녀에게 적어도 초등교육과 법률이 정하는 교육을 받게 할 의무를 진다. ③의무교육은 무상으로 한다. ④교육의 자주성 · 전문성 · 정치적 중립성 및 대학의 자율성은 법률이 정하는 바에 의하여 보장된다. ⑤국가는 평생교육을 진흥하여야 한다. ⑥학교교육 및 평생교육을 포함한 교육제도와 그 운영, 교육재정 및 교원의 지위에 관한 기본적인 사항은 법률로 정한다.

▸ 교육기본법 제8조[의무교육] ①의무교육은 6년의 초등교육 및 3년의 중등교육으로 한다. ②모든 국민은 제1항의 규정에 의한 의무교육을 받을 권리를 가진다.

▸ 초 · 중등교육법 제13조[취학의무] ①모든 국민은 그가 보호하는 자녀 또는 아동이 만 6세가 된 날이 속하는 해의 다음 해 3월 1일부터 만 12세(제27조의 규정에 의하여 조기진급 또는 조기졸업을 하는 자의 경우에

는 만 12세에서 해당 연수(연수)를 뺀 연령을 말하고, 출석일수의 부족 등으로 인하여 진급 또는 졸업하지 못한 자의 경우에는 해당 연수를 더한 연령을 말한다)가 되는 날이 속하는 해의 다음 해 2월 말까지 그 자녀 또는 아동을 초등학교에 취학시켜야 한다. ②제1항에도 불구하고 자녀 또는 아동의 보호자는 만 5세가 된 날이 속하는 해의 다음 해 또는 만 7세가 된 날이 속하는 해의 다음 해에 그 자녀 또는 아동을 입학시킬 수 있다. 이 경우 만 5세가 된 날이 속하는 해의 다음 해에 입학한 자녀 또는 아동을 보호하는 자는 그 자녀 또는 아동이 만 11세, 만 7세가 된 날이 속하는 해의 다음 해에 입학한 자녀 또는 아동을 보호하는 자는 그 자녀 또는 아동이 만 13세[제27조에 따라 조기진급 또는 조기졸업을 하는 자의 경우에는 만 11세 또는 만 13세에서 해당 연수(연수)를 뺀 연령을 말하고, 출석일수의 부족 등으로 인하여 진급 또는 졸업하지 못한 자의 경우에는 해당 연수를 더한 연령을 말한다]가 되는 날이 속하는 해의 다음 해 2월 말까지 그 자녀 또는 아동을 초등학교에 취학시켜야 한다. ③모든 국민은 그가 보호하는 자녀 또는 아동이 초등학교를 졸업한 학년의 다음 학년초부터 만15세(제2항의 규정에 의하여 만 5세가 된 날이 속하는 해의 다음 해에 입학한 자의 경우에는 만 14세를 말하고, 만 7세가 된 날이 속하는 해의 다음 해에 입학한 자의 경우에는 만 16세를 말하며, 제27조의 규정에 의하여 조기진급 또는 조기졸업을 하는 자의 경우에는 해당 연수(연수)를 뺀 연령을 말하고, 출석일수의 부족 등으로 인하여 진급 또는 졸업하지 못한 자의 경우에는 해당 연수를 더한 연령을 말한다)가 되는 날이 속하는 해의 다음 해 2월 말까지 그 자녀 또는 아동을 중학교에 취학시켜야 한다. ④제1항 내지 제3항의 규정에 의한 취학의무의 이행 및 독량 등에 관하여 필요한 사항은 대통령령으로 정한다.

2. 관련 판례(헌법재판소 1994.2.24.선고, 93헌마192 결정)

헌법재판소는 교육법 제96조 제1항(현행 초·중등교육법 제13조 제1항) 위헌확인사건에서 "교육을 받을 권리는, 첫째 교육을 통해 개인의 잠재적인 능력을 계발시켜 줌으로써 인간다운 문화생활과 직업생활을 할 수 있는 기초를 마련해 주고, 둘째 문화적이고 지적인 사회풍토를 조성하고 문화창조의 바탕을 마련함으로써 헌법이 추구하는 문화국가를 촉진시키고, 셋째 합리적이고 계속적인 교육을 통해서 민주주의가 필요로 하는 민주시민의 윤리적 생활철학을 어렸을 때부터 습성화시킴으로써 헌법이 추구하는 민주주의의 토착화에 이바지하고, 넷째 능력에 따른 균등한 교육을 통해서 직업생활과 경제생활의 영역에서 실질적인 평등을 실현시킴으로써 헌법이 추구하는 사회국가, 복지국가의 이념을 실현한다는 의의와 기능을 가지고 있다.

현재 국가에 따라 다소 차이는 있으나 대부분의 국가에서 만 6세부터 의무교육을 받도록 하고 있는바, 이처럼 대부분의 국가에서 만 6세 전후가 되는 시기에 초등교육기관에 입학하여 교육을 받도록 의무화하고 있는 것은 아동의 신체, 지능, 정서, 심리발달단계 및 단계별 제 특징과 학습준비도 등을 종합적으로 고려하여 국민기초교육으로서의 초등교육을 이 시기부터 받게 하는 것이 국가사회적 측면으로도 보편타당하다는 인류사회공동체의 역사적, 전통적 합의를 바탕으로 한 것으로 볼 수 있다. 헌법 제31조 제1항에서 말하는 “능력에 따라 균등하게 교육을 받을 권리”란 법률이 정하는 일정한 교육을 받을 전제조건으로서의 능력을 갖추었을 경우 차별 없이 균등하게 교육을 받을 기회가 보장된다는 것이지 일정한 능력, 예컨대 지능이나 수학능력 등이 있다고 하여 제한 없이 다른 사람과 차별하여 어떠한 내용과 종류와 기간의 교육을 받을 권리가 보장된다는 것은 아니다. 따라서 의무취학시기를 만 6세가 된 다음날 이후의 학년초로 규정하고 있는 교육법 제96조 제1항은 의무교육제도 실시를 위해 불가피한 것이며 이와 같은 아동들에 대하여 만 6세가 되기 전에 앞당겨서 입학을 허용하지 않는다고 해서 헌법 제31조 제1항의 능력에 따라 균등하게 교육을 받을 권리를 본질적으로 침해한 것으로 볼 수 없다”고 결정하였다.

3. 적용

(1) 손유건은 초·중등교육법 제13조의 규정에 따라 최소한 만5세까지는 초등학교에 취학할 수 없을 것이다. 헌법 제31조 제1항에서 능력에 따라 균

등하게 교육을 받을 권리의 의미는 일정한 능력, 예컨대 지능이나 수학능력 등이 있다고 하여 제한 없이 다른 사람과 차별하여 어떠한 내용과 종류와 기간의 교육을 받을 권리가 보장된다는 것이 아니라 법률이 정하는 일정한 교육을 받을 전제조건으로서의 능력을 갖추었을 경우 차별 없이 균등하게 교육을 받을 기회가 보장된다는 것으로 해석하여야 할 것이다.

(2) 교육기본법 제19조는 손유건과 같은 영재들을 위해 국가 및 지방자치단체는 학문 · 예술 또는 체육 등의 분야에서 재능이 특히 뛰어난 자의 교육에 관하여 필요한 시책을 수립 · 실시하여야 한다고 규정하여 국가와 지방자치단체의 영재교육에 대한 의무를 규정하고 있다.

사례 7 : 학교운영위원회설치와 교육의 자주성 · 전문성 침해 여부

정원구는 학교법인 정원학원의 이사장이면서 또한 사단법인 한국 사립 중·고등학교법인협의회의 구성원으로 1999년 8월 31일 개정된 초·중등교육법이 사립학교에도 학교운영위원회 설치를 의무화하고 있는 것은 정원구의 재산권을 침해하고 헌법 제31조의 교육의 자주성과 전문성 등에 위반된다고 주장하면서 헌법소원심판을 청구하였다. 정원구의 주장은 타당한가?

해설

1. 법적 근거 및 관련 법령

▶ 헌법 제23조 ①모든 국민의 재산권은 보장된다. 그 내용과 한계는 법률로 정한다.

▶ 헌법 제31조 ①모든 국민은 능력에 따라 균등하게 교육을 받을 권리를 가진다. ②모든 국민은 그 보호하는 자녀에게 적어도 초등교육과 법률이 정하는 교육을 받게 할 의무를 진다. ③의무교육은 무상으로 한다. ④교육의 자주성 · 전문성 · 정치적 중립성 및 대학의 자율성은 법률이 정하는 바에 의하여 보장된다. ⑤국가는 평생교육을 진흥하여야 한다. ⑥학교교육 및 평생교육을 포함한 교육제도와 그 운영, 교육재정 및 교원의 지위에 관한 기본적인 사항은 법률로 정한다.

▶ 초 · 중등교육법 제31조[학교운영위원회의 설치] ①학교운영의 자율성을 높이고 지역의 실정과 특성에 맞는 다양한 교육을 창의적으로 실시할 수 있도록 하기 위하여 국 · 공립 및 사립의 초등학교 · 중학교 · 고등학교 및 특수학교에 학교운영위원회를 구성 · 운영하여야 한다. ②국 · 공립학교에 두는 학교운영위원회는 당해 학교의 교원대표 · 학부모대표 및 지역사회 인사로 구성한다. ③국 · 공립 및 사립학교에 두는 학교운영위원회의 위원정수는 5인 이상 15인 이내의 범위 안에서 학교의 규모 등을 고려하여 대통령령으로 정한다.

▶ 초 · 중등교육법 제32조[기능] ①국 · 공립학교에 두는 학교운영위원회는 다음 각호의 사항을 심의한다.

1. 학교헌장 및 학칙의 제정 또는 개정에 관한 사항
2. 학교의 예산안 및 결산에 관한 사항
3. 학교교육과정의 운영방법에 관한 사항
4. 교과용도서 및 교육자료의 선정에 관한 사항
5. 정규학습시간 종료 후 또는 방학기간중의 교육활동 및 수련활동에 관한 사항
6. 교육공무원법 제31조제2항의 규정에 의한 초빙교원의 추천에 관한 사항
7. 학교운영지원비의 조성 · 운용 및 사용에 관한 사항
8. 학교급식에 관한 사항
9. 대학입학 특별전형중 학교장 추천에 관한 사항
10. 학교운동부의 구성 · 운영에 관한 사항
11. 학교운영에 대한 제안 및 건의 사항
12. 기타 대통령령, 시 · 도의 조례로 정하는 사항

②사립학교의 장은 제1항 각호의 사항(제6호의 사항은 제외한다)에 대하여 학교운영위원회의 자문을 거쳐야 한다. 다만, 제1호 · 제2호의 사항에 대하여는 학교법인의 요청이 있는 경우에 한한다. ③국 · 공립 및 사립학교에 두는 학교운영위원회는 학교발전기금의 조성 · 운용 및 사용에 관한 사항에 대하여 심의 · 의결한다.

▶ 초 · 중등교육법 제34조[학교운영위원회의 구성 · 운영] ①제31조의 규정에 의한 학교운영위원회 중 국립학교에 두는 학교운영위원회의 구성 · 운영에 관하여 필요한 사항은 대통령령으로 정하고, 공립학교에 두는 학교운영위원회의 구성 · 운영에 관하여 필요한 사항은 대통령령이 정하는 범위 안에서 시 · 도의 조례로 정한다. ②사립학교에 두는 학교운영위원회의 위원구성에 관한 사항은 대통령령으로 정하고, 기타 운영에 관하여 필요한 사항은 정관으로 정한다.

2. 관련 판례(헌법재판소 2001.11.29.선고, 2000헌마278 결정)

헌법재판소는 초・중등교육법 제31조 등 위헌확인사건에서 "학교운영위원회는 학부모의 교육참여권의 보장수단으로 단위학교의 교육자치를 활성화하고 지역의 실정과 특성에 맞는 다양한 교육을 창의적으로 실시할 수 있도록 교원, 학부모, 지역사회인사 등이 학교의 운영에 관한 중요사항을 심의하게 하는 제도이므로 일반적으로 학부모가 미성년자인 학생의 교육과정에 참여할 당위성은 부정할 수 없으므로, 입법자가 학부모의 집단적인 교육참여권을 법률로써 인정하는 것은 헌법상 당연히 허용된다. 또 교사의 교육권(수업권) 역시 법적으로 보장되어야 할 권리이며, 지역주민의 학교운영위원회 참여제도는 주민자치라는 민주주의 원리와 관계되며 학교의 운영에 지역사회의 특성과 요구를 반영할 수 있다는 장점이 있다. 그렇다면 사립학교에도 국・공립학교처럼 의무적으로 운영위원회를 두도록 할 것인지 여부는 입법자의 정책문제에 속하고, 그 재량의 한계를 현저하게 벗어나지 않는 한 헌법위반으로 단정할 것은 아니다.

그리고 헌법 제23조 제1항 모든 국민의 재산권은 보장된다. 그 내용과 한계는 법률로 정한다고 규정하므로, 학교운영위원회 제도로 인하여 사학 설립자 및 재단의 사유재산에 대한 임의적 처분・이용이 제약된다고 하더라도, 이는 법률로써 사학재단의 사유재산에 대한 한계를 형성한 것이라고 볼 것이다. 사립학교 학교운영위원회는 대체로 자문기관으로서, 자문사항 중 학교예산 및 결산에 관한 자문은 사학이 요청할 경우에만 행하게 하고 있는 것 등을 볼 때, 이 제도가 사학의 재산권 행사를 본질적으로 훼손하는 것은 아니며, 이를 설사 사학의 재산권에 대한 형성이 아닌 제한이라고 보더라도 이는 정당한 입법목적을 달성하기 위한 것으로서 제한이 과잉한 것이라 할 수 없다.

헌법 제31조가 보호하는 교육의 자주성・전문성・정치적 중립성은 국가의 안정적인 성장 발전을 도모하기 위하여서는 교육이 외부세력의 부당한 간섭에 영향받지 않도록 교육자 내지 교육전문가에 의하여 주도되고 관할되어야 할 필요가 있다는 데서 비롯된 것인 바, 비록 심판대상조항에 의하여 사립학교 교육의 자주성 · 전문성이 어느 정도 제한된다고 하더라도, 그 입법취지 및 학교운영위원회의 구성과 성격 등을 볼 때, 사립학교 학교운영위원회제도가 현저히 자의적이거나 비합리적으로 사립학교의 공공성만을 강조하고 사립학교의 자율성을 제한한 것이라 보기 어렵다"고 결정하였다.

3. 적용

정원구이사장은 사립학교의 설립 · 운영의 주체인 학교법인 이외에 학부모, 교원, 지역대표 등이 학교운영에 반드시 참여하도록 하는 것은 사학의 독립성과 본질을 침해하는 것으로 사립학교에 학교운영위원회를 두면 학교운영에 문외한이거나 부적격인 학부모 대표와 지역인사가 학교운영을 맡게 되어 교사의 권위가 침해될 수 있으며, 교원위원의 경우 정치성이 강한 교사들이 참여하여 안정적인 교육이 저해될 우려가 있다고 주장하나 위 헌법재판소의 결정에서처럼 헌법 제31조가 보호하는 교육의 자주성 · 전문성 · 정치적 중립성은 국가의 안정적인 성장 발전을 도모하기 위하여서는 교육이 외부세력의 부당한 간섭에 영향 받지 않도록 교육자 내지 교육전문가에 의하여 주도되고 관할되어야 할 필요가 있다는 데서 비롯된 것인 바, 비록 법률에 의해서 사립학교 교육의 자주성 · 전문성이 어느 정도 제한된다고 하더라도, 그 입법취지 및 학교운영위원회의 구성과 성격 등을 볼 때, 사립학교 학교운영위원회제도가 현저히 자의적이거나 비합리적으로 사립학교의 공공성만을 강조하고 사립학교의 자율성을 제한한 것이라 보기 어렵다.

사례 8 : 종교의 자유와 학교에서의 종교교육

집안 대대로 독실한 불교신자의 집안에서 태어난 윤영수는 대구광역시내 고등학교 입학을 위한 연합고사에 합격한 후 본인의 의사와는 관계없이 제일 고등학교에 배정되었다. 그러나 이 학교는 기독교재단이 운영하는 학교이기 때문에 학교예배(일명 채플)를 반드시 이수하도록 되어 있다. 이 경우 윤영수는 자신이 가진 종교의 자유에 반한다는 이유로 채플수업을 거부할 수 있는가?

해설

1. 법적 근거 및 관련 법령

▶ 헌법 제20조 ①모든 국민은 종교의 자유를 가진다. ②국교는 인정되지 아니하며, 종교와 정치는 분리된다.

▶ 헌법 제31조

▶ 교육기본법 제6조[교육의 중립성] ①교육은 교육 본래의 목적에 따라 그 기능을 다하도록 운영되어야 하며, 어떠한 정치적 · 파당적 또는 개인적 편견의 전파를 위한 방편으로 이용되어서는 아니 된다. ②국가 및 지방자치단체가 설립한 학교에서는 특정한 종교를 위한 종교교육을 하여서는 아니 된다.

2. 관련판례(대법원 1998.11.10.선고, 96다37268 판결)

대법원은 "정교분리 원칙상 국 · 공립학교에서의 특정종교를 위한 종교교육은 금지되나 사립학교에서의 종교교육 및 종교지도자 육성은 선교의 자유의 일환으로서 보장되는 것이고, 교육법 제81조는 능력에 따라 균등하게 교육을 받을 권리를 규정한 舊(구)헌법 제29조 제1항과 마찬가지로 신앙, 성별, 사회적 신분, 경제적 지위 등에 의한 불합리한 차별을 금지하는 것일 뿐이므로 교육기관이 학교설립인가를 받았다하여 종교지도자 양성을 위한 종교교육을 할 수 없게 되는 것도 아니다"라고 판시(대법원 1989.9.26.선고, 87도

519 판결)하였다.

특히 사립대학교에서의 종교교육과 관련하여 "사립학교는 국 · 공립학교와는 달리 종교의 자유의 내용으로서 종교교육 내지는 종교선전을 할 수 있고, 학교는 인적 · 물적 시설을 포함한 교육시설로써 학생들에게 교육을 실시하는 것을 본질로 하며, 특히 대학은 헌법상 자치권이 부여되어 있으므로 사립대학은 교육시설의 질서를 유지하고 재학관계를 명확히 하기 위하여 법률상 금지된 것이 아니면 학사관리, 입학 및 졸업에 관한 사항이나 학교시설의 이용에 관한 사항 등을 학칙 등으로 제정할 수 있으며, 또한 舊(구) 교육법 시행령 제55조는 학칙을 학교의 설립인가신청에 필요한 서류의 하나로 규정하고, 제56조 제1항은 학칙에서 기재하여야 할 사항으로 교과와 수업일수에 관한 사항, 고사(또는 시험)와 과정수료에 관한 사항, 입학 · 편입학 · 퇴학 · 전학 · 휴학 · 수료 · 졸업과 상벌에 관한 사항 등을 규정하고 있으므로, 사립대학은 종교교육 내지 종교선전을 위하여 학생들의 신앙을 가지지 않을 자유를 침해하지 않는 범위 내에서 학생들로 하여금 일정한 내용의 종교교육을 받을 것을 졸업요건으로 하는 학칙을 제정할 수 있다.

기독교 재단이 설립한 사립대학이 학칙으로 대학예배의 6학기 참석을 졸업요건으로 정한 경우, 위 대학교의 대학예배는 목사에 의한 예배뿐만 아니라 강연이나 드라마 등 다양한 형식을 취하고 있고 학생들에 대하여도 예배시간의 참석만을 졸업의 요건으로 할 뿐 그 태도나 성과 등을 평가하지는 않는 사실 등에 비추어 볼 때, 위 대학교의 예배는 복음 전도나 종교인 양성에 직접적인 목표가 있는 것이 아니고 신앙을 가지지 않을 자유를 침해하지 않는 범위 내에서 학생들에게 종교교육을 함으로써 진리 · 사랑에 기초한 보편적 교양인을 양성하는 데 목표를 두고 있다고 할 것이므로, 대학예배에의 6학기 참석을 졸업요건으로 정한 위 대학교의 학칙은 헌법상 종교의 자유에 반하는 위헌무효의 학칙이 아니다(대법원 1998.11.10.선고, 96다37268 판결)"라고 판시하여 사립학교에서의 종교교육을 헌법상 종교교육의 자유에 비추어 보장된다고 보고 있다.

3. 적용

(1) 학교에서의 종교교육은 원칙적으로 교육관계법령에서 정하고 있는 정규교과목에 따른 학생의 수학과 관련된 내용이어야 한다. 그러나 당해 학교의 설립목적에 부합하는 일정한 부수적인 교육은 가능할 것이다. 이와 관련하여 특정종교집단이 설립한 학교에서 특정종교에 관한 교리를 학생에게 강요할 수 있을 것인가가 문제된다. 즉 정교분리의 원칙에 따라 원칙적으로 국·공립학교에서는 널리 일반론적인 차원에서의 종교이론을 강의하는 것은 몰라도 특정종교의 교리과목의 수강을 강요할 수는 없을 것이다. 그러나 종교재단이 설립한 학교에서 당해 재단의 교리를 교육하는 것은 가능한가가 문제된다.

(2) 특히 위 사례와 같이 현행 교육법체계에 비추어 윤영수의 학교선택권이 제대로 확보되어 있지 못한 고등학교와 학교선택권이 비교적 개방되어있는 대학교의 경우는 다른 양상을 보인다. 고등학교의 경우 학생의 학교선택권이 배제된 상황에서 강제 배정된 학교가 특정종교재단에 의해 설립된 경우에 아무런 대응수단을 갖지 못하고 특정종교교육 및 종교이념을 일방적으로 수용하여야만 한다. 이는 아무리 종교이념에 입각하여 설립된 사립학교라 하더라도 획일적인 종교교육을 실시하는 것은 소극적인 신앙침묵의 자유와 소극적인 신앙실행의 자유를 침해할 가능성이 크므로, 사례의 경우 윤영수에게 채플수업을 강요하는 것은 윤영수의 종교의 자유를 침해하는 것으로, 이 경우 윤영수는 학교에서 요구하는 채플수업을 거부할 정당한 이유가 있다고 할 수 있다. 하지만 학교선택권이 다소 보장된 사립대학교에서는 종교교육의 자유라는 일반론적인 차원에서 채플수업은 가능하다. 하지만 판례에서처럼 6학기간의 채플이수 강요는 종교의 자유에 대한 침해의 소지가 있다고도 볼 수 있다.

사례 9 : 양심의 자유와 병역거부

오수성은 독실한 종교인이며 또한 평화옹호론자이다. 그는 평소 전쟁도구로 사용되는 총기류에 대해 거부감을 가지고 있던 중 현역입영대상자로서 현역병으로 입영하라는 병무청장의 현역입영통지서를 받고 입영하면 집총훈련을 해야만 하기에 이에 반대하기 위해 입영일로부터 5일이 지나도록 이에 응하지 아니하였다. 따라서 병역법 제88조 제1항 제1호 위반으로 법원에 공소제기 되어 재판에 계류 중이다. 이에 오수성은 위 공소사실에 적용된 병역법 제88조 제1항 제1호가 종교적 양심에 따른 입영거부자들의 양심의 자유 등을 침해한다고 주장하면서 위 법원에 위헌제청신청을 하였고, 이를 받아들인 법원은 헌법재판소에 위헌 여부심판을 제청하였다. 오수성의 주장은 헌법재판소에서 정당한 것으로 받아들여 질 수 있을 것인가?

해설

1. 법적 근거 및 관련 법령

▸ 헌법 제19조 모든 국민은 양심의 자유를 가진다.

▸ 헌법 제20조 ①모든 국민은 종교의 자유를 가진다.

▸ 헌법 제37조 ②국민의 모든 자유와 권리는 국가안전보장 · 질서유지 또는 공공복리를 위하여 필요한 경우에 한하여 법률로써 제한할 수 있으며, 제한하는 경우에도 자유와 권리의 본질적인 내용을 침해할 수 없다.

▸ 헌법 제39조 ①모든 국민은 법률이 정하는 바에 의하여 국방의 의무를 진다.

▸ 병역법 제88조[입영의 기피] ①현역입영 또는 소집통지서(모집에 의한 입영통지서를 포함한다)를 받은 사람이 정당한 사유 없이 입영 또는 소집기일부터 다음 각호의 기간이 경과하여도 입영하지 아니하거나 소집에 불응한 때에는 3년 이하의 징역에 처한다. 다만, 제53조 제2항의 규정에 의하여 전시근로소집에 대비한 점검통지서를 받은 사람이 정당한 사유 없이 지정된 일시의 점검에 불참한 때에는 6월 이하의 징역이

나 200만원 이하의 벌금 또는 구류에 처한다.

1. 현역입영은 3일
2. 공익근무요원소집은 3일
3. 교육소집은 3일
4. 병력동원소집 · 전시근로소집은 2일

② 제1항의 규정에 의한 통지서를 받고 입영할 사람 또는 소집될 사람을 대리하여 입영한 사람 또는 소집에 응한 사람은 1년 이상 3년 이하의 징역에 처한다. 다만, 제53조 제2항의 규정에 의하여 전시근로소집에 대비한 점검을 받아야 할 사람을 대리하여 출석한 사람은 1년 이하의 징역에 처한다.

2. 관련 판례(헌법재판소 2004.8.26.선고, 2002헌가1 결정)

헌법재판소는 병역법 제88조 제1항 제1호 위헌제청사건에서 "양심의 자유에서 현실적으로 문제가 되는 것은 국가의 법질서나 사회의 도덕률에서 벗어나려는 소수의 양심이다. 따라서 양심상의 결정이 어떠한 종교관 · 세계관 또는 그 외의 가치체계에 기초하고 있는가와 관계없이, 모든 내용의 양심상의 결정이 양심의 자유에 의하여 보장된다. 양심의 자유는 단지 국가에 대하여 가능하면 개인의 양심을 고려하고 보호할 것을 요구하는 권리일 뿐, 양심상의 이유로 법적 의무의 이행을 거부하거나 법적 의무를 대신하는 대체의무의 제공을 요구할 수 있는 권리가 아니다. 따라서 양심의 자유로부터 대체복무를 요구할 권리도 도출되지 않는다. 우리 헌법은 병역의무와 관련하여 양심의 자유의 일방적인 우위를 인정하는 어떠한 규범적 표현도 하고 있지 않다.

양심상의 이유로 병역의무의 이행을 거부할 권리는 단지 헌법 스스로 이에 관하여 명문으로 규정하는 경우에 한하여 인정될 수 있다. 이 사건 법률조항을 통하여 달성하고자 하는 공익은 국가의 존립과 모든 자유의 전제조건인 '국가안보'라는 대단히 중요한 공익으로서, 이러한 중대한 법익이 문제되는 경우에는 개인의 자유를 최대한으로 보장하기 위하여 국가안보를 저해할 수 있는 무리한 입법적 실험을 할 것을 요구할 수 없다. 한국의 안보상황, 징병의 형평성에 대한 사회적 요구, 대체복무제를 채택하는 데 수반될 수 있는 여러 가지 제약적 요소 등을 감안할 때, 대체복무제를 도입하더라도 국가안보라는 중대한 헌법적 법익에 손상이 없으리라고 단정할 수 없는 것이 현재의 상황이라 할 것인바, 대체복무제를 도입하기 위해서는 남북한 사이에 평화공존관계가 정착되어야 하고, 군복무여건의 개선 등을 통하여 병역기피의 요인이 제거되어야 하며, 나아가 우리 사회에 양심적 병역거부자에 대한 이해와 관용이 자리잡음으로써 그들에게 대체복무를 허용하더라도 병역의무의 이행에 있어서 부담의 평등이 실현되며 사회통합이 저해되지 않는다는 사회공동체 구성원의 공감대가 형성되어야 하는데, 이러한 선행조건들이 충족되지 않은 현 단계에서 대체복무제를 도입하기는 어렵다고 본 입법자의 판단이 현저히 불합리하다거나 명백히 잘못되었다고 볼 수 없다.

따라서 입법자는 헌법 제19조의 양심의 자유에 의하여 공익이나 법질서를 저해하지 않는 범위 내에서 법적 의무를 대체하는 다른 가능성이나 법적 의무의 개별적인 면제와 같은 대안을 제시함으로써 양심상의 갈등을 완화해야 할 의무가 있으며, 이러한 가능성을 제공할 수 없다면, 적어도 의무위반시 가해지는 처벌이나 징계에 있어서 그의 경감이나 면제를 허용함으로써 양심의 자유를 보호할 수 있는 여지가 있는가를 살펴보아야 한다.

그러므로 입법자는 양심의 자유와 국가안보라는 법익의 갈등관계를 해소하고 양 법익을 공존시킬 수 있는 방안이 있는지, 국가안보란 공익의 실현을 확보하면서도 병역거부자의 양심을 보호할 수 있는 대안이 있는지, 우리 사회가 이제는 양심적 병역거부자에 대하여 이해와 관용을 보일 정도로 성숙한 사회가 되었는지에 관하여 진지하게 검토하여야 할 것이며, 설사 대체복무제를 도입하지 않기로 하더라도, 법적용기관이 양심우호적 법적용을 통하여 양심을 보호하는 조치를 취할 수 있도록 하는 방향으로 입법을 보완할 것인지에 관하여 숙고하여야 한다"고 결정하였다.

3. 적용

헌법재판소는 오수성의 주장을 받아들이지 않으며, 병역법 제88조 제1항 제1호는 헌법에 위반되지 아니한다고 결정했다. 하지만, 병역기피의 형사처벌로 인하여 이들이 감수하여야 하는 불이익은 매우 심각하며, 특히 병역거부에 대한 종교와 신념을 가족들이 공유하고 있는 많은 경우 부자가 대를 이어 또는 형제들이 차례로 처벌받게 되고 이에 따라 다른 가족 구성원에게 더 큰 불행을 안겨준다. 그러므로 사상이나 양심 또는 종교적 교리를 이유로 병역의무의 이행을 거부하는 이른바 양심적 · 종교적 병역거부의 경우에는 헌법상 국민의 기본적 의무인 병역의무와 자유민주적 기본질서의 핵심적 기본권인 사상 · 양심의 자유 및 종교의 자유 사이에 충돌을 일으키므로 그 본질적 내용들을 훼손하지 않는 범위 내에서 양자를 조화 · 병존시킬 필요가 있다. 그러나 현행 병역법은 양심상의 결정을 이유로 입영을 거부하는 이른바 양심적 병역거부에 대해서도 예외 없이 형사처벌을 하고 있는 바, 이는 양심적 병역거부를 하는 자의 사상과 양심의 자유 및 종교의 자유, 나아가 인간의 존엄과 가치 및 행복추구권, 평등권 등을 침해할 가능성이 크다.

사례 10 : 초·중등교원의 정치적 활동금지

초등학교 교사이자 공무원인 성창훈은 이번 지방의회의원 및 지방자치단체의 장 선거에서 선거권을 행사하고자 하는 유권자이며, 선거에서 정당의 당원이 되어 선거운동을 하고자 하였으나 대학의 교수 등을 제외한 일반 공무원의 정당가입과 선거운동을 금지하는 정당법 제22조 단서 제1호 및 공직선거법 제60조 제1항 제4호에 의하여 정당가입 및 선거운동이 금지되어 정치적 표현의 자유, 정당가입 및 정당활동의 자유, 선거운동의 자유, 평등권, 인간으로서의 존엄과 가치 및 행복추구권을 침해당했다고 주장하고 있다. 성창훈은 정당의 당원으로서 선거운동을 할 수 있을까?

해설

1. 법적 근거 및 관련 법령

- 헌법 제7조 ①공무원은 국민전체에 대한 봉사자이며, 국민에 대하여 책임을 진다. ②공무원의 신분과 정치적 중립성은 법률이 정하는 바에 의하여 보장된다.
- 헌법 제11조 ①모든 국민은 법 앞에 평등하다. 누구든지 성별·종교 또는 사회적 신분에 의하여 정치적·경제적·사회적·문화적 생활의 모든 영역에 있어서 차별을 받지 아니한다.
- 헌법 제24조 모든 국민은 법률이 정하는 바에 의하여 선거권을 가진다.
- 헌법 제31조 ④교육의 자주성·전문성·정치적 중립성 및 대학의 자율성은 법률이 정하는 바에 의하여 보장된다.
- 헌법 제37조 ②국민의 모든 자유와 권리는 국가안전보장·질서유지 또는 공공복리를 위하여 필요한 경우에 한하여 법률로써 제한할 수 있으며, 제한하는 경우에도 자유와 권리의 본질적인 내용을 침해할 수 없다.
- 정당법 제22조[발기인 및 당원의 자격] ①국회의원 선거권이 있는 자는 공무원 그 밖에 그 신분을 이유로 정당가입이나 정치활동을 금지하

는 다른 법령의 규정에 불구하고 누구든지 정당의 발기인 및 당원이 될 수 있다. 다만, 다음 각 호의 어느 하나에 해당하는 자는 그러하지 아니하다.

1. 「국가공무원법」 제2조(공무원의 구분) 또는 「지방공무원법」 제2조(공무원의 구분)에 규정된 공무원. 다만, 대통령, 국무총리, 국무위원, 국회의원, 지방의회의원, 선거에 의하여 취임하는 지방자치단체의 장, 국회의원의 보좌관 · 비서관 · 비서, 국회 교섭단체의 정책연구위원과 「고등교육법」 제14조(교직원의 구분) 제1항 · 제2항의 규정에 의한 총장 · 학장 · 교수 · 부교수 · 조교수 · 전임강사인 교원을 제외한다.
2. 총장 · 학장 · 교수 · 부교수 · 조교수 · 전임강사를 제외한 사립학교의 교원
3. 법령의 규정에 의하여 공무원의 신분을 가진 자

②대한민국 국민이 아닌 자는 당원이 될 수 없다.

▸ 공직선거법 제60조[선거운동을 할 수 없는 자] ①다음 각 호의 어느 하나에 해당하는 자는 선거운동을 할 수 없다. 다만, 제4호 내지 제8호에 해당하는 자가 후보자의 배우자인 경우에는 그러하지 아니하다.

4. 「국가공무원법」 제2조(공무원의 구분)에 규정된 국가공무원과 「지방공무원법」 제2조(공무원의 구분)에 규정된 지방공무원. 다만, 「정당법」 제22조(발기인 및 당원의 자격) 제1항제1호 단서의 규정에 의하여 정당의 당원이 될 수 있는 공무원(국회의원과 지방의회의원외의 정무직공무원을 제외한다)은 그러하지 아니하다.

▸ 국가공무원법 제2조[공무원의 구분] ①공무원은 이를 경력직공무원과 특수경력직공무원으로 구분한다. ②경력직공무원이라 함은 실적과 자격에 의하여 임용되고 그 신분이 보장되며 평생토록 공무원으로 근무할 것이 예정되는 공무원을 말하며 그 종류는 다음 각호와 같다.

1. 일반직공무원 : 기술 · 연구 또는 행정일반에 대한 업무를 담당하며 직군 · 직렬별로 분류되는 공무원
2. 특정직공무원 : 법관 · 검사 · 외무공무원 · 경찰공무원 · 소방공무원 · 교육공무원 · 군인 · 군무원 · 헌법재판소 헌법연구관 및 국가

정보원의 직원과 특수분야의 업무를 담당하는 공무원으로서 다른 법률이 특정직공무원으로 지정하는 공무원

▸ 지방공무원법 제2조[공무원의 구분] ①공무원은 이를 경력직공무원과 특수경력직공무원으로 구분한다. ②경력직공무원이라 함은 실적과 자격에 의하여 임용되고 그 신분이 보장되는 공무원을 말하며 그 종류는 다음 각호와 같다.

1. 일반직공무원 : 기술 · 연구 또는 행정일반에 대한 업무를 담당하며 직군 · 직렬별로 분류되는 공무원
2. 특정직공무원 : 공립의 대학 및 전문대학에 근무하는 교육공무원 및 지방소방공무원과 기타 특수분야의 업무를 담당하는 공무원으로서 다른 법률이 특정직공무원으로 지정하는 공무원

2. 관련 판례(헌법재판소 2004.3.25.선고, 2001헌마710 결정)

헌법재판소는 정당법 제6조 제1호(현 정당법 제22조 제1호) 등 위헌확인 사건에서 "오늘날 정치적 기본권은 국민이 정치적 의사를 자유롭게 표현하고, 국가의 정치적 의사형성에 참여하는 정치적 활동을 총칭하는 것으로 넓게 인식되고 있다. 정치적 기본권은 기본권의 주체인 개별 국민의 입장에서 보면 주관적 공권으로서의 성질을 가지지만, 민주정치를 표방한 민주국가에 있어서는 국민의 정치적 의사를 국정에 반영하기 위한 객관적 질서로서의 의미를 아울러 가진다. 그중 정치적 자유권이라 함은 국가권력의 간섭이나 통제를 받지 아니하고 자유롭게 정치적 의사를 형성 · 발표할 수 있는 자유라고 할 수 있다. 이러한 정치적 자유권에는 정치적 의사를 자유롭게 표현하고, 자발적으로 정당에 가입하고 활동하며, 자유롭게 선거운동을 할 수 있는 것을 주된 내용으로 한다.

이 사건 법률조항이 청구인들과 같은 초 · 중등학교 교원의 정당가입 및 선거운동의 자유를 금지함으로써 정치적 기본권을 제한하는 측면이 있는 것은 사실이나, 공무원의 정치적 중립성 등을 규정한 헌법 제7조 제1항 · 제2항, 교육의 정치적 중립성을 규정한 헌법 제31조 제4항의 규정취지에 비추어 보면, 감수성과 모방성 그리고 수용성이 왕성한 초 · 중등학교 학생들에게

교원이 미치는 영향은 매우 크고, 교원의 활동은 근무시간 내외를 불문하고 학생들의 인격 및 기본생활습관 형성 등에 중요한 영향을 끼치는 잠재적 교육과정의 일부분인 점을 고려하고, 교원의 정치활동은 교육수혜자인 학생의 입장에서는 수업권의 침해로 받아들여질 수 있다는 점에서 현 시점에서는 국민의 교육기본권을 더욱 보장함으로써 얻을 수 있는 공익을 우선시해야 할 것이라는 점 등을 종합적으로 감안할 때, 초·중등학교 교육공무원의 정당가입 및 선거운동의 자유를 제한하는 것은 헌법적으로 정당화될 수 있다.

현행 교육법령은, 초·중등학교의 교원 즉 교사는 법령이 정하는 바에 따라 학생을 교육하는 자이고(교육기본법 제9조, 초·중등교육법 제20조 제3항), 반면에 대학의 교원은 학생을 교육·지도하고 학문을 연구하되 학문연구만을 전담할 수 있다(고등교육법 제15조 제2항)고 하여 양자의 직무를 달리 규정하고 있다. 뿐만 아니라, 초·중등학교의 교육은 일반적으로 승인된 기초적인 지식의 전달에 중점이 있는데 비하여, 대학의 교육은 학문의 연구·활동과 교수기능을 유기적으로 결합하여 학문의 발전과 피교육자인 대학생들에 대한 교육의 질을 높일 필요성이 있기 때문에 대학교원의 자격기준도 이와 같은 기능을 수행할 수 있는 능력을 갖출 것이 요구된다. 그렇다면 초·중등학교 교원에 대해서는 정당가입과 선거운동의 자유를 금지하면서 대학교원에게는 이를 허용한다 하더라도, 이는 양자간 직무의 본질이나 내용 그리고 근무태양이 다른 점을 고려할 때 합리적인 차별이라고 할 것이므로 청구인이 주장하듯 헌법상의 평등권을 침해한 것이라고 할 수 없다"고 결정하였다.

3. 적용

성창훈은 초등학교 교사인 교육공무원으로서 공무원의 정치적 중립을 규정한 헌법과 정당법, 공직선거법에 의해 정당의 당원이 될 수 없으므로, 선거운동을 할 수 없다. 헌법이 '공무원은 국민전체에 대한 봉사자이며, 국민에 대하여 책임을 진다. 공무원의 신분과 정치적 중립성은 법률이 정하는 바에 의하여 보장된다'라고 명문으로 규정하고 있는 것은, 바로 직업공무원제도가 국민주권원리에 바탕을 둔 민주적이고 법치주의적인 공직제도임을 천명하고, 정권담당자에 따라 영향 받지 않는 것은 물론 같은 정권하에서도 정당한 이유 없이 해임당하지 아니하는 것을 불가결의 요건으로 하는 직업공무원제도의 확립을 내용으로 하는 입법의 원리를 지시하고 있는 것으로서, 법률로써 관계규정을 마련함에 있어서도 헌법의 위와 같은 기속적 방향제시에 따라 공무원의 신분보장이라는 본질적 내용이 침해되지 않는 범위 내라는 입법의 한계가 있다. 하지만 공무원의 정치활동에 대한 제한은 대해 공무원의 국민전체에 대한 봉사자로서의 지위에 기초하여 정당화될 수 있는 측면도 있지만, 공무원의 정치활동이 어느 정도까지 허용될 수 있고 또 어디부터 제한될 수 있는가에 대한 판단은 결국 공직수행의 공정성을 위해 꼭 필요한 범위 내에서만 공무원의 기본권이 한정적으로 제한된다는 기준인 기본권제한의 비례성에 따라야 할 것이다.

제2절 행정법적 사례

사례 1 : 통치행위와 사법심사

김영주는 일반 국민의 한 사람인 바, 대한민국 정부가 2003년 10월 18일 국군을 이라크에 파견하기로 한 것은 침략적 전쟁을 부인한다고 규정하고 있는 헌법 제5조에 위반될 뿐만 아니라 특히 의무복무를 하는 일반 사병은 급여를 받는 직업군인인 장교 및 부사관과 달리 실질적으로 급여를 받지 못하므로 일반 사병을 이라크에 파견하는 것은 국가안전보장 및 국방의 의무에 관한 헌법규정에 위반된다는 이유로 2003년 11월 17일 헌법재판소법 제68조 제1항에 의하여 위 파병의 위헌확인을 구하는 헌법소원심판을 청구하였다. 과연 김영주의 주장은 받아들여 질 수 있을까?

해설

1. 법적 근거 및 관련 법령

▸ 헌법 제5조 ①대한민국은 국제평화의 유지에 노력하고 침략적 전쟁을 부인한다. ②국군은 국가의 안전보장과 국토방위의 신성한 의무를 수행함을 사명으로 하며, 그 정치적 중립성은 준수된다.

▸ 헌법 제60조 ①국회는 상호원조 또는 안전보장에 관한 조약, 중요한 국제조직에 관한 조약, 우호통상항해조약, 주권의 제약에 관한 조약, 강화조약, 국가나 국민에게 중대한 재정적 부담을 지우는 조약 또는 입법사항에 관한 조약의 체결·비준에 대한 동의권을 가진다. ②국회는 선전포고, 국군의 외국에의 파견 또는 외국군대의 대한민국 영역 안에서의 주류(駐留)에 대한 동의권을 가진다.

▸ 헌법재판소법 제68조[헌법소원청구사유] ①공권력의 행사 또는 불행사로 인하여 헌법상 보장된 기본권을 침해받은 자는 법원의 재판을 제

외하고는 헌법재판소에 헌법소원심판을 청구할 수 있다. 다만, 다른 법률에 구제절차가 있는 경우에는 그 절차를 모두 거친 후가 아니면 청구할 수 없다.

②제41조제1항의 규정에 의한 법률의 위헌여부심판의 제청신청이 기각된 때에는 그 신청을 한 당사자는 헌법재판소에 헌법소원심판을 청구할 수 있다. 이 경우 그 당사자는 당해 사건의 소송절차에서 동일한 사유를 이유로 다시 위헌여부심판의 제청을 신청할 수 없다.

2. 관련 판례(헌법재판소 2004.4.29. 2003헌마814결정)

(1) 외국에의 국군의 파견결정과 같이 성격상 외교 및 국방에 관련된 고도의 정치적 결단이 요구되는 사안에 대한 국민의 대의기관의 결정은 사법심사의 대상이 되지 아니한다.

(2) '대통령이 2003년 10월 18일 국군(일반사병)을 이라크에 파견하기로 한 결정'(이하 '이 사건 파견결정'이라 한다)이 헌법에 위반되는지의 여부에 대한 판단은 헌법재판소의 심판대상이 되지 아니한다.

(3) 그 성격상 국방 및 외교에 관련된 고도의 정치적 결단을 요하는 이 사건 파견결정이 사법심사의 대상이 되지 아니한다.

3. 적용

외국에의 국군의 파견결정은 파견군인의 생명과 신체의 안전뿐만 아니라 국제사회에서의 우리나라의 지위와 역할, 동맹국과의 관계, 국가안보문제 등 궁극적으로 국민 내지 국익에 영향을 미치는 복잡하고도 중요한 문제로서 국내 및 국제정치관계 등 제반 상황을 고려하여 미래를 예측하고 목표를 설정하는 등 고도의 정치적 결단이 요구되는 사안이다.

따라서 그와 같은 결정은 그 문제에 대해 정치적 책임을 질 수 있는 국민의 대의기관이 관계분야의 전문가들과 광범위하고 심도 있는 논의를 거쳐 신중히 결정하는 것이 바람직하며 우리 헌법도 그 권한을 국민으로부터 직접 선출되고 국민에게 직접 책임을 지는 대통령에게 부여하고 그 권한행사에 신중을 기하도록 하기 위해 국회로 하여금 파병에 대한 동의여부를 결정할 수 있도록 하고 있는 바, 현행 헌법이 채택하고 있는 대의민주제 통치구조 하에서 대의기관인 대통령과 국회의 그와 같은 고도의 정치적 결단은 가급적 존중되어야 한다.

이 사건 파견결정이 헌법에 위반되는지의 여부 즉 국가안보에 보탬이 됨으로써 궁극적으로는 국민과 국익에 이로운 것이 될 것인지 여부 및 이른바 이라크전쟁이 국제규범에 어긋나는 침략전쟁인지 여부 등에 대한 판단은 대의기관인 대통령과 국회의 몫이고, 성질상 한정된 자료만을 가지고 있는 우리 재판소가 판단하는 것은 바람직하지 않다고 할 것이며, 우리 재판소의 판단이 대통령과 국회의 그것보다 더 옳다거나 정확하다고 단정짓기 어려움은 물론 재판결과에 대하여 국민들의 신뢰를 확보하기도 어렵다고 하지 않을 수 없다. 따라서 이 사건 파병결정은 대통령이 파병의 정당성뿐만 아니라 북한 핵 사태의 원만한 해결을 위한 동맹국과의 관계, 우리나라의 안보문제, 국·내외 정치관계 등 국익과 관련한 여러 가지 사정을 고려하여 파병부대의 성격과 규모, 파병기간을 국가안전보장회의의 자문을 거쳐 결정한 것으로, 그 후 국무회의 심의·의결을 거쳐 국회의 동의를 얻음으로써 헌법과 법률에 따른 절차적 정당성을 확보했음을 알 수 있다.

그렇다면 이 사건 파견결정은 그 성격상 국방 및 외교에 관련된 고도의 정치적 결단을 요하는 문제로서, 헌법과 법률이 정한 절차를 지켜 이루어진 것임이 명백하므로, 대통령과 국회의 판단은 존중되어야 하고 헌법재판소가 사법적 기준만으로 이를 심판하는 것은 자제되어야 한다. 이에 대하여는 설혹 사법적 심사의 회피로 자의적 결정이 방치될 수도 있다는 우려가 있을 수 있으나 그러한 대통령과 국회의 판단은 궁극적으로는 선거를 통해 국민에 의한 평가와 심판을 받게 될 것이다.

강학상 개념으로 통치행위란 입법, 사법, 행정도 아닌 제4의 국가작용으로 법적 성격과 정치적 성격을 동시에 가지고 있으나, 고도의 정치적 성격으로 말미암아 사법심사의 대상이 되지 아니하는 국가 작용을 말한다. 통치행위를 인정하는 것은 법치국가원리 실현에 중대한 위협이 될 수 있기에 인정여부와 범위에 대하여는 학설의 대립이 있으나, 우리나라 다수의 학자들은 긍정설을 취하고 있고 대법원 판례나 헌법재판소 판례도 이를 긍정하고 있다. 다만 통치행위로서 사법심사 배제의 범위에 관하여는 '통치행위라도 그것이 누구에게도 일견하여 헌법이나 법률에 위반되는 것으로서 명백하게 인정될 수 있는 특별한 사정이 있는 경우'는 사법심사의 대상이 된다는 한정적 긍정설(전두환 등의 5.18내란사건. 대법원 1997.4.17.선고, 96도3376판결)과 '비록 고도의 정치적 결단에 의하여 행하여지는 국가작용이라고 할지라도 그것이 국민의 기본권 침해와 직접 관련되는 경우에는 당연히 헌법재판소의 심판대상이 된다'는 상대적 통치행위(헌법재판소 1996.2.29. 93헌마186) 이론은 통치권력으로부터 국민의 기본권보장이라는 면에서 경청할만하다 하겠다.

사례 2 : 음주측정거부와 운전면허취소

이호주는 친구인 김영호와 저녁식사 후 반주삼아 맥주 두병을 나누어 마신 후 자신의 차를 운전하여 귀가 하던 중 검문을 당하게 되었다. 교통경찰관이 음주측정을 요구하자 자신은 약간의 맥주만을 마셨기에 정상적인 운전을 할 수 있다고 주장하면서 음주측정을 거부하였고, 교통경찰관은 도로교통법 제93조 제1항 제3호 위반을 이유로 운전면허를 취소하였다. 이에 이호주는 음주측정거부를 이유로 한 운전면허취소는 재량권의 남용 혹은 일탈이라 주장하며 운전면허취소처분의 취소소송을 제기하였다. 이호주에 대한 면허취소처분은 취소될 수 있을까?

해설

1. 법적 근거 및 관련 법령

▸ 도로교통법 제93조[면허의 취소 · 정지] ①지방경찰청장은 운전면허(연습운전면허를 제외한다. 이하 이 조에서 같다)를 받은 사람이 다음 각호의 1에 해당하는 때에는 행정자치부령이 정하는 기준에 의하여 운전면허를 취소하거나 1년의 범위 안에서 그 운전면허의 효력을 정지시킬 수 있다. 다만, 제1호 · 제2호, 제3호, 제5호 내지 제8호(정기적성검사기간이 경과된 때를 제외한다), 제10호 · 제11호 · 제13호 및 제14호에 해당하는 때에는 그 운전면허를 취소하여야 한다.

▸ 도로교통법 제44조 제2항의 규정에 위반하여 술에 취한 상태에 있다고 인정할만한 상당한 이유가 있음에도 불구하고 경찰공무원의 측정에 응하지 아니한 때

▸ 행정소송법 제27조[재량처분의 취소] 행정청의 재량에 속하는 처분이라도 재량권의 한계를 넘거나 그 남용이 있는 때에는 법원은 이를 취소할 수 있다.

2. 관련 판례(대법원 2004.11.12.선고, 2003두12042 판결)

음주측정거부를 이유로 운전면허취소를 함에 있어서 행정청이 그 취소 여부를 선택할 수 있는 재량의 여지가 없다.

3. 적용

도로교통법 제93조 제1항 제3호의 규정에 의하면, 술에 취한 상태에 있다고 인정할 만한 상당한 이유가 있음에도 불구하고 경찰공무원의 측정에 응하지 아니한 때에는 필요적으로 운전면허를 취소하도록 되어 있어 처분청이 그 취소 여부를 선택할 수 있는 재량의 여지가 없음이 그 법조문상 명백하므로, 위 법조의 요건에 해당하였음을 이유로 한 운전면허취소처분에 있어서 재량권의 일탈 또는 남용의 문제는 생길 수 없다.

강학상(학문상) 행정행위(행정처분)는 기속행위와 재량행위로 분류할 수 있다. 기속행위란 행정행위의 요건과 효과가 법규로 정하여져 행정청이 단순히 법령을 집행하는 행위로서 법규에 위반하면 위법한 행정처분이 되어 사법심사의 대상이 된다. 반면 재량행위란 행위의 요건이 불확정적으로 규정되어 있고 그 효과도 행정청의 의사에 의하여 결정 · 선택되어질 수 있는 행위로서 재량판단을 잘못하여도 위법한 행위는 되지 아니한다. 다만 재량행위라도 내적 한계와 외적한계가 있는 바, 이런 한계위반을 재량권의 남용 · 일탈이라 하며 이 경우에는 위법한 행정행위로서 사법심사의 대상이 된다. 기속행위와 재량행위의 구별은 일차적으로 법조문에 의하여 판단하는 것이 판례의 입장인 바, 도로교통법 제93조 제1항에 보면 "음주측정에 응하지 아니한 경우(제3호) 운전면허를 취소하여야 한다" 고 규정된 바 이는 기속행위로서 재량권의 남용 · 일탈이 문제될 바 못 된다. 따라서 본 사례에 있어서 이호주의 주장은 받아들여질 수 없다.

사례 3 : 신뢰보호원칙과 국가배상책임

김범수는 1980년 10월 2일 마을 주민을 폭행하여 상해를 입힌 것을 이유로 삼청교육대상자로 연행되어, 1980년 10월 3일 육군 제9사단에 입소하여 순화교육을 받았고, 순화교육 수료 이후인 1981년 1월 16월 당시 사회보호법(1980. 12. 18. 법률 제3286호) 부칙 제5조에 의하여 법무부 내에 설치된 사회보호위원회의 결정에 따라 보호감호처분을 받고, 같은 법 부칙 제4조 및 같은 법 시행령(1980. 12. 31. 대통령령 제10125호) 부칙 제2조에 의하여 대용감호시설로 지정된 육군 제6620부대에 수용되었다가, 1982년 2월경 출소하였다. 김범수는 순화교육과정 중 수시로 구타와 기합 등 폭행을 당하여 좌측 청력을 상실하였다. 출소 후에도 정신분열증을 보였고, 청력상실과 정신분열증으로 현재 30% 이상의 노동능력을 상실하였고 정상적인 사회생활을 영위할 수 없는 상태이다. 1988년 11월 26일 당시 노태우 대통령은 '시국관련특별담화'를 발표하였고, 이어 국방부장관은 12월 3일 신문광고 등을 통하여, 정부가 삼청교육과 관련한 피해자들에게 응분의 보상을 하기로 결정하였다고 하면서 삼청교육과 관련한 사상자 본인이나 유가족 또는 관련인은 같은 달 12일부터 1989년 1월 20일까지 해당 시·구·군청 민원실로 신고하여 달라고 공고하는 내용의 담화문을 발표하였다. 이에 따라 김범수는 위 신고 기간 내에 소정의 서류를 갖추어 해당관청에 피해신고를 하였으며, 전남 고흥경찰서에서 삼청교육 입소 여부, 그로 인한 피해 여부 등에 관하여 조사까지 받았으나, 지금까지 국가로부터 그에 대한 보상을 전혀 받지 못하고 있다. 김범수는 헌법상 국가배상청구권을 근거로 국가배상법상 국가배상청구를 통하여 권리구제를 받을 수 있을까?

해설

1. 법적 근거 및 관련 법령

▶ 국가배상법 제2조[배상책임] ①국가 또는 지방자치단체는 공무원이 그 직무를 집행함에 당하여 고의 또는 과실로 법령에 위반하여 타인에게 손해를 가하거나, 자동차손해배상보장법의 규정에 의하여 손해배상

의 책임이 있는 때에는 이 법에 의하여 그 손해를 배상하여야 한다. 다만, 군인 · 군무원 · 경찰공무원 또는 향토예비군대원이 전투 · 훈련 · 기타 직무집행과 관련하거나 국방 또는 치안유지의 목적상 사용하는 시설 및 자동차 · 함선 · 항공기 · 기타 운반기구안에서 전사 · 순직 또는 공상을 입은 경우에 본인 또는 그 유족이 다른 법령의 규정에 의하여 재해보상금 · 유족연금 · 상이연금 등의 보상을 지급받을 수 있을 때에는 이 법 및 민법의 규정에 의한 손해배상을 청구할 수 없다.

▸ 민법 제750조[불법행위의 내용] 고의 또는 과실로 인한 위법행위로 타인에게 손해를 가한 자는 그 손해를 배상할 책임이 있다.

▸ 민법 제751조[재산이외의 손해의 배상] ①타인의 신체, 자유 또는 명예를 해(害)하거나 기타 정신상고통을 가한 자는 재산이외의 손해에 대하여도 배상할 책임이 있다.

2. 관련 판례(광주지법 2003.7.1.선고, 2003가단7284 판결)

대통령이 삼청교육실시로 인한 피해자에게 그 피해를 보상하겠다는 취지의 담화를 발표하고 피해신고까지 받았음에도 불구하고 후속조치를 취하지 아니함으로써 피해자의 신뢰를 깨뜨린 데 대하여 국가가 그 신뢰의 상실에 따르는 손해를 배상할 책임이 있다.

3. 적용

대통령이 삼청교육 실시로 인한 피해를 보상해주겠다는 취지의 담화를 발표하고 나아가 국방부장관이 그 피해자들로부터 피해신고까지 받은 것은, 대통령이 정부의 수반(首班)의 지위에서 그 피해자들에 대하여 향후 입법조치 등을 통하여 그 피해를 보상해주겠다고 구체적인 사안에 관하여 종국적으로 약속한 것으로서, 거기에 채무의 승인이나 시효이익의 포기와 같은 사법상의 효과는 없더라도, 그 상대방은 약속이 이행될 것에 대한 강한 신뢰를 가지게 되었고 이러한 신뢰는 단순한 사실상의 기대를 넘어 법적으로 보호받아야 할 이익이라고 보아야 할 것이므로 국가로서는 정당한 이유 없이 그 신뢰를 깨뜨려서는 안 됨에도 불구하고, 그 약속을 어기고 후속조치를 취하지 아니함으로써 위 담화 및 피해신고 공고에 따라 피해신고를 마친 삼청교육 피해자의 정당한 신뢰를 깨뜨렸다면, 특별한 사정이 없는 한 피해자의 신뢰상실로 인한 정신적인 손해를 배상해야 할 의무가 있다.

우리나라 국가배상법 제2조에 의한 국가배상 요건은 첫째, 공무원의 행위일 것 둘째, 직무상 행위일 것 셋째. 공무원의 행위가 고의 · 과실에 의한 불법행위일 것 넷째, 손해가 발생할 것 등이다.

이 사례에서 쟁점은 실정법상 위법행위가 없는 경우 위법성을 인정할 수 있는 근거를 찾는 것이다. 불문법으로 조리의 법원성을 인정할 것인가에 대하여 학설의 대립이 있으나 일반적인 견해는 조리의 법원성을 인정하고 특히, 행정법에서는 조리를 행정법상 일반원칙으로 이해하고 있다. 일반원칙으로 신뢰보호의 원칙이 적용되기 위하여는 첫째로, 행정관청이 상대방에게 신뢰의 대상이 되는 공적인 견해 표명을 하여야 하고 둘째로, 행정관청의 견해 표명이 정당하다고 신뢰한데 대하여 상대방에게 귀책사유가 없어야 하며 셋째로, 상대방이 그 견해표명을 신뢰하고 이에 따라 무엇인가 행위를 하여야 하고 넷째로, 행정관청이 위 견해표명에 반하는 처분을 함으로써 상대방의 이익이 침해되는 결과가 초래되어야 한다(대법원 1985.4.23.선고, 84누593 판결). 본 사례에 있어서 대통령과 국방부장관이 보상을 해주겠다고 약속하고(공적 견해표명), 상대방이 갖는 신뢰는 보호가치있는 신뢰이며(상대방의 귀책사유없음), 소정의 서류를 갖추어 해당관청에 신고(처리보호)도 하였는 바, 국가로부터 전혀 보상을 받지 못한 것은(상대방의 이익이 침해되는 결과) 신뢰보호원칙에 반한 위법한 행위로서 국가는 배상책임을 면하지 못한다. 따라서 김범수는 국가의 위법한 부작위로 인한 손해배상청구를 할 수 있고, 이때 손해는 재산적 · 육체적 침해뿐만 아니라 정신적 손해에 대한 위자료 청구도 가능하다.

사례 4 : 도시계획시설 변경 결정에 대한 행정소송

부산광역시는 1955년에 설치하여 계속 운영하여 왔던 당감동 공설화장장이 시설이 노후되고 인근지역에 주택이 밀집하는 등의 이유로 더 이상 가동할 수가 없어 1987년 11월경 이를 폐쇄하고, 부산시가 소유자로서 운영하고 있는 공설묘지인 시립영락공원내의 금정구 두구동 산 83-2 일원 69,200㎡(이하 이 사건 토지라고 한다)가 제반여건이 제일양호하다고 보아 공설화장장으로 선정하였다. 그러나 이 사건 토지는 부산광역시 동래구, 금정구, 해운대구의 일부지역에 수돗물을 공급하는 회동수원지에 인접한 곳으로 위 수원지의 상수원확보 및 수질보전을 위하여 이미 수도법 제5조에 의거 상수원보호구역으로 지정되어 있는 곳일 뿐만 아니라, 도시계획법 제12조에 의거 묘지공원으로 도시계획시설결정이 되어 있던 곳이기도 한데, 국토계획및이용에관한법률 등 관계법령에 의하면 화장장은 상수원보호구역과 묘지공원 내에서는 설치할 수 없게 되어 있다. 이에 부산시장은 이 사건 토지상에 공설화장장을 설치할 수 있도록 화장장가동에 따라 생길 오·폐수 등이 회동수원지로 유입되지 않고 전용하수관을 통하여 곧바로 수영천으로 유입되도록 하는 등의 제반오염방지장치를 갖출 것을 조건으로 하여 이사건 토지를 상수원 보호구역에서 제외하고 그리고 묘지공원에서 제외함과 아울러 그 자리에 새로이 화장장을 설치하기로 하는 도시계획시설변경결정 및 처분을 하기로 방침을 세우자, 이 사건 토지주변에 살고 있던 지역주민(대표 김승리)들은 부산시의 이 사건 변경처분은 상수원보호구역은 상수원확보 및 수질보전을 위하여 필요하다고 인정할 때에만 지정토록 규정하고 있는 수도법 제5조, 그 시행령 제7조, 매장및묘지등에관한법률 제7조 제3항, 그 시행령 제4조 제2호 라목에 위반되는 변경처분이라 주장하여 변경처분의 취소를 구하는 행정소송을 제기하였다. 지역주민들의 주장은 받아들여질 수 있을까?

해설

1. 법적 근거 및 관련 법령

▶ 수도법 제5조[상수원보호구역지정등] ①환경부장관은 상수원의 확보와 수질보전상 필요하다고 인정되는 지역을 상수원보호를 위한 구역

(이하 “상수원보호구역”이라 한다)으로 지정하거나 이를 변경할 수 있다.

▸ 수도법시행령 제7조[상수원보호구역의 지정 등] ①환경부장관은 법 제5조제1항의 규정에 의하여 상수원보호구역을 지정 또는 변경하고자 하는 경우에는 취수원의 특성 및 지형여건과 수질오염 상황 등을 고려하여야 한다.

▸ 장사등에관한법률 제7조[매장 및 화장의 장소] ①누구든지 제12조 또는 제13조의 규정에 의한 묘지외의 구역에 매장을 하여서는 아니된다.

②누구든지 화장장외의 시설 또는 장소에서 화장을 하여서는 아니된다. 다만, 보건위생상의 위해가 없는 경우로서 대통령령이 정하는 경우에는 그러하지 아니하다.

▸ 국토의계획및이용에관한법률 제11조[광역도시계획의 수립권자] ①건설교통부장관 또는 시·도지사는 다음 각호의 구분에 따라 광역도시계획을 수립하여야 한다.

1. 광역도시권이 같은 도의 관할구역에 속하여 있는 경우에는 관할도지사가 수립
2. 광역도시권이 2 이상의 특별시·광역시 또는 도(이하 “市·道”라 한다)의 관할구역에 걸치는 경우에는 관할 시·도지사가 공동으로 수립
3. 국가계획과 관련되어 광역도시계획의 수립이 필요한 경우와 광역도시권을 지정한 날부터 3年이 경과될 때까지 관할 시·도지사로부터 광역도시계획에 대하여 제16조제1항의 규정에 의한 승인신청이 없는 경우에는 건설교통부장관이 수립

②건설교통부장관은 시·도지사의 요청이 있는 경우 기타 필요하다고 인정되는 때에는 제1항의 규정에 불구하고 관할 시·도지사와 공동으로 광역도시계획을 수립할 수 있다.

▸ 행정소송법 제12조[원고적격] 취소소송은 처분 등의 취소를 구할 법률상 이익이 있는 자가 제기할 수 있다. 처분 등의 효과가 기간의 경과, 처분 등의 집행 그 밖의 사유로 인하여 소멸된 뒤에도 그 처분 등의 취소로 인하여 회복되는 법률상 이익이 있는 자의 경우에는 또한 같다.

2. 관련 판례(대법원 1995.9.26.선고, 94누14544 판결)

(1) 법률상 이익이 침해된 자는 행정처분의 취소를 구할 원고적격이 있다.

(2) 제3자에게 상수원보호구역변경처분의 취소를 구할 법률상 이익은 없다.

(3) 제3자에게 도시계획결정처분의 취소를 구할 법률상 이익이 있다.

3. 적용

(1) 우리나라 행정소송법 제12조에서는 행정소송의 원고적격이 있는 자를 법률상 이익이 있는 자로 규정하고 있는 바, 법률상 이익이 있는 자에 대하여 권리 혹은 법률상 보호이익이 있는 자로 보는 것이 통설과 판례의 입장이다. 행정소송에 있어서 원고적격은 행정처분의 직접 상대방이 아닌 제3자라도 당해 행정처분의 취소를 구할 법률상의 이익이 있는 경우에는 원고적격이 인정되는데, 여기서 말하는 법률상의 이익은 당해 처분의 근거 법률에 의하여 보호되는 직접적이고 구체적인 이익이 있는 경우를 말하고, 다만 공익보호의 결과로 국민 일반이 공통적으로 가지는 추상적 · 평균적 · 일반적인 이익과 같이 간접적이나 사실적 · 경제적 · 이해관계를 가지는데 불과한 경우는 여기에 포함되지 않는다.

(2) 상수원보호구역 설정의 근거가 되는 수도법 제5조 제1항 및 동 시행령 제7조 제1항이 보호하고자 하는 것은 상수원의 확보와 수질보전일 뿐이고, 그 상수원에서 급수를 받고 있는 지역주민들이 가지는 상수원의 오염을 막아 양질의 급수를 받을 이익은 직접적이고 구체적으로는 보호하고 있지 않음이 명백하여 위 지역주민들이 가지는 이익은 상수원의 확보와 수질보호라는 공공의 이익이 달성됨에 따라 반사적으로 얻게 되는 이익에 불과하므로 지역주민들에 불과한 이들에게는 위 상수원보호구역변경처분의 취소를 구할 법률상의 이익이 없다.

(3) 국토의계획및이용에관한법률 제11조 제3항의 위임에 따라 제정된 도시계획시설기준에 관한 규칙 제125조 제1항이 화장장의 구조 및 설치에 관하여는 매장 및 묘지 등에 관한 법률이 정하는 바에 의한다고 규정하고 있어, 도시계획의 내용이 화장장의 설치에 관한 것일 때에는 국토의계획및이용에 관한법률 제11조 뿐만 아니라 매장 및 묘지 등에 관한 법률 및 같은 법 시행

령 역시 그 근거 법률이 된다고 보아야 할 것이므로, 같은 법 시행령 제4조 제2호가 공설화장장은 20호 이상의 인가가 밀집한 지역, 학교 또는 공중이 수시 집합하는 시설 또는 장소로부터 1,000m 이상 떨어진 곳에 설치하도록 제한을 가하고, 같은 법 시행령 제9조가 국민보건상 위해를 끼칠 우려가 있는 지역, 국토의계획및이용에관한법률 제36조의 규정에 의한 주거지역, 상업지역, 공업지역 및 녹지지역 안의 풍치지구 등에의 공설화장장 설치를 금지함에 의하여 보호되는 부근 주민들의 이익은 위 도시계획결정처분의 근거 법률에 의하여 보호되는 법률상 이익이다. 본 사례에서 인근주민은 도시계획변경처분의 취소를 구하는 행정소송을 제기할 수 있으나, 상수원보호구역변경처분의 취소를 요구 할 수는 없다고 본다.

사례 5 : 도시관리계획과 형량(衡量)명령

이기갑은 대구광역시에 있는 지방도에 인접한 곳에 주택을 신축하여 생활하고 있었다. 지방도의 건너편은 나대지로서 아무런 건물도 없음에도 불구하고 대구광역시는 도시관리계획을 변경하여 이기갑의 건물이 있는 쪽으로 도로구역을 확장하도록 결정하였다. 이기갑은 대구광역시의 도로구역확장계획에 대한 취소소송을 제기할 수 있는가? 있다면 권리구제의 가능성은 있는가?

해설

1. 법적 근거 및 관련 법령

▶ 행정소송법 제1조[목적] 이 법은 행정소송절차를 통하여 행정청의 위법한 처분 그밖에 공권력의 행사・불행사 등으로 인한 국민의 권리 또는 이익의 침해를 구제하고, 공법상의 권리관계 또는 법적용에 관한 다툼을 적정하게 해결함을 목적으로 한다.

▶ 국토계획및이용에관한법률 제2조[정의] 이 법에서 사용하는 용어의 정의는 다음과 같다.

1. "광역도시계획"이라 함은 제10조의 규정에 의하여 지정된 광역계획권의 장기발전방향을 제시하는 계획을 말한다.
2. "도시계획"이라 함은 특별시・광역시・시 또는 군(광역시의 관할구역 안에 있는 군을 제외한다. 이하 같다)의 관할구역에 대하여 수립하는 공간구조와 발전방향에 대한 계획으로서 도시기본계획과 도시관리계획으로 구분한다.
3. "도시기본계획"이라 함은 특별시・광역시・시 또는 군의 관할구역에 대하여 기본적인 공간구조와 장기발전방향을 제시하는 종합계획으로서 도시관리계획수립의 지침이 되는 계획을 말한다.
4. "도시관리계획"이라 함은 특별시・광역시・시 또는 군의 개발・정비 및 보전을 위하여 수립하는 토지이용・교통・환경・경관・안전・산

업 · 정보통신 · 보건 · 후생 · 안보 · 문화 등에 관한 다음의 계획을 말한다.

가. 용도지역 · 용도지구의 지정 또는 변경에 관한 계획

나. 개발제한구역 · 시가화조정구역 · 수산자원보호구역의 지정 또는 변경에 관한 계획

2. 관련 판례(대법원 1982.3.9.선고, 80누105 판결)

(구)도시계획법 제12조 소정의 도시계획결정(현행 국토의 계획 및 이용에 관한법률 제22조의 도시기본계획과 제30조의 도시관리계획에 해당)이 고시되면 도시계획 안의 토지나 건물 소유자의 토지형질변경, 건축물의 신축, 개축 또는 증축 등 권리행사가 일정한 제한을 받게 되는바 이런 점에서 볼 때 고시된 도시계획결정은 특정 개인의 권리 내지 법률상의 이익을 개별적이고 구체적으로 규제하는 효과를 가져오게 하는 행정청의 처분이라 할 것이고, 이는 행정소송의 대상이 된다.

▸ 대법원 1996.11.29.선고, 96누8567 판결

행정계획수립시 계획수립주체는 어떤 내용의 계획을 수립할 것인가에 대한 광범위한 형성의 자유(계획재량)를 가지지만 이런 재량에도 조리상 한계가 있으며 이를 위반할 경우 위법이다

3. 적용

행정소송 대상이 되기 위하여는 처분성이 있어야 하는바 여기서 처분이라 함은 행정청이 행하는 구체적 사실에 관한 법집행으로서의 공권력의 행사 또는 그 거부와 그밖에 이에 준하는 행정작용(이하 "처분"이라 한다) 및 행정심판에 대한 재결을 말한다(행정소송법 제2조 제1항 1호). 도시계획 중 도시관리 계획은 국민의 권리와 의무에 직접적 영향을 미치는 행정작용으로서 처분성을 인정할 수 있으므로 사례에서의 도로구역 확장계획에 위법 있으면 이기갑은 항고소송(취소소송)으로 다툴 수 있다

행정계획이라 함은 행정에 관한 전문적 · 기술적 판단을 기초로 하여 도시의 건설 · 정비 · 개량 등과 같은 특정한 행정목표를 달성하기 위하여 서

로 관련되는 행정수단을 종합 · 조정함으로써 장래의 일정한 시점에 있어서 일정한 질서를 실현하기 위한 활동기준으로 설정된 것으로서, 도시계획법 등 관계 법령에는 추상적인 행정목표와 절차만이 규정되어 있을 뿐 행정계획의 내용에 대하여는 별다른 규정을 두고 있지 아니하므로 행정주체는 구체적인 행정계획을 입안 · 결정함에 있어서 비교적 광범위한 형성의 자유(계획재량)를 가진다고 할 것이지만, 행정주체가 가지는 이와 같은 형성의 자유는 무제한적인 것이 아니라 그 행정계획에 관련되는 자들의 이익을 공익과 사익 사이에서는 물론이고 공익 상호간과 사익 상호간에도 정당하게 비교교량 하여야 한다는 제한(형량명령)이 있는 것이고, 따라서 행정주체가 행정계획을 입안 · 결정함에 있어서 이익형량을 전혀 행하지 아니하거나(불형량) 이익형량의 고려 대상에 마땅히 포함시켜야 할 사항을 누락한 경우(결형량) 또는 이익형량을 하였으나 정당성 · 객관성이 결여된 경우(오형량)에는 그 행정계획결정은 재량권을 일탈 · 남용한 것으로서 위법하다. 즉, 행정주체가 어떤 내용의 계획을 수립할 것인가는 재량행위(계획재량)로서 판단을 잘못하여도 위법은 되지 아니하지만 계획을 입안 결정함에는 여러 수단을 비교형량하여 최적 수단을 선택 결정하여야 할 조리상 제한(형량명령)을 받는 바 형량명령에 반한 도시계획의 결정은 재량권의 한계 위반으로서 위법이 되므로 본 사례의 이기갑은 도로구역확장계획의 취소소송을 통하여 권리구제를 받을 수 있다.

사례 6 : 재량행위와 사법심사

대학생 이정수는 2002년 1월 8일 제44회 사법시험 제1차 시험의 응시원서를 접수하고 2002년 3월 1일 시행될 시험을 준비하고 있는 자이다. 사법시험관리위원회 위원장인 법무부장관은 사법시험 제1차 시험의 문제유형이 단순하고 문제수준이 낮다는 등의 문제점이 있다는 비판에 따라 2001년 9월 18일 사법시험관리위원회 회의를 개최하여, 문제수준 향상 및 문제유형의 다양화를 추진하기로 하되 수험생들의 혼란방지를 위하여 새로운 문제유형의 출제비율을 최소화하기로 하는 내용의 이른바 '제44회 사법시험 제1차시험 출제방향 및 기준'을 심의하고 의결하였는 바, 그 내용인 즉, 제1차 시험의 문제유형을

-법학과목의 경우 정답조합형 · 정답개수형 등 새로운 문제유형 10%~15% 출제

- 단, 어학과목은 현행 문제유형(단순택일형) 유지 등을 정하고 2001년 9월 19일경 법무부 인터넷 홈페이지에 그 내용을 게시하였다.

이에 이정수는 정답개수형 문제는 수험생간에 변별력을 가릴 수 없어 사법시험을 운에 맡기는 것이어서 수험생의 평등권, 직업선택의 자유, 행복추구권 등을 침해한다는 이유로 사법시험관리위원회의 위 심의사항 중 '정답개수형 문제유형의 채택심의'를 취소해 달라고 2002년 2월 7일 헌법소원심판을 청구하였다. 과연 이정수의 주장은 받아들여질 수 있을 것인가?

해설

1. 법적 근거 및 관련 법령

▸ 헌법재판소법 제68조[청구사유] ①공권력의 행사 또는 불행사로 인하여 헌법상 보장된 기본권을 침해받은 자는 법원의 재판을 제외하고는 헌법재판소에 헌법소원심판을 청구할 수 있다.

▸ 사법시험법 제8조[시험방법] ①제1차시험은 선택형으로 실시하는 것을 원칙으로 하되, 기입형을 혼용할 수 있다. ②제2차시험은 논술형으로 실시한다. ③제3차시험은 면접시험으로 하되…….

▸ 사법시험법 제13조[시험위원] ①시험위원은 제1차 · 제2차 및 제3차

시험의 시험위원으로 구분하여 시험 때마다 법무부장관이 임명 또는 위촉하되, 그 수는 대통령령으로 정한다. ②시험위원은 시험의 출제와 채점을 함에 있어 특수한 학설에 치우침이 없이 주로 일반적인 법학지식에 대한 이해와 그 응용능력을 시험함에 유의하여야 한다.

▸ 사법시험법 제15조[위원회의 기능] 위원회는 다음 각호의 사항을 심의한다.

1. 시험문제의 출제방향 및 기준에 관한 사항
2. 채점기준 등의 결정에 관한 사항
3. 시험합격자의 결정에 관한 사항
4. 시험과목 및 시험시행방법 등의 개선에 관한 사항
5. 선발예정인원에 대한 심의의견에 관한 사항
6. 출제범위를 정하여 실시하는 시험과목과 그 출제범위의 변경에 관한 사항
7. 제1차 시험중 다른 시험으로 대체하는 과목에 있어서의 다른 시험의 종류와 합격에 필요한 점수의 변경에 관한 사항
8. 시험 면제자의 결정에 관한 사항
9. 그 밖에 시험에 관하여 법무부장관이 부의하는 사항

2. 관련 판례(헌법재판소 2004.8.26. 2002헌마107)

(1) 사법시험 출제업무를 담당하는 시험위원은 문제의 유형, 문제의 내용 등 시험문제의 구체적 내용을 자유롭게 정할 수 있는 재량이 인정된다.

(2) 사법시험관리위원회가 사법시험 제1차 시험에 정답개수형 문제를 출제하기로 한 심의・의결이 시험출제위원을 법적으로 구속하는 헌법소원심판청구의 대상이 되는 공권력의 행사에 해당되지 아니한다.

3. 적용

공무를 위탁받아 시험출제업무를 담당하는 시험위원은 법령규정의 허용범위 내에서 어떠한 내용의 문제를 출제할 것인가, 어떤 유형의 문제를 출제할 것인가, 특정 문제유형을 어느 정도 출제할 것인가 등 시험문제의 구체적

인 내용을 자유롭게 정할 수 있다고 할 것이다. 입법자가 사법시험 제1차 시험의 시험방법에 대하여 출제담당시험위원에게 요구하는 것은 논술형이나 면접이 아닌 선택형 또는 선택형과 일부 기입형을 요구하고 있을 뿐이고, 그 외 시험방법에 관한 구체적인 내용, 즉 시험의 난이도, 문항수, 문제유형, 출제비율, 배점비율, 시험시간, 출제범위 등은 시험위원들의 재량에 맡겨져 있다고 할 것이다. 따라서 출제위원 들이 정답개수형 문제유형을 심의 채택하여도 헌법 위반으로서 기본권 침해는 아니므로 이정수의 주장은 이유 없다.

사법시험관리위원회가 정답개수형 문제를 출제하기로 한 심의 · 의결은 장차 시험출제의 권한을 갖고 있는 시험위원들에 대한 권고사항을 채택한 것으로 법적 효력이 없는 사실상의 내부적인 준비행위에 불과하고 설사 그 내용이 공고의 형식으로 게시되었다고 하더라도 이는 법무부장관이 행정정보의 공개차원에서 알려준 것에 불과하거나 앞으로 시험위원들에게 그와 같이 권고될 수도 있으니 그에 대비하라는 일종의 사전안내에 불과하다. 따라서 이 사건 심의 · 의결은 행정심판이나 행정소송의 대상이 될 수 있는 행정처분이나 헌법소원심판청구의 대상이 되는 공권력의 행사에 해당한다고 볼 수 없다. 그러므로 이정수의 주장은 법적으로 받아들여질 수 없다.

사례 7 : 명의신탁과 부당이득 반환 청구

김지영은(별지 목록 기재 각 부동산에 관하여 소외) 이말분으로부터 대구광역시 수성구 시지동 소재 부동산에 대하여 증여를 원인으로 한 소유권 이전등기를 부탁받고 소유권 이전 등기를 하여 주었다. 이에 관할 세무서는 김지영이 이말분으로부터 이 사건 부동산을 증여받은 것으로 보고서 김지영에 대하여 증여세 금80,000,000원을 부과하였고 김지영은 위 증여세를 납부하였다. 그러나 이말분은 종합부동산세를 피하기 위하여 김지영에게 명의신탁을 하였고, 세무서는 이를 증여받은 것으로 오인하여 과세처분을 하게 된 것이다. 김지영은 행정법상 부당이득 반환청구 소송을 청구하여 과오납금을 되돌려 받을 수 있을까?

해설

1. 법적 근거 및 관련 법령

▸ 민법 제741조[부당이득의 내용] 법률상 원인 없이 타인의 재산 또는 노무로 인하여 이익을 얻고 이로 인하여 타인에게 손해를 가한 자는 그 이익을 반환하여야 한다.

2. 관련 판례(대법원 1994.11.11.선고, 94다28000)

조세의 과오납금은 부당이득이 된다.

3. 적용

행정처분이 아무리 위법하다고 하여도 그 하자가 중대하고 명백하여 당연무효라고 보아야 할 사유가 있는 경우를 제외하고는 아무도 그 하자를 이유로 무단히 그 효과를 부정하지 못하는 것으로(행정행위의 공정력), 이러한 행정행위의 공정력은 판결의 기판력과 같은 효력은 아니지만 그 공정력의 객관적 범위에 속하는 행정행위의 하자가 취소사유에 불과한 때에는 그 처분이 취소되지 않는 한 처분의 효력을 부정하여 그로 인한 이득을 법률상 원인 없는 이득이라고 말할 수 없는 것이다. 즉, 행정처분의 하자가 중대하고 명백하여 당연무효라면 공정력이 미치지 않지만 단순히 취소사유 있는 행정처분인 경우는 항고수소법원에 의한 취소판결이나 처분청의 직권취소가 있기 전까지는 유효로 추정되므로 과오납금은 부당이득이 되지 아니한다.

과세대상이 되는 법률관계나 사실관계가 전혀 없는 자에 대하여 한 과세처분은 그 하자가 중대하고도 명백하다 할 것이나, 과세대상이 되지 아니하는 어떤 법률관계나 사실관계에 대하여 이를 과세대상이 되는 것으로 오인할 만한 객관적인 사정이 있는 경우 그것이 과세대상이 되는지의 여부가 그 사실관계를 자세히 조사하여야 비로소 밝혀질 수 있는 경우라면 그 하자가 중대한 경우라도 외관상 명백하다고 할 수 없어(취소사유에 불과하여) 위와 같이 과세요건사실을 오인한 위법이 있는 과세처분은 당연무효라고는 할 수 없다 할 것인 바, 본 사례에서 과세처분 당시 이 사건 부동산에 관하여 이말분으로부터 김지영 앞으로 증여를 원인으로 한 소유권이전등기가 완료되어 있었던 바, 과세관청이 김지영이 이말분으로부터 이 사건 부동산을 증여받은 것으로 오인할 만한 객관적인 사정이 존재하고 있었다 할 것이고, 김지영이 실제로는 이 사건 부동산의 소유자 명의를 신탁받은 것에 지나지 아니한다고 하는 점은 과세관청이 그 사실관계를 자세히 조사하여야 비로소 밝혀질 수 있는 것이므로, 이와 같이 과세요건사실을 오인한 이 사건 과세처분은 그 하자가 중대하나 외관상 명백하다고는 할 수 없어 이를 당연무효의 처분이라고 볼 수는 없고, 단지 이를 취소할 수 있는 정도의 위법이 있는 것에 불과하다 하겠다. 즉, 취소될 때까지는 과세처분은 유효한 것으로 취급됨으로 이 사건 과세처분이 당연무효임을 전제로 하는 김지영의 부당이득반환청구소송은 패소를 면치 못할 것이다.

사례에서 효과적인 김지영의 권리구제수단은 행정소송법에 의한 과세처분의 취소소송을 통하여 증여세취소판결을 받은 후에 이에 근거한 부당이득반환청구소송을 하거나, 과세처분의 취소소송을 담당하는 항고 수소법원에 과세처분의 취소를 이유로 한 부당이득반환청구소송을 병합하여 청구할 수 있다.

사례 8 : 개별고시지가와 양도소득세부과처분의 하자 승계

손오공은 토지를 김영필에게 매도하고 소유권이전등기를 완료(1988.5.16)하여 주었다. 이에 세무서장은 양도 당시의 기준시가로서 이 사건 토지의 개별공시 지가인 ㎡당 금220,000원에 이 토지에 해당하는 면적을 곱한 금158,180,000원을 양도가액으로, 소득세법시행령 부칙(1990.5.1. 대통령령 제12994호) 제3항에 의하여 환산한 금액인 금59,674,404원을 취득가액으로 하여 산출한 양도소득세 금50,764,260원 및 방위세 금10,140,850원을 부과(1999.1.23)하자 손오공은 개별공시지가가 합리적 근거 없이 높게 책정되었음을 이유로 양도소득세부과처분의 취소소송을 제기하였다. 손오공의 주장은 받아들여질 수 있을까?

해설

1. 법적 근거 및 관련 법령

▸ 부동산가격공시및감정평가에관한법률 제10조[공시지가의 적용] ①국가・지방자치단체, …가 다음 각호의 목적을 위하여 토지의 가격을 산정하는 경우에는 당해 토지와 유사한 이용가치를 지닌다고 인정되는 하나 또는 둘이상의 표준지의 공시지가를 기준으로 하여 당해 토지의 가격과 표준지의 공시지가가 균형을 유지하도록 하여야 한다. 다만, 필요하다고 인정하는 때에는 산정된 지가를 다음 각호의 목적에 따라 가감조정하여 적용할 수 있다.

1. 공공용지의 매수 및 토지의 수용・사용에 대한 보상
2. 국・공유토지의 취득 또는 처분
4. 국토의계획및이용에관한법률 제122조제3항의 규정에 의한 토지의 매수

▸ 부동산가격공시및감정평가에관한법률시행령 제12조[개별공시지가를 공시하지 아니하는 토지] 법 제10조의2제1항 본문 단서의 규정에 의하여 개별공시지가를 결정・공시하지 아니할 수 있는 토지는 다음 각호와

같다. 다만, 관계법령에 의하여 지가의 산정 등에 개별공시지가를 적용하도록 규정되어 있는 토지와 시장 · 군수 또는 구청장이 관계행정기관의 장과 협의하여 개별공시지가를 결정 · 공시하기로 한 토지를 제외한다.

1. 표준지로 선정된 토지
2. 농지전용부담금 · 개발부담금 등의 부과대상이 아닌 토지
3. 국세 또는 지방세의 부과대상이 아닌 토지(국 · 공유지의 경우에는 공공용 토지에 한한다)

2. 관련 판례(대법원 1994. 1. 25.선고, 93누8542)

(1) 과세처분 등 행정처분의 취소를 구하는 행정소송에서 선행처분인 개별공시지가결정의 위법을 독립된 위법사유로 주장할 수 있다.

(2) 선행처분과 후행처분이 서로 독립하여 별개의 효과를 목적으로 하는 경우에도 선행처분의 하자를 이유로 후행처분의 효력을 다툴 수 있는 경우가 있다.

3. 적용

개별공시지가결정은 이를 기초로 한 과세처분 등과는 별개의 독립된 처분으로서 서로 독립하여 별개의 법률효과를 목적으로 하는 것이나, 개별공시지가는 이를 토지소유자나 이해관계인에게 개별적으로 고지하도록 되어 있는 것이 아니어서 토지소유자 등이 개별공시지가결정 내용을 알고 있었다고 전제하기도 곤란할 뿐만 아니라 결정된 개별공시지가가 자신에게 유리하게 작용될 것인지 또는 불이익하게 작용될 것인지 여부를 쉽사리 예견할 수 있는 것도 아니며, 더욱이 장차 어떠한 과세처분 등 구체적인 불이익이 현실적으로 나타나게 되었을 경우에 비로소 권리구제의 길을 찾는 것이 우리 국민의 권리의식임을 감안하여 볼 때 토지소유자 등으로 하여금 결정된 개별공시지가를 기초로 하여 장차 과세처분 등이 이루어질 것에 대비하여 항상 토지의 가격을 주시하고 개별공시지가결정이 잘못된 경우 정해진 시정절차를 통하여 이를 시정하도록 요구하는 것은 부당하게 높은 주의의무를 지우는 것이라고 아니할 수 없고, 위법한 개별공시지가결정에 대하여 그 정해진 시

정절차를 통하여 시정하도록 요구하지 아니하였다는 이유로 위법한 개별공시지가를 기초로 한 과세처분 등 후행 행정처분에서 개별공시지가결정의 위법을 주장할 수 없도록 하는 것은 수인한도를 넘는 불이익을 강요하는 것으로서 국민의 재산권과 재판받을 권리를 보장한 헌법의 이념에도 부합하는 것이 아니라고 할 것이므로, 개별공시지가결정에 위법이 있는 경우에는 그 자체를 행정소송의 대상이 되는 행정처분으로 보아 그 위법 여부를 다툴 수 있음은 물론 이를 기초로 한 과세처분 등 행정처분의 취소를 구하는 행정소송에서도 선행처분인 개별공시지가결정의 위법을 독립된 위법사유로 주장할 수 있다고 해석함이 타당하다. 즉 본 사례에서 손오공은 개별공시지가의 하자를 이유로 한 양도소득세부과처분의 위법주장이 가능하다.

두 개 이상의 행정처분이 연속적으로 행하여지는 경우 선행처분과 후행처분이 서로 결합하여 1개의 법률효과를 완성하는 때에는 선행처분에 하자가 있으면 그 하자는 후행처분에 승계되므로 선행처분에 불가쟁력이 생겨 그 효력을 다툴 수 없게 된 경우에도 선행처분의 하자를 이유로 후행처분의 효력을 다툴 수 있는 반면, 선행처분과 후행처분이 서로 독립하여 별개의 법률효과를 목적으로 하는 때에는 선행처분에 불가쟁력이 생겨 그 효력을 다툴 수 없게 된 경우에는 선행처분의 하자가 중대하고 명백하여 당연무효인 경우를 제외하고는 선행처분의 하자를 이유로 후행처분의 효력을 다툴 수 없는 것이 원칙이나 선행처분과 후행처분이 서로 독립하여 별개의 효과를 목적으로 하는 경우에도 선행처분의 불가쟁력이나 구속력이 그로 인하여 불이익을 입게 되는 자에게 수인(受忍)한도를 넘는 가혹함을 가져오며, 그 결과가 당사자에게 예측 가능한 것이 아닌 경우에는 국민의 재판받을 권리를 보장하고 있는 헌법의 이념에 비추어 선행처분의 후행처분에 대한 구속력은 인정될 수 없다. 즉, 위의 사례에서 개별공시지가가 당연무효인 경우는 선행처분(개별공시지가)의 무효를 이유로 한 후행행위(양도소득세 부과처분)의 무효 주장이 당연히 가능하나 선행처분에 단순한 하자가 있고(취소사유) 불복기간(90일)이 경과하여 불가쟁력이 발생한 경우, 원칙상 선행처분의 하자를 이유로 후행처분의 취소소송이 불가능하지만 선행처분의 구속력으로 인하여 상대방이 입게 되는 불이익이 수인한도를 넘는 것이 되어 선·후행 행위가 별개의 효과발생을 목적으로 하지만 개별공시지가의 하자를 이유로 한 양도소득세 부과처분의 취소소송을 통한 권리구제가 가능하다. 즉 본 사례에서 공시지가결정 후 출소기간이 지났다 하여도 손오공은 개별공시지가의 하자를 이유로 양도소득세 부과처분의 취소소송이 가능하다.

사례 9 : 공무원의 부작위와 국가배상

김치한은 처 A, 처남 B, 장모 C와 함께 군산시 대명동 138-18 소재 3층 건물 중 1, 2층을 임대하여 윤락녀들을 고용하여 상호 없는 윤락업소를 운영하면서 이숙향 , 김미희 , 김희수를 1,000만원에서 2,900만원에 넘겨받아 이들에 대하여 각 금원 상당의 채권을 가졌음을 전제로, 그들로 하여금 1회당 5만원 내지 20만원 상당의 화대를 받고 다수의 남성들과 1일 평균 3 내지 4회 정도의 성교를 할 것을 강요하면서 위 채무변제, 보호비, 방값, 식대 등의 명목으로 이들이 받은 화대를 갈취하고, 김치한 등은 이들을 비롯한 윤락녀들의 윤락행위 장소 및 방으로 사용할 수 있도록 이 사건 업소2층(약20평)을 임의로 개조하여 7개의 방을 만들면서 윤락녀들이 도망가지 못하도록 하기 위하여 각 창문마다 창살을 설치하고 커튼으로 창문을 폐쇄하였으며, 건물의 설계상 건물 밖에서 2, 3층으로 통하도록 설치된 계단의 입구에는 철제 출입문을 자물쇠로 시정하여 2층에서 위 계단을 통하여 외부로 출입하지 못하도록 봉쇄하고, 그 대신 위 건물 안에 1층에서 2층으로 올라가는 내부 계단을 새로 만들어 1층에 있는 내부 계단 입구에 출입문을 설치하고 1층 쪽에서 출입문을 잠그게끔 시정장치를 하고 윤락녀들이 2층에서 잠을 자는 동안 위 출입문을 걸어 잠그고 윤락녀들을 감시하여 왔다. 또 이 업소로부터 약 100m정도 거리에 이 사건 골목 소재 윤락업소들의 감시와 단속을 주된 목적으로 하는 군산경찰서 역전파출소가 설치되어 있는데, 이 사건 골목 소재 윤락업소 업주들의 대표자인 김유림은 윤락업소 업주들로부터 일정 금액을 모아 매년 추석이나 설날 무렵에 역전파출소에 근무하는 경찰관들에게 윤락영업을 묵인해 주는 대가로 금원을 건네주었고, 위 파출소 경찰관들은 이 사건 골목 소재 7개 업소에서 윤락영업이 이루어진다는 것을 잘 알면서도 이에 대한 단속업무를 게을리하던 중, 2000년 9월 19일 09:15경 이 사건 업소2층에서 분전반 합선으로 인한 화재가 발생하자 2층의 각 방에서 당일 새벽까지 윤락행위를 하고 잠들어 있던 상기 3명의 윤락녀 및 다른 윤락녀 2명 등은 미처 탈출하지 못하고 각자의 방에서 그대로 엎드린 채로 흡입화상으로 사망하였다. 김치한 등과 파출소 경찰관리 등이 형사처벌을 받는 것은 별도로 하고 사망한 이들의 유가족의 행정상 권리구제책은 있는가?

해설

1. 법적 근거 및 관련 법령

▶ 국가배상법 제2조[배상책임] ①국가 또는 지방자치단체는 공무원이 그 직무를 집행함에 당하여 고의 또는 과실로 법령에 위반하여 타인에게 손해를 가하거나, 자동차손해배상보장법의 규정에 의하여 손해배상의 책임이 있는 때에는 이 법에 의하여 그 손해를 배상하여야 한다. ②제1항 본문의 경우에 공무원이 고의 또는 중대한 과실이 있는 때에는 국가 또는 지방자치단체는 그 공무원에게 구상할 수 있다.

▶ 경찰관직무집행법 제2조[직무의 범위] 경찰관은 다음 각호의 직무를 행한다.

1. 범죄의 예방 · 진압 및 수사
2. 경비 · 요인경호 및 대간첩작전수행
3. 치안정보의 수집 · 작성 및 배포
4. 교통의 단속과 위해의 방지
5. 기타 공공의 안녕과 질서유지

▶ 경찰관직무집행법 제6조[범죄의 예방과 제지] ①경찰관은 범죄행위가 목전에 행하여지려고 하고 있다고 인정될 때에는 이를 예방하기 위하여 관계인에게 필요한 경고를 발하고, 그 행위로 인하여 인명 · 신체에 위해를 미치거나 재산에 중대한 손해를 끼칠 우려가 있어 긴급을 요하는 경우에는 그 행위를 제지할 수 있다.

2. 관련 판례(대법원 2004.9.23.선고, 2003다49009)

(1) 경찰관에게 부여된 권한의 행사 · 불행사는 재량행위이지만 경찰관이 그 권한을 행사하여 필요한 조치를 취하지 아니하는 것이 현저하게 불합리하다고 인정되는 경우에는 그러한 권한의 불행사는 직무상의 의무를 위반한 것이 되어 위법하게 된다.

(2) 군산 윤락업소 화재사건으로 사망한 윤락녀의 유족들이 국가를 상대로 제기한 손해배상청구 사건에서, 경찰관의 직무상 의무위반행위를 이유로

국가에게 위자료의 지급책임을 인정한다.

3. 적용

경찰은 범죄의 예방, 진압 및 수사와 함께 국민의 생명, 신체 및 재산의 보호 등과 기타 공공의 안녕과 질서유지도 직무로 하고 있고, 그 직무의 원활한 수행을 위하여 경찰관직무집행법, 형사소송법 등 관계 법령에 의하여 여러 가지 권한이 부여되어 있으므로, 구체적인 직무를 수행하는 경찰관으로서는 제반 상황에 대응하여 자신에게 부여된 여러 가지 권한을 적절하게 행사하여 필요한 조치를 취할 수 있는 것이고, 그러한 권한은 일반적으로 경찰관의 전문적 판단에 기한 합리적인 재량에 위임되어 있는 것이나, 경찰관에게 권한을 부여한 취지와 목적에 비추어 볼 때 구체적인 사정에 따라 경찰관이 그 권한을 행사하여 필요한 조치를 취하지 아니하는 것이 현저하게 불합리하다고 인정되는 경우에는 그러한 권한의 불행사는 직무상의 의무를 위반한 것이 되어 위법하게 된다.

국가배상법 제2조에 의한 배상책임의 요건은 ①공무원의 행위일 것 ②직무행위상 행위일 것 ③집행함에 당하여 행하는 행위일 것 ④고의 · 과실(평균인 기준)이 있을 것 ⑤법령위반(위법성) 에 위반할 것 ⑥타인에게 손해가 발생할 것 등이다.

사례에서 윤락녀들이 윤락업소에 감금된 채로 윤락을 강요받으면서 생활하고 있음을 쉽게 알 수 있는 상황이었음에도, 경찰관이 이러한 감금 및 윤락강요행위를 제지하거나 윤락업주들을 체포 · 수사하는 등 필요한 조치를 취하지 아니하고 오히려 업주들로부터 뇌물을 수수하며 그와 같은 행위를 방치한 것은 경찰관의 직무상 의무에 위반하여 위법하므로 국가배상법상 배상요건을 충족하였다고 보며, 배상의 범위는 위법행위와 상당인과관계가 인정되는 재산상, 비재산상(생명·신체·정신적 피해)손해를 포함하므로 사망인들의 유가족은 국가를 상대로 위자료지급을 청구할 수 있다.

사례 10 : 보상규정 없이 재산권의 제한을 규정한 법률의 위헌 여부

박영걸, 김태수, 오성택은 도시계획법(1971. 1. 19 법률 제2291호로 제정되어 1972. 12. 30 법률 제2435호로 개정된 것, 이하 "법" 이라 한다) 제21조 제1항에 따라 1972년 8월 25일 건설부 고시 제385호에 의하여 개발제한구역으로 지정된 토지 위에 관할관청의 허가를 받지 아니하고 1978년경부터 1980년경까지 사이에 건축물을 건축하여 소유하고 있다는 이유로 인천 서구청장으로부터 위 건축물에 대한 철거대집행 계고처분 등을 받고, 서울고등법원에 위 서구청장을 상대로 위 건축물 철거대집행 계고처분 등의 취소를 구하는 행정소송(89구1928)을 제기하였다. 위 청구인들은 위 소송계속 중 서울고등법원에 법 제21조의 위헌여부가 재판의 전제가 된다고 주장하면서 위헌심판제청을 신청하였으나 위 신청이 기각되자, 1989년 9월 5일 기각결정정본을 송달받고 같은 달 19일 이 사건 위헌심사형 헌법소원심판을 청구하였다. 보상규정 없이 일정한 토지에 대한 개발제한구역을 지정하도록 규정한 (구)도시계획법 제21조는 위헌인가? 합헌인가?

해설

1. 법적 근거 및 관련 법령

▸ 헌법 제23조 ①모든 국민의 재산권은 보장된다. 그 내용과 한계는 법률로 정한다. ②재산권의 행사는 공공복리에 적합하도록 하여야 한다. ③공공필요에 의한 재산권의 수용·사용 또는 제한 및 그에 대한 보상은 법률로써 하되, 정당한 보상을 지급하여야 한다.

▸ 도시계획법 제21조[개발제한구역의 지정] ①건설부장관은 도시의 무질서한 확산을 방지하고 도시주변의 자연환경을 보전하여 도시민의 건전한 생활환경을 확보하기 위하여 또는 국방부장관의 요청이 있어 보안상 도시의 개발을 제한할 필요가 있다고 인정되는 때에는 도시개발을 제한할 구역(이하 "개발제한구역"이라 한다)의 지정을 도시계획으로 결정할 수 있다. ②제1항의 규정에 의하여 지정된 개발제한 구역 안

에서는 그 구역 지정의 목적에 위배되는 건축물의 건축, 공작물의 설치, 토지의 형질변경, 토지면적의 분할 또는 도시계획사업의 시행을 할 수 없다. 다만, 개발제한구역 지정 당시 이미 관계법령의 규정에 의하여 건축물의 건축 · 공작물의 설치 또는 토지의 형질변경에 관하여 허가를 받아(관계법령에 의하여 허가를 받을 필요가 없는 경우를 포함하다) 공사 또는 사업에 착수한 자는 대통령령이 정하는 바에 의하여 이를 계속 시행할 수 있다. ③제2항의 규정에 의하여 제한될 행위의 범위 기타 개발제한에 관하여 필요한 사항은 대통령령으로 정하는 범위 안에서 건설부령으로 정한다.

2. 관련 판례(헌법재판소 1998. 12. 24. 89헌마214,90헌바16,97헌바78 (병합)

도시계획법 제21조에 의한 재산권의 제한은 개발제한구역으로 지정된 토지를 원칙적으로 지정 당시의 지목과 토지현황에 의한 이용방법에 따라 사용할 수 있는 한, 재산권에 내재하는 사회적 제약을 비례의 원칙에 합치하게 합헌적으로 구체화한 것이라고 할 것이나, 동법동조는 종래의 지목과 토지현황에 의한 이용방법에 따른 토지의 사용도 할 수 없거나 실질적으로 사용 · 수익을 전혀 할 수 없는 예외적인 경우에도 아무런 보상 없이 이를 감수하도록 하고 있는 한, 이는 비례의 원칙에 위반되어 당해 토지소유자의 재산권을 과도하게 침해하는 것으로서 헌법에 위반된다.

3. 적용

헌법상의 재산권은 토지소유자가 이용가능한 모든 용도로 토지를 자유로이 최대한 사용할 권리나 가장 경제적 또는 효율적으로 사용할 수 있는 권리를 보장하는 것을 의미하지는 않는다. 입법자는 중요한 공익상의 이유로 토지를 일정 용도로 사용하는 권리를 제한할 수 있다. 따라서 토지의 개발이나 건축은 합헌적 법률로 정한 재산권의 내용과 한계 내에서만 가능한 것일 뿐만 아니라 토지재산권의 강한 사회성 내지는 공공성으로 말미암아 이에 대하여는 다른 재산권에 비하여 보다 강한 제한과 의무가 부과될 수 있다.

개발제한구역을 지정하여 그 안에서는 건축물의 건축 등을 할 수 없도록 하고 있는 도시계획법 제21조는 헌법 제23조 제1항, 제2항에 따라 토지재산권에 관한 권리와 의무를 일반・추상적으로 확정하는 규정으로서 재산권을 형성하는 규정인 동시에 공익적 요청에 따른 재산권의 사회적 제약을 구체화하는 규정인 바, 토지재산권은 강한 사회성, 공공성을 지니고 있어 이에 대하여는 다른 재산권에 비하여 보다 강한 제한과 의무를 부과할 수 있으나, 그렇다고 하더라도 다른 기본권을 제한하는 입법과 마찬가지로 비례성원칙을 준수하여야 하고, 재산권의 본질적 내용인 사용・수익권과 처분권을 부인하여서는 아니 된다.

따라서 개발제한구역 지정으로 인하여 토지를 종래의 목적으로도 사용할 수 없거나 또는 더 이상 법적으로 허용된 토지이용의 방법이 없기 때문에 실질적으로 토지의 사용・수익의 길이 없는 경우에는 토지소유자가 수인해야 하는 사회적 제약의 한계를 넘는 것으로 보아야 한다.

도시계획법 제21조에 의한 재산권의 제한은 개발제한구역으로 지정된 토지를 원칙적으로 지정 당시의 지목과 토지현황에 의한 이용방법에 따라 사용할 수 있는 한, 재산권에 내재하는 사회적 제약을 비례의 원칙에 합치하게 합헌적으로 구체화한 것이라고 할 것이나, 종래의 지목과 토지현황에 의한 이용방법에 따른 토지의 사용도 할 수 없거나 실질적으로 사용・수익을 전혀 할 수 없는 예외적인 경우에도 아무런 보상 없이 이를 감수하도록 하고 있는 한, 이는 비례의 원칙에 위반되어 당해 토지소유자의 재산권을 과도하게 침해하는 것으로서 헌법에 위반된다.

도시계획법 제21조에 규정된 개발제한구역제도 그 자체는 원칙적으로 합헌적인 규정인데, 다만 개발제한구역의 지정으로 말미암아 일부 토지소유자에게 사회적 제약의 범위를 넘는 가혹한 부담이 발생하는 예외적인 경우에 대하여 보상규정을 두지 않은 것에 위헌성이 있는 것이고, 보상의 구체적 기준과 방법은 헌법재판소가 결정할 성질의 것이 아니라 광범위한 입법형성권을 가진 입법자가 입법정책적으로 정할 사항이므로, 입법자가 보상입법을 마련함으로써 위헌적인 상태를 제거할 때까지 위 조항을 형식적으로 존속케 하기 위하여 헌법불합치결정을 하는 것인 바, 입법자는 되도록 빠른 시일 내에 보상입법을 하여 위헌적 상태를 제거할 의무가 있고, 행정청은 보상입법이 마련되기 전에는 새로 개발제한구역을 지정하여서는 아니 되며, 토지소유자는 보상입법을 기다려 그에 따른 권리행사를 할 수 있을 뿐 개발제한구역의 지정이나 그에 따른 토지재산권의 제한 그 자체의 효력을 다투거나 위 조항에 위반하여 행한 자신들의 행위의 정당성을 주장할 수는 없다.

입법자가 도시계획법 제21조를 통하여 국민의 재산권을 비례의 원칙에 부합하게 합헌적으로 제한하기 위해서는, 수인의 한계를 넘어 가혹한 부담이 발생하는 예외적인 경우에는 이를 완화하는 보상규정을 두어야 한다. 이러한 보상규정은 입법자가 헌법 제23조 제1항 및 제2항에 의하여 재산권의 내용을 구체적으로 형성하고 공공의 이익을 위하여 재산권을 제한하는 과정에서 이를 합헌적으로 규율하기 위하여 두어야 하는 규정이다. 재산권의 침해와 공익간의 비례성을 다시 회복하기 위한 방법은 헌법상 반드시 금전보상만을 해야 하는 것은 아니다. 입법자는 지정의 해제 또는 토지매수청구권제도와 같이 금전보상에 갈음하거나 기타 손실을 완화할 수 있는 제도를 보완하는 등 여러 가지 다른 방법을 사용할 수 있다.

제3절 형법적 사례

사례 1 : 의사에 반한 직장상사의 신체접촉과 강제추행죄

김갑술(33세)은 2001년 9월경부터 참일주식회사 서울지사의 영업부 대리로 근무하던 자로서, 2002년 3월경부터 부하 여직원인 이순정(여, 22세)에게 자신의 어깨를 주무르게 한 후 이를 거절하면 큰 소리로 화를 내 그녀로 하여금 이를 거절할 수 없도록 하였고, 또 김갑술은 위 회사 회장과 대표이사의 조카인 관계로 위 회사 관계자들이 김갑술의 이런 행위를 제지하지 아니하자 김갑술은 계속하여 그녀로 하여금 자신의 어깨를 주무르게 하였다. 그러던 중 2002년 4월 경 서울 가락동 소재 참일주식회사 서울지사의 영업부 사무실에서 김갑술이 다시 이순정에게 자신의 어깨를 주무르라고 요구하였고 이에 그녀가 거절하자 그녀의 등 뒤로 가 '이렇게 하는 거야'라고 말하면서 양손으로 그녀의 어깨를 주무르려 하자 그녀가 반발하였고, 그 후 김갑술은 그녀를 위 사무실에서 갑자기 껴안았고(2회) 이에 이순정은 수치심을 참지 못하고 회사에 사표를 제출하였다.

김갑술에게 강제추행죄의 형사책임을 지울 수 있을까?

해설

1. 법적 근거 및 관련 법령

▸ 형법 제298조[강제추행] 폭행 또는 협박으로 사람에 대하여 추행을 한 자는 10년 이하의 징역 또는 1천 500만원 이하의 벌금에 처한다.

▸ 성폭력범죄의처벌및피해자보호등에관한법률 제11조[업무상 위력 등에 의한 추행] ①업무・고용 기타 관계로 인하여 자기의 보호 또는 감독을 받는 사람에 대하여 위계 또는 위력으로써 추행한 자는 2년 이하의 징역 또는 500만원 이하의 벌금에 처한다. ②법률에 의하여 구금된

사람을 감호하는 자가 그 사람을 추행한 때에는 3년 이하의 징역 또는 1천 500만원 이하의 벌금에 처한다.

2. 관련 판례(대법원 2004.4.16.선고, 2004도52 판결)

직장 상사가 등 뒤에서 피해자의 의사에 명백히 반하여 어깨를 주무른 경우, 여성에 대한 추행에 있어 신체 부위에 따라 본질적인 차이가 있다고 볼 수 없다는 이유로 강제추행에 해당한다.

3. 적용

(1) '추행'이라 함은 객관적으로 일반인에게 성적 수치심이나 혐오감을 일으키게 하고 선량한 성적 도덕관념에 반하는 행위로서 피해자의 성적 자유를 침해하는 것이라고 할 것이고, 이에 해당하는지 여부는 피해자의 의사, 성별, 연령, 행위자와 피해자의 이전부터의 관계, 그 행위에 이르게 된 경위, 구체적 행위태양, 주위의 객관적 상황과 그 시대의 성적 도덕관념 등을 종합적으로 고려하여 신중히 결정되어야 할 것이다

(2) 사례에 의하면, 피고인은 30대 초반의 남성인 데 반해 피해자는 20대 초반의 미혼 여성으로서, 피고인과 피해자가 함께 근무하는 사무실에서 피고인의 직장 상사들도 피고인이 참일 주식회사의 회장 및 대표이사의 조카라는 점 때문에 그가 동료나 부하직원들에게 함부로 대하거나 피해자로 하여금 피고인의 어깨를 주무르게 하는 것을 제지하지 못하였고, 피해자도 이러한 사정 때문에 어깨를 주물러 달라는 직장 상사인 피고인의 요구를 거절하지 못한 채 어쩔 수 없이 여러 차례 이에 응하여 주었으며, 피고인은 2002년 4월 중순경 평소와 마찬가지로 피해자에게 어깨를 주물러 달라고 요구하였으나 거절당하자 곧바로 등 뒤로 가 양손으로 피해자의 어깨를 서너 번 주무르다가 피해자의 반발로 이를 그만 둔 사실, 피해자는 수사기관에서 피고인의 어깨를 주무르는 것에 대하여 평소 수치스럽게 생각하여 왔었는데 피고인이 등 뒤에서 자신의 어깨를 주물렀을 때에는 온 몸에 소름이 돋고 피고인에 대하여 혐오감마저 느꼈다고 진술한 사실, 피고인은 그 뒤인 2002년 4월경 및 같은 해 5월 11일 두 차례에 걸쳐 참일 주식회사의 서울지사 사무실

에서 피해자를 갑자기 껴안았고 이러한 일들이 겹치자 피해자는 참일주식회사에 사직서를 제출한 사실 등을 인정할 수 있다.

(3) 여성에 대한 추행에 있어 신체 부위에 따라 본질적인 차이가 있다고 볼 수는 없다 할 것인데, 위에서 본 사실관계에 의하면 피고인의 어깨를 주무르는 것에 대하여 평소 수치스럽게 생각하여 오던 피해자에 대하여 그 의사에 명백히 반하여 그의 어깨를 주무르고 이로 인하여 피해자로 하여금 소름이 끼치도록 혐오감을 느끼게 하였고, 이어 나중에는 피해자를 껴안기까지 한 일련의 행위에서 드러난 피고인의 추행 성행을 앞서 본 추행에 관한 법리에 비추어 볼 때 이는 20대 초반의 미혼 여성인 피해자의 성적 자유를 침해할 뿐만 아니라 일반인의 입장에서도 도덕적 비난을 넘어 추행행위라고 평가할 만한 것이라 할 것이고, 나아가 추행행위의 행태와 당시의 경위 등에 비추어 볼 때 피고인의 범의나 업무상 위력이 행사된 점 또한 넉넉히 인정할 수 있다.

(4) 김갑술은 성폭력범죄의처벌및피해자보호등에관한법률 제11조 업무상 위력 등에 의한 추행죄에 해당된다.

사례 2 : 변증법적 유물론 입문, 이적물인가?

김민주는 대학생활을 하면서 한국의 민주주의 미래와 남북통일에 관하여 관심과 고민이 있던 중 고등학교 선배들의 권유로 민족통일애국청년회(이하 '민애청'이라 한다)에 가입하여 활동하여 왔으며, 자신의 가방에 '변증법적 유물론 입문'을 소지하고 있다가 사복경찰관의 불심검문에서 적발되었다. 김민주를 국가보안법 위반으로 형사처벌할 수 있을까?

참고적으로, 민애청은 1987년경 당시 김대중 대통령후보를 지지하기 위한 청년들의 모임인 '민족통일애국청년단'이라는 명칭으로 발족된 단체로 그 규약에 의하면, 민애청은 조국의 '자주·민주·통일'을 이룩하는 데 앞장선다는 점을 그 목적으로 하고 있고(제3조), 조직체계로는 총회를 최고의결기구로 하여 그 밑에 상임위원회, 운영위원회를 두고 각종 소모임을 두고 있으며(제11조, 제12조), 민애청의 정기총회나 각종 학습토론에 사용된 자료들의 내용 중에는 반국가단체인 북한의 주의(主義)·주장에 부합하고 자유민주적 기본질서에 위해가 될 수 있는 내용이 있고, 주목할 만한 민애청의 활동 중에는 이적단체로 규정되고 있는 범민련(대법원 1997. 5. 16.선고 96도2696 판결 참조) 등의 활동과 연계된 것이 있으며, 특히 1994년도의 범민족대회에는 조직적으로 참가한 사실도 인정할 수 있다.

해설

1. 법적 근거 및 관련 법령

▶ 국가보안법 제7조[찬양·고무 등] ①국가의 존립·안전이나 자유민주적 기본질서를 위태롭게 한다는 정(情)을 알면서 반국가단체나 그 구성원 또는 그 지령을 받은 자의 활동을 찬양·고무·선전 또는 이에 동조하거나 국가변란을 선전·선동한 자는 7년 이하의 징역에 처한다.

③제1항의 행위를 목적으로 하는 단체를 구성하거나 이에 가입한 자는 1년 이상의 유기징역에 처한다.

⑤제1항·제3항 또는 제4항의 행위를 할 목적으로 문서·도화 기타의 표현물을 제작·수입·복사·소지·운반·반포·판매 또는 취득한 자

는 그 각항에 정한 형에 처한다.

2. 관련 판례(대법원 2004.7.9.선고, 2000도987 판결)

(1) '민족통일애국청년회'라는 단체가 이적단체에 해당한다고 보기 어렵다.

(2) '변증법적 유물론 입문'이라는 철학서적이 국가보안법상의 이적표현물에 해당하지 아니한다.

3. 적용

(1) 국가보안법 제7조 제3항에 규정된 소위 '이적단체'라 함은 국가보안법 제2조 소정의 반국가단체 등의 활동을 찬양 · 고무 · 선전 또는 이에 동조하거나 국가의 변란을 선전 · 선동하는 행위를 하는 것을 그 목적으로 하여 특정 다수인에 의하여 결성된 계속적이고 독자적인 결합체를 가리키는 것인데, 이러한 이적단체의 인정은 국가보안법 제1조에서 규정하고 있는 위 법의 목적 등 및 유추해석이나 확대해석을 금지하는 죄형법정주의의 기본정신에 비추어서 그 구성요건을 엄격히 제한 해석하여야 할 것이다(대법원 2003. 12. 12선고, 2001도1099 판결 등 참조). 그런데 민애청은 범민련 등에 직접 참가한 단체는 아니고, 1987년경 당시 김대중 대통령후보를 지지하기 위한 청년들의 모임인 '민족통일애국청년단'이라는 명칭으로 발족된 단체로서 적어도 발족 당시 이적단체성은 없었다고 할 것이며, 민애청의 조직 목적인 조국의 자주 · 민주 · 통일이 반국가단체인 북한의 남한 혁명 3대 투쟁과제인 반미자주화, 반파쇼민주화, 연방제 통일 투쟁을 내용으로 하는 민족해방인민민주주의혁명론(NLPDR)에 기초한 자주 · 민주 · 통일 투쟁을 통한 민족자주정권의 수립이라는 목표와 같은 것이라고는 직접적으로 인정되지 아니하고, 민애청으로 명칭을 변경할 때나 그 전후에 이적단체로 변환되었다는 뚜렷한 징표를 찾아볼 수 없는 반면, 민애청은 1990년 2월경 그 산하에 노래모임을 발족시킨 이래 글모임, 풍물모임 등 소모임을 발족시켜 왔으며, 1991년에는 시사모임, 역사기행모임을, 1993년에는 영화모임, 통일모임 등을 구성하여 소모임 중심으로 활동하면서 문예활동이나 서울 용산구 지역의 체육대회 등의 참여에 주력해 왔고, 또한, 일간신문이나 월간지 등을 통해 공

개적인 모집광고를 해 왔으며, 피고인이 민애청에서 활동할 당시 민애청의 정회원은 5, 60명 정도로 회원들 대부분이 직장인이고, 민애청의 규약상 가입과 탈퇴는 본인의 의사와 정해진 절차를 거쳐 운영위원회의 의결로 이루어진다고 규정되어 있으며 실제 그 가입 및 탈퇴가 비교적 자유로운 단체로서 민애청이 지향하는 노선이나 목적이 국가의 존립 · 안전이나 자유민주적 기본질서에 실질적 해악을 줄 명백한 위험성이 있어 이적단체에 해당한다고 보기에는 부족하다고 보아야 할 것이다.

(2) 국가보안법상 이적표현물로 인정되기 위해서는 그 표현물의 내용이 국가보안법의 보호법익인 대한민국의 존립 · 안정과 자유민주주의 체제를 위협하는 적극적이고 공격적인 것이어야 하고, 표현물에 이와 같은 이적성이 있는지 여부는 표현물의 전체적인 내용뿐만 아니라 그 작성의 동기는 물론 표현행위 자체의 태양 및 외부와의 관련사항, 표현행위 당시의 정황 등 모든 사정을 종합하여 결정하여야 한다. 반면 '변증법적 유물론 입문(증 제567호)'의 내용을 기록에 비추어 살펴보면, 이는 저자인 쿠시넨(Kuusinen)이 마르크스 · 레닌주의의 철학인 변증법적 유물론의 기본적인 내용을 대중들이 좀 더 알기 쉽게 설명한 철학서적으로서 도서출판 동녘에서 정식으로 번역 출판되어 시중에 판매되었고, 그 본문의 내용은 유물론과 관념론을 비교 설명하면서 부르조아의 철학을 비판하고 유물론적 변증법을 설명한 다음 인식론을 설명하면서 실천의 중요성을 강조하는 것에 불과하고 북한의 활동이나 주의 · 주장에 동조하는 구체적인 내용이 들어 있지 아니한 점 등에서 알 수 있듯이, 위 책자에는 대한민국의 존립 · 안전과 자유민주주의 체제를 위협하는 적극적이고 공격적인 내용이 포함되어 있다고 보기 어려우므로 국가보안법상 이적표현물소지죄에 해당되지 않는다.

사례 3 : 음주측정거부와 음주행위는 별개의 범죄가 되는가?

박성일은 2003년 7월 3일 21:15경 대구 61마 5126호 스타렉스 승합차를 운전하여 대구 달성군 유가면 상리 352의 7 소재 대덕공업사 앞길에서 같은 군 구지면 고봉리 소재 고봉네거리 앞길까지 2㎞가량 진행하다가, 그 곳에서 음주단속 중이던 대구 달성경찰서 구지파출소 소속 순경 장성해에 의하여 음주감지기로 음주사실이 감지되었고 박성일의 혈색이 붉고 입에서 술 냄새가 나자, 같은 날 21:27경 구지파출소에서 장성해로부터 음주측정 요구를 받았으나, 21:35경, 21:47경 및 21:57경 등 총 3차에 걸쳐 음주 측정을 거부하였으며, 박성일은 음주측정거부로 입건된 후, 혹시 채혈을 하면 음주수치가 나오지 않을지도 모른다는 생각에 채혈을 요구하여, 같은 날 23:02경 대구 달성군 현풍면 소재 현풍하나병원 응급실에서 채혈하였고, 국립과학연구소 남부분소의 감정인 유재훈의 채혈감정결과 위 혈액의 혈중알코올농도는 0.13%로 판명되었다. 박성일의 형사상 책임은?

해설

1. 법적 근거 및 관련 법령

▶ 도로교통법 제44조[술에 취한 상태에서의 운전금지] ①누구든지 술에 취한 상태에서 자동차 등(건설기계관리법 제26조제1항 단서의 규정에 의한 건설기계 외의 건설기계를 포함한다. 이하 이 조 · 제45조 · 제47조, 제93조 제1항 제1호 내지 제4호 및 제150조에서 같다)을 운전하여서는 아니된다. ②경찰공무원은 교통안전과 위험방지를 위하여 필요하다고 인정하거나 제1항의 규정에 위반하여 술에 취한 상태에서 자동차 등을 운전하였다고 인정할 만한 상당한 이유가 있는 때에는 운전자가 술에 취하였는지의 여부를 측정할 수 있으며, 운전자는 이러한 경찰공무원의 측정에 응하여야 한다. ③제2항의 규정에 의하여 술에 취하였는지의 여부를 측정한 결과에 불복하는 운전자에 대하여는 그 운전자의 동의를 얻어 혈액채취 등의 방법으로 다시 측정할 수 있다.

▸ 도로교통법 제150조[벌칙] 다음 각 호의 1에 해당하는 사람은 2년 이하의 징역이나 500만원 이하의 벌금에 처한다.

1. 제44조 제1항의 규정에 위반하여 술에 취한 상태에서 자동차 등을 운전한 사람
2. 술에 취한 상태에 있다고 인정할 만한 상당한 이유가 있는 사람으로서 제44조 제2항의 규정에 의한 경찰공무원의 측정에 응하지 아니한 사람

2. 관련 판례(대법원 2004.11.12.선고, 2004도5257 판결)

박성일은 도로교법 제44조 제1항 위반(주취운전)과 제2항(음주측정거부) 위반의 두 개의 범죄가 성립된다(=실체적 경합).

3. 적용

도로교통법 제44조 제2항 음주측정불응죄의 규정 취지 및 입법 연혁 등을 종합하여 보면, 주취운전은 이미 이루어진 도로교통안전 침해만을 문제 삼는 것인 반면 음주측정거부는 기왕의 도로교통안전 침해는 물론 향후의 도로교통안전 확보와 위험 예방을 함께 문제삼는 것이고, 나아가 주취운전은 도로교통법시행령이 정한 기준 이상으로 술에 '취한' 자가 행위의 주체인 반면, 음주측정거부는 술에 취한 상태에서 자동차 등을 운전하였다고 인정할 만한 상당한 이유가 있는 자가 행위의 주체인 것이어서, 결국 양자가 반드시 동일한 법익을 침해하는 것이라거나 주취운전의 불법과 책임내용이 일반적으로 음주측정거부의 그것에 포함되는 것이라고는 단정할 수 없으므로, 결국 주취운전과 음주측정거부의 각 도로교통법위반죄는 실체적 경합관계 (한 사람이 범한 여러 죄)에 있는 것으로 보아야 한다. 예를 들어 술에 취한 상태에서 운전을 하였다고 인정할 만한 상당한 이유가 있는 두 사람의 운전자들이 각각 음주측정거부를 하였다가, 사후에 혈액을 채취하여 감정한 결과, 한 사람은 적발 당시의 혈중알코올농도가 기준(0.05%)에 미달하는 것으로 드러나고 다른 사람은 이를 초과하는 것으로 드러나더라도, 두 사람 모두 음주측정거부로만 처벌한다면 비난가능성과 처단형이 균형을 이루지 못하게 되며, ③ 특히 이 사건의 경우 박성일은 일단 음주측정을 거부한 후 혹시 채혈

감정한 결과 혈중알코올농도가 0.05%에 미달하면 처벌이 감면될지도 모른다고 착각한 나머지 채혈검사를 요구하였는 바, 이는 음주측정거부행위를 뉘우친 것이 아니어서 단순히 음주측정거부로 처벌하는 것은 구체적 타당성이 결여되어 있다. 결국, 박성일은 음주운전과 음주측정거부라는 두 개의 범죄로(실체적 경합) 처벌함이 타당하다.

사례 4 : 간통죄에 있어서 각서의 효력

김정숙(이하 피고인1)은 1997년 2월 6일 이중걸(이하 피고인2)이 운전하는 택시를 타면서 피고인2를 알게 된 후 그와 교제를 하여 오다가, 1997년 3월 4일경 처음으로 그와 성관계를 가진 후 여러 차례 그와 성관계를 가져오던 중 피고인1의 남편인 김우둔(이하 고소인)에게 들키고 말았다. 이에 피고인2는 자신이 피고인1과 성관계를 갖는 등 교제를 하면서 피고인1에게 빌려준 돈과 선물을 한 핸드폰이 있으니 이를 반환받아야겠다고 시비를 걸어와 고소인과 사이에 서로 욕설이 오갔고, 1997년 6월 1일 고양시 토당동 소재 고소인의 집에 술에 취한 상태로 찾아와 고소인과 시비 끝에 고소인의 눈을 손가락으로 찔러 고소인의 눈에서 피가 나오게 하는 등 그에게 약 3주간의 치료를 요하는 상해를 가하였다. 이후 고소인은 피고인2에게 아래와 같은 내용의 이 사건 각서의 작성 및 공증을 요구하였고, 이에 피고인2는 1997년 6월 3일 "이 각서 작성 후 고소인 및 그 가족 일체와의 관계는 아무 이해관계가 없는 남남이다. 이 시간 이후 이해관계, 채무관계, 원한관계 등을 이유로 고소인 및 그 가족을 찾아가거나 전화하거나 또 직장이나 아이들 학교에 찾아갈 수도 전화할 수 없다. 이 사항을 어길 시에는 1997년 6월 1일 상해사건의 합의사항은 무효이며 이후 어떠한 처벌을 하여도 감수할 것을 각서합니다."라고 기재된 이 사건 각서를 작성한 후 1997년 6월 4일 공증까지 하여 고소인에게 교부하였다. 그 후 고소인은 간통죄 고소와 아울러 서울지방법원 의정부지원 97드17881호로 피고인1을 상대로 이혼청구를 하여 1998년 1월 22일 고소인과 피고인1은 이혼한다는 재판상화해가 이루어졌다. 고소인은 피고인1과 피고인2에 대하여 간통죄의 형사책임을 지울 수 있을까?

해설

1. 법적 근거 및 관련 법령

▸ 형법 제241조[간통] ①배우자있는 자가 간통한 때에는 2년 이하의 징역에 처한다. 그와 상간한 자도 같다. ②전항의 죄는 배우자의 고소가 있어야 논한다. 단 배우자가 간통을 종용 또는 유서(宥恕:너그럽게 용서함)한 때에는 고소할 수 없다.

2. 관련 판례(대법원 1999.8.24.선고, 99도2149 판결)

배우자의 간통사실을 알고 난 후 그 상대방으로부터 배우자를 더 이상 만나지 않겠다는 합의각서를 받은 경우, 간통의 유서에 해당된다.

3. 적용

간통죄에 있어서의 유서는 배우자의 일방이 상대방의 간통사실을 알면서도 혼인관계를 지속시킬 의사로 악감정을 포기하고 상대방에게 그 행위에 대한 책임을 묻지 않겠다는 뜻을 표시하는 일방행위로서, 간통의 유서는 명시적으로 할 수 있음은 물론 묵시적으로도 할 수 있는 것이어서 그 방식에 제한이 있는 것은 아니지만, 감정을 표현하는 어떤 행동이나 의사의 표시가 유서로 인정되기 위하여는, 첫째 배우자의 간통사실을 확실하게 알면서 자발적으로 한 것이어야 하고, 둘째 그와 같은 간통사실에도 불구하고 혼인관계를 지속시키려는 진실한 의사가 명백하고 믿을 수 있는 방법으로 표현되어야 하는 것이다. 즉 배우자의 간통사실을 알고 난 후 그 상대방으로부터 배우자를 더 이상 만나지 않겠다는 합의각서를 받은 경우, 간통의 유서에 해당한다고 본다. 본 사례에서 고소인과 피고인2는 '이 각서 작성 후 고소인 및 그 가족 일체와의 관계는 아무 이해관계가 없는 남남이다'라는 각서를 작성한바 있는 바, 고소인은 피고인1과 피고인2 사이의 간통사실을 알고 자발적으로 상대방에 대하여 책임을 묻지 않겠다는 의사가 명백하게 표현되었다고 볼 수 있으므로 형법 제241조 제2항의 배우자의 유서가 있는 것으로 판단되므로 피고인들에 대한 형사책임을 물을 수 없다고 사료된다.

사례 5 : 알선수뢰죄와 몰수대상

김명호는 육군본부 인사과에서 근무하다가 1989년경부터 이 사건 범행 당시까지 모병관으로 병무청에 파견되어 육군의 병력소요나 충원시기 등을 병무청에 알려 주고 병무청의 지원, 징집, 소집자원의 통계 등을 육군본부에 전달하는 등 병무청과 육군본부에서 징집, 모병 등의 규모와 시기를 합리적으로 조정할 수 있도록 하는 업무를 담당하면서 이연걸로부터 병역면제 혹은 신체등급의 하향조정을 의뢰받고 일금 5,000만원을 받았다. 그 후 일부는 보관하고 일부는 소비하고 있다가 부탁 받은 대로 일이 처리되지 않자 받은 금액에 상당하는 금원을 수표, 현금 등으로 되돌려 주었다. 김명호의 형사책임여부는? 형사처벌이 가능하다면 받은 금액에 상당하는 돈을 몰수할 수 있는가?

해설

1. 법적 근거 및 관련 법령

- 형법 제132조[알선수뢰] 공무원이 그 지위를 이용하여 다른 공무원의 직무에 속한 사항의 알선에 관하여 뇌물을 수수, 요구 또는 약속한 때에는 3년 이하의 징역 또는 7년 이하의 자격정지에 처한다.
- 특정범죄가중처벌등에관한법률 제3조[알선수재] 공무원의 직무에 속한 사항의 알선에 관하여 금품이나 이익을 수수 · 요구 또는 약속한 자는 5년 이하의 징역 또는 1천만원 이하의 벌금에 처한다.
- 특정범죄가중처벌등에관한법률 제13조[몰수] 제3조와 제12조의 경우에 범인이 취득한 당해 재산은 몰수하며, 몰수할 수 없을 때에는 그 가액을 추징한다.

2. 관련 판례(대법원 1999. 6. 25.선고 99도1900 판결)

(1) 알선수뢰죄는 공무원이 그 지위를 이용하여 다른 공무원의 직무에 속한 사항의 알선에 관하여 뇌물을 수수, 요구 또는 약속하는 것을 그 성립 요건으로 하고 있고, 여기서 '공무원이 그 지위를 이용하여'라 함은 친구, 친족

관계 등 사적인 관계를 이용하는 경우에는 이에 해당한다고 할 수 없으나, 다른 공무원이 취급하는 사무의 처리에 법률상이거나 사실상으로 영향을 줄 수 있는 관계에 있는 공무원이 그 지위를 이용하는 경우에는 이에 해당하고, 그 사이에 상하관계, 협동관계, 감독권한 등의 특수한 관계가 있음을 요하지 않는다.

(2) 공무원의 직무에 속한 사항의 알선에 관하여 금품을 받은 자가 금품 중의 일부를 그 금품을 받은 취지에 따라 관계 공무원에게 뇌물로 주거나 다른 알선행위자에게 청탁의 명목으로 교부한 것이 아니라 독자적인 판단에 따라 경비로 사용한 경우, 그 금액을 추징한다.

3. 적용

(1) 알선수뢰죄는 공무원이 그 지위를 이용하여 다른 공무원의 직무에 속한 사항의 알선에 관하여 뇌물을 수수, 요구 또는 약속하는 것을 그 성립요건으로 하고 있고, 여기서 '공무원이 그 지위를 이용하여'라 함은 친구, 친족관계 등 사적인 관계를 이용하는 경우에는 이에 해당한다고 할 수 없으나, 다른 공무원이 취급하는 사무의 처리에 법률상이거나 사실상으로 영향을 줄 수 있는 관계에 있는 공무원이 그 지위를 이용하는 경우에는 이에 해당하고, 그 사이에 상하관계, 협동관계, 감독권한 등의 특수한 관계가 있음을 요하지 않는다(대법원 1993. 7. 13.선고 93도1056 판결 참조). 본 사례를 살펴보면, 김명호는 육군본부 인사과에서 근무하다가 1989년경부터 이 사건 범행 당시까지 모병관으로 병무청에 파견되어 육군의 병력소요나 충원시기 등을 병무청에 알려 주고 병무청의 지원, 징집, 소집자원의 통계 등을 육군본부에 전달하는 등 병무청과 육군본부에서 징집, 모병 등의 규모와 시기를 합리적으로 조정할 수 있도록 하는 업무를 담당하면서 병무청의 관계 공무원이나 훈련소의 관계 공무원들과 오랜 기간 친분을 맺어 온 사실을 알 수 있는 바, 그렇다면 김명호로서는 자신의 직무와 직접 또는 간접적으로 관련되는 병역면제 여부, 부대 배치 및 병과 부여, 신체등급 조정 등의 직무를 담당하는 관계 공무원들에게 부탁하는 등의 방법으로 그 직무에 관하여 사실상의 영향력을 행사할 수 있는 지위에 있었다고 인정하기에 충분하므로, 같은 취지에서 김

명호는 그 지위를 이용하여 다른 공무원의 직무에 속한 사항의 알선에 관하여 수뢰하였다고 인정함이 타당함으로 형법상 특정범죄가중처벌등에관한법률상 알선수뢰의 죄를 면하기 어렵다고 본다.

(2) 특정범죄가중처벌등에관한법률 제13조의 규정에 의한 필요적 몰수 또는 추징은, 범인이 취득한 당해 재산을 범인으로부터 박탈하여 범인으로 하여금 부정한 이익을 보유하지 못하게 함에 그 목적이 있는 것으로서, 이 점은 공무원범죄에관한몰수특례법 제6조의 경우도 마찬가지이므로, 공무원의 직무에 속한 사항의 알선에 관하여 금품을 받고 그 금품 중의 일부를 받은 취지에 따라 청탁과 관련하여 관계 공무원에게 뇌물로 공여하거나 다른 알선행위자에게 청탁의 명목으로 교부한 경우에는 그 부분의 이익은 실질적으로 범인에게 귀속된 것이 아니어서 이를 제외한 나머지 금품만을 몰수하거나 그 가액을 추징하여야 함은 당연하나, 공무원의 직무에 속한 사항의 알선에 관하여 금품을 받은 자가 그 금품 중의 일부를 다른 알선행위자에게 청탁의 명목으로 교부하였다 하더라도 당초 금품을 받을 당시 그와 같이 사용하기로 예정되어 있어서 그 받은 취지에 따라 그와 같이 사용한 것이 아니라, 범인의 독자적인 판단에 따라 경비로 사용한 것이라면 이는 범인이 받은 금품을 소비하는 방법의 하나에 지나지 아니하므로, 그 가액 역시 범인으로부터 추징하지 않으면 안된다. 즉 김명호가 처음 알선수수의 대가로 받은 금액은 몰수하여야 하며, 몰수가 불가능할 경우 추징을 하여야 할 것이다.

사례 6 : 강간죄의 구성요건

조강철은 인천국제공항에서 주로 미군 등을 상대로 택시영업을 하는 콜밴 운전사인 바, 2003년 9월 6일 23:30경 인천국제공항 유에스오(U.S.O.) 데스크 부근 버스 승강장에서, 주한 미공군 소속인 제이니(여, 19세)가 한국에 도착한 후 부임지인 군산 공군기지로 가는 버스를 놓치고 당황한 상태에 있는 것을 발견하고, 위 기지로 태워다 주는 것처럼 속여 부근 호텔로 데려가 강간하기로 마음먹고 제이니에게 접근하여 군산기지까지 태워다 주겠다고 거짓말을 하고, 이를 믿은 제이니를 콜밴에 태우고 공항 부근에 있는 뉴 에어포트 호텔로 운전하여 간 다음, 위와 같이 처음으로 한국에 도착한데다가 낯선 숙소에 도착하여 겁에 질려 있는 상태인 제이니를 데리고 위 호텔 307호실로 함께 들어간 후, 2003년 9월 7일 01:30경 위 호텔 307호실에서 조강철과 언어소통이 제대로 되지 않는 제이니에게 갑자기 키스를 하고 상의를 벗겨 가슴을 만지고, 이에 제이니가 화장실로 피한 뒤 다시 나오자 제이니의 하의 및 속옷을 강제로 벗기고 제이니의 양팔을 붙잡고 침대 위에 눕히고, 몸을 비틀면서 저항하는 제이니를 몸으로 누르는 등 제이니의 반항을 억압한 후 1회 성교를 하였다. 조강철을 강간죄로 형사처벌할 수 있을까?

해설

1. 법적 근거 및 관련 법령

▶ 형법 제297조[강간] 폭행 또는 협박으로 부녀를 강간한 자는 3년 이상의 유기징역에 처한다.

2. 관련 판례(대법원 2004.8.20.선고, 2004도3164 판결)

강간죄에 있어서 폭행 또는 협박은 피해자의 항거를 불능하게 하거나 현저히 곤란하게 할 정도의 것이어야 하고, 그 폭행 또는 협박이 피해자의 항거를 불능하게 하거나 현저히 곤란하게 할 정도의 것이었는지 여부는 유형력을 행사한 당해 폭행 및 협박의 내용과 정도는 물론이고 유형력을 행사하게 된 경위, 피해자와의 관계, 범행 당시의 정황 등 제반 사정을 종합하여 판단하여야 한다. 피고인은 강간죄에 해당한다.

3. 적용

(1) 조강철은 호텔 주차장에서 성교를 제의하였을 때 제이니가 명시적으로 거부하지 아니하고 아무 말도 하지 아니하였던 점, 호텔 프런트에는 영어를 구사하는 직원인 김대유가 있었으나 제이니가 전혀 구원을 요청하지 아니하였던 점, 제이니가 객실에 입실하였다가 다시 내려와 호텔 프런트에서 위 김대유로부터 국제전화카드를 얻어 미국에 있는 남자친구에게 약 15-20분 정도 전화통화를 한 점, 전화 후 다시 호텔방에 들어가자 조강철이 제이니에게 키스를 하고 스웨터와 브래지어를 벗기자 양팔에 힘을 주고 몸을 비틀기만 하다가, 조강철이 계속 바지를 벗기고 가슴을 만지자 화장실에 간다고 하였고, 이에 조강철이 손짓으로 화장실을 가리켜 주어 팬티만 입고 화장실에 들어가 당시 생리 중이어서 착용하고 있던 탐폰패드를 스스로 제거하고 나온 점(피해자는 1심 법정에서 탐폰패드를 낀 상태에서 강간을 당한다면 질 내부로 들어가서 더 위험하기에 제거하였다고 진술하고 있다), 화장실에서 나오자 조강철이 다시 제이니 가슴을 애무하다가 팬티를 벗기고 침대에 눕혔으나 제이니가 거부의사표시를 하지 아니하고, 다만 몸을 약간 비틀면서 일어나려고 하거나 고개를 돌리는 정도의 행위만 한 점, 성교 도중 조강철이 제이니에게 "사랑한다. 우리는 여자친구와 남자친구이며, 이것은 우리만의 비밀이고, 아버지나 상사에게는 말하지 말라."는 취지로 말하면서 계속해서 "미안해"라고 말하였던 점, 성교 후 조강철이 식사를 하러 가자고 하였으나 제이니가 거절하자 조강철 혼자 식사하기 위하여 호텔방을 나갔을 때에도 제이니가 호텔 프런트 등에 신고하거나 호텔 방을 벗어나지 아니하고 그대로 방에 있었던 점, 성교 후 이른 아침에 조강철이 자신의 콜밴 택시에 제이니를 태워 다시 인천공항 U.S.O.까지 데려다 준 점을 들어 제이니의 의사에 반하는 정도의 유형력을 행사하여 제이니를 간음한 것에 불과할 뿐, 제이니의 항거를 불능하게 하거나 현저히 곤란하게 할 정도에 이르기까지 폭행, 협박하지 아니하였다고 할 것이고, 따라서 강간죄가 성립되지 아니한다고 주장하나,

(2) 제이니는 1984년 2월 7일생(만 19세) 여성으로 미군에 입대한 지 6개월 만에 한국 미공군 군산기지 제8사령부에 배속되어 첫 외국여행지인 한국에 오게 되었으며, 2003년 9월 6일 22:30경 인천국제공항에 도착하여 입국절차를 마치고 같은 날 23:30경까지 군산기지로 가는 버스를 기다렸으나 버스가 오지 않았고, 한국지리를 모르고 가진 돈도 없어 누구의 도움이 없이는 근무처인 군산공군기지에 갈 수가 없었던 상태로 몹시 당황하게 되었다. 그 무렵 조강철이 제이니에게 접근하여 무료로 군산 공군기지까지 태워준다고 하고, 조강철의 차량 좌우측 뒷면에 'ARMY CAB'이라고 쓰여 있으며, 조강철이 이를 가리켜 미군전용콜택시라며 같은 미공군 군인이니 안심하고 데려다 준다고 하여, 제이니가 별다른 의심 없이 조강철의 콜밴 택시에 타게 되었고, 조강철은 위 콜밴을 운전하고 가다가 제이니가 하차할 여유를 주지도 않고 갑자기 이 사건 호텔 주차장에 차를 세우면서 섹스를 하자고 하였고, 이에 제이니는 '큰일났구나'라고 생각하면서 극도의 공포심을 가지게 되었으며, 제이니는 당시 한국에 처음 왔고 호텔입실을 거부하는 행동을 취하면 조강철이 때릴 것 같았으며 말도 통하지 않는 타국에서 어떻게 될지 모른다는 위험한 생각에서 아무런 반항이나 말을 하지 못하고 조강철을 따라가다 호텔로비 데스크에 영어를 말하는 직원에게 구조를 요청하려고 조강철에게 차에서 가방을 가져오라고 하였으나 뜻대로 되지 않았고, 호텔직원과 조강철이 같은 한국사람이기 때문에 무슨 말을 해도 도움을 줄 수 있을 거라는 확신이 서지 않았기 때문에 아무런 말도 할 수가 없었다. 또한 제이니는 호텔로비에서도 도망갈 생각을 하였지만 자신이 어디에 있는지도 몰랐고 조강철이 한국 사람이어서 그 지역을 잘 알고 있어 쉽게 찾을 수 있고, 해치게 될 수 있을 거라고 생각하고 도망을 포기하였다. 조강철이 호텔방에서 제이니에게 키스를 할 때 제이니는 머리를 옆으로 돌리고 흔들었지만 조강철은 제이니 얼굴 옆을 붙잡고 계속 키스를 하였고, 조강철이 제이니의 손을 위로 올리게 하고는 옷을 벗길 당시 제이니는 양팔에 힘을 주고 몸을 비트는 행동을 하였고, 조강철이 성행위 당시 제이니에게 겁을 주거나 위협적인 행동을 취하지는 않았으나 제이니는 혼자서 그 방을 나가면 더 큰일을 당할 수 있다는 생각과 타국에서 이런 일을 당한다고 생각하니 너무 겁이 나서 그 행위가 빨리 끝나

기를 바랬으며, 그 순간은 지옥과 같은 생각이 들어 모든 것을 포기하고 조강철이 하는 행동대로 따라 하게 된 사실 (조강철도 당시 제이니가 모든 것을 포기하는 것처럼 몸을 일직선으로 하고 아무런 호응도 하지 않은 채 얼굴을 돌리고 눈을 감은 채 가만히 있었다고 진술하고 있다.), 제이니는 학교에서 배운 대로 범죄증거를 확보하기 위해 몸도 씻지 않고 조강철의 눈을 피해 피와 정액을 닦은 수건과 조강철이 사용한 칫솔 및 피고인이 피운 담배꽁초를 화장지에 싸서 증거물로 제이니의 가방에 몰래 넣어 두었고, 2003년 9월 7일 08:00경 공항 내 미군연락소인 U.S.O.를 통하여 공항안내데스크에 강간피해 사실을 즉시 신고하였으며, 위와 같은 증거물을 미공군 특수수사대에 제시한 사실 등을 인정할 수 있는 바, 이와 같이 조강철이 제이니를 자신의 택시로 유인한 후 제이니의 의사에 반하여 제이니를 태운 택시를 위 호텔로 운전하여 가 제이니로 하여금 극도의 공포심을 일으키게 한 다음 제이니를 위 호텔방에 데려 들어가 간음을 하게 된 경위, 제이니의 나이와 처해 있던 상황, 피해시간, 조강철과 제이니의 관계, 성교 당시의 상황 등 제반 사정을 종합하여 보면, 조강철은 제이니의 의사에 반하여 제이니의 반항을 억압하거나 현저하게 곤란하게 할 정도의 유형력을 행사하여 제이니를 간음하기에 이르렀다고 보기에 충분하다 할 것임으로 강간죄의 책임을 면할 수 없다.

사례 7 : 확신범과 유기치사죄

여호와의 증인이라는 종교 신자인 박영선은 전격성간염에 걸려 장내출혈의 증세까지 생긴 만11세 남짓한 그의 딸 김영숙을 병원으로 데리고 다니면서 치료를 받게 하였다. 담당병원 의사들이 당시의 의료기술상 최선의 치료방법이라고 하면서 김영숙에 대한 수혈을 권유하였으나 박영선은 수혈이 자신이 믿는 종교인 여호와의 증인의 교리에 어긋난다는 이유로 시종일관 완강히 거부하였고, 또한 위 김영숙으로 하여금 의학상의 적정한 치료를 받지 못하도록 하여 김영숙을 방치하고 그로인해 김영숙은 장내과다출혈 때문에 사망하게 되었다. 박영선을 형사처벌할 수 있을까?

해설

1. 법적 근거 및 관련 법령

▸ 형법 제271조[유기, 존속유기] ①노유, 질병 기타 사정으로 인하여 부조를 요하는 자를 보호할 법률상 또는 계약상 의무있는 자가 유기한 때에는 3년 이하의 징역 또는 500만원 이하의 벌금에 처한다.

▸ 형법 제275조[유기등 치사상] ①제271조 내지 제273조의 죄를 범하여 사람을 상해에 이르게 한 때에는 7년 이하의 징역에 처한다. 사망에 이르게 한 때에는 3年 이상의 유기징역에 처한다.

▸ 의료법 제12조[의료기술등에 대한 보호] ①의료인이 행하는 의료·조산·간호 등 의료기술의 시행(이하 "의료행위"라 한다)에 대하여는 이 법 또는 다른 법령에 특히 규정된 경우를 제외하고는 누구든지 이에 간섭하지 못한다. ②누구든지 의료기관의 의료용시설, 기재·약품 기타의 기물 등을 파괴·손상하거나 의료기관을 점거하여 진료를 방해하여서는 아니 되며, 이를 교사 또는 방조하여서는 아니 된다.

▸ 의료법 제66조[벌칙] 다음 각호의 1에 해당하는 자는 5년 이하의 징역 또는 2천만원 이하의 벌금에 처한다.

3. 제12조제2항, 제18조의2제3항, 제21조의2제3항, 제25조제1항,

제30조제2항(제61조제3항에서 준용하는 경우를 포함한다)의 규정에 위반한 자

2. 관련 판례(대법원 1980.9.24.선고, 79도1387 판결)

생모가 사망의 위험이 예견되는 그 딸에 대하여는 수혈이 최선의 치료방법이라는 의사의 권유를 자신의 종교적 신념이나 후유증 발생의 염려만을 이유로 완강하게 거부하고 방해하였다면 이는 결과적으로 보호를 요하는 자를 위험한 장소에 두고 떠난 경우나 다름이 없다고 할 것이고 그때 사리를 변식할 지능이 없다고 보아야 마땅한 11세 남짓의 환자 본인 역시 수혈을 거부하였다고 하더라도 생모의 수혈거부 행위가 위법한 점에 영향을 미치는 것이 아니다.

3. 적용

박영선이 질병으로 인하여 이와 같이 보호를 요하는 딸을 병원에 입원시켜 놓고 의사가 그 당시 국내의 의료기술상 최선의 치료방법이라는 수혈을 하려하여도 이를 완강하게 거부하고(병실에서 환자에게 수혈을 하려고 하는 의사 김이태의 앞을 가로막고 고함을 지르면서 소란을 피우고 항의) 방해하였다면 이는 결과적으로나 그 행위의 성질로 보면 요부조자(要扶助者:도움을 필요로 하는 자)를 위험한 장소에 두고 떠난 것이나 다름이 없다고 할 것이고, 비록 그 환자의 증세로 보아 회복의 가망성이 희박한 상태(그렇다고 하여 처음부터 회복의 전망이 전혀 없다고 단정하기에 족한 증거자료도 없다.)이어서 의사가 권하는 최선의 치료방법인 수혈이라도 하지 않으면 그 환자가 사망할 것이라는 위험이 예견 가능한 경우라면, 아무리 생모라고 할지라도 자신의 종교적 신념이나 후유증 발생의 염려만을 이유로 환자에 대하여 의사가 하고자 하는 위의 수혈을 거부하여 결과적으로 그 환자로 하여금 의학상 필요한 치료도 제대로 받지 못한 채 사망에 이르게 할 수 있는 정당한 권리가 있다고 할 수 없는 것이며, 그때에 사리를 변식할 지능이 없다고 보아야 마땅할 11세 남짓의 환자 본인이 비록 그 생모와 마찬가지로 위의 수혈을 거부한 일이 있다고 하여도 이것이 박영선의 위와 같은 수혈거부 행위가 위

법한 것이라고 판단하는데 어떠한 영향을 미칠만한 사유가 된다고 볼 수는 없으므로 박영선의 행위는 형법상 유기치사죄에 해당한다. 특히 의료법 제66조 제2호의 "…진료를 방해할 목적으로 의료기관을 점거한 자"란 동법 제3조의 규정내용과 처벌규정을 둔 입법취지에 비추어 볼 때, 통상 진료실이나 병실을 사실상 지배하여 의료인의 진료를 방해할 수 있는 정도의 물리적 지배를 하는 자를 의미한다고 할 것이나, 반드시 물리적으로 의료기관을 완전히 점거한 자만을 지칭하는 것은 아니고 진료를 방해할 목적으로 진료실이나 병실에서 유형, 무형의 실력행사와 그 외의 방법으로 진료행위를 하려고 하는 의료인의 의료행위를 방해했다면 그와 같은 경우도 위 조항의 "…의료기관을 점거한 자"에 해당된다고 해석해야 할 것이다.

사례 8 : 형법상 정당방위

김영은은 약 12살 때부터 의붓아버지인 김강두의 강간행위에 의하여 정조를 유린당한 후 계속적으로 이 사건 범행 무렵까지 김강두와의 성관계를 강요받아 왔고, 그 밖에 김강두로부터 행동의 자유를 간섭받아 왔다. 김영은의 애인 서진관은 김영은으로부터 김강두와의 관계를 고백받고 같이 번민하다가 김강두를 살해하고 강도로 위장하기로 공모한 후, 서진관이 이 사건 범행 전날 서울 창동시장에서 범행에 사용할 식칼(증 제4호), 공업용 테이프(증 제7호, 제10호), 장갑 등을 구입하여 가지고 범행장소인 충주에 내려가서 김영은과 전화통화로 범행시간을 정하고, 약속된 시간인 1992년 1월 17일 01:30경 김영은이 열어준 문을 통하여 김강두의 집안으로 들어간 다음, 이어서 김강두가 술에 취하여 잠들어 있는 방에 몰래 들어가 김강두의 머리맡에서 식칼을 한손에 들어 김강두를 겨누고 양 무릎으로 김강두의 양팔을 눌러 꼼짝 못하게 한 후 김강두를 깨워 김강두가 제대로 반항할 수 없는 상태에서 김영은을 더 이상 괴롭히지 말고 놓아 주라는 취지의 몇 마디 이야기를 하다가 들고 있던 식칼로 김강두의 심장을 1회 찔러 그 자리에서 살해하고, 강도살인을 당한 것처럼 위장하기 위하여 죽은 김강두의 양 발목을 공업용 테이프로 묶은 다음 현금을 찾아 태워 없애고 장롱, 서랍 등을 뒤져 범행현장에 흩어 놓고 나서, 서진관은 강도에게 당한 것처럼 김영은의 브레지어 끈을 칼로 끊고 양 손목과 발목을 공업용 테이프로 묶은 다음 달아나고, 김영은은 양 손목과 발목이 공업용 테이프로 묶인 채 옆집에 가서 강도를 당하였다고 허위로 신고하게 되었다. 김영은과 서진관은 정당방위로 인정되어 형사책임을 면할 수 있을까?

해설

1. 법적 근거 및 관련 법령

▶ 형법 제21조[정당방위] ①자기 또는 타인의 법익에 대한 현재의 부당한 침해를 방위하기 위한 행위는 상당한 이유가 있는 때에는 벌하지 아니한다. ②방위행위가 그 정도를 초과한 때에는 정황에 의하여 그 형을

감경 또는 면제할 수 있다. ③전항의 경우에 그 행위가 야간 기타 불안스러운 상태 하에서 공포, 경악, 흥분 또는 당황으로 인한 때에는 벌하지 아니한다.

▶ 형법 제10조[심신장애자] ①심신장애로 인하여 사물을 변별할 능력이 없거나 의사를 결정할 능력이 없는 자의 행위는 벌하지 아니한다.

2. 관련 판례(대법원 1992.12.22.선고, 92도2540 판결)

의붓아버지의 강간행위에 의하여 정조를 유린당한 후 계속적으로 성관계를 강요받아 온 딸이 그 애인과 사전에 공모하여 범행을 준비하고 의붓아버지가 제대로 반항할 수 없는 상태에서 식칼로 심장을 찔러 살해한 행위는 사회통념상 상당성을 결여하여 정당방위가 성립하지 아니한다.

3. 적용

정당방위가 성립하려면 침해행위에 의하여 침해되는 법익의 종류, 정도, 침해의 방법, 침해행위의 완급과 방위행위에 의하여 침해될 법익의 종류, 정도 등 일체의 구체적 사정들을 참작하여 방위행위가 사회적으로 상당한 것이어야 하고, 정당방위의 성립요건으로서의 방어행위에는 순수한 수비적 방어뿐 아니라 적극적 반격을 포함하는 반격방어의 형태도 포함되나, 그 방어행위는 자기 또는 타인의 법익침해를 방위하기 위한 행위로서 상당한 이유가 있어야 한다. 사례에서 김영은과 서진관은 김영은이 계속하여 강간을 강요당할 것을 방지하기 위하여 사전에 공모하여 범행을 준비하고, 술에 취하여 잠들어 있는 피해자의 양팔을 눌러 꼼짝 못하게 한 후 피해자를 깨워 피해자가 제대로 반항할 수 없는 상태에서 식칼로 피해자의 심장을 찔러 살해한다는 것은, 당시의 상황에 비추어도 사회통념상 정당성을 인정하기가 어렵다고 하지 않을 수 없다. 즉, 형법 제21조 제1항의 정당방위에 해당되지 아니한다. 또한 김영은과 서진관의 범행당시의 행위는 치밀한 사전 공모에 해당됨으로 형법 제21조 제3항 "정당방위가 야간 기타 불안스러운 상태하에서 공포, 경악, 흥분 또는 당황으로 인한 경우에는 벌하지 아니한다"에 해당된다고 보기도 어렵다. 또한 범행 당시 서진관의 의사상태가 사물에 대한 변별

능력이나 의사결정능력이 결여되었다고 볼 수 있는 특별한 징표가 없으므로 책임무능력자의 행위로 보아 범죄성립을 부정하기도 곤란하다 할 것이다. 결국, 김영은과 서진관은 형법 제250조에 근거하여 살인죄의 책임을 면하기 어렵다고 본다.

사례 9 : 주거침입죄의 성립 여부

박기석이 해외발령을 받아 출국한 후 박기석의 처 이인숙은 채팅을 통하여 알게 된 김건달과 만나 적적함을 달랜다며 함께 술을 마시다 성관계를 맺게 되었다. 자주 숙박업소를 전전하던 김건달은 이인숙의 남편이 외국에 있다는 것을 알고 이인숙의 동의하에 박기석 집에 들어가 간통행위를 하다 적발되었다. 김건달을 간통죄와 함께 주거침입죄로 형사처벌할 수 있는가?

해설

1. 법적 근거 및 관련 법령

▶ 형법 제319조[주거침입] ①사람의 주거, 관리하는 건조물, 선박이나 항공기 또는 점유하는 방실에 침입한 자는 3년 이하의 징역 또는 500만원 이하의 벌금에 처한다.

2. 관련 판례(대법원 1984.6.26.선고, 83도685 판결)

남편의 부재중 간통의 목적으로 처의 승락 하에 주거에 들어간 경우 주거침입죄가 성립된다.

3. 적용

형법상 주거침입죄의 보호법익은 주거권이라는 법적 개념이 아니고 사적 생활관계에 있어서의 사실상 주거의 자유와 평온으로서, 그 주거에서 공동생활을 하고 있는 모든 사람이 평온을 누릴 권리가 있다 함은 대법원 해석과 같으나, 복수의 주거권자가 있는 경우 한 사람의 승낙이 다른 거주자의 의사에 직접·간접으로 반하는 경우에는 그에 의한 주거에의 출입은 그 의사에 반한 사람의 주거의 평온 즉 주거의 지배, 관리의 평온을 해치는 결과가 되므로 주거침입죄가 성립한다 할 것이며, 동거자 중의 1인이 부재 중인 경우라도 주거의 지배 관리관계가 외관상 존재하는 상태로 인정되는 한 위 법리에는 영향이 없다고 볼 것이다. 따라서 남편이 일시부재 중 간통의 목적하에 그 처의 승낙을 얻어 주거에 들어간 경우라도 남편의 주거에 대한 지배 관리관계는 여전히 존속한다고 봄이 옳고 사회통념상 간통의 목적으로 주거에 들어가는 것은 남편의 의사에 반한다고 보여지기 때문에 처의 승낙이 있었다 하더라도 남편의 주거의 사실상의 평온은 깨어졌다 할 것이므로 이러한 경우에는 주거침입죄가 성립한다고 하여야 할 것이다. 결국 본 사례에서 이인숙은 간통죄, 김건달은 간통죄 외에 주거침입죄로 형사처벌됨을 면할 수 없다.

사례 10 : 신용카드와 사기죄

주식투자로 막대한 손해를 본 김광태는 신용카드를 사용한 대출금을 정상적으로 결제할 의사나 능력이 없음에도 불구하고, 결제할 의사나 능력이 있는 것처럼 신용카드발급신청서를 작성하여 1992년 12월 10일경 상업은행 종로지점에서 신용카드를 발급받았다. 그 후 김광태는 위 신용카드로 1993년 1월 5일 상업은행 안양중앙지점에서 그곳에 설치된 현금자동지급기에 위 신용카드를 투입하고 현금서비스 버튼을 눌러 현금 300,000원을 꺼낸 것을 비롯하여 같은 해 9월 1일까지 같은 방법으로 22회에 걸쳐 현금합계 7,144,623원을 대출받아 이를 상환하지 아니하였다. 김광태를 사기죄로 형사처벌할 수 있을까?

해설

1. 법적 근거 및 관련 법령

▶ 형법 제347조[사기] ①사람을 기망하여 재물의 교부를 받거나 재산상의 이익을 취득한 자는 10년 이하의 징역 또는 2천만원 이하의 벌금에 처한다.

2. 관련 판례(대법원 1996.4.9.선고, 95도2466 판결)

대출금을 정상적으로 결제할 의사나 능력 없이 자기 명의 신용카드를 사용하여 현금서비스를 받거나 가맹점으로부터 물품을 구입한 경우의 포괄하여 하나의 사기죄가 성립된다.

3. 적용

피해자인 상업은행은 무자력자인 김광태로부터 기망(欺罔)당하여 신용카드를 발급해줌으로써 김광태가 그 신용카드를 이용하여 현금자동지급기에서 현금을 인출하는 방법으로 금원을 신용대출받는 것을 허용하였고, 김광태는 그에 따라 현금을 인출하였다. 이에 대하여 판단하건대 무릇 신용카드의 거래는 신용카드회사로부터 카드를 발급받은 사람이 위 카드를 사용하여 카드가맹점으로부터 물품을 구입하면 그 카드를 소지하여 사용하는 사람이 카드회사로부터 카드를 발급받은 정당한 소지인인 한 카드회사가 그 대금을 가맹점에 결제하고, 카드회사는 카드사용자에 대하여 물품구입대금을 대출해 준 금전채권을 가지는 것이고, 또 카드사용자가 현금자동지급기를 통해서 현금서비스를 받아 가면 현금대출관계가 성립되게 되는 것인 바, 이와 같은 카드사용으로 인한 카드회사의 금전채권을 발생케 하는 카드사용행위는 카드회사로부터 일정한 한도 내에서 신용공여가 이루어지고, 그 신용공여의 범위 내에서는 정당한 소지인에 의한 카드사용에 의한 금전대출이 카드 발급시에 미리 포괄적으로 허용되어 있는 것인 바, 현금자동지급기를 통한 현금대출도 결국 카드회사로부터 그 지급이 미리 허용된 것이고, 단순히 그 지급방법만이 사람이 아닌 기계에 의해서 이루어지는 것에 불과하다.

이 사건에서와 같이 김광태가 카드사용으로 인한 대금결제의 의사와 능력이 없으면서도 있는 것 같이 가장하여 카드회사를 기망하였고, 카드회사는 이에 착오를 일으켜 일정 한도 내에서 카드사용을 허용해 줌으로써 김광태는 기망당한 카드회사의 신용부여라는 하자 있는 의사표시에 편승하여 자동지급기를 통한 현금대출도 받고, 가맹점을 통한 물품구입대금 대출도 받아 카드발급회사로 하여금 같은 액수 상당의 피해를 입게 함으로써, 카드사용으로 인한 일련의 편취행위가 포괄적으로 이루어지는 것이다.

따라서 이 사건에서 카드사용으로 인한 카드회사의 손해는 그것이 자동지급기에 의한 인출행위이든 가맹점을 통한 물품구입행위이든 불문하고 모두가 피해자인 카드회사의 기망당한 의사표시에 따른 카드발급에 기초하여 이루어지는 사기의 포괄일죄라 할 것이다. 결국, 본 사례에서 김광태의 기망에 의한 카드발급과 부정발급된 카드에 의한 인출행위는 포괄하여 하나의 사기죄에 해당된다.

사례 11 : 공중전화카드 등의 변조

실업자인 조영리는 박재욱과 폐공중전화카드의 자기(磁氣)기록 부분을 조작하여 사용가능한 공중전화카드로 만들어 이를 판매하기로 공모하고, 폐공중전화카드의 자기기록 부분에 전자정보를 기록하여 사용가능한 공중전화카드로 만들어 그 내용을 모르는 제3자에게 판매하였다. 조영리와 박재욱을 유가증권위조죄로 처단할 수 있을까?

해설

1. 법적 근거 및 관련 법령

- 형법 제214조[유가증권의 위조등] ①행사할 목적으로 대한민국 또는 외국의 공채증서 기타 유가증권을 위조 또는 변조한 자는 10년 이하의 징역에 처한다. ②행사할 목적으로 유가증권의 권리의무에 관한 기재를 위조 또는 변조한 자도 전항의 형과 같다.
- 형법 제217조[위조유가증권등의 행사등] 위조, 변조, 작성 또는 허위기재한 전3조 기재의 유가증권을 행사하거나 행사할 목적으로 수입 또는 수출한 자는 10년 이하의 징역에 처한다.

2. 관련 판례(대법원 1998.2.27.선고, 97도2483 판결)

공중전화카드는 유가증권이며 폐공중전화카드의 자기(磁氣)기록 부분에 전자정보를 기록하여 사용가능한 공중전화카드를 만든 행위는 유가증권위조죄에 해당한다.

3. 적용

형법 제214조에서 유가증권이라 함은, 증권상에 표시된 재산상의 권리의 행사와 처분에 그 증권의 점유를 필요로 하는 것을 총칭하는 것인 바, 공중전화카드는 그 표면에 전체 통화가능 금액과 발행인이 문자로 기재되어 있고, 자기(磁氣)기록 부분에는 당해 카드의 진정성에 관한 정보와 잔여 통화가능

금액에 관한 정보가 전자적 방법으로 기록되어 있어, 사용자가 카드식 공중전화기의 카드 투입구에 공중전화카드를 투입하면 공중전화기에 내장된 장치에 의하여 그 자기정보가 해독되어 당해 카드가 발행인에 의하여 진정하게 발행된 것임이 확인된 경우 잔여 통화가능 금액이 공중전화기에 표시됨과 아울러 그 금액에 상당하는 통화를 할 수 있도록 공중전화기를 작동하게 하는 것이어서, 공중전화카드는 문자로 기재된 부분과 자기기록 부분이 일체로써 공중전화 서비스를 제공받을 수 있는 재산상의 권리를 포함하고 있고, 이를 카드식 공중전화기의 카드 투입구에 투입함으로써 그 권리를 행사하는 것으로 볼 수 있으므로, 공중전화카드는 형법 제214조의 유가증권에 해당한다. 따라서 본 사례에서 조영희와 박재욱이 폐공중전화카드의 자기기록부분에 전자정보를 기록하여 사용가능한 공중전화카드를 만든 행위는 유가증권위조죄에 해당되며 또한 위조된 공중전화카드를 판매한 행위는 위조유가증권 등의 행사죄에도 해당된다. 즉 조영희와 박재욱은 유가증권위조죄와 동행사죄의 실체적 경합관계의 각각 2개의 범죄가 된다.

제 2 장

개인생활과 법

제1절 민법적 사례

사례 1 : 미성년자가 책을 할부구입한 때 계약의 취소

만18세인 김인구는 대학에 입학하여 대학구내에서 책을 파는 사람에게 현혹되어 3개월 전쯤에 월 30,000원씩 10개월간 납입하기로 하고 문화서적 1세트를 구입하였다. 김인구는 구입한 후 자세히 검토하여 보니 그다지 필요하지 않은 책이어서 즉시 반환하려 하였으나 상대방을 찾을 수 없었고, 며칠간 애써 알아낸 주소지로 "계약을 취소하니 물건을 찾아가라" 고 통지하였으나 주소불명으로 반송되었었다. 그로부터 3개월이 지난 다음 김인구는 대금청구서를 받았다. 이 경우 김인구는 위 서적대금을 지급하여야 하는가?

해설

1. 법적 근거 및 관련 법령

▶ 민법 제5조[미성년자의 능력] ①미성년자가 법률행위를 함에는 법정

대리인의 동의를 얻어야 한다. 그러나 권리만을 얻거나 의무만을 면하는 행위는 그러하지 아니하다. ②전항의 규정에 위반한 행위는 취소할 수 있다.

▶ 민법 제140조[법률행위의 취소권자] 취소할 수 있는 법률행위는 무능력자, 하자 있는 의사표시를 한 자, 그 대리인 또는 승계인에 한하여 취소할 수 있다.

▶ 민법 제146조[취소권의 소멸] 취소권은 추인할 수 있는 날로부터 3년 내에, 법률행위를 한 날로부터 10년 내에 행사하여야 한다.

▶ 방문판매 등에 관한 법률 제8조[청약철회 등] ①방문판매 또는 전화권유판매(이하 "방문판매 등"이라 한다)의 방법으로 재화 등의 구매에 관한 계약을 체결한 소비자는 다음 각호의 기간(거래 당사자 사이에 다음 각호의 기간보다 긴 기간으로 약정한 경우에는 그 기간) 이내에 당해 계약에 관한 청약철회 등을 할 수 있다.

1. 제7조 제2항의 규정에 의한 계약서를 교부 받은 날부터 14일. 다만, 그 계약서를 교부 받은 때보다 재화 등의 공급이 늦게 이루어진 경우에는 재화 등을 공급받거나 공급이 개시된 날부터 14일
2. 제7조 제2항의 규정에 의한 계약서를 교부받지 아니한 경우, 방문판매자 등의 주소 등이 기재되지 아니한 계약서를 교부받은 경우 또는 방문판매자 등의 주소 변경 등의 사유로 제1호의 기간 이내에 청약철회 등을 할 수 없는 경우에는 그 주소를 안 날 또는 알 수 있었던 날부터 14일

②소비자는 다음 각호의 1에 해당하는 경우에는 방문판매자 등의 의사에 반하여 제1항의 규정에 의한 청약철회 등을 할 수 없다. 다만, 방문판매자등이 제6항의 규정에 따른 조치를 하지 아니하는 때에는 제2호 내지 제4호에 해당하는 경우에도 청약철회 등을 할 수 있다.

1. 소비자에게 책임 있는 사유로 재화 등이 멸실 또는 훼손된 경우. 다만, 재화 등의 내용을 확인하기 위하여 포장 등을 훼손한 경우를 제외한다.
2. 소비자의 재화 등의 사용 또는 일부 소비에 의하여 그 가치가 현저히

감소한 경우.

3. 시간의 경과에 의하여 재판매가 곤란할 정도로 재화 등의 가치가 현저히 감소한 경우
4. 복제가 가능한 재화 등의 포장을 훼손한 경우
5. 그 밖에 거래의 안전을 위하여 대통령령이 정하는 경우

▸ 방문판매 등에 관한 법률 제9조[청약철회 등의 효과] ①소비자는 제8조 제1항 또는 동조 제3항의 규정에 의하여 청약철회 등을 한 경우에는 이미 공급받은 재화 등을 반환하여야 한다. ⑨제8조 제1항 및 동조 제3항의 규정에 의한 청약철회 등의 경우 공급받은 재화 등의 반환에 필요한 비용은 방문판매자 등이 부담하며 방문판매자 등은 소비자에게 청약철회 등을 이유로 위약금 또는 손해배상을 청구할 수 없다.

▸ 할부거래 등에 관한 법률 제5조[매수인의 철회권] ①매수인은 다음 각 호의 기간(거래당사자가 다음 각 호의 기간보다 긴 기간으로 약정한 경우에는 그 기간을 말한다) 이내에 할부계약에 관한 청약을 철회할 수 있다.

1. 제4조제1항에 따른 계약서를 교부받은 날부터 7일. 다만, 그 계약서를 교부받은 때보다 목적물의 인도 등이 늦게 이루어진 경우에는 목적물의 인도 등을 받은 날부터 7일
2. 제4조제1항에 따른 계약서를 교부받지 아니한 경우, 매도인의 주소 등이 기재되지 아니한 계약서를 교부받은 경우 또는 매도인의 주소변경 등의 사유로 제1호의 기간 이내에 청약을 철회할 수 없는 경우에는 그 주소를 안 날 또는 알 수 있었던 날 등 철회권을 행사할 수 있는 날부터 7일

②매수인이 제1항에 따라 계약에 관한 청약을 철회하려면 제1항에 따른 기간 이내에 매도인에게 철회의 의사표시가 적힌 서면을 발송하여야 한다. ③제1항에 따른 청약의 철회는 서면을 발송한 날에 그 효력이 발생한 것으로 본다. ④매수인에게 책임있는 사유로 목적물이 멸실되거나 훼손된 경우에는 매수인은 계약에 관한 청약을 철회하지 못한다. ⑤계약서의 교부 사실 및 시기, 목적물의 인도 등의 사실 및 시기에 관하여 다툼이 있는 경우에는 매도인이 이를 입증하여야 한다.

▸ 할부거래 등에 관한 법률 제6조[매수인의 철회권 행사의 효과] ① 매수인이 제5조 제1항에 따라 계약에 관한 청약을 철회한 경우에는 매수인은 이미 인도받은 동산이나 제공받은 용역을 반환(이하 "목적물의 반환"이라 한다)하여야 하며, 매도인은 이미 지급받은 할부금을 동시에 반환하여야 한다. ②제1항의 경우에 매도인은 이미 용역(일정한 시설을 이용하거나 용역을 제공받을 권리는 제외한다)이 제공된 경우에는 이미 제공된 용역과 동일한 용역의 반환이나 그 용역의 대가 또는 그 용역으로 발생한 이익에 상당하는 금액의 지급을 청구할 수 없다. ③제1항의 경우에 목적물의 반환에 필요한 비용은 매도인이 부담하며, 매도인은 매수인에게 위약금이나 손해배상을 청구할 수 없다.

2. 적용

(1) 20세 미만의 미성년자는 민법상 행위무능력자로서 책을 구입하는 등의 법률행위를 함에는 법정대리인의 동의를 얻어야 함이 원칙이며, 이를 위반한 행위는 취소할 수 있다. 이처럼 취소할 수 있는 행위는 무능력자(미성년자, 한정치산자, 금치산자)의 행위 이외에도 내용의 중요부분에 착오가 있는 의사표시(민법 제109조), 사기 · 강박에 의한 의사표시(민법 제110조) 등이 있다. 취소권의 행사는 무능력자, 하자 있는 의사표시를 한 자, 그 대리인 또는 승계인이 할 수 있으며, 이는 추인할 수 있는 날(미성년자의 경우 성년이 되는 날)로부터 3년 내에, 법률행위를 한 날로부터 10년 내에 행사할 수 있다.

그러므로 김인구는 자기 스스로 또는 법정대리인인 부모가 상대방에게 취소하겠다는 의사표시를 함으로써 위 서적대금을 지급할 의무를 면할 수 있다.

(2) 이 사안은 방문판매 등에 관한 법률과 할부거래에 관한 법률의 적용을 받을 수 있는데, 이 법들에 의하면 소비자는 계약서를 교부받은 날로부터 14일 이내에, 계약서를 교부받지 아니하였거나 방문판매자의 주소 등이 기재되지 아니한 계약서를 교부받은 경우 또는 방문판매자의 주소 변경 등의 사유로 위 기간 이내에 청약철회를 할 수 없는 경우에는 그 주소를 안 날 또는 알 수 있었던 날로부터 14일 이내에 계약에 관한 청약을 철회할 수 있으므로, 김인구는 청약철회를 주장하여 대금지급의무를 면할 수도 있다.

사례 2 : 시가를 착오한 부동산매매계약의 취소

이석철은 박순섭이 소유하고 있는 임야 60,000㎡를 ㎡당 4,000원에 매수하고 소유권이전등기까지 완료하였다. 그 며칠 후 이석철은 위 임야를 근처의 임야와 비교해 보니 그 임야는 ㎡당 3,000원 정도면 구입할 수 있었고, 위 임야는 곧 공원용지로 묶인다는데 너무 비싸게 구입한 것으로 생각되어 박순섭과 체결한 위 임야의 매매계약을 해제하고자 한다. 매도인 박순섭의 입장에서는 위 임야를 ㎡당 4,000원에 매도한 것은 적당하다고 생각하며, 공원용지 운운하는 것은 금시초문이다. 이러한 경우 위 계약을 매수인 이석철이 일방적으로 파기할 수 있는가?

해설

1. 법적 근거 및 관련 법령

▶ 민법 제104조[불공정한 법률행위] 당사자의 궁박, 경솔 또는 무경험으로 인하여 현저하게 공정을 잃은 법률행위는 무효로 한다.

▶ 민법 제109조[착오로 인한 의사표시] ①의사표시는 법률행위의 내용의 중요부분에 착오가 있는 때에는 취소할 수 있다. 그러나 그 착오가 표의자의 중대한 과실로 인한 때에는 취소하지 못한다.

2. 관련 판례

▶ 대법원 1999.4.23.선고 98다45546 판결: 의사표시는 법률행위의 내용의 중요 부분에 착오가 있는 때에는 취소할 수 있고, 의사표시의 동기에 착오가 있는 경우에는 당사자 사이에 그 동기를 의사표시의 내용으로 삼았을 때에 한하여 의사표시의 내용의 착오가 되어 취소할 수 있는 것이며, 법률행위의 중요 부분의 착오라 함은 표의자가 그러한 착오가 없었더라면 그 의사표시를 하지 않으리라고 생각될 정도로 중요한 것이어야 하고 보통 일반인도 표의자의 처지에 섰더라면 그러한 의사표시를 하지 않았으리라고 생각될 정도로 중요한 것이어야 한다.

▸ 대법원 2002.10.22.선고 2002다38927 판결: 민법 제104조에 규정된 불공정한 법률행위는 객관적으로 급부와 반대급부 사이에 현저한 불균형이 존재하고, 주관적으로 그와 같이 균형을 잃은 거래가 피해 당사자의 궁박, 경솔 또는 무경험을 이용하여 이루어진 경우에 성립하는 것으로서, 약자적 지위에 있는 자의 궁박, 경솔 또는 무경험을 이용한 폭리행위를 규제하려는 데에 그 목적이 있고, …… 피해 당사자가 궁박, 경솔 또는 무경험의 상태에 있었다고 하더라도 그 상대방 당사자에게 그와 같은 피해 당사자측의 사정을 알면서 이를 이용하려는 의사, 즉 폭리행위의 악의가 없었다거나 또는 객관적으로 급부와 반대급부 사이에 현저한 불균형이 존재하지 아니한다면 불공정 법률행위는 성립하지 않는다.

3. 적용

매수인 이석철은 이 매매계약에서 ㎡당 3,000원 정도면 구입할 수 있는 것을 ㎡당 4,000원에 매수하였다고 주장하나, 부동산매매에 있어서 시가에 관한 착오는 부동산을 매매하려는 의사를 결정함에 있어 동기의 착오에 불과할 뿐 법률행위의 중요부분에 관한 착오라고 할 수 없으므로 착오에 의한 의사표시로는 취소할 수 없을 것이다.

또한 이석철이 궁박, 경솔 또는 무경험의 상태에 있었다고 하더라도 매도인 박순섭에게 이석철의 이러한 상태를 이용하려는 악의가 있어야 하며, 이석철은 이 계약이 불공정한 거래였고 박순섭에게 악의가 있음을 입증하여야 하나 박순섭은 그와 같은 사실을 몰랐었고 또한 평당시가의 적정선은 객관적 감정 등을 통하여야 비로소 알 수 있는 것이다.

따라서 이 매매계약은 취소하거나 무효가 아닌 정당한 계약에 해당되어, 이석철이 일방적으로 파기할 수는 없다할 것이다.

사례 3 : 노름빚으로 부동산에 근저당권을 설정해 둔 경우

허영식은 며칠 전 부친상을 당한 친구에게 문상을 갔다가 옆자리에서 벌어지고 있는 화투판에 끼어들어 제법 많은 돈을 잃게 되었다. 그러자 허영식은 잃은 돈을 되찾기 위하여 함께 도박하던 박동성에게 차용증을 작성해주고 돈을 빌려 계속하였으나 그 돈도 모두 잃게 되었다. 그런데 박동성은 허영식에게 그 돈을 당장 갚지 못하면 허영식의 유일한 재산인 집과 그 대지에 근저당권이라도 설정해 달라고 하여 허영식은 어쩔 수 없이 그렇게 하였다. 허영식은 이 모든 것이 자신의 잘못에 기인한 것임을 알기는 하지만 그렇다 하더라도 자신의 유일한 재산을 잃게 되는가?

해설

1. 법적 근거 및 관련 법령

- ▶ 민법 제103조[반사회질서의 법률행위] 선량한 풍속 기타 사회질서에 위반한 사항을 내용으로 하는 법률행위는 무효로 한다.
- ▶ 민법 제746조[불법원인급여] 불법의 원인으로 인하여 재산을 급여하거나 노무를 제공한 때에는 그 이익의 반환을 청구하지 못한다. 그러나 그 불법원인이 수익자에게만 있는 때에는 그러하지 아니하다.

2. 관련 판례(대법원 1995.8.11.선고, 94다54108 판결)

민법 제746조에서 불법의 원인으로 인하여 급여함으로써 그 반환을 청구하지 못하는 이익은 종국적인 것을 말하고, 도박자금으로 금원을 대여함으로 인하여 발생한 채권을 담보하기 위한 근저당권설정등기가 경료되었을 뿐인 경우와 같이 수령자가 그 이익을 향수하려면 경매신청을 하는 등 별도의 조치를 취하여야 하는 것은 이에 해당하지 않는다고 할 것인 바, (그 불법원인급여로 인한 이익이 종국적인 것이 아니므로) …… (등기설정자는) 무효인 근저당권설정등기의 말소를 구할 수 있다.

3. 적용

(1) 도박으로 돈을 잃어 빚을 지고 그 빚을 갚기로 한 계약 등은 지나치게 사행적인 행위로서 「반사회질서의 법률행위」에 해당되어 무효가 된다(민법 제103조). 그러므로 허영식이 도박자금으로 돈을 빌리고 차용증서를 작성해준 경우에는 무효가 되어 법적 책임이 없어 갚지 않아도 되며, 도박자금을 빌려준 자가 소송을 제기하더라도 도박빚을 원인으로 써준 것이므로 변제할 수 없다고 항변하여 법적 책임을 면할 수 있다.

(2) 노름빚을 진 사람이 갚을 의사로 이미 지급하였다면 다시 그것의 반환을 청구할 수는 없다. 이는 쌍방에게 공통하는 불법원인으로 인하여 재산을 급여하거나 노무를 제공한 때에는 그 이익의 반환을 청구할 수 없기 때문이다(민법 제746조).

그러나 이 사안에서와 같이 허영식은 노름빚을 담보하기 위하여 자신의 유일한 재산에 대하여 박동성에게 근저당권설정등기를 하였다 하더라도 그 이익이 종국적인 것이 아니기 때문에 박동성을 피고로 근저당권설정등기의 말소를 청구하여 근저당권설정된 채무가 도박자금으로 차용된 것임을 입증하여 승소한다면 자신의 집과 대지에 설정된 근저당권등기를 말소할 수 있을 것이다.

(3) 참고로 도박은 범죄행위로서 민사상 책임과는 별개로 형사상 처벌받을 수도 있음을 알아 두어야 한다.

사례 4 : 부동산이 이중으로 매매된 경우 제1매수인의 소유권취득

손우철은 자기 소유 임야를 서진욱에게 매도하였다. 그러나 동네주민 구용수는 이 사실을 알고 있으면서도 등기명의는 아직 손우철에게 남아있으니 자기에게 이중으로 매도할 것을 적극 권유하면서 만일 문제가 생기면 자기가 책임지겠다고 하여 손우철은 구용수와 다시 매매계약을 체결하고 결국 제2의 매수인 구용수 앞으로 소유권이전등기를 하였다. 이러한 경우 최초 매수인인 서진욱이 구제 받을 수 있는 방법은?

해설

1. 법적 근거 및 관련 법령

▶ 민법 제103조[반사회질서의 법률행위] 선량한 풍속 기타 사회질서에 위반한 사항을 내용으로 하는 법률행위는 무효로 한다.

2. 관련 판례

▶ 대법원 1994.3.11.선고, 93다55289 판결: 부동산의 이중매매가 반사회적 법률행위로서 무효가 되기 위하여는 매도인의 배임행위와 매수인이 매도인의 배임행위에 적극 가담한 행위로 이루어진 매매로서 그 적극 가담하는 행위는 매수인이 다른 사람에게 매도된 것을 안다는 것만으로는 부족하고 적어도 그 매도사실을 알고도 매도를 요청하여 매매계약에 이르는 정도가 되어야 한다.

▶ 대법원 1983.4.26.선고, 83다카57 판결: 매도인의 매수인에 대한 배임행위에 가담하여 증여를 받아 이를 원인으로 소유권이전등기를 경료한 수증자에 대하여 매수인은 매도인을 대위하여 위 등기의 말소를 청구할 수는 있으나 직접 청구할 수는 없다는 것은 형식주의 아래서의 등기청구권의 성질에 비추어 당연하다.

▶ 대법원 1996.10.25.선고, 96다29151 판결: 부동산의 이중매매가 반사회적 법률행위에 해당하는 경우에는 이중매매계약은 절대적으로 무효

이므로, 당해 부동산을 제2매수인으로부터 다시 취득한 제3자는 설사 제2매수인이 당해 부동산의 소유권을 유효하게 취득한 것으로 믿었더라도 이중매매계약이 유효하다고 주장할 수 없다.

3. 적용

(1) 부동산의 이중매매란 같은 부동산에 대하여 둘 이상의 매매계약을 체결하는 것을 말하며, 현행 민법체계는 계약자유 또는 사적 자치의 원칙을 근간으로 하므로 비록 이중으로 행해진 매매계약이라도 적법하게 성립하는 것이 원칙이다. 이 경우 매도인은 이행은 한 사람에게만 할 수 있기 때문에 이행을 하지 못하는 다른 매수인에게는 채무불이행으로 인한 책임을 져야 한다.

(2) 그러나 제2의 매수인(구용수)이 매도인의 이중매매에 적극 가담한 등의 경우에는 민법 제103조가 규정하고 있는 선량한 풍속 기타 사회질서에 위반한 사항을 내용으로 하는 법률행위에 해당되어 무효가 될 수도 있다.

부동산의 이중매매가 반사회적 법률행위로서 무효가 되기 위하여는 ①매도인의 배임적 행위와 ②제2의 매수인이 매도인의 배임행위에 적극 가담한 행위로 이루어진 매매로서, ③그 적극가담행위의 정도는 제2의 매수인이 이미 다른 사람에게 매매목적물이 매도된 것을 안다는 것만으로는 부족하고 적어도 그 매도 사실을 알고도 매도를 요청하여 매매계약에 이르는 정도가 되어야 한다.

다만, 부동산의 이중매매가 반사회적 법률행위로서 무효라 하더라도 등기하지 않은 제1매수인(서진욱)은 아직 소유자는 아니므로, 직접 제2매수인(구용수)에게 그 명의의 소유권이전등기말소를 청구할 수 없고, 매도인(손우철)을 대위하여서만 그러한 청구를 할 수 있다.

이 사안에서 매도인(손우철)과 제2매수인(구용수)의 이중매매는 반사회질서행위로서 무효가 될 수 있으며, 이 때 손우철과 구용수는 서로 원상회복의 의무를 지게 되므로 제1매수인 서진욱은 손우철이 구용수에 대하여 행사할 수 있는 원상회복청구권을 대위행사하여 구용수를 상대로는 소유권이전등기말소청구를 하면서, 손우철을 상대로는 소유권이전등기청구소송을 제기하여 위 부동산의 소유권을 취득할 수 있다.

(3) 또한 부동산의 이중매매가 반사회적 법률행위에 해당하는 경우에는 이중매매계약은 절대적으로 무효이므로, 당해 부동산을 제2매수인으로부터 다시 취득한 제3자는 설사 제2매수인이 당해 부동산의 소유권을 유효하게 취득한 것으로 믿었더라도 이중매매계약이 유효하다고 주장할 수 없다. 즉 제2매수인(구용수)으로부터 제3자(전득자)에게 소유권이 이전된 경우 전득자는 무권리자로부터 소유권을 취득한 것이 되므로, 전득자 명의의 등기는 부동산취득시효의 요건을 갖추지 못하는 한 선의 · 악의를 불문하고 원인무효가 되어 말소되어야 한다.

(4) 참고로 손우철과 제2매수인(구용수)의 매매계약이 유효한 경우라도 제1매수인 (서진욱)은 매도인(손우철)을 상대로 채무불이행을 원인으로 매매계약을 해제하고 원상회복 및 손해배상을 청구할 수 있으며, 이와는 별도로 이중매매한 손우철에 대하여는 형사상 배임죄의 책임을 물을 수도 있을 것이다.

사례 5 : 정신병자인 남편 부동산에 대한 아내의 처분행위

윤희진은 남편이 오랫동안 정신병원에 입원해 있어서 병원비, 교육비 등의 지출로 생활이 어려워 남편명의의 주택을 매도한 후 월세 방으로 옮기고 생활비를 부담해 왔다. 그러나 남편이 정신병원에서 퇴원한 후 주택매매계약을 무효라고 주장하는데, 이러한 경우 처인 윤희진이 체결한 남편명의의 주택매매계약은 무효가 되는가?

해설

1. 법적 근거 및 관련 법령

▸ 민법 제114조[대리행위의 효력] ①대리인이 그 권한 내에서 본인을 위한 것임을 표시한 의사표시는 직접 본인에게 대하여 효력이 생긴다.

▸ 민법 제130조[무권대리] 대리권 없는 자가 타인의 대리인으로 한 계약은 본인이 이를 추인하지 아니하면 본인에 대하여 효력이 없다.

▸ 민법 제827조[부부간의 가사대리권] ①부부는 일상의 가사에 관하여 서로 대리권이 있다.

▸ 민법 제832조[가사로 인한 채무의 연대책임] 부부의 일방이 일상의 가사에 관하여 제3자와 법률행위를 한 때에는 다른 일방은 이로 인한 채무에 대하여 연대책임이 있다. 그러나 이미 제3자에 대하여 다른 일방의 책임없음을 명시한 때에는 그러하지 아니하다.

2. 관련 판례

▸ 대법원 2000.4.25.선고, 2000다8267 판결: 민법 제832조에서 말하는 일상의 가사에 관한 법률행위라 함은 부부의 공동생활에서 필요로 하는 통상의 사무에 관한 법률행위를 말하는 것으로, 그 구체적인 범위는 부부공동체의 사회적 지위 · 직업 · 재산 · 수입 능력 등 현실적 생활 상태뿐만 아니라 그 부부의 생활장소인 지역사회의 관습 등에 의하여

정하여지나, 당해 구체적인 법률행위가 일상의 가사에 관한 법률행위인지 여부를 판단함에 있어서는 그 법률행위를 한 부부공동체의 내부 사정이나 그 행위의 개별적인 목적만을 중시할 것이 아니라 그 법률행위의 객관적인 종류나 성질 등도 충분히 고려하여 판단하여야 한다.

▸ 대법원 1997.11.28.선고, 97다31229 판결: 부인이 교회에의 건축 헌금, 가게의 인수대금, 장남의 교회 및 주택임대차보증금의 보조금, 거액의 대출금에 대한 이자 지급 등의 명목으로 금원을 차용한 행위는 일상 가사에 속한다고 볼 수는 없으며, 주택 및 아파트 구입비용 명목으로 차용한 경우 그와 같은 비용의 지출이 부부공동체를 유지하기 위하여 필수적인 주거 공간을 마련하기 위한 것이라면 일상의 가사에 속한다고 볼 여지가 있을 수 있으나 그 주택 및 아파트의 매매대금이 거액에 이르는 대규모의 주택이나 아파트라면 그 구입 또한 일상의 가사에 속하는 것이라고 보기는 어렵다.

▸ 대법원 1970.10.30.선고 70다1812 판결: 남편이 정신병으로 장기간 병원에 입원함에 있어서, 입원비, 생활비, 자녀교육비 등을 준비하여 두지 않은 경우에 그 아내에게 가사대리권이 있었고 남편 소유의 가대(家垈: 집의 터전)를 적정가격으로 매도하여 그로서 위 비용에 충당하고 나머지로서 대신 들어가 살 집을 매수하였다면 매수인이 이러한 사유를 알았건 몰랐건 간에 객관적으로 보아서 그 아내에게 남편의 대리권이 있다고 믿을 만한 정당한 사유가 된다고 보아야 할 것이다.

3. 적용

(1) 민법상 대리는 대리인이 본인의 이름으로 상대방에게 법률행위(의사표시)를 하거나 또는 상대방으로부터 수령함으로써, 그 법률효과를 직접 본인에게 귀속시키는 제도이다. 그러나 정당한 대리권이 없는 자가 타인의 대리인으로 한 계약은 본인이 이를 추인(追認)하지 아니하면 본인(권리자 본인)에 대하여 효력이 없다. 다만, 대리인이 그 권한 외의 법률행위를 한 경우에도 제3자가 그 권한이 있다고 믿을 만한 정당한 이유가 있는 때에는 본인은 그 행위에 대하여 책임이 있다(민법 제126조, 권한을 넘은 표현대리).

한편 부부사이에는 일상의 가사행위에 관하여 서로 대리권이 있고, 부부의 일방이 일상의 가사에 관하여 채무를 부담한 경우에는 다른 일방도 이로 인한 채무에 대하여 연대책임이 있다. 구체적으로 어떠한 법률행위가 일상의 가사행위에 속하는가 하는 것은 민법상 명문규정은 없다. 그러나 위의 판례를 참고하면 통상 부부의 가정생활에서 필요로 하는 행위, 즉 식료품이나 일용품의 구입, 광열비, 교육비, 의료비 등의 지출에 관한 사무를 일상가사의 범위에 속하는 것으로 볼 수 있으며, 금전차용의 경우는 그 차용목적이 부부의 공동생활에 필요한 자금조달을 목적으로 하고, 그 금액이 일상적인 생활비로서 타당성이 있는 금액일 경우 일상가사의 범위에 포함된다고 할 수 있다.

이 사안에 있어서 윤희진은 남편이 정신병으로 장기간 병원에 입원하였고, 입원 당시 입원비, 생활비, 자녀교육비 등을 준비하여 두지 아니하였기 때문에 그 아내에게 가사대리권이 있고, 남편소유의 주택을 적정가격으로 매도하여 그로써 위 비용에 충당하고 나머지로써 대신 들어가 살 집을 매수하였다면 매수인이 이러한 사유를 알았건 몰랐건 객관적으로 보아서 그 처에게 남편의 대리권이 있다고 믿을 만한 정당한 사유가 되므로 이는 표현대리에 해당되어 주택매매계약은 유효하다고 할 수 있다.

(2) 다만, 이러한 경우는 예외적으로 인정되는 경우이므로 보통의 거래에서는 남편명의의 부동산을 부인이 계약을 하거나 그 반대의 경우에는 위임장 그 밖의 서면이나 어떤 다른 방법으로 정당한 대리권이 있는지를 확인하는 등 특별한 주의를 하여야 한다.

사례 6 : 교통사고의 후유증치료비를 청구할 때의 소멸시효

고지명은 3년 전 (주) 동진운수 소속 영업용택시를 타고 가던 중 운전기사의 과실로 철길건널목 사고를 당하여 골반골절, 우관절후방탈구 등 상해를 입고 치료를 받았으나, 사고시로부터 1년 6개월이 지난 후 그 후유증인 우측대퇴골두무혈증괴사증이 발견되어 추가로 치료비를 지출하였다. 위 차량이 가입한 보험회사에서는 소멸시효가 완성되었다는 이유로 후유증치료비의 지급을 거절하는데 이를 청구할 수 있는가?

해설

1. 법적 근거 및 관련 법령

▶ 민법 제166조[소멸시효의 기산점] ①소멸시효는 권리를 행사할 수 있는 때로부터 진행한다.

▶ 상법 제662조[소멸시효] 보험금액의 청구권과 보험료 또는 적입금의 반환청구권은 2년간, 보험료의 청구권은 1년간 행사하지 아니하면 소멸시효가 완성한다.

2. 관련 판례

▶ 대법원 1997.11.11.선고, 97다36521 판결: 교통사고의 피해자가 보험회사에 대하여 갖는 보험금의 직접청구권이나 피보험자가 자손사고로 인하여 갖는 보험금청구권은 모두 상법 제662조의 규정에 의한 보험금액의 청구권에 다름 아니어서 어느 것이나 이를 2년간 행사하지 아니하면 소멸시효가 완성된다.

▶ 대법원 1995.3.28.선고, 94다47094 판결: 자동차운송사업조합이나 자동차운송사업조합연합회가 하는 공제사업은 비록 보험업법에 의한 보험사업은 아닐지라도 그 성질에 있어서 상호보험과 유사한 것이므로, 결국 공제사업에 가입한 자동차운수사업자가 공제사업자에 대하여 갖는 공제금청구권의 소멸시효에 관하여도 상법 제664조의 규정을 유추

적용하여 상법 제662조의 단기소멸시효에 관한 규정을 준용하여야 할 것이다.

▶ 대법원 1992.5.22.선고 91다41880 판결: 신체의 상해로 인한 손해배상청구권은 일반적인 계약상의 채무불이행에 의한 손해와 달라서 그 손해의 내용, 태양 등을 미리부터 예상하기 어려울 뿐만 아니라 채무불이행의 시점과 손해발생의 시점 사이에 시간적 간격이 있는 경우가 많으므로 이러한 경우 민법 제166조의 "권리를 행사 할 수 있는 때"란 객관적, 구체적으로 손해가 발생된 때라고 보는 것이 타당하고, 피해자가 부상을 입은 때로부터 상당한 기간이 지난 뒤에 후유증이 나타나 그 때문에 수상시에는 의학적으로도 예상치 아니한 치료방법을 필요로 하고 의외의 치료비가 불가피하였다면 위의 치료에 든 비용에 해당하는 손해에 대하여서는 그러한 사태가 판명된 시점까지 손해배상청구권의 시효가 진행하지 아니하고, 따라서 후유장해의 발생으로 인한 손해배상청구권에 대한 소멸시효는 후유장해로 인한 손해가 발생한 때로부터 진행된다고 할 것이고, 그 발생시기는 소멸시효를 주장하는 자가 입증하여야 한다.

3. 적용

소멸시효제도는 권리자가 그의 권리를 행사할 수 있음에도 불구하고, 일정한 기간(시효기간) 동안 그 권리를 행사하지 않는 상태가 계속된 경우에 그 자의 권리를 소멸시켜 버리는 제도이다. 예를 들어 채권자가 채무자에 대하여 금전채권을 가지고 있음에도 불구하고 일정 기간 그를 상대로 아무런 조치를 취하지 않으면 그 권리는 소멸시효가 완성되어 더 이상 권리를 주장하지 못하게 된다.

소멸시효기간은 각종의 권리에 따라 다르다. 민법상 일반채권의 소멸시효기간은 10년이며(민법 제162조), 거래 당사자 중 1명 이상이 상인(일반적인 주식회사, 개인업체는 거의 대부분 상법상 상인에 해당됨)일 경우 그 당사자 사이에 발생한 채권(상사채권)의 소멸시효기간은 5년이고(상법 제64조), 보험청구권의 소멸시효기간은 2년이다(상법 제662조). 그리고 소멸시효는 권리를 행사할 수 있는 때부터 진행한다(민법 제166조 제1항).

이 사안에서 고지명은 교통사고를 당한지는 비록 3년이 지났다 하더라도 후유장해의 발생으로 인한 손해배상청구권에 대한 소멸시효는 후유장해로 인한 손해가 발생한 때로부터 진행된다고 할 것이므로 후유증이 나타난 지 2년이 지나지 않았기 때문에 후유장해로 인하여 추가로 지출한 치료비를 보험회사에 청구할 수 있을 것이다.

사례 7 : 주택의 매매에서 정원석과 정원수의 운명

차남규는 노석호와 노석호가 소유하고 있는 주택의 매매계약을 체결하였다. 계약당시 매도인 노석호는 정원석과 정원수 일부를 가져가기로 하는 별도의 약정을 하지 않았음에도 불구하고 정원석과 정원수 일부를 가져가려고 한다. 이 경우 매도인 노석호의 행위는 정당한가?

해설

1. 법적 근거 및 관련 법령

▸ 민법 제100조[주물, 종물] ①물건의 소유자가 그 물건의 상용에 공하기 위하여 자기 소유인 다른 물건을 이에 부속하게 한 때에는 그 부속물은 종물이다. ②종물은 주물의 처분에 따른다.

▸ 입목에 관한 법률 제3조[입목의 독립성] ①입목은 이를 부동산으로 본다. ②입목의 소유자는 토지와 분리하여 입목을 양도하거나 이를 저당권의 목적으로 할 수 있다. ③토지소유권 또는 지상권의 처분의 효력은 입목에 미치지 아니한다.

2. 관련 판례(대법원 1971.12.28.선고, 71다2313 판결)

토지상의 과목(果木)은 그 정착물로서 토지의 일부로 간주되며, 토지의 소유자나 기타 권원이 있는 자가 특별히 토지에서 분리하여 과목만을 따로 처분한다는 특별한 조치가 없는 한 그 토지와 법률적 운명을 같이 한다.

3. 적용

물건의 소유자가 그 물건의 일상적인 사용을 돕기 위하여 자기 소유인 다른 물건을 이에 부속하게 한 때에는 그 물건을 「주물」이라 하고, 주물에 부속된 다른 물건을 「종물」이라고 하며, 종물은 주물의 처분에 따른다(민법 제100조). 일반적으로 교량, 터널, 둑, 토지에 심어져 있는 나무 등은 토지의 구성부분으로 그 토지와 함께 거래되고, 처분되는 것이 원칙이다. 다만, 「입목에 관한 법률」에 따라 수목의 집단을 등기하면 토지와는 별도로 매매하거나 담보로 저당권을 설정할 수도 있으며, 또한 관습법상의 공시방법인 명인방법을 갖춘 나무는 토지로부터 분리시켜 별도로 매매할 수도 있다.

정원수나 정원석은 그 구조나 가격에 비추어 대지와 독립한 물건으로 인정할 수 있더라도 정원의 효용을 높이가 위해 부속되어 있는 물건으로써 민법상 종물에 불과하여, 반대의 특약이 없는 한 주물의 처분에 따르게 된다. 따라서 이 사안에서는 매매계약을 체결할 때 정원석과 정원수의 일부를 가져가기로 하는 별도의 약정이 없었다면, 정원수와 정원석은 주택이나 대지의 매매에 수반된다 할 것이므로 결국 매수인인 차남규의 소유가 되어 매도인인 노석호가 가져갈 수 없다할 것이다.

사례 8 : 지갑을 습득한 사람의 처리방법

권호영은 어느 날 밤늦게 시내버스를 탔다가 뒷좌석에 떨어져 있는 지갑을 발견하였다. 그 지갑 안에는 현금 100만원과 수표 1,500만원, 수첩 등이 들어 있었다. 이 경우 주운 지갑은 어떻게 처리해야 하며, 만일 소유자가 나타날 경우에는 보상금을 청구할 수 있는가?

해설

1. 법적 근거 및 관련 법령

▶ 민법 제253조[유실물의 소유권취득] 유실물은 법률에 정한 바에 의하여 공고한 후 1년 내에 그 소유자가 권리를 주장하지 아니하면 습득자가 그 소유권을 취득한다.

▶ 유실물법 제1조[습득물의 조치] ①타인이 유실한 물건을 습득한 자는 이를 급속히 유실자 또는 소유자 기타 물건회복의 청구권을 가진 자에게 반환하거나 경찰서(지구대, 파출소, 출장소를 포함한다) 또는 제주특별자치도의 자치경찰단 사무소에 제출하여야 한다. 단, 법률에 의하여 소유 또는 소지가 금지된 물건은 그 반환을 요하지 아니한다.

▶ 유실물법 제4조[보상금] 물건의 반환을 받는 자는 물건가액의 100분의 5 내지 100분의 20의 범위 내에서 보상금을 습득자에게 지급하여야 한다. 다만, 국가 · 지방자치단체 기타 대통령령이 정하는 공공기관은 보상금을 청구할 수 없다.

▶ 유실물법 제6조[비용, 보상금의 청구기한] 제3조의 비용과 제4조의 보상금은 물건을 반환한 후 1월을 경과하면 이를 청구할 수 없다.

2. 관련 판례(대법원 1965.2.10.선고, 64다1488 판결)

횡선수표에 있어서는 수표를 유실한 후 그것이 선의 · 무과실인 제3자의 수중에 들어가 결국 유실자가 입게 될 위험성의 정도(불이익이 기준)에 따라 보상기준을 결정할 것이다.

3. 적용

(1) 이 사안에서 권호영은 시내버스에서 주운 지갑을 유실자 또는 소유자 기타 물건회복의 청구권을 가진 자에게 반환하거나 경찰서에 제출하여야 하며, 법률에 정한 바에 의하여 공고한 후 1년 내에 그 소유자가 권리를 주장하지 아니하거나 물건의 반환을 받을 각 권리자가 그 권리를 포기한 때에는 습득자인 권호영이 그 소유권을 취득하게 된다.

물건의 소유권을 취득하더라도 그 취득한 날로부터 6월 이내에 물건을 경찰서로부터 수취하지 아니할 때에는 그 소유권을 상실한다(유실물법 제14조). 공고한 후 1년 내에 유실물의 소유자가 나타날 경우에는 물건가액의 100분의 5 내지 100분의 20의 범위 내에서 보상금을 청구할 수 있으며, 이 보상금은 물건을 반환한 후 1월내에 청구하여야 한다.

보상금은 유실물의 가액을 기준으로 한다. 보상금의 산정에 있어서, 유실물이 현금일 때는 문제가 없으나, 수표나 약속어음 등 유가증권일 경우에는 분실자가 그 손해를 방지하기 위한 수단을 강구하는 수가 많기 때문에 수표나 어음의 액면금액 전부를 기준으로 보상금을 산정하는 것은 아니며, 수표를 유실한 후 그것이 선의 · 무과실인 제3자의 수중에 들어가 결국 유실자가 입게 될 위험성의 정도(불이익이 기준)에 따라 보상기준을 결정하여야 할 것이다.

(2) 만약 권호영이 법이 정한 절차에 따라 이를 반환하지 않고 개인이 습득하는 경우에는 형법상 점유이탈물횡령죄에 해당되어 1년 이하의 징역이나 300만원 이하의 벌금 또는 과료 등의 형사책임을 질 수 있다(형법 제360조).

사례 9 : 명의신탁의 경우 소유권 회복방법

추호일은 18년 전 친구로부터 대지 157㎡를 매수하면서 개인적인 사정으로 자기 이름으로 등기하지 못하고 한종태 명의로 등기를 하였다. 그러나 최근에 경제적인 어려움이 있어 위 대지를 매매하려고 하였더니 부동산실명법의 시행으로 명의신탁은 무효라고 하며, 한종태도 소유권을 넘겨줄 수 없다고 한다. 이 경우 추호일이 소유권을 찾을 수 있는 방법은?

해설

1. 법적 근거 및 관련 법령

▸ 부동산실권리자명의등기에 관한 법률 제2조[정의] 이 법에서 사용하는 용어의 정의는 다음과 같다.

1. "명의신탁약정"이라 함은 부동산에 관한 소유권 기타 물권("부동산에 관한 물권")을 보유한 자 또는 사실상 취득하거나 취득하려고 하는 자("실권리자")가 타인과의 사이에서 대내적으로는 실권리자가 부동산에 관한 물권을 보유하거나 보유하기로 하고 그에 관한 등기(가등기 포함)는 그 타인의 명의로 하기로 하는 약정(위임 · 위탁매매의 형식에 의하거나 추인에 의한 경우를 포함)을 말한다.

▸ 부동산실권리자명의등기에 관한 법률 제3조[실권리자명의등기의무 등] ①누구든지 부동산에 관한 물권을 명의신탁약정에 의하여 명의수탁자의 명의로 등기하여서는 아니된다.

▸ 부동산실권리자명의등기에 관한 법률 제4조[명의신탁약정의 효력] ① 명의신탁약정은 무효로 한다. ② 명의신탁약정에 따라 행하여진 등기에 의한 부동산에 관한 물권변동은 무효로 한다. 다만, 부동산에 관한 물권을 취득하기 위한 계약에서 명의수탁자가 그 일방당사자가 되고 그 타방당사자는 명의신탁약정이 있다는 사실을 알지 못한 경우에는 그러하지 아니하다. ③ 제1항 및 제2항의 무효는 제3자에게 대항하지 못한다.

2. 관련 판례

▶ 대법원 2002.3.15.선고, 2001다61654 판결: 부동산실권리자명의등기에관한법률에 의하면, 이른바 3자간 등기명의신탁의 경우 같은 법에서 정한 유예기간 경과에 의하여 기존 명의신탁약정과 그에 의한 등기가 무효로 되고 그 결과 명의신탁된 부동산은 매도인 소유로 복귀하므로, 매도인은 명의수탁자에게 무효인 그 명의 등기의 말소를 구할 수 있게 되고, 한편 같은 법은 매도인과 명의신탁자 사이의 매매계약의 효력을 부정하는 규정을 두고 있지 아니하여 유예기간 경과 후로도 매도인과 명의신탁자 사이의 매매계약은 여전히 유효하므로, 명의신탁자는 매도인에 대하여 매매계약에 기한 소유권이전등기를 청구할 수 있고, 그 소유권이전등기청구권을 보전하기 위하여 매도인을 대위하여 명의수탁자에게 무효인 그 명의 등기의 말소를 구할 수도 있다.

▶ 대법원 2007.6.14.선고, 2005다5140 판결: 부동산 실권리자명의 등기에 관한 법률 제11조, 제12조 제1항과 제4조의 규정에 의하면, 같은 법 시행 전에 명의신탁약정에 의하여 부동산에 관한 물권을 명의수탁자의 명의로 등기하도록 한 명의신탁자는 같은 법 제11조에서 정한 유예기간 이내에 실명등기 등을 하여야 하고, 유예기간이 경과한 날 이후부터 명의신탁약정과 그에 따라 행하여진 등기에 의한 부동산에 관한 물권변동이 무효가 되므로, 명의신탁자는 더 이상 명의신탁 해지를 원인으로 하는 소유권이전등기를 청구할 수 없다.

3. 적용

(1) 부동산의 명의신탁이란 신탁자가 자기의 재산을 수탁자의 등기명의를 빌려 등기해 두고 그 부동산에 관한 사용수익권 및 처분권 등 실질적인 권한은 모두 신탁자가 보유하는 경우를 말한다. 명의신탁약정이란 부동산에 관한 소유권 기타 물권을 보유한 자 또는 사실상 취득하거나 취득하려고 하는 자(실권리자)가 타인과의 사이에서 대내적으로는 실권리자가 부동산에 관한 물권을 보유하거나 보유하기로 하고 그에 관한 등기(가등기 포함)는 그

타인의 명의로 하기로 하는 약정(위임 · 위탁매매의 형식에 의하거나 추인에 의한 경우 포함)을 말한다.

그런데 부동산실명법의 시행일인 1995년 7월 1일 이후에는 모든 부동산에 관한 물권은 명의신탁을 이용하여 다른 사람의 이름으로 등기할 수 없고 반드시 실권리자의 명의로만 등기하도록 의무화하였으므로, 이날 이후에 행하여진 명의신탁약정은 무효가 되며, 명의신탁약정에 따라 행하여진 등기에 의한 부동산에 관한 물권변동도 무효가 된다. 또한 이 법 시행전에 명의신탁약정에 의하여 부동산에 관한 물권을 명의수탁자의 명의로 등기하거나 하도록 한 명의신탁자는 이 법 시행일부터 1년의 유예기간(1996년 6월 30일) 이내에 실명등기를 하여야 하며, 이 기간 안에 실명등기 또는 매각처분 등을 하지 아니한 경우 그 기간이 경과한 날 이후의 명의신탁약정 역시 무효가 된다.

따라서 매도인으로부터 명의수탁자인 한종태로의 등기가 무효가 되므로 추호일은 매도인을 대위하여 한종태를 상대로 무효인 한종태 명의의 등기의 말소를 청구하고 아울러 매도인을 상대로 매매계약에 기한 소유권이전등기를 청구하여 부동산의 소유권을 찾을 수 있을 것이다.

다만, ①채무의 변제를 담보하기 위하여 채권자가 부동산에 관한 물권을 이전받거나 가등기하는 경우, ②부동산의 위치와 면적을 특정하여 2인 이상이 구분소유하기로 약정을 하고 그 구분소유자의 공유로 등기하는 경우, ③신탁법 또는 「자본시장과 금융투자업에 관한 법률」에 따른 신탁재산인 사실을 등기하는 경우, ④종중(宗中)부동산의 명의신탁 또는 부부간의 명의신탁에 의해 등기를 한 경우로서 조세를 포탈하거나 강제집행의 면탈 또는 법령상 제한을 회피하기 위한 목적이 아닌 경우에는 예외가 인정된다.

(2) 참고로 부동산을 매도한 사람이 명의수탁자를 진정한 매수인으로 알고 계약을 체결한 경우(계약명의신탁)는 등기가 유효한 것으로 인정된다. 또한 명의수탁자가 자기 명의로 등기가 된 것을 기화로 부동산을 제3자에게 양도하였다면 제3자가 명의신탁이 있었던 사실을 알았든(악의) 몰랐든(선의) 관계없이 명의신탁자는 자신이 권리를 주장할 수 없게 된다.

사례 10 : 채무면탈목적의 부부간 소유권이전행위

백완기는 강민수에게 1,000만원을 빌려주었으나 변제기일이 지났는데도 갚지 않아 채무자인 강민수 소유의 부동산을 가압류하려고 등기부를 열람해보았다. 그런데 자기 집이라도 팔아 갚겠다던 강민수는 얼마 전 자기의 처(妻)인 안지원에게 소유권이전등기를 해두었다. 이 경우 채권자인 백완기가 대처할 수 있는 방법은?

해설

1. 법적 근거 및 관련 법령

▶ 민법 제406조[채권자취소권] ①채무자가 채권자를 해함을 알고 재산권을 목적으로 한 법률행위를 한 때에는 채권자는 그 취소 및 원상회복을 법원에 청구할 수 있다. 그러나 그 행위로 인하여 이익을 받은 자나 전득한 자가 그 행위 또는 전득당시에 채권자를 해함을 알지 못한 경우에는 그러하지 아니하다. ②전항의 소는 채권자가 취소원인을 안 날로부터 1년, 법률행위 있은 날로부터 5년 내에 제기하여야 한다.

▶ 민법 제108조[통정한 허위의 의사표시] ①상대방과 통정한 허위의 의사표시는 무효로 한다. ②전항의 의사표시의 무효는 선의의 제3자에게 대항하지 못한다.

2. 관련 판례

▶ 대법원 1999.11.12.선고, 99다29916 판결: 채권자취소권의 주관적 요건인 채무자가 채권자를 해함을 안다는 이른바 채무자의 악의, 즉 사해의사는 채무자의 재산처분 행위에 의하여 그 재산이 감소되어 채권의 공동담보에 부족이 생기거나 이미 부족 상태에 있는 공동담보가 한층 더 부족하게 됨으로써 채권자의 채권을 완전하게 만족시킬 수 없게 된다는 사실을 인식하는 것을 의미하고, 채무자의 재산이 채무의 전부를

변제하기에 부족한 경우에 채무자가 그의 유일한 재산인 부동산을 무상 양도하거나 일부 채권자에게 대물변제로 제공하였다면 특별한 사정이 없는 한 이러한 행위는 사해행위가 되며, 한편 채권자취소권에 의하여 보호될 수 있는 채권은 원칙적으로 사해행위라고 볼 수 있는 행위가 행하여지기 전에 발생한 것임을 요하나, 그 사행행위 당시에 이미 채권성립에 기초가 되는 법률관계가 발생되어 있고, 가까운 장래에 그 법률관계에 기하여 채권이 성립되리라는 점에 대한 고도의 개연성이 있으며, 실제로 가까운 장래에 그 개연성이 현실화되어 채권이 성립된 경우에는 그 채권도 채권자취소권의 피보전채권이 될 수 있다.

▸ 대법원 2001.4.24.선고, 2000다41875 판결: 채무자가 자기의 유일한 재산인 부동산을 매각하여 소비하기 쉬운 금전으로 바꾸거나 타인에게 무상으로 이전하여 주는 행위는 특별한 사정이 없는 한 채권자에 대하여 사해행위가 된다고 볼 것이므로 채무자의 사해의 의사는 추정되는 것이고, 이를 매수하거나 이전 받은 자가 악의가 없었다는 입증책임은 수익자에게 있다.

▸ 대법원 1991.8.13.선고, 91다13717 판결: 채권자가 채권자취소권을 행사하려면 사해행위로 인하여 이익을 받은 자나 전득한 자를 상대로 그 법률행위의 취소를 청구하는 소송을 제기하여야 되는 것으로서, 채무자를 상대로 그 소송을 제기할 수는 없다.

▸ 대법원 1978.4.25.선고, 78다226 판결: 특별한 사정없이 없이 동거하는 부부간에 있어 남편이 처에게 토지를 매도하고 그 소유권이전등기까지 경료한다함은 이례에 속하는 일로서 가장매매라고 추정하는 것이 경험칙에 비추어 타당하다.

▸ 대법원 1998.2.27.선고, 97다50985 판결: 채무자의 법률행위가 통정허위표시인 경우에도 채권자취소권의 대상이 되고, 한편 채권자취소권의 대상으로 된 채무자의 법률행위라도 통정허위표시의 요건을 갖춘 경우에는 무효라고 할 것이다.

3. 적용

이 사안의 경우 특별한 사정이 없는 한, 채무자인 강민수가 그의 처(妻) 안지원에게 매매형식으로 소유권을 이전한 것은 변제회피의 목적으로 한 사해행위(詐害行爲)이거나 통정허위의 무효행위로 보여지므로, 채권자인 백완기는 강민수와 그의 처 안지원을 공동피고로 하여 강민수에 대하여는 대여금청구소송을 제기함과 동시에 안지원에 대하여는 강민수와 안지원사이의 매매계약취소를 청구하여 안지원 명의의 소유권이전등기를 말소시키면서, 회복된 강민수 명의의 부동산에 대한 강제집행을 하면 구제 받을 수 있을 것이다.

다만, 채권자취소권은 취소원인을 안 날로부터 1년, 법률행위가 있은 날로부터 5년 내에 행사하여야 한다(민법 제406조).

그리고 여기에서 '취소원인을 안다'고 하기 위하여서는 단순히 채무자의 법률행위가 있다는 사실을 아는 것만으로는 부족하고, 그 법률행위가 채권자를 해하는 행위라는 것, 즉 그에 의하여 채권의 공동담보에 부족이 생기거나 이미 부족상태에 있는 공동담보가 한층 더 부족하게 되어 채권을 완전하게 만족시킬 수 없게 된다는 것까지 알아야 한다(대법원 2000. 2. 25.선고, 99다53704 판결).

또한 강민수와 안지원이 통정하여 허위로 위 부동산의 소유권을 이전한 경우라면 그 소유권이전은 무효라고 하여야 할 것이므로, 백완기는 강민수의 채권자로서 채권자대위권을 행사하여 안지원의 소유권 이전등기말소를 청구하여 원상회복시킨 후 그 부동산에 강제집행할 수도 있을 것이다.

사례 11 : 계약금 지급후의 계약해제

엄인섭은 송병선과 송병선 소유의 대지 230㎡를 1억 5,000만원에 매수하기로 하는 계약을 체결하고 계약금 1,500만원을 지급하였는데, 매도인인 송병선은 중도금지급기일 전에 위 대지를 너무 싼값에 계약하였다면서 받은 계약금만 반환하고 위 계약을 해제하겠다고 한다. 계약체결 당시 계약서에는 매매당사자의 위약 시 위약금 등에 관한 약정을 전혀 하지 않았다. 이러한 경우 매수인인 엄인섭은 송병선으로부터 계약금의 배액을 받을 수 있을까?

해설

1. 법적 근거 및 관련 법령

- 민법 제398조[배상액의 예정] ①당사자는 채무불이행에 관한 손해배상액을 예정할 수 있다. ②손해배상의 예정액이 부당히 과다한 경우에는 법원은 적당히 감액할 수 있다. ④위약금의 약정은 손해배상액의 예정으로 추정한다.
- 민법 제565조[해약금] ①매매의 당사자일방이 계약당시에 금전 기타 물건을 계약금, 보증금 등의 명목으로 상대방에게 교부한 때에는 당사자간에 다른 약정이 없는 한 당사자의 일방이 이행에 착수할 때까지 교부자는 이를 포기하고 수령자는 그 배액을 상환하여 매매계약을 해제할 수 있다.

2. 관련 판례

- 대법원 1994.8.23.선고, 93다46742 판결: 매매계약에 있어서 당사자 사이에 교부되는 계약보증금은 원칙적으로 다른 약정이 없는 한 해약금의 성격을 가지는 것이라 할 것이다.
- 대법원 1994.11.11.선고, 94다17659 판결: 매매계약의 당사자 일방이 계약금을 상대방에게 교부하였을 때에는 당사자간에 다른 약정이 없는 한 매매계약 쌍방 당사자 중 어느 일방이라도 이행에 착수하였다면 그

당사자나 상대방이 계약금의 배액상환 또는 포기로서 해제권을 행사할 수 없다 할 것이고, 여기에서 이행에 착수한다는 것은 객관적으로 외부에서 인식할 수 있는 정도로 채무의 이행행위의 일부를 행하거나 또는 이행을 하는데 필요한 전제행위를 하는 것을 말하는 것으로서 단순히 이행의 준비만으로는 부족하나, 반드시 계약내용에 들어 맞는 이행의 제공의 정도에까지 이르러야 하는 것은 아니라 할 것이다.

▶ 대법원 1996.6.14.선고, 95다54693 판결: 유상계약을 체결함에 있어서 계약금이 수수된 경우 계약금은 해약금의 성질을 가지고 있어서, 이를 위약금으로 하기로 하는 특약이 없는 이상 계약이 당사자 일방의 귀책사유로 인하여 해제되었다 하더라도 상대방은 계약불이행으로 입은 실제 손해만을 배상받을 수 있을 뿐 계약금이 위약금으로서 상대방에게 당연히 귀속되는 것은 아니다.

▶ 대법원 1992.5.12.선고, 91다2151 판결: 매매당사자 사이에 수수된 계약금에 대하여 매수인이 위약하였을 때에는 이를 무효로 하고 매도인이 위약하였을 때에는 그 배액을 상환할 뜻의 약정이 있을 경우에는 특별한 사정이 없는 한 그 계약금은 민법 제398조 제1항 소정의 손해배상액의 예정의 성질을 가질 뿐 아니라 민법 제565조 소정의 해약금의 성실을 가진 것으로 볼 것이며, 매매당사자 간에 계약금을 수수하고 계약해제권을 유보한 경우에 매도인이 계약금의 배액을 상환하고 계약을 해제하려면 계약해제 의사표시 이외에 계약금 배액의 이행의 제공이 있으면 족하고 상대방이 이를 수령하지 아니한다 하여 이를 공탁하여야 유효한 것은 아니다.

▶ 대법원 1993.4.23.선고, 92다41719 판결: (1) 민법 제398조가 규정하는 손해배상액의 예정은 채무불이행이 있을 경우 채무자가 지급하여야 할 손해배상액을 미리 정해두는 것으로서, 그 목적은 손해의 발생사실과 손해액에 대한 입증의 곤란을 덜고 분쟁의 발생을 미리 방지하여 법률관계를 쉽게 해결할 뿐 아니라, 채무자에게 심리적 경고를 함으로써 채무의 이행을 확보하려는 것이고, 한편 그 제2항에 규정된 손해배상 예정액의 감액 제도는 국가가 계약 당사자들 사이의 실질적 불평등을

제거하고 공정을 보장하기 위하여 계약의 내용에 간섭한다는 데에 그 취지가 있으므로, 이 규정에 따라 법원이 손해배상의 예정액을 부당히 과다하다 하여 감액하려면, 채권자와 채무자의 경제적 지위, 계약의 목적과 내용, 손해배상액을 예정한 경위(동기), 채무액에 대한 예정액의 비율, 예상 손해액의 크기, 그 당시의 거래 관행과 경제 상태 등을 두루 참작한 결과, 손해배상 예정액의 지급이 경제적 약자의 지위에 있는 채무자에게 부당한 압박을 가하여 공정을 잃는 결과를 초래한다고 인정되는 경우라야 할 것이다.

(2) 계약 당시 손해배상액을 예정한 경우에는 다른 특약이 없는 한 채무불이행으로 인하여 입은 통상손해는 물론 특별손해까지도 예정액에 포함되고 채권자의 손해가 예정액을 초과한다 하더라도 초과부분을 따로 청구할 수 없다.

▸ 대법원 1996.10.25.선고, 95다33726 판결: "대금불입 불이행시 계약은 자동 무효가 되고 이미 불입된 금액은 일체 반환하지 않는다."고 되어 있는 매매계약에 기하여 계약금이 지급되었으나, 매수인이 중도금을 지급기일에 지급하지 아니한 채 이미 지급한 계약금 중 과다한 손해배상의 예정으로 감액되어야 할 부분을 제외한 나머지 금액을 포기하고 해약금으로서의 성질에 기하여 계약을 해제한다는 의사표시를 하면서 감액되어야 할 금액에 해당하는 금원의 반환을 구한 경우, 그 계약금은 해약금으로서의 성질과 손해배상 예정으로서의 성질을 겸하고 있고, 매수인의 주장취지에는 매수인의 채무불이행을 이유로 매도인이 몰취한 계약금은 손해배상 예정액으로서는 부당히 과다하므로 감액되어야 하고 그 감액 부분은 부당이득으로서 반환하여야 한다는 취지도 포함되어 있다고 해석함이 상당하며 계약금이 손해배상 예정액으로서 과다하다면 감액 부분은 반환되어야 한다.

3. 적용

(1) 계약금이라 함은 계약을 체결함에 있어서 그 계약에 부수하여 당사자의 일방이 상대방에게 교부하는 금전 기타의 유가물을 말하는데, 거래계에

서는 계약금 이외에도 체약금 · 착수금 · 약조금(約條金) 등의 용어로 사용되고 있다. 계약금은 ①단순한 계약성립증거인 증약금, ②계약의 해제권을 보류하는 작용을 하는 해약금, ③채무불이행시 교부자는 그것을 몰수당하고, 교부받은 자는 그 배액을 상환하여야 하는 것처럼 일방의 채무불이행에 대한 손해배상의 예정금으로서의 성질을 가지는 위약금(민법 제398조 제4항은 위약금약정은 손해배상예정으로 추정)으로서의 성질을 가지는 경우 등이 있다.

그런데 민법은 해약금에 관하여 규정하고 있으며, 이 경우 별도의 손해배상청구권은 발생하지 않는다(민법 제565조).

(2) 계약금의 성질에 대하여 계약체결 당시 계약금이 수수되고 계약금 교부자가 위약하였을 경우는 계약금을 포기하고 계약금을 교부받은 자가 위약하였을 경우는 그 배액을 상환한다는 특약이 없는 경우와 있는 경우로 나누어 살펴본다.

첫째, 특약이 없는 경우에도 계약금은 민법 제565조의 해약금으로서의 성질은 가지게 되므로, 당사자일방이 계약이행에 착수할 때까지 교부자는 계약금을 포기하고, 수령자는 그 배액을 상환하고 계약을 해제할 수 있다. 이 경우에 별도의 손해배상청구권은 발생하지 않는다. 그러나 당사자일방이 계약이행에 착수한 후에는 비록 계약금이 교부되었다고 하더라도 계약금이나 계약금배액의 지급으로 당연히 계약을 해제할 수 없고, 계약내용대로 이행하지 않는 자는 계약내용대로의 이행을 청구당하거나, 실제로 발생된 손해배상 및 계약금반환 등의 원상회복을 청구 당하게 되며, 또한 계약금이나 계약금배액이 당연히 상대방에게 귀속되는 것도 아니다.

둘째, 특약이 있는 경우에는 계약금이 해약금, 손해배상액의 예정인 위약금의 성질을 겸하여 가지게 되므로, 당사자일방이 계약이행에 착수하기 전에는 특약이 없는 경우와 마찬가지이지만, 당사자일방이 계약이행에 착수한 후 당사자일방이 계약불이행으로 위약하였을 경우에도 교부자는 계약금을 포기하고 수령자는 그 배액을 상환함으로써 계약불이행에 대한 책임을 면할 수 있다. 따라서 이 경우 계약불이행이 있게 되면 손해배상예정액은 당연히 상대방에게 귀속되고 특약이 없는 한 통상손해는 물론 특별손해까지도 예정액에 포함되며, 손해가 예정액을 초과하여도 그 초과부분을 따로 청구할 수는 없으나, 이 경우에는 손해배상예정액이 부당히 과다한 경우는 법원은 적당히 감액할 수 있다.

그리고 손해배상액예정은 이행의 청구나 계약의 해제에 영향을 미치지 아니하므로(민법 제398조 제3항), 계약당사자 일방의 위약이 있을 경우 상대방은 손해배상예정액을 자기에게 귀속시킴은 물론이고, 그와는 별도로 계약이행청구가 가능할 뿐만 아니라 계약을 해제할 수도 있다.

(3) 이 사안의 경우는 계약금을 위약금으로 한다는 특약이 없는 경우이며, 민법 제565조에 의하여 그 계약금을 해약금으로 볼 수 있으므로, 매도인 송병선은 매수인 엄인섭이 계약이행에 착수하기 전까지는 계약금 배액을 상환하고 계약을 해제할 수 있으나, 송병선이 계약금만 반환하고 계약을 해제하겠다고 할 경우에는 계약금 배액의 이행제공이 있다고 볼 수 없으므로 계약은 해제되지 않은 상태이며(대법원 1966. 7. 5.선고, 66다736 판결), 이 경우 매수인은 계약내용대로의 이행을 청구할 수 있을 뿐만 아니라, 상대방이 계약을 계속 이행하지 않으면 채무불이행책임을 물어 계약해제와 함께 실질적으로 발생된 손해배상을 청구할 수도 있을 것이다.

사례 12 : 계약해제시 미수령 계약금의 청구가능 여부

장찬국은 최근 자기가 소유하던 83㎡형 아파트를 인근 부동산중개업소를 통하여 2억 원에 매도하였다. 계약체결 당시, 매매계약서상으로는 계약금 2천만원, 잔금 1억 8천만 원으로 기재하였지만, 당시 매수인은 "당장 준비한 계약금이 적다"며 2백만원만을 지급하였고, 나머지 1,800만원은 계약체결 다음날 매도인인 장찬국의 은행계좌로 바로 송금하기로 약속하고 그러한 내용을 계약서 특약란에 기재하였다.

그런데, 매수인은 계약체결 다음날 나머지 계약금 1,800만원을 송금하지 않으면서, 계약을 없었던 것으로 하자는 취지의 이야기를 중개업소를 통하여 전달해 왔다. 이러한 경우 법률적으로 어떻게 처리되는가?

해설

1. 법적 근거 및 관련 법령

앞의 사례11에서 제시한 민법 제398조와 제565조 등의 법적 근거 및 관련 법령과 판례를 참고한다.

2. 관련 판례(대법원 1999.10.26.선고, 99다48160 판결)

매매계약에 있어서 매수인이 계약금을 지급하되 매도인이 계약을 위반하였을 때에는 그 배액을 배상받고, 매수인이 계약을 위반하였을 때에는 계약금을 포기하여 반환을 청구하지 않기로 약정하였으나, 매수인이 당시 계약금을 미처 준비하지 못하였던 관계로 일단 계약금을 지급하였다가 되돌려 받아 보관하고 있는 것으로 처리하기로 하여 계약금 상당액의 현금보관증을 작성하여 매도인에게 교부한 경우, 매도인과 매수인 사이에는 계약금 상당액의 위약금 약정이 있었다고 볼 것이므로, 매수인이 계약을 위반하였다면 실제로 계약금을 지급하지 않았다 하더라도 약정한 위약금을 지급할 의무가 있다.

3. 적용

(1) 이와 같은 경우는 실무적으로도 매우 흔하게 발생하고 있다. 보통은 계약서에 약속한 계약금 2천만 원이 아니라, 지급받은 계약금 2백만 원만 몰수되고 계약이 종결된다고 생각하는 경우가 많다. 심지어는 계약을 체결한 지 24시간 이전이면 현실적으로 지급한 계약금 2백만 원도 매수인이 전부 돌려받을 수 있다고 생각하는 경우도 있으나, 계약은 성립시로부터 계약당사자를 구속하므로 계약체결시에 그러한 내용의 특약을 한 경우를 제외하고는 그렇지 않다.

이 계약의 계약금은 2백만 원이 아니라 2천만 원이며, 위약금이나 해약금 등을 논함에 있어서는 계약금 2천만 원이 기준이 되어져야 한다.

따라서 매수인 입장에서 민법 제565조에서 정한 해약금조항에 따라 중도금지급 이전에 계약을 일방적으로 해약하기를 원한다면, 나머지 계약금 1,800만원을 추가로 지급해야 한다.

(2) 반면 매도인 입장에서는, 매수인이 계약을 이행하지 않을 경우 계약불이행을 이유로 계약을 해제할 수 있고, 이 때 매수인에 대해 손해배상을 청구할 수 있는데 계약 당시 계약위반행위에 대해 계약금상당의 손해배상약정을 한 경우에(보통은 표준계약서에 삽입되는 경우가 많음), 매수인에 대하여 이행의 최고 등 적법한 계약해제절차를 밟아 계약을 해제한 후, 위약금조로 약정된 나머지 1,800만 원을 추가로 청구할 수 있다.

그럼에도 불구하고 이와 같은 경우 매수인으로서는 현실적으로 지급한 일부 계약금 200만 원만을 포기하면 계약에서 완전히 해방되는 것으로 오해하는 경우가 많은데, 이러한 오해는 매도인이 현실적으로 번거로움을 고려하여 추가청구를 하는 경우가 많지 않아서 발생한 것으로 생각된다. 반면 매도인으로서는 매수인이 계약금을 포기하겠다는 등의 계약금처리에 관해 아무런 의사표시도 하지 않고 단순히 계약이행을 하지 않는다는 사실만으로 지급받은 계약금은 당연히 몰수할 수 있다는 오해를 하는 경우가 많다.

(3) 특히 매도인 입장에서는, 계약을 적법하게 해제하기 위해서는 반드시 일정한 최고를 거쳐야 한다는 점, 매수인이 비록 계약을 위반하였다고 하더

라도 계약금을 몰수하기 위해서는 계약서상에 별도의 위약금(일반적으로, 표준계약서 상에 기재된 해약금조항과의 오해가 많음) 조항이 존재해야 한다는 점을 반드시 유념해야 한다.

만약, 계약서상에 계약금처리에 관한 위약금조항이 없다면 매수인이 계약을 이행하지 않더라도 당연히 계약금을 몰수할 수는 없고, 매수인의 계약위반으로 매도인이 입은 손해를 별도로 입증해야 하는 복잡한 문제가 발생하기 때문에, 이 경우에는 매수인과 합의하여 계약금처리에 관해 적절한 합의를 거치는 것이 합리적일 것이다.

(4) 참고로 이 경우와 같이 거래계약 체결 이후 중개업자의 책임이 아니라 계약당사자의 문제로 종국적으로 계약이 이행되지 못한 경우, 법적으로는 엄연히 거래당사자 모두에 대하여 중개업자의 보수청구권이 존재하기 때문에, 이러한 부분도 합의에서 함께 고려되어질 필요도 있다.

사례 13 : 임대차기간내의 상가건물의 차임인하요구

임종국은 2009년 1월 10일 (주)제일로부터 서울 소재 아파트단지 내 상가 점포를 임차보증금 8,000만원, 월세 100만원, 계약기간 3년으로 하는 임대차계약을 체결한 후 사업자등록을 하고 입점하여 컴퓨터 대리점을 운영하고 있다. 그런데 그 단지 내 상가는 최고의 상업지역이라는 계약 당시 (주)제일의 광고내용과는 달리 인접지역에 더 큰 상권이 새로이 형성되었고, 그 단지 내 상가의 다른 점포에는 입주도 제대로 되지 않고 있는 실정이다. 임차인인 임종국의 입장에서는 지금의 월세가 영업수입에 비하여 너무 비싸다는 생각이 드는데, 월세인하를 요구할 법적인 권리는 없는가?

해설

1. 법적 근거 및 관련 법령

▶ 상가건물임대차보호법 제11조[차임 등의 증감청구권] ①차임 또는 보증금이 임차건물에 관한 조세, 공과금, 그 밖의 부담의 증감이나 경제사정의 변동으로 인하여 상당하지 아니하게 된 경우에는 당사자는 장래의 차임 또는 보증금에 대하여 증감을 청구할 수 있다. 그러나 증액의 경우에는 대통령령으로 정하는 기준에 따른 비율을 초과하지 못한다. ②제1항에 따른 증액 청구는 임대차계약 또는 약정한 차임 등의 증액이 있은 후 1년 이내에는 하지 못한다.

▶ 상가건물임대차보호법 시행령 제4조[차임 등 증액청구의 기준] 법 제11조 제1항의 규정에 의한 차임 또는 보증금의 증액청구는 청구 당시의 차임 또는 보증금의 100분의 9의 금액을 초과하지 못한다.

▶ 상가건물임대차보호법 제15조[강행규정] 이 법의 규정에 위반된 약정으로서 임차인에게 불리한 것은 효력이 없다.

▶ 민법 제628조[차임증감청구권] 임대물에 대한 공과부담의 증감 기타 경제사정의 변동으로 인하여 약정한 차임이 상당하지 아니하게 된 때에는 당사자는 장래에 대한 차임의 증감을 청구할 수 있다.

▶ 민법 제652조[강행규정] 제627조, 제628조, 제631조, 제635조, 제638조, 제640조, 제641조, 제643조 내지 제647조의 규정에 위반하는 약정으로 임차인이나 전차인에게 불리한 것은 그 효력이 없다.

2. 판례

▶ 대법원 1992.11.24.선고, 92다31163, 31170 판결: 임대차계약에 있어서 차임은 당사자간에 합의가 있어야 하고, 임대차기간 중에 당사자의 일방이 차임을 변경하고자 할 때에도 상대방의 동의를 얻어서 하여야 하며, 그렇지 아니한 경우에는 민법 제628조에 의하여 차임의 증감을 청구하여야 할 것이고, 만일 임대차계약 체결시에 임대인이 일방적으로 차임을 인상할 수 있고 상대방은 이의를 할 수 없다고 약정하였다면, 이는 강행규정인 민법 제628조에 위반하는 약정으로서 임차인에게 불리한 것이므로 민법 제652조에 의하여 효력이 없다.

▶ 대법원 1996.11.12.선고, 96다34061 판결: 임대차계약에 있어서 차임불증액의 특약이 있더라도 그 약정 후 그 특약을 그대로 유지시키는 것이 신의칙에 반한다고 인정될 정도의 사정변경이 있다고 보여지는 경우에는 형평의 원칙상 임대인에게 차임증액청구를 인정하여야 한다.

▶ 대법원 1974.8.30.선고, 74다1124 판결: 민법 제628조에 의하여 장래에 대한 차임의 증액 또는 감액을 청구하였을 때에 그 청구가 상당하다고 인정되면 그 효력은 재판 시를 표준으로 할 것이 아니고, 그 청구 시에 곧 발생하나고 보는 것이 상당하고 그 청구는 재판 외의 청구라도 무방하다.

3. 적용

(1) 상가건물의 임대차에서 일반적으로 경제적 · 사회적 약자인 임차인들은 임대료 등 인상문제, 임대인의 해지권 남용, 임대차기간의 불안정성, 월세 산정시 고율의 이자율 적용문제, 임대보증금의 미반환문제, 임차건물에 대한 등기의 어려움 등 각종 형태의 불이익을 감수하고 있지단 이들 임차인들을 사회적으로 보호하기 위한 법적 장치가 없었는데, 이러한 상가건물의 임

대차에서 사회적 · 경제적 약자인 임차인들을 보호하고 임차인들의 경제생활의 안정을 도모하기 위하여 2001년 12월 29일 제정되고, 2002년 11월 1일부터 시행된 상가건물임대차보호법은 민법의 특별법으로서 민법에 대한 제특례를 규정하고 있다.

(2) 상가임대차계약 후 임대차계약의 당사자는 기간만료 전이라도 약정한 차임 등이 임대물에 대한 공과금 기타 부담의 증감이나 경제사정의 변동으로 인하여 상당하지 않을 때에는 상대방에게 장래에 대하여 차임 등의 증감을 요구할 수 있으므로, 이 사안의 경우처럼 단지 내 상가에는 입주가 제대로 되지 못하여 상권이 형성되지 못하고, 이웃에 대형 상업지역이 형성되어 임대차계약체결 당시 예상하였던 것과는 달리 영업이 잘 되지 않는다는 것이 객관적으로 증명되고, 그럼에도 불구하고 계약체결 시 약정된 차임을 계속 지급하는 것이 현저히 부당하다고 인정할 만한 구체적인 입증자료가 있다면, 상가임차인인 임종국은 임대인인 (주)제일에 대하여 장래 지급할 월세의 감액을 청구해볼 수 있을 것이다.

(3) 만일, 임대차계약 당시에 '임차인은 어떠한 경우라도 차임의 감액을 청구할 수 없다'는 등의 임차인에게 불리한 약정을 하였더라도 이는 상가건물임대차보호법 제15조의 강행규정에 위반되어 무효라 할 것이다.

사례 14 : 임차인의 유익비 상환청구권의 행사요건

강진원은 곽종섭 소유 점포를 임차보증금 5,000만원에 계약기간 2년으로 임차하여 바닥에 타일을 깔고 보일러를 설치하는 등 다액의 시설비를 투자하였다. 만일 계약기간이 만료되면 임차인 강진원은 임대인 곽종섭에게 시설비의 상환청구가 가능한가?

해설

1. 법적 근거 및 관련 법령

▸ 민법 제626조[임차인의 상환청구권] ①임차인이 임차물의 보존에 관한 필요비를 지출한 때에는 임대인에 대하여 그 상환을 청구할 수 있다. ②임차인이 유익비를 지출한 경우에는 임대인은 임대차종료시에 그 가액의 증가가 현존한 때에 한하여 임차인의 지출한 금액이나 그 증가액을 상환하여야 한다. 이 경우에 법원은 임대인의 청구에 의하여 상당한 상환기간을 허여할 수 있다.

2. 관련 판례

▸ 대법원 1993.12.28.선고, 93다30471, 93다30488 판결: (1) 점유자의 회복자에 대한 유익비상환청구권이 인정된다면 그 상환액에 관한 점유자의 입증이 없더라도 법원은 이를 이유로 유익비상환청구를 배척할 것이 아니라 석명권을 행사하여 점유자에 대하여 상환액에 관한 입증을 촉구하는 등 상환액에 관하여 심리・판단하여야 한다. (2) 점유자가 회복자로부터 점유물의 반환을 청구받거나 회복자에게 점유물을 반환한 때에 비로소 회복자에 대하여 민법 제203조 제2항 소정의 유익비상환청구권이 발생한다.

▸ 대법원 1995.6.30.선고, 95다12927 판결: 임대차계약에서 "임차인은 임대인의 승인하에 개축 또는 변조할 수 있으나 부동산의 반환기일 전

에 임차인의 부담으로 원상복구키로 한다"라고 약정한 경우, 이는 임차인이 임차 목적물에 지출한 각종 유익비의 상환청구권을 미리 포기하기로 한 취지의 특약이라고 봄이 상당하다.

▶ 대법원 1996.8.20선고, 94다44705 판결: 건물 임차인이 자신의 비용을 들여 증축한 부분을 임대인 소유로 귀속시키기로 하는 약정은 임차인이 원상회복의무를 면하는 대신 투입비용의 변상이나 권리주장을 포기하는 내용이 포함된 것으로서 특별한 사정이 없는 한 유효하므로, 그 약정이 부속물매수청구권을 포기하는 약정으로서 강행규정에 반하여 무효라고 할 수 없고 또한 그 증축 부분의 원상회복이 불가능하다고 해서 유익비의 상환을 청구할 수도 없다.

▶ 대법원 1975.4.22선고, 73다2010 판결: 건물의 임차인이 임대차관계 종료시에는 건물을 원상으로 복구하여 임대인에게 명도하기로 약정한 것은 건물에 지출한 각종 유익비 또는 필요비의 상환청구권을 미리 포기하기로 한 취지의 특약이라고 볼 수 있어 임차인은 유치권을 주장을 할 수 없다.

3. 적용

(1) 유익비란 물건의 보존상 필수 불가결하게 지출이 요구되는 비용은 아니더라도, 물건의 개량을 위하여 당해 물건에 관하여 지출된 비용으로써 그 물건의 객관적인 가치를 증가시키는데 사용한 비용을 말한다. 그런데 지출한 비용이 유익비인가의 여부는 건물의 사용목적 기타 구체적인 사정을 고려하여 판단하게 된다. 대체로, 방이나 부엌을 증축한 경우 그 증축에 지출한 비용 또는 변소, 오물처리장, 담장 등을 축조한 비용 등이 유익비로 인정되고 있으며, 건물입구의 진입로나 건물 내 바닥을 콘크리트 등으로 포장한 경우에 있어서도 유익비로 인정될 가능성이 있으나, 이러한 시설들이라도 오직 임차인이 자기의 영업에 필요한 시설을 하기 위하여 지출한 비용은 특별한 사정이 없는 한 유익비로 인정되지 않는다.

(2) 이 사안의 경우 임차인 강진원이 바닥에 타일을 깔고 보일러를 설치하기 위하여 투자한 시설비는 일응 유익비라고 인정될 여지는 있으므로, 임대

인을 상대로 점포를 명도한 날로부터 6개월 이내에 소송을 제기하여(민법 제617조, 제654조) 점포의 개량을 위하여 지출한 액수 및 당해 점포의 객관적인 가치증가액수를 모두 입증한다면, 임대인의 선택에 따라 비용을 상환받을 수 있을 것이다. 또한 계약기간이 종료되어 임대인이 명도청구를 한다고 하여도 유익비상환청구권에 기한 유치권항변을 행사하여 적법하게 건물을 점유할 수 있을 것이다.

(3) 그러나 '임대차관계 종료시에는 건물을 원상으로 복구하여 임대인에게 명도하기로 약정'하였다면 이는 건물에 지출한 각종 유익비 또는 필요비의 상환청구권을 미리 포기하기로 한 취지의 특약이라고 볼 수 있어 임차인은 유치권을 주장할 수 없다. 또한, '건물 임차인이 자신의 비용을 들여 증축한 부분을 임대인 소유로 귀속시키기로 약정'하였다면 이는 임차인이 원상회복의무를 면하는 대신 투입비용의 변상이나 권리주장을 포기하는 내용이 포함된 것으로서 특별한 사정이 없는 한 유효하므로, 그 약정이 부속물매수청구권을 포기하는 약정으로서 강행규정에 반하여 무효라고 할 수 없고 또한 그 증축 부분의 원상회복이 불가능하다고 해서 유익비의 상환을 청구할 수도 없을 것이다.

사례 15 : 명시적 약정 없는 경우의 변호사 보수

이인식은 변호사 차준호에게 교통사고로 인한 손해배상청구소송을 위임하였으나 계약당시 변호사보수액 등을 특별히 약정하지는 않았다. 이런 경우 그 보수는 변호사가 요구하는 대로 지급하여야 하는지?

해설

1. 법적 근거 및 관련 법령

▶ 민법 제680조[위임의 의의] 위임은 당사자일방이 상대방에 대하여 사무의 처리를 위탁하고 상대방이 이를 승낙함으로써 그 효력이 생긴다.

▶ 민법 제686조[수임인의 보수청구권] ①수임인은 특별한 약정이 없으면 위임인에 대하여 보수를 청구하지 못한다. ②수임인이 보수를 받을 경우에는 위임사무를 완료한 후가 아니면 이를 청구하지 못한다. 그러나 기간으로 보수를 정한 때에는 그 기간이 경과한 후에 이를 청구할 수 있다.

2. 관련 판례(대법원 1995.12.5.선고, 94다50229 판결)

변호사에게 계쟁 사건의 처리를 위임함에 있어서 그 보수 지급 및 수액에 관하여 명시적인 약정을 아니하였다 하여도, 무보수로 한다는 등 특별한 사정이 없는 한 응분의 보수를 지급할 묵시의 약정이 있는 것으로 봄이 상당하고, 이 경우 그 보수액은 사건 수임의 경위, 사건의 경과와 난이 정도, 소송물 가액, 승소로 인하여 당사자가 얻는 구체적 이익과 소속 변호사회 보수규정 및 의뢰인과 변호사 간의 관계, 기타 변론에 나타난 제반 사정을 참작하여 결정함이 상당하다.

3. 적용

위임은 당사자일방이 상대방에 대하여 사무의 처리를 위탁하고 상대방이 이를 승낙함으로써 그 효력이 생기며, 수임인은 특별한 약정이 없으면 위임인에 대하여 보수를 청구하지 못한다. 그러나 소송사건을 수임하기 전 변호사의 보수지급방법이나 액수에 관하여는 구체적으로 약정하는 것이 일반적이다.

그러나 이 사안의 경우는 변호사 보수를 지급할 것인지 또는 지급한다면 그 액수를 어느 정도로 할 것인지 등에 관하여 전혀 약정함이 없이 소송사건을 위임한 것으로 보인다. 따라서 의뢰인인 이인식의 경우에도 위 판례와 같은 기준에서 변호사보수를 결정하여야 할 것이며 변호사가 청구한다고 하여도 적정치 못한 경우에는 다투어 볼 수 있을 것이다.

사례 16 : 택시를 타고 가다가 당한 사고

권순우는 류기설이 운전하는 동진운수 소속 영업용택시를 타고 귀가하던 중 뒤에서 자가용 승용차가 택시의 뒷부분을 추돌하는 사고로 중상을 입고 현재 입원 중에 있다. 경찰의 사고조사결과에 따르면 자가용승용차 운전자의 과실이 100%라고 하는데, 택시는 공제조합에 가입되어 있으나 자가용승용차는 종합보험에 가입되어 있지 않고 가해차량의 운전자인 황성진 및 가해자동차의 차주인 호계관은 손해배상을 할 만한 재산이 없다. 이 때 피해자인 권순우는 자기의 비용으로 치료를 하여야 하는가?

해설

1. 법적 근거 및 관련 법령

▶ 자동차손해배상보장법 제3조[자동차손해배상책임] 자기를 위하여 자동차를 운행하는 자는 그 운행으로 다른 사람을 사망하게 하거나 부상하게 한 경우에는 그 손해를 배상할 책임을 진다. 다만, 다음 각호의 어느 하나에 해당하면 그러하지 아니하다.

1. 승객이 아닌 자가 사망하거나 부상한 경우에 자기와 운전자가 자동차의 운행에 주의를 게을리 하지 아니하였고, 피해자 또는 자기 및 운전자 외의 제3자에게 고의 또는 과실이 있으며, 자동차의 구조상의 결함이나 기능상의 장해가 없었다는 것을 증명한 경우
2. 승객이 고의나 자살행위로 사망하거나 부상한 경우

2. 관련 판례

▶ 대법원 2002.11.26.선고, 2002다47181 판결: 자동차손해배상보장법 제3조에서 자동차 사고에 대한 손해배상책임을 지는 자로 규정하고 있는 '자기를 위하여 자동차를 운행하는 자'란 사회통념상 당해 자동차에 대한 운행을 지배하여 그 이익을 향수하는 책임주체로서 지위에 있다고 할 수 있는 자를 말하고, 이 경우 운행의 지배는 현실적인 지배에 한

하지 아니하고 간접지배 내지는 지배가능성이 있다고 볼 수 있는 경우도 포함한다.

▶ 대법원 1970.1.27.선고, 69다1606 판결: 본조 단서의 규정하는 바 자기를 위하여 자동차를 운행하는 자가 자동차 운행으로 승객을 사상케 한 경우에는 승객의 고의 및 자살행위로 인하여 사상하게 한 경우에만 손해배상 면책사유로 하는 취지는 자동차의 운행으로 승객이 사상한 경우에는 그 승객에게 고의가 있다는 것이 입증되지 않는 한 그 자동차를 운행하는 자는 자기의 고의과실의 유무에 불구하고 이에 대하여 손해배상책임을 지는 뜻으로 해석함이 상당하다.

▶ 대법원 2001.11.30.선고, 2000다66393 판결: 자동차손해배상보장법 제3조에서 말하는 '다른 사람'이란 '자기를 위하여 자동차를 운행하는 자 및 당해 자동차의 운전자를 제외한 그 이외의 자'를 지칭하는 것이므로, 동일한 자동차에 대하여 복수로 존재하는 운행자 중 1인이 당해 자동차의 사고로 피해를 입은 경우에도 사고를 당한 그 운행자는 다른 운행자에 대하여 자신이 위 법 제3조 소정의 타인임을 주장할 수 없는 것이 원칙이고, 다만 사고를 당한 운행자의 운행지배 및 운행이익에 비하여 상대방의 그것이 보다 주도적이거나 직접적이고 구체적으로 나타나 있어 상대방이 용이하게 사고의 발생을 방지할 수 있었다고 보이는 경우에 한하여 비로소 자신이 타인임을 주장할 수 있을 뿐이다.

3. 적용

(1) 자동차손해배상보장법에서 '운행하는 자'란 통상 그 자동차에 관하여 운행이익과 운행지배를 가지는 자라고 설명되는데, 위 사안에서는 동진운수와 가해자동차의 차주인 호계관이 운행자가 된다. 그리고 예외적으로 책임을 면할 수 있는 경우를 인정하고 있으나, 과실의 입증책임을 운행지배자(운행자)에게 전환시킴으로써 실질적으로는 무과실책임과 다름없는 두거운 책임을 지게하고 있다. 특히 승객이 사망 또는 부상을 당한 경우 운행지배자는 본인 및 피용자의 고의·과실유무에 불구하고 사고가 그 승객의 고의 또는 자살행위로 인한 것이라는 사실을 입증하지 못하면 책임을 면하지 못하는 것이다.

따라서, 피해자인 권순우는 영업용택시의 승객으로서 부상당하였으므로 영업용택시 운전자인 류기설에게 과실이 전혀 없다 하더라도 자신이 승차한 자동차의 운행자인 동진운수를 상대로 자동차손해배상보장법 상 손해배상청구를 할 수 있으며, 직접 가해차량의 운행자인 차주 호계관을 상대로 자동차손해배상보장법 상의 책임을 물을 수도 있다.

(2) 참고로 운행자가 아닌 운전자에 대하여는 민법에 의하여 구제받을 수밖에 없다. 이 사안에서 택시운전자 류기설과 자가용승용차의 운전자인 황성진은 자기를 위해 자동차를 운행하는 자가 아니라 운전자이므로 민법상의 불법행위책임을 물을 수밖에 없는데, 류기설은 과실이 없으므로 책임이 없고 황성진은 불법행위책임이 있지만 배상능력이 없으므로 그를 상대로 한 손해배상청구는 실효성이 없을 것이다.

사례 17 : 호의동승과 손해배상액의 감경

안학구는 수업을 마치고 집으로 가고자 버스를 기다리다가 마침 자가용 승용차를 운전하고 지나가는 친구 공병택을 만나 그의 승낙 하에 그 자동차에 동승하여 귀가하던 중 친구의 운전부주의로 자동차가 가로수에 충돌하는 사고가 발생하여 흉추압박골절의 부상을 당하였다. 차주인 친구 공병택이 가입한 보험회사에서는 안학구가 무상으로 호의동승하였다는 이유를 내세워 치료비 등 손해배상액 중 30%를 감액 지급하겠다고 한다. 이러한 보험회사의 주장은 타당한가?

해설

1. 법적 근거 및 관련 법령

- 민법 제2조[신의성실] ①권리의 행사와 의무의 이행은 신의에 좇아 성실히 하여야 한다.
- 민법 제396조[과실상계] 채무불이행에 관하여 채권자에게 과실이 있는 때에는 법원은 손해배상의 책임 및 그 금액을 정함에 이를 참작하여야 한다.
- 민법 제763조[준용규정] 제393조, 제394조, 제396조, 제399조의 규정은 불법행위로 인한 손해배상에 준용한다.

2. 관련 판례(대법원 1999.2.9.선고, 98다53141 판결)

차량의 운행자가 아무런 대가를 받지 아니하고 동승자의 편의와 이익을 위하여 동승을 허락하고 동승자도 그 자신의 편의와 이익을 위하여 그 제공을 받은 경우 그 운행 목적, 동승자와 운행자의 인적관계, 그가 차에 동승한 경위, 특히 동승을 요구한 목적과 적극성 등 여러 사정에 비추어 가해자에게 일반 교통사고와 동일한 책임을 지우는 것이 신의법칙이나 형평의 원칙으로 보아 매우 불합리하다고 인정될 때에는 그 배상액을 경감할 수 있으나 사고

차량에 단순히 호의로 동승하였다는 사실만 가지고 바로 이를 배상액 경감사유로 삼을 수 있는 것은 아니고, 비록 차량에 무상으로 동승하였다고 하더라도 그와 같은 사실만으로 운전자에게 안전운행을 촉구하여야 할 주의의무가 있다고는 할 수 없는 것이다.

3. 적용

(1) 호의동승은 계약 없이 순수한 호의에서 무상으로 타인을 자신이 운전하는(또는 자신의) 차에 태워주는 것이다. 호의동승은 비계약성 · 무상성 · 호의성 · 동승자의 비운전성 등의 특징을 가지고 있다. 이러한 호의동승에 자동차손해배상보장법 제3조가 적용되는지, 그리고 동승자가 입은 모든 손해를 배상해 주어야 하는지가 문제된다. 자동차손해배상보장법 제3조는 호의동승자에게도 적용된다고 할 것이나, 자동차의 운행으로 다른 사람이 사망하거나 부상당한 경우에만 운행자책임을 인정하고 또 배상범위도 한정되어 있다. 따라서 사망 · 부상사고 이외의 경우와 자동차손해배상보장법상의 배상범위를 넘는 것은 민법에 의하여 구제받을 수박에 없다. 그리고 운행자가 아닌 운전자에 대하여는 민법에 의하여 구제받을 수박에 없다.

(2) 이 사안의 경우 안학구는 친구인 공병택의 자동차에 승낙을 얻어 무상으로 호의동승하여 가다가 사고를 당하였다면 설사 안전운전을 촉구하지 아니한 채 잡담을 나누면서 운전자의 주의를 산만하게 하였더라도 사고 차량에 단순히 호의로 동승하였다는 사실만 가지고 바로 이를 배상액 경감사유로 삼을 수 있는 것은 아니고, 비록 차량에 무상으로 동승하였다고 하더라도 그와 같은 사실만으로 운전자에게 안전운행을 촉구하여야 할 주의의무가 있다고는 할 수 없는 것이기 때문에 호의동승자가 손해의 일부를 스스로 부담해야 하는 것은 아니다. 따라서 보험회사로부터 치료비 등 손해배상액을 감경당하지 않아도 된다.

다만, 동승자인 안학구에게 운전자인 공병택이 무면허라는 사실, 음주운전을 한다는 사실 등을 알고서도 동승하고 가다가 사고를 당하였다면 손해배상액을 감경당할 수도 있음을 주의하여야 한다.

사례 18 : 약혼예물의 성질과 소유권 귀속

약혼이 해제(파혼)될 경우에 약혼예물로 주고받은 물건 등의 처리는 어떻게 하여야 하는가?

해설

1. 법적 근거 및 관련 법령

▸ 민법 제805조[약혼해제의 방법] 약혼의 해제는 상대방에 대한 의사표시로 한다. 그러나 상대방에 대하여 의사표시를 할 수 없는 때에는 그 해제의 원인 있음을 안 때에 해제된 것으로 본다.

2. 관련 판례

▸ 대법원 1996.5.14.선고, 96다5506 판결: 약혼예물의 수수는 약혼의 성립을 증명하고, 혼인이 성립한 경우 당사자 내지 양가의 정리를 두텁게 할 목적으로 수수되는 것으로 혼인의 불성립을 해제조건으로 하는 증여와 유사한 성질을 가지는 것이므로, 예물의 수령자측이 혼인 당초부터 성실히 혼인을 계속할 의사가 없고 그로 인하여 혼인의 파국을 초래하였다고 인정되는 등 특별한 사정이 있는 경우에는 신의칙 내지 형평의 원칙에 비추어 혼인 불성립의 경우에 준하여 예물반환의무를 인정함이 상당하다고 할 것이나, 그러한 특별한 사정이 없는 한 일단 부부관계가 성립하고 그 혼인이 상당 기간 지속된 이상 후일 혼인이 해소되어도 그 반환을 구할 수는 없다.

▸ 대법원 1976.12.28.선고, 76므41, 76므42 판결: 약혼예물의 수수는 혼인 불성립을 해제조건으로 하는 증여와 유사한 성질의 것이나 약혼의 해제에 관하여 과실이 있는 유책자로서는 그가 제공한 약혼예물을 적극적으로 반환청구할 권리가 없다.

3. 적용

약혼할 때 서로 주고받은 예물은 "혼인의 불성립을 해제조건으로 하는 증여와 유사한 성질"을 가지므로 혼인이 이루어지지 않으면 반환하여야 한다. 이는 약혼예물을 주고받을 때 만일 파혼을 하게 되면 서로 반환해야 한다는 의사표시가 없었다고 하더라도 그 예물자체의 성질로 볼 때 당연히 그와 같은 당사자의 의사가 내포되어 있다고 인정되기 때문이다.

약혼이 해제되었을 경우에 당사자가 예물의 반환문제 등에 관하여 합의가 되었다면 그 합의에 따라 처리하면 된다. 그러나 이에 관한 합의가 없을 경우에는 당사자 쌍방의 아무런 귀책사유 없이 약혼을 해제하는 때와 당사자 쌍방에게 모두 과실이 있는 때에는 부당이득을 이유로 반환청구를 할 수 있다(민법 제741조).

그런데 약혼당사자 일방의 귀책사유로 인하여 약혼이 해제될 경우에는 유책자는 자기가 받은 예물은 반환하되 상대방에게 준 예물은 반환청구를 하지 못하게 된다.

그리고 일단 혼인이 성립되어 상당 기간 지속된 경우에는 후일 혼인이 해소되어도 특별한 사정이 없는 한 약혼예물의 반환을 구할 수는 없다.

사례 19 : 부부 일방의 명의로 취득한 재산의 처분

홍병구와 강은영은 결혼한 후 수 년 만에 공동으로 노력하여 주택 한 채를 구입하면서 남편인 홍병구의 명의로 이전등기를 해 두었다. 그런데 남편은 이 주택을 부인인 강은영의 동의 없이 처분하려고 한다. 이 때 부인이 이를 막을 수 있는가?

해설

1. 법적 근거 및 관련 법령

▸ 민법 제830조[특유재산과 귀속불명재산] ①부부의 일방이 혼인 전부터 가진 고유재산과 혼인 중 자기의 명의로 취득한 재산은 그 특유재산으로 한다.

②부부의 누구에게 속한 것인지 분명하지 아니한 재산은 부부의 공유로 추정한다.

2. 관련 판례

▸ 대법원 1992.12.11.선고, 92다21982 판결: 부부의 일방이 혼인 중에 자기 명의로 취득한 재산은 그 명의자의 특유재산으로 추정된다. 다만 실질적으로 다른 일방 또는 쌍방이 그 재산의 대가를 부담하여 취득한 것이 증명된 때에는 특유재산의 추정은 번복되어 그 다른 일방의 소유이거나 쌍방의 공유라고 보아야 할 것이지만 그 재산을 취득함에 있어 상대방의 협력이 있었다거나 혼인생활에 있어 내조의 공이 있었다는 것만으로는 위 추정을 번복할 사유가 된다고 할 수 없다.

▸ 대법원 1995.10.12.선고, 95다25695 판결: 부동산의 매입자금의 원천이 남편의 수입에 있었다고 하더라도 부인의 적극적인 재산증식의 노력으로 부동산을 매입하게 되었다면 이를 부부의 공유재산이라고 볼 여지가 있다.

3. 적용

(1) 부부의 일방이 혼인 중에 자기 명의로 취득한 재산은 그 명의자의 특유재산으로 추정되고, 막연히 재산취득에 상대방이 협력하였다거나 혼인생활에 내조의 공이 있었다는 사유만으로 이러한 추정이 번복되지는 않으므로 남편이 자기 명의로 되어 있는 부동산을 임의로 처분하여도 부인인 강은영은 이를 제지할 방법은 없다 할 것이다.

(2) 그러나 실질적으로 다른 일방 또는 쌍방이 그 재산의 대가를 부담하여 취득한 것이 증명된 때에는 특유재산의 추정은 번복되어 그 부담정도에 따라 다른 일방의 소유이거나 쌍방의 공유라고 보아야 하며, 또한 부부가 연대채무를 부담하여 매수하였다는 등의 실질적 사유가 주장・입증되는 경우에는 부부공유로 인정받을 수 있을 것이고, 다른 일방의 적극적인 재산증식 노력이 있었던 경우에도 이를 부부의 공유재산으로 볼 여지가 있다.

따라서 부인에게 남편의 부동산처분을 막아야 하는 불가피한 사정이 있고, 부동산을 구입할 때 부인이 어떠한 대가를 부담한 사실 또는 적극적인 재산증식의 노력이 있었다는 사실을 입증할 수 있을 경우에는 그 증거를 확보하여 이 부동산에 대해 처분금지가처분절차를 취함과 동시에 남편을 상대로 그 부담정도에 따라서 공유지분권이전청구소송을 제기하여 승소한다면 승소부분에 한하여 남편의 처분을 막을 수 있을 것이다.

사례 20 : 가장이혼의 효력

이광자는 10년 전 최승권과 결혼하여 혼인신고를 하여 자녀 2명을 두고 있다. 그런데 남편인 최승권은 몇 년 전 사업에 실패하여 채권자들로부터 빚 독촉이 심해지자 부인에게 사태가 진정될 때까지만 이혼한 것으로 가장하자고 하였다. 그래서 부인은 이에 동의하고 관할법원에서 협의이혼의사확인을 받은 후 이혼신고를 마쳤다. 그러나 남편은 다른 여자와 혼인신고를 하고 부인과 아이들을 돌보지 않고 있다. 이 경우 부인인 이광자는 위 이혼을 무효화시킬 수 있는가?

해설

1. 법적 근거 및 관련 법령

▸ 민법 제834조[협의상 이혼] 부부는 협의에 의하여 이혼할 수 있다.

▸ 민법 제838조[사기, 강박으로 인한 이혼의 취소청구권] 사기 또는 강박으로 인하여 이혼의 의사표시를 한 자는 그 취소를 가정법원에 청구할 수 있다.

2. 관련 판례

▸ 대법원 1993.6.11.선고, 93므171 판결: 이혼의 효력발생 여부에 관한 형식주의 아래에서의 이혼신고의 법률상 중대성에 비추어, 협의이혼에 있어서의 이혼의 의사는 법률상의 부부관계를 해소하려는 의사를 말한다 할 것이므로, 일시적으로나마 그 법률상의 부부관계를 해소하려는 당사자간의 합의하에 협의이혼신고가 된 이상, 그 협의이혼에 다른 목적이 있다 하더라도 양자간에 이혼의 의사가 없다고는 말할 수 없고 따라서 그 협의이혼은 무효로 되지 아니한다.

▸ 대법원 1975.8.19.선고, 75도1712 판결: 법률상 부부가 협의이혼계를 제출하였는데도 당사자간에 혼인생활을 실질상 폐기하려는 의사는 없

이 단지 강제집행의 회피 기타 어떤 다른 어떤 목적을 위한 방편으로 일시적으로 이혼신고를 하기로 하는 합의가 있었음에 불과하다고 인정하려면 누구나 납득할 만한 충분한 증거가 있어야 하고 그렇지 않으면 이혼당사자간에 일시나마 법률상 적법한 이혼을 할 의사가 있었다고 인정함이 이혼신고의 법률상 및 사실상의 중대성에 비추어 상당하다.

3. 적용

(1) 부부는 협의에 의하여 이혼할 수 있으나, 이혼의 합의(이혼의사의 합치)가 부부 사이에 진정으로 성립하고 있어야 한다. 만약 이혼신고가 수리되었더라도 당사자 사이에 이혼의 합의가 없는 경우(가장이혼)에는 협의이혼은 당연 무효가 된다. 이혼의사의 합치에 있어서 이혼의사는 당연히 혼인관계를 해소하려는 실질적 의사이어야 하며, 이혼신고를 하려는 의사는 아무런 의미도 없다. 그리고 협의이혼은 그것이 여러 법률관계에 중대한 영향을 미칠 뿐만 아니라 가정법원의 의사확인을 거쳐 이루어지므로 그것의 무효인정은 신중해야 한다. 따라서 가장이혼의 경우 이혼의 합의가 없다고 할 수 있을 것인지에 관한 위의 판례에 비추어 이광자는 이혼의사가 없었음을 누구나 납득할 만한 충분한 증거로 입증하여야 이혼을 무효화시킬 수 있을 것이다.

(2) 이광자는 남편인 최승권의 감언이설에 속아서(사기) 이혼신고를 하게 되었다는 이유로 이혼을 취소할 수 있는지가 문제된다. 만약 협의이혼 당시 남편이 부인을 속이고 협의이혼하여 다른 여자와 혼인할 의도였다면 사기가 문제될 것으로 보이지만, 남편이 이혼을 하고 난 후에 새로운 여자관계가 계속되어 재혼을 하게 되었다면 사기에 의한 이혼이라고는 할 수 없을 것이다. 따라서 이광자는 이혼 당시 남편에게 협의이혼에 사기의 의사가 있었음을 입증하여야 이 이혼을 취소할 수 있을 것이다. 이 경우 사기를 안 날로부터 3개월 이내에 이혼의 취소를 가정법원에 청구할 수 있다.

(3) 참고로 사기로 인하여 이혼의 취소가 인정된다면 원래의 혼인은 부활되고 재혼은 중혼으로 되지만 중혼은 금지되고 있으므로 후혼(後婚)의 취소를 청구할 수 있게 될 것이다(대법원 1984. 3. 27.선고, 84므9 판결).

제2절 상법적 사례

사례 1 : 과수원을 경영하는 사람도 상인이 되는가?

박순오는 경산에서 약 5,000평 정도의 사과 과수원을 경영하고 있는데, 그 중 2,000평 정도의 과수원에서 수확한 사과를 매년 대도시의 사과 판매상에게 위탁 판매하여 왔다. 그런데 사과 위탁판매인인 송재철은 박순오로부터 매수한 21kg-22kg들이 사과 1,300상자를 해체하여 15kg들이 상자 1,650개로 재포장하던 중, 약537상자의 사과에서 사과속이 썩은 하자가 있음을 발견하였다. 따라서 송재철은 생산자인 박순오에게 하자담보책임을 물어 배상할 것을 요구하였으나, 박순오는 상법에서 정한 바와 같이, 송재철이 사과를 검사하고, 하자가 있으면 통지하여야 할 의무, 즉 검사 및 하자통지의무가 있으나 그렇게 하지 않았다는 이유로 배상할 수 없다고 항변함에 송재철은 소송을 제기하였다.

1. 과수원을 경영하는 피고 박순오도 상인이라 할 수 있는가?
2. 위와 같은 경우 원고인 송재철에게 사과 속 하자에 대한 검사 및 하자통지의무가 있는가? 사과의 속이 썩은 하자는 즉시 발견할 수 있는 하자인가?
3. 피고 박순오는 상법상 손해배상책임을 부담하는가?

해설

1. 법적 근거 및 관련 법령

▸ 상법 제4조[상인-당연상인] 자기명의로 상행위를 하는 자를 상인이라 한다.

▸ 상법 제5조[상인-의제상인] ①점포 기타 유사한 설비에 의하여 상인적 방법으로 영업을 하는 자는 상행위를 하지 아니하더라도 상인으로 본다. ②회사는 상행위를 하지 아니하더라도 전항과 같다.

▸ 상법 제46조[기본적 상행위] 영업으로 하는 다음의 행위를 상행위라 한다. 그러나 오로지 임금을 받을 목적으로 물건을 제조하거나 노무에 종사하는 자의 행위는 그러하지 아니하다.

1. 동산, 부동산, 유가증권 기타의 재산의 매매
2. 동산, 부동산, 유가증권 기타의 재산의 임대차
3. 제조, 가공 또는 수선에 관한 행위
4. 전기, 전파, 가스 또는 물의 공급에 관한 행위
5. 작업 또는 노무의 도급의 인수
6. 출판, 인쇄 또는 촬영에 관한 행위
7. 광고, 통신 또는 정보에 관한 행위
8. 수신 · 여신 · 환 기타의 금융거래
9. 객의 집래를 위한 시설에 의한 거래
10. 상행위의 대리의 인수
11. 중개에 관한 행위
12. 위탁매매 기타의 주선에 관한 행위
13. 운송의 인수
14. 임치의 인수
15. 신탁의 인수
16. 상호부금 기타 이와 유사한 행위
17. 보험
18. 광물 또는 토석의 채취에 관한 행위
19. 기계 · 시설 기타 재산의 물융에 관한 행위
20. 상호 · 상표 등의 사용허락에 의한 영업에 관한 행위
21. 영업상 채권의 매입 · 회수 등에 관한 행위

▸ 상법 제47조[보조적 상행위] ①상인이 영업을 위하여 하는 행위는 상행위로 본다. ②상인의 행위는 영업을 위하여 하는 것으로 추정한다.

▸ 상법 제69조[매수인의 목적물의 검사와 하자통지의무] ①상인간의 매매에 있어서 매수인이 목적물을 수령한 때에는 지체없이 이를 검사하여야 하며 하자 또는 수량의 부족을 발견한 경우에는 즉시 매도인에

게 그 통지를 발송하지 아니하면 이로 인한 계약해제, 대금감액 또는 손해배상을 청구하지 못한다. 매매의 목적물에 즉시 발견할 수 없는 하자가 있는 경우에 매수인이 6월내에 이를 발견한 때에도 같다. ②전항의 규정은 매도인이 악의인 경우에는 적용하지 아니한다.

▸ 민법 제580조[매도인의 하자담보책임] ①매매의 목적물에 하자가 있는 때에는 제575조제1항의 규정을 준용한다. 그러나 매수인이 하자있는 것을 알았거나 과실로 인하여 이를 알지 못한 때에는 그러하지 아니하다. ②전항의 규정은 경매의 경우에 적용하지 아니한다.

2. 관련 판례(대법원 1993.6.11.선고, 93다7174, 93다7181 판결)

(1) 자기가 재배한 농산물을 매도하는 행위도 이를 영업으로 할 경우에는 상행위에 해당한다고 볼 수 있겠으나, 증인의 증언에 의하면 박순오는 약 5,000평 중 2,000평 부분의 사과나무에서 사과를 수확하여 대도시의 사과 판매상에게 위탁판매한다는 것이어서 피고가 영업으로 사과를 판매하는 것으로는 볼 수 없으니 피고는 상인이 아니라고 함.

(2) 사과의 속이 썩은 하자는 육안으로 쉽게 확인될 수 있는 성질의 것이 아니고 위 사과를 쪼개어 보지 않으면 발견하기 어려운 성질의 숨은 하자이므로 이는 상법 제69조 제1항 소정의 "즉시 발견할 수 없는 하자"에 해당한다고 함.

(3) 매수인에게 즉시 목적물의 검사와 하자통지를 할 의무를 지우고 있는 상법 제69조의 규정은 상인간의 매매에 적용되는 것이며, 매수인이 상인인 한 매도인이 상인인지 여부를 불문하고 위 규정이 적용되어야 하는 것은 아니라고 함.

3. 적용

(1) 피고가 상인인지의 여부에 대하여, 과수원경영자는 위의 상법 규정을 볼 때, 상인이 될 수 없다. 왜냐하면 과수원 경영은 상법 제46조의 기본적 상행위에 포함되지도 않고, 상법 제5조의 의제상인도 아니기 때문이다.

(2) 원고인 송재철에게 사과속이 썩은 하자에 대한 검사 및 하자통지의무

가 있는가에 대하여, 피고인 박순오가 상인이 아니므로 비상인과 상인간의 매매가 되어 상법 제69조에 규정되어 있는 상인간의 매매요건을 충족하지 못한다. 따라서 송재철에게는 사과 속이 썩은 하자에 대한 검사 및 하자를 통지하여야 할 의무가 없다.

(3) 사과속이 썩은 하자는 즉시 발견할 수 있는 하자인가에 대하여, 원고인 송재철로서는 이를 즉시 발견할 수 있는 하자가 아니라고 본다. 왜냐하면 송재철이 소비자의 경우라면 즉시 발견할 수 있는 하자라고 할 수 있을 것이나, 대규모로 위탁판매를 하는 입장에서는 창고에 입고하여 두었다가 구매자를 만나면 수송하는 것이 일반적인 경우이기 때문이다.

(4) 피고 박순오는 상법상 손해배상책임을 부담하는가에 대하여, 피고는 상인이 아니므로 상법이 적용되지 아니하고, 민법 제580조의 하자담보책임을 부담한다.

사례 2 : 운송인의 손해배상책임

나주에서 과수원을 경영하는 류해원은 서울의 청과도매업자 도경회에게 배 500상자를 5만원에 팔기로 하는 계약을 2005년 8월 20일에 체결하였고, 물건은 2005년 9월 3일에 넘겨주기로 하였다. 그리고 류해원은 9월 1일 신창운수회사와 도경회를 수하인으로 하여 서울까지 운송계약을 체결하였다. 이때 신창운수회사는 류해원에게 9월 3일을 인도일로 하는 화물상환증을 발행해 주었고, 운송계약서에는 '만일 사고가 발생하면 배 한상자당 4만원을 한도로 책임을 진다'는 합의에 의한 약관이 기재되어 있었다. 9월 2일밤 나주를 출발한 신창운수회사의 트럭 운전사 김찬수는 고속도로의 체증이 심해지자 갓길에 정차한 채 잠이 들었다가 깨어보니 배 100상자가 도난당한 상태였다. 김찬수는 경찰에 신고하고, 조사받고 하느라 9월 4일에야 화물상환증을 소지한 도경회에게 배 400상자를 인도할 수 있었다. 한편, 서울의 도경회는 8월 23일 이미 배 가격의 상승을 예상한 류원규와 9월 3일에 배 500상자를 상자당 7만원에 매도한다는 계약을 체결해 놓았으나, 제때 인도하지 못하여 계약해제를 당하였고, 9월 3일과 4일의 배 1상자의 시세는 6만원이었다.

1. 도경회는 신창운수회사에 어떠한 권리를 행사할 수 있는가?
2. 신창운수회사의 손해배상의 범위는 어떠한가?

해설

1. 법적 근거 및 관련 법령

▶ 상법 제135조[손해배상책임] 운송인은 자기 또는 운송주선인이나 사용인 기타 운송을 위하여 사용한 자가 운송물의 수령, 인도, 보관과 운송에 관하여 주의를 해태하지 아니하였음을 증명하지 아니하면 운송물의 멸실, 훼손 또는 연착으로 인한 손해를 배상할 책임을 면하지 못한다.

▶ 상법 제137조[손해배상의 액] ①운송물이 전부멸실 또는 연착된 경우의 손해배상액은 인도할 날의 도착지의 가격에 의한다. ②운송물이 일부멸실 또는 훼손된 경우의 손해배상액은 인도한 날의 도착지의 가격

에 의한다. ③운송물의 멸실, 훼손 또는 연착이 운송인의 고의나 중대한 과실로 인한 때에는 운송인은 모든 손해를 배상하여야 한다. ④운송물의 멸실 또는 훼손으로 인하여 지급을 요하지 아니하는 운임 기타 비용은 전3항의 배상액에서 공제하여야 한다.

2. 관련 판례(대법원 1992.2.25.선고, 91다30221 판결)

화물상환증 소지인은 운송물인도청구권뿐만 아니라 채무불이행 및 불법행위로 인한 손해배상청구권도 또한 행사할 수 있다. 상법 제133조에서 규정하고 있는 운송물 위에 행사하는 권리에는 운송계약에 의해 야기된 손해배상청구권도 포함되는 것이기 때문이라고 함.

3. 적용

이 사례에서는 신창운수회사의 도경회에 대한 손해배상책임의 범위에 대해서는 상법 제137조와 관련하여 특히 목적물이 일부멸실(도난)하여 연착한 경우 가격산정의 기준시기, 인도한 날과 인도할 날의 가격 변동이 없는 경우 운송인의 책임범위, 배상액제한 면책약관과 관련된 효력 및 면책약관이 불법행위책임에도 적용되는지 여부를 검토할 필요가 있다.

(1) 도경회는 화물상환증 소지인으로서 신창운수회사에 대하여 채무불이행책임과 불법행위책임을 선택적으로 행사하여 손해배상청구를 할 수 있다.

(2) 운송물이 일부멸실되어 연착한 경우 상법 제137조 제1항에 의해 '인도할 날'의 도착지 가격에 의할 것인가 또는 동법 제137조 제2항에 의해 '인도한 날'의 도착지 가격에 의할 것인가가 문제가 된다. 제137조 제2항은 인도할 날에 인도되어 물건의 가치 중 일부가 실현된 경우에 관한 규정이므로, 이 사례와 같이 일부멸실 후 연착된 경우는 인도할 날의 완전한 물건의 가격을 기준으로 해야 할 것이므로 상법 제137조 제1항에 의해 결정해야 한다. 따라서 신창운수회사는 도경회에게 상법 제137조 제1항에 따라 9월 3일 도착지의 가격에 따라 배상책임을 진다.

(3) 계약해제로 인한 손해에 대하여는, 도경회는 신창운수회사에 원래 상자당 6만 원 한도 내에서만 책임을 물을 수 있을 것이나, 면책약관은 임의법

규로서 사회질서에 반하지 아니하는 한 상법적 규정보다 우선적 효력을 가지므로 유효하고 불법행위책임에도 적용될 수 있다고 볼 때, 상자당 4만 원씩, 총 400만 원의 손해배상청구를 할 수 있다.

사례 3 : 자회사를 이용한 자기주식의 취득

삼보전자주식회사는 (주)용산전자의 주식을 사들여 경영에 참여할 계획을 세우고 상당량의 (주)용산전자의 주식을 매입하기 시작했다. (주)용산전자의 대표이사 노성권은 삼보전자의 행위는 (주)용산전자의 이익에 반하는 적대적인 주식매점으로서, 경영권이 삼보전자에 이전되면 (주)용산전자뿐만 아니라 회사채권자 및 종업원 모두에게도 중대한 손해가 발생할 것이라고 판단하고, (주)용산전자가 과반수의 출자를 하고 있는 자회사인 (주)대원전기를 통해 (주)용산전자의 주식을 매입하도록 지시하였다. 이에 따라 대원전기의 대표이사 구자수는 자기회사 명의로 김상헌으로부터 (주)용산전자의 주식 상당량을 사들임으로써 사외에서 유통되고 있는 (주)용산전자의 주식을 고갈시켰다. 그러자 삼보전자주식회사는 (주)용산전자의 주식을 더 이상 사들일 수 없어 경영권 확보가 어렵다고 판단하고 자신이 소유한 대부분의 (주)용산전자 주식을 시장에서 매각하였다.

1. (주)용산전자의 행위는 정당한가?
2. 삼보전자주식회사는 (주)용산전자의 대표이사인 노성권을 상대로 하여 (주)대원전기를 통해 자기회사의 주식을 취득하여 상법 제341조에 위반되었다며 손해배상을 추궁하는 대표소송을 제기할 수 있는가?
3. 삼보전자의 (주)용산전자 주식 매각으로 시장에서 (주)용산전자 주식가격이 급락할 것이 예상되자, (주)대원전기의 구자수는 김상헌에게 자신의 행위가 상법 제341조와 제342조의2에 위반된 행위라는 이유로 양도의 무효를 주장하며 주권을 반환하고 매매대금의 반환을 청구할 수 있는가?

해설

1. 법적 근거 및 관련 법령

▶ 상법 제341조[자기주식의 취득] 회사는 다음의 경우 외에는 자기의 계산으로 자기의 주식을 취득하지 못한다.

1. 주식을 소각하기 위한 때

2. 회사의 합병 또는 다른 회사의 영업전부의 양수로 인한 때
3. 회사의 권리를 실행함에 있어 그 목적을 달성하기 위하여 필요한 때
4. 단주의 처리를 위하여 필요한 때
5. 주주가 주식매수청구권을 행사한 때

▶ 상법 제342조의2[자회사에 의한 모회사주식의 취득] ①다른 회사의 발행주식의 총수의 100분의 50을 초과하는 주식을 가진 회사(이하 “모회사”라 한다)의 주식은 다음의 경우를 제외하고는 그 다른 회사(이하 “자회사”라 한다)가 이를 취득할 수 없다.

1. 주식의 포괄적 교환, 주식의 포괄적 이전, 회사의 합병 또는 다른 회사의 영업전부의 양수로 인한 때
2. 회사의 권리를 실행함에 있어 그 목적을 달성하기 위하여 필요한 때

②제1항 각호의 경우 자회사는 그 주식을 취득한 날로부터 6월 이내에 모회사의 주식을 처분하여야 한다.

③다른 회사의 발행주식의 총수의 100분의 50을 초과하는 주식을 모회사 및 자회사 또는 자회사가 가지고 있는 경우 그 다른 회사는 이 법의 적용에 있어 그 모회사의 자회사로 본다.

2. 관련 판례(대법원 1964.11.12.선고, 64마719. 판결)

‘상법 제341조에 위배하여 한 회사의 자기주식취득행위는 당연무효이다’라고 함으로써 상대적무효설, 유효설, 절대적무효설 중 절대적무효설을 취하고 있다.

▶ 대법원 1977.3.8.선고, 76다1292 판결(자기주식취득이 인정되는 경우)

회사가 그의 권리를 실행하기 위하여 강제집행, 담보권의 실행 등에 당하여 채무자에게 회사의 주식 이외에 재산이 없는 때에 한하여 회사가 자기주식을 경락 또는 대물변제 등으로 취득할 수 있다고 해석되며 따라서 채무자의 무자력은 회사의 자기주식 취득이 허용되기 위한 요건사실로서 자기주식취득을 주장하는 회사에게 그 무자력의 입증책임이 있다(상법 제341조 제3호 관련)

▶ 대법원 1989.11.28.선고, 88누9268 판결

상법 제341조에 의하면 회사는 자기주식을 취득하지 못하도록 되어 있으나, 회사가 무상으로 자기주식을 취득하는 것은 회사자산을 감소시켜 회사의 채권자를 해하거나 부당한 투기적 수단으로 이용될 가능성이 없다는 점에서 허용된다(같은 취지의 판결: 대법원판결 1996년 6월 25일, 96다12726).

3. 적용

(1) 자회사인 대원전기가 (주)용산전자의 지시에 의하여 모회사인 (주)용산전자의 주식을 취득하는 것은 실질적으로 모회사의 계산에 의해서 이루어진 것이라 할 수 있으므로 이것은 상법 제341조와 제342조의2를 위반한 것으로서 정당한 행위라고 할 수 없다. 그러나 (주)용산전자의 이러한 지시는 삼보전자의 계획에 맞서 자신의 경영권 방어와 함께 회사전체의 이익을 보전하기 위한 것이라면 적법하다 할 것이다. 그렇지만 소송에서 그러한 목적에 대한 입증책임은 (주)용산전자에 있다.

(2) 자기주식취득금지에 위반한 취득행위의 효력은 무효이므로 대원전기와 김상헌간의 주식양도계약은 김상헌의 선의와 악의를 불문하고 언제나 무효이다. 무효를 주장할 수 있는 자의 범위는 그 위반으로 불이익을 받을 관계에 있는 자이므로 자회사나 모회사 모두 무효를 주장할 수 있다. 따라서 (주)대원전기의 구자수는 김상헌에게 자신의 행위가 상법 제341조와 제342조의2에 위반된 행위라는 이유로 양도의 무효를 주장하며 주권을 반환하고 매매대금의 반환을 청구할 수 있다고 보아야 한다.

사례 4 : 주주총회결의취소의 소

발행주식총수가 20,000주인 (주)대아건설은 윤종만과 류호청이 각각 41%, 강성엽과 신태숙이 각 9%의 주식을 소유하고, 강성엽과 정태수가 공동대표이사로 되어 있는 소규모 주식회사였다. 그런데 2005년 10월 10일 강성엽은 정태수와 윤종만에게는 소집통지를 하지 않은 채, 자신과 류호청, 신태숙만이 참석한 가운데임시주주총회를 개최하여 3인 전원 찬성으로 정태수를 공동대표이사직에서 해임하고 류호청과 신태숙, 그리고 강동석을 이사로 선임하는 결의를 하고, 그 주주총회에서 선임된 이사들이 이사회를 개최하여, 정관에 공동대표이사제를 채택한다는 규정을 특별히 두고 있지 않다는 이유로 공동대표이사제도를 폐지하고 류호청을 단독 대표이사로 선임하는 결의를 하였다. 이에 정태수는 임시주주총회 소집절차상의 하자가 있어 이 주주총회결의는 무효이며, 정관변경절차도 없이 이사회에서 공동대표이사제도를 폐지하는 결의를 한 것도 무효라고 주장하면서 주주총회결의 부존재확인의 소송을 제기하였다. 정태수의 주장은 정당한가?

해설

1. 법적 근거 및 관련 법령

- 상법 제365조[총회의 소집] ①정기총회는 매년 1회 일정한 시기에 이를 소집하여야 한다. ②연 2회 이상의 결산기를 정한 회사는 매기에 총회를 소집하여야 한다. ③임시총회는 필요 있는 경우에 수시 이를 소집한다.
- 상법 제380조[결의무효 및 부존재확인의 소] 제186조 내지 제188조, 제190조 본문, 제191조, 제377조와 제378조의 규정은 총회의 결의의 내용이 법령에 위반한 것을 이유로 하여 결의무효의 확인을 청구하는 소와 총회의 소집절차 또는 결의방법에 총회결의가 존재한다고 볼 수 없을 정도의 중대한 하자가 있는 것을 이유로 하여 결의부존재의 확인을 청구하는 소에 이를 준용한다.

▸ 상법 제376조[결의취소의 소] ①총회의 소집절차 또는 결의방법이 법령 또는 정관에 위반하거나 현저하게 불공정한 때 또는 그 결의의 내용이 정관에 위반한 때에는 주주 · 이사 또는 감사는 결의의 날로부터 2월 내에 결의취소의 소를 제기할 수 있다.

2. 관련 판례(대법원 1993.1.26.선고, 92다11008 판결)

판결요지는 첫째, 2인의 공동대표이사 중 1인이 다른 공동대표이사와 공동으로 임시주주총회를 소집하지 않았다거나 다른 공동대표이사와 41%의 주식을 보유한 주주에게 소집통지를 하지 않았다는 등의 소집절차상의 하자만으로 임시주주총회의 결의가 부존재하다거나 무효라고 할 정도의 중대한 하자라고 볼 수 없다는 것이다.

둘째, 주식회사의 정관으로 수인의 대표이사가 공동으로 회사를 대표할 것을 특별히 정하지 않은 이사회가 공동대표이사제도를 폐지하는 결의를 함에 있어서 반드시 정관변경의 절차를 거쳐야 되는 것은 아니다.

3. 적용

(1) 이 사건에서는 임시주주총회의 결의에 소집절차를 위반한 하자가 존재하는데, 그 하자는 주주총회결의부존재 또는 무효의 사유가 되는가, 아니면 취소사유에 불과한 것인가가 문제이다. 취소의 원인은 총회의 소집절차 또는 결의방법이 법령 또는 정관을 위반하거나 현저하게 불공정한 때 또는 그 결의의 내용이 정관을 위반한 때로서 결의의 날로부터 2월내에 회사를 상대로 하여 결의취소의 소를 제기할 수 있다. 무효의 원인은 총회의 결의내용이 법령을 위반한 경우로서 원칙적으로 누구든지, 언제든지, 어떠한 방법으로든지 그 무효를 주장할 수 있으며, 필요하면 결의무효확인의 소를 제기할 수도 있다. 부존재의 원인은 총회의 소집절차 또는 결의방법에 총회의 결의가 존재한다고 볼 수 없을 정도의 중대한 하자가 있는 경우이다.

본 사건에서는 과반수 이상의 주식소유자에게 소집통지를 한 이상 결의자체는 존재한다고 보아야 하고 다만 이를 취소할 수 있을 뿐이라고 하는 것이 타당하다.

(2) 공동이사제도를 폐지하고자 하는 경우에 어떠한 방법으로 하여야 하는가가 문제가 된다. 그런데, 이사회의 결의로써 공동대표이사를 정한 경우에는 역시 이사회의 결의로써 이를 폐지할 수 있다고 보아도 무방할 것이다. 따라서 반드시 정관변경의 절차를 거쳐야 되는 것은 아니라고 본다.

사례 5 : 주식회사 이사의 자기거래

정동윤은 주식회사화신과 주식회사동원의 대표이사를 겸하고 있었는데, (주)화신이 동화은행으로부터 자금을 빌리는데 담보가 부족하자 (주)동원을 연대보증인으로 세우기로 하였다. 그리하여 (주)동원의 이사회가 소집되고 재적이사 12인 가운데 정동윤 자신을 포함한 7인의 이사가 출석하여 출석이사 전원의 찬성으로 위 연대보증 안건을 승인하였다. 그런데 (주)동원의 정관에는 이사회의 의결정족수를 출석이사과반수의 찬성 및 재적이사 12인 가운데 적어도 6인 이상의 찬성이 있어야 하는 것으로 그 요건을 가중하고 있었다.

1. (주)동원의 연대보증행위는 정상적인 업무행위로 볼 수 있는가?
2. (주)동원의 연대보증행위는 상법 제398조의 자기거래에 해당하는가? 만일 그러하다면 정동윤이 출석한 이 이사회 승인결의는 유효한가?
3. 만약 이사회의 승인결의 없이 자기거래가 이루어진 경우에도 유효하다고 볼 수 있는가?

해설

1. 법적 근거 및 관련 법령

▸ 상법 제209조[대표사원의 권한] ①회사를 대표하는 사원은 회사의 영업에 관하여 재판상 또는 재판외의 모든 행위를 할 권한이 있다. ②전항의 권한에 대한 제한은 선의의 제3자에게 대항하지 못한다.

▸ 상법 제389조[대표이사] ①회사는 이사회의 결의로 회사를 대표할 이사를 선정하여야 한다 그러나, 정관으로 주주총회에서 이를 선정할 것을 정할 수 있다. ②전항의 경우에는 수인의 대표이사가 공동으로 회사를 대표할 것을 정할 수 있다. ③제208조제2항, 제209조, 제210조와 제386조의 규정은 대표이사에 준용한다.

▸ 상법 제391조[이사회의 결의방법] ①이사회의 결의는 이사 과반수의 출석과 출석이사의 과반수로 하여야 한다. 그러나 정관으로 그 비율을

높게 정할 수 있다. ②정관에서 달리 정하는 경우를 제외하고 이사회는 이사의 전부 또는 일부가 직접 회의에 출석하지 아니하고 모든 이사가 동영상 및 음성을 동시에 송 · 수신하는 통신수단에 의하여 결의에 참가하는 것을 허용할 수 있다. 이 경우 당해 이사는 이사회에 직접 출석한 것으로 본다. ③제368조제4항 및 제371조제2항의 규정은 제1항의 경우에 이를 준용한다.

▸ 상법 제398조[이사와 회사간의 거래] 이사는 이사회의 승인이 있는 때에 한하여 자기 또는 제3자의 계산으로 회사와 거래를 할 수 있다. 이 경우에는 민법 제124조의 규정을 적용하지 아니한다.

▸ 상법 제399조[회사에 대한 책임] ①이사가 법령 또는 정관에 위반한 행위를 하거나 그 임무를 해태한 때에는 그 이사는 회사에 대하여 연대하여 손해를 배상할 책임이 있다. ②전항의 행위가 이사회의 결의에 의한 것인 때에는 그 결의에 찬성한 이사도 전항의 책임이 있다. ③전항의 결의에 참가한 이사로서 이의를 한 기재가 의사록에 없는 자는 그 결의에 찬성한 것으로 추정한다.

2. 관련 판례(대법원 1987.9.8.선고, 86다카1349 판결)

회사의 권리능력은 회사의 설립근거가 된 법률과 회사의 정관상의 목적에 의하여 제한되나, 그 목적범위내의 행위라 함은 정관에 명시된 목적 그 자체에 국한되는 것이 아니고 그 목적을 수행하는데 있어 직접 또는 간접으로 필요한 행위를 모두 포함하며, 목적 수행에 필요한지의 여부도 행위의 객관적 성질에 따라 추상적으로 판단할 것이지 행위자의 주관적 구체적 의사에 따라 판단할 것은 아니라고 하여 거래의 안전을 우선시 하였다.

3. 적용

(1) (주)동원의 연대보증행위는 (주)동원의 권리능력 및 대표이사의 대표권의 범위 내에서 이루어진 행위로서 유효하다고 보아야 한다.

(2) 상법 제398조에 비추어 볼 때, 정동윤이 대표한 (주)동원의 연대보증행위는 이사의 자기거래에 해당되어 이사회의 승인을 필요로 한다. 그러나 정

동윤은 (주)동원의 이사회결의에 관하여 특별한 이해관계에 있는 자로서 의결권을 행사할 수 없다. 그렇지만 이 사안에서는 정동윤의 의결권이 제한된다고 하더라도 정동윤을 제외한 6인의 이사가 전원 찬성하였으므로 자기거래를 승인한 이사회의 결의는 법적으로 하자가 없다. 따라서 동화은행은 (주)동원에 대하여 연대보증책임을 물을 수 있다.

(3) 만약 이사회의 승인결의가 없이 자기거래가 이루어졌다면, (주)동원과 정동윤 사이에는 무효이다. 그리고 정동윤은 법령위반 행위를 한 것이고 회사의 손해를 배상하여야 한다.

사례 6 : 위법한 이익배당과 위법한 무배당의 효과

대화철강주식회사 대표이사 이정무는 회사의 다른 이사 및 감사들과 짜고 배당할 수 있는 이익이 없음에도 불구하고 당기순이익을 과대평가하고, 부채를 과소평가하여 배당가능이익이 있는 것처럼 재무제표를 허위로 작성하고 이익배당을 하면서 그 2분의 1은 현금배당, 2분의 1은 주식배당을 하였다. 과연 법률적으로 문제가 없는가?

한편, 동명산업주식회사의 대주주인 손동명은 다른 지배주주들과 짜고 배당가능한 이익이 발생하였는데도 불구하고, 개인의 이익을 위하여 주주총회의 결의를 통해 당기순이익 전액을 사내에 유보시켰다. 이 경우 소액주주들은 강제배당소송을 낼 수 있는가?

해설

1. 법적 근거 및 관련 법령

▸ 상법 제462조[이익의 배당] ①회사는 대차대조표상의 순자산액으로부터 다음의 금액을 공제한 액을 한도로 하여 이익배당을 할 수 있다.

1. 자본의 액
2. 그 결산기까지 적립된 자본준비금과 이익준비금의 합계액
3. 그 결산기에 적립하여야 할 이익준비금의 액

②전항의 규정에 위반하여 이익을 배당한 때에는 회사채권자는 이를 회사에 반환할 것을 청구할 수 있다.

③제186조의 규정은 전항의 청구에 관한 소에 준용한다.

▸ 상법 제462조의2[주식배당] ①회사는 주주총회의 결의에 의하여 이익의 배당을 새로이 발행하는 주식으로써 할 수 있다. 그러나 주식에 의한 배당은 이익배당총액의 2분의 1에 상당하는 금액을 초과하지 못한다.

▸ 상법 제399조[회사에 대한 책임] ①이사가 법령 또는 정관에 위반한 행위를 하거나 그 임무를 해태한 때에는 그 이사는 회사에 대하여 연대하여 손해를 배상할 책임이 있다. ②전항의 행위가 이사회의 결의에 의

한 것인 때에는 그 결의에 찬성한 이사도 전항의 책임이 있다. ③전항의 결의에 참가한 이사로서 이의를 한 기재가 의사록에 없는 자는 그 결의에 찬성한 것으로 추정한다.

2. 관련 판례(대법원 1980.8.26.선고, 80다1263 판결)

본 사례와 관련된 직접적인 판례는 찾아보기 어렵고, 이와 관련된 판례로서 '주주의 이익배당청구권은 고유권이며, 그것을 박탈하거나 장기간 제한하는 것은 고유권의 침해가 되나 주주가 이를 포기하는 것은 상관이 없다'고 한 대법원 판례는 있다.

3. 적용

(1) 이익배당이란 영업활동의 결과로서 발생한 이익을 주주에게 분배하는 것을 말한다. 그런데 적법한 이익배당이 되려면 실질적 요건과 형식적 요건을 구비하여야 한다. 즉 실질적 요건으로 배당가능이익이 있어야 하고, 형식적 요건으로는 주주총회의 승인결의가 있어야 하고, 주주평등의 원칙에 맞게 각 주주가 가진 주식의 수에 비례하여 지급되어야 한다.

(2) 이익배당의 요건과 기준, 절차에 하자가 있는 위법배당의 경우에는 상법 제462조 제1항의 위반으로서 그 배당은 원칙적으로 무효이다. 그리고 위법한 배당액에 대하여 회사나 회사채권자는 배당받은 주주에게 반환을 청구할 수 있다. 또 이사와 감사는 회사 및 제3자에 대하여 연대하여 책임진다.

(3) 주식배당이란 이익배당을 금전에 갈음하여 새로이 발행되는 주식으로 하는 것을 말하는데, 역시 배당가능이익이 존재하여야 한다. 다만, 주식배당은 이익배당총액의 2분의 1을 초과하지 못한다.

(4) 보통주의 이익배당청구권은 재무제표의 승인결의로 이루어진다. 따라서 이와 같은 결의가 없는 한 주주는 회사에 대해 이익배당금의 지급을 청구할 수 없는 것이 원칙이다. 그런데 배당가능이익이 있음에도 불구하고 지배주주의 개인적 이익을 위해 배당가능이익을 전액 사내에 유보시킨 경우, 소액주주에게 배당강제소송이 가능한가에 대하여는 견해가 일치하지 않는다. 그리고 현행법의 해석상 인정하기가 어려울 뿐만 아니라 판례도 소극적인 입장을 보이고 있다.

사례 7 : 백지어음의 효과

김진극은 사채업을 하는 우갑정이 약속어음을 할인해 주겠다는 거짓말에 속아 2005년 11월 5일 우갑정에게 액면 금50,000,000원, 지급기일 2006년 1월 20일로 기재된 약속어음 1매를 발행하여 주었다. 그런데 우갑정은 지급거절증서작성의무를 면제하여 하성광에게 백지식 배서의 방법으로 양도하여 하성광이 현재 이 어음의 최종소지인이 되었다. 2006년 1월 20일이 되어 하성광이 김진극에게 어음에 기재된 금액의 지급을 요구하자, 김진극은 우갑정에게 사기를 당했다는 이유로 지난번 어음발행행위를 취소하였으므로 하성광의 어음금지급청구에 응할 수 없다고 하였다. 과연 김진극의 주장은 타당한가?

해설

1. 법적 근거 및 관련 법령

- 민법 제2조[신의성실] ①권리의 행사와 의무의 이행은 신의에 좇아 성실히 하여야 한다. ②권리는 남용하지 못한다.
- 민법 제110조[사기, 강박에 의한 의사표시] ①사기나 강박에 의한 의사표시는 취소할 수 있다. ②상대방 있는 의사표시에 관하여 제삼자가 사기나 강박을 행한 경우에는 상대방이 그 사실을 알았거나 알 수 있었을 경우에 한하여 그 의사표시를 취소할 수 있다. ③전2항의 의사표시의 취소는 선의의 제삼자에게 대항하지 못한다.
- 어음법 제10조[백지어음] 미완성으로 발행한 환어음에 미리 한 합의와 다른 보충을 한 경우에는 그 위반으로써 소지인에게 대항하지 못한다. 그러나 소지인이 악의 또는 중대한 과실로 인하여 환어음을 취득한 때에는 그러하지 아니하다.
- 어음법 제16조[배서의 자격수여적 효력, 어음의 선의취득] ①환어음의 점유자가 배서의 연속에 의하여 그 권리를 증명하는 때에는 이를 적법한 소지인으로 추정한다. 최후의 배서가 백지식인 경우에도 같다. 말

소한 배서는 배서의 연속에 관하여는 배서의 기재가 없는 것으로 본다. 백지식 배서의 다음에 다른 배서가 있는 때에는 그 배서를 한 자는 백지식 배서에 의하여 어음을 취득한 것으로 본다. ②사유의 여하를 부문하고 환어음의 점유를 잃은 자가 있는 경우에 그 어음의 소지인이 전항의 규정에 의하여 그 권리를 증명한 때에는 그 어음을 반환할 의무가 없다. 그러나 소지인이 악의 또는 중대한 과실로 인하여 어음을 취득한 때에는 그러하지 아니하다.

▶ 어음법 제17조[인적 항변의 절단] 환어음에 의하여 청구를 받은 자는 발행인 또는 종전의 소지인에 대한 인적관계로 인한 항변으로써 소지인에게 대항하지 못한다. 그러나 소지인이 그 채무자를 해할 것을 알고 어음을 취득한 때에는 그러하지 아니하다.

2. 관련 판례(대법원 1997.5.16.선고, 96다49513 판결)

(1) 사기와 같은 의사표시의 하자를 이유로 어음발행행위를 취소하는 경우에 그 취소의 의사표시는 어음발행행위의 직접 상대방에 대하여 뿐만 아니라 어음발행행위의 직접 상대방으로부터 어음을 취득하여 그 어음금의 지급을 청구하고 있는 소지인에 대하여도 할 수 있다고 봄이 상당하다고 할 것이지만, 이와 같은 의사표시의 취소는 선의의 제3자에게 대항할 수 없는 것이고, 이때의 제3자라 함은 어음발행행위의 직접 상대방 이외의 자를 가리키는 것이므로, 어음의 발행인이 어음발행행위의 직접 상대방이 아닌 소지인을 상대로 어음발행행위 취소의 의사표시를 할 수 있다고 하여 소지인의 선의·악의를 불문하고 그 취소의 효과를 주장할 수 있게 되는 것은 아니라고 할 것이다.

(2) 어음행위에 착오·사기·강박 등 의사표시의 하자가 있다는 항변은 어음행위의 상대방에 대한 인적 항변에 불과한 것이므로, 어음채무자는 소지인이 그 채무자를 해할 것을 알고 어음을 취득한 경우가 아닌 한, 소지인이 중대한 과실로 그러한 사실을 몰랐다고 하더라도 종전의 소지인에 대한 인적 항변으로써 소지인에게 대항할 수 없다고 할 것이다. 따라서 원심이 원고에게 중과실이 있는지의 여부에 관하여 판단하고 있는 것은 무용한 판단에

지나지 않는다(같은 취지의 판결 : 대법원 1970년 7월 28일선고, 70다1293 판결; 대법원 1996년3월 22일선고, 95다56033 판결).

3. 적용

(1) 어음행위의 성립요건은 법정사항이 기재된 증권의 작성을 의미하는 형식적 요건과 어음능력자가 의사표시의 하자 없이 어음행위를 하여야 하는 실질적 요건, 그리고 증권의 교부행위라는 절차적 요건 등이 갖추어져야 한다. 그런데 여기에서 의사표시의 하자란 어음법이나 수표법뿐만 아니라 다른 특별법상에도 규정이 없으므로 민법의 규정을 다소 수정하여 적용할 수밖에 없다. 따라서 여기에서 의사표시의 하자란, 신의성실의 원칙이나 권리남용금지의 원칙에 위배되었다든지, 진의 아닌 의사표시에 의했다든지, 허위표시나 착오에 의한 경우, 사기나 강박에 의한 경우, 반사회적이거나 불공정한 법률행위에 의한 경우를 말한다.

(2) 본 사례에서 김진극은 사기에 의한 어음행위임을 이유로 그 어음행위를 취소할 수 있는가에 대하여 사기에 의한 어음행위는 취소할 수 있고, 그 취소는 어음의 현재 소지인에게도 주장할 수 있는 것이지만, 현재의 소지인이 어음행위의 직접 상대방이 아닌 제3자이고, 그 제3자가 선의인 때에는 어음행위의 취소로써 대항할 수 없다. 이때, 선의란, 어음법 제17조가 규정하는 바와 같이 "어음채무자를 해할 것을 알지 못하는 것"을 말하는 것이므로 김진극의 주장은 타당하지 아니하다.

사례 8 : 백지어음의 보충권 효력

권성덕은 2002년 10월 1일 금액 및 지급기일을 기재하지 아니한 약속어음 1매를 발행하여 이를 권중창에게 양도하면서 금액에 관하여 500만 원 한도 내에서 보충권을 수여하였다. 그런데 권중창은 이 약속어음을 임병규에게 배서, 양도하면서 보충권의 범위에 관하여 1천만 원의 한도에서 보충권이 있다고 하였고, 임병규는 이를 믿고 별도로 권성덕에게 확인절차를 거치지 않은 채 어음을 취득하여 보관하고 있다가, 약 3년이 지난 시점인 2005년 9월 1일에 지급기일을 당일로 하여 어음금액을 500만 원으로 기재한 후 어음금 지급청구를 하였다. 이 때 권성덕은 어음상의 책임을 져야 하는가? 만일 임병규가 권중창에게 들은 대로 1천만 원으로 기재하여 이를 청구하였다면 권성덕은 이에 대하여 지급책임을 져야 하는가?

해설

1. 법적 근거 및 관련 법령

▶ 어음법 제1조[어음요건] 환어음에는 다음의 사항을 기재하여야 한다.

1. 증권의 본문중에 그 증권의 작성에 사용하는 국어로 환어음임을 표시하는 문자
2. 일정한 금액을 지급할 뜻의 무조건의 위탁
3. 지급인의 명칭
4. 만기의 표시
5. 지급지
6. 지급을 받을 자 또는 지급을 받을 자를 지시할 자의 명칭
7. 발행일과 발행지
8. 발행인의 기명날인 또는 서명

▶ 어음법 제10조[백지어음] 미완성으로 발행한 환어음에 미리 한 합의와 다른 보충을 한 경우에는 그 위반으로써 소지인에게 대항하지 못한다. 그러나 소지인이 악의 또는 중대한 과실로 인하여 환어음을 취득한 때

에는 그러하지 아니하다.

▶ 어음법 제75조[어음요건] 약속어음에는 다음의 사항을 기재하여야 한다.

1. 증권의 본문중에 그 증권의 작성에 사용하는 국어로 약속어음임을 표시하는 문자
2. 일정한 금액을 지급할 뜻의 무조건의 약속
3. 만기의 표시
4. 지급지
5. 지급을 받을 자 또는 지급을 받을 자를 지시할 자의 명칭
6. 발행일과 발행지
7. 발행인의 기명날인 또는 서명

2. 관련 판례

▶ 대법원 1984.5.22.선고, 83다카1585 판결: 백지보충권의 존재여부에 대한 판단기준에 대한 판례

▶ 대법원 1997.5.28.선고, 96다25050 판결: 백지보충권의 행사기간에 대한 판례

▶ 대법원 1978.3.14.선고, 77다2020 판결: 어음의 부당한 보충에 대한 법률관계에 대한 판례

3. 적용

(1) 백지어음이란 후일 그 소지인으로 하여금 어음요건의 전부 또는 일부를 보충시킬 의사로써, 이를 기재하지 않고 백지 그대로 기명날인 또는 서명을 하여 교부한 '미완성어음'을 말한다. 이와 같이 어음요건을 갖추지 않은 '미완성어음'이란 점에서 무의식적으로 요건을 빠뜨려 무효가 된 '불완전어음'과 구별된다.

(2) 약속어음에 금액 및 지급기일의 기재가 없이 발행된 어음의 경우, 어음이 백지어음인지 불완전어음인지를 구별하여야 한다. 이 사례에서 권성덕이 권중창에게 양도한 약속어음은 금액 및 지급기일의 기재가 없을 뿐이고, 그 금액에 대해 500만 원의 한도 내에서 보충할 권한을 수여하였으므로 이는 백

지어음에 해당한다고 본다. 따라서 백지보충권의 행사기간도 어음상 권리행사기간과 관련하여 판단해 볼 때, 주채무자에 대한 권리행사기간과 동일하게 3년으로 보는 것이 타당하다. 그러므로 임병규는 2005년 10월 1일까지 어음의 백지를 보충할 수 있는 권한이 있고, 권성덕은 임병규에게 어음금을 지급하여야 한다.

(3) 어음법에는 백지어음에 미리 한 합의와 다른 보충이 이루어진 경우, 백지어음 발행인은 그 위반으로써 어음의 소지인에게 대항하지 못한다고 규정하고 있다. 다만 어음소지인의 어음취득에 악의 또는 중과실이 있을 때에는 어음채무자가 항변할 수 있다. 문제는 수취인이 직접 보충하지 않고 어음을 양도하면서 그 보충권의 범위에 관하여 기망하고, 이를 취득한 자가 이에 따라 보충한 경우에도 어음법의 규정이 적용되는가이다.

판례는 금액이 백지인 어음을 취득할 당시에 취득자가 어음의 금액란을 보충한 경우에 있어서 취득자가 보충권의 내용에 관하여 백지어음의 기명날인자에게 직접조회하지 않았다면 특별한 사정이 없는 한 취득자에게 중대한 과실이 있는 것이라고 보아야 할 것이라고 판단하고 있다.

(4) 따라서 이 사례에서 임병규가 약속어음을 취득할 당시 금액이 백지로 되어 있었고 이는 중요한 사항으로서 발행인 권성덕에게 이를 확인하지 않았다. 이는 중대한 과실이 있는 경우에 해당한다고 할 것이므로 약속어음의 발행인은 어음소지인에게 이를 대항할 수 있다고 할 수 있다. 다만, 어음발행인 권성덕은 500만 원 한도에서 보충권을 수여하였으므로 500만 원의 한도 내에서 임병규에 대하여 어음금을 지급하여야 한다.

사례 9 : 고지의무를 위반한 보험계약

휴대폰 대리점을 운영하는 윤경열은 2004년 11월 3일 친구인 장운영의 명의로 소나타 승용차를 구입하고 같은 날 장운영을 대신하여 (주)동국화재해상보험과 그 승용차에 대하여 용도를 출퇴근 및 가정용으로, 담보종목을 대인배상, 대물배상 및 차량손해, 피보험자를 장운영으로 하는 개인용 자동차종합보험계약을 체결하였다. 계약체결시 윤경열은 보험계약청약서의 주운전자란에 실제로 이 승용차를 주로 운전하게 될 자기 자신이나, 26세의 미혼인 장도영(윤경열의 종업원임)을 기재하지 아니하고, 보험료를 적게 부담할 의도에서 실제로는 승용차를 운전하지 아니할 46세의 기혼자인 송천식을 기입하였다.

2005년 4월 5일 윤경열은 자신의 친구인 천문학(당시 29세)으로 하여금 운전을 하게 하고 같은 사업을 하는 친구인 임채무의 모친에 대한 문병을 다녀오던 중 경부고속도로에서 중앙분리대를 넘어 반대차선에 진입하는 사고를 내면서 마주 오던 트럭과 정면충돌하였다. 그리고 이 사고로 윤경열과 천문학 등 7인이 사망하였다.

이에 장운영은 (주)동국화재해상보험에 보험금을 지급해 줄 것을 청구하였다. 그러나 (주)동국화재해상보험은 보험계약자의 고지의무 위반을 이유로 보험계약을 해지하고 채무부존재확인의 소를 제기하였다. (주)동국화재해상보험의 보험금 지급거절은 정당한가?

해설

1. 법적 근거 및 관련 법령

▸ 상법 제651조[고지의무위반으로 인한 계약해지] 보험계약당시에 보험계약자 또는 피보험자가 고의 또는 중대한 과실로 인하여 중요한 사항을 고지하지 아니하거나 부실의 고지를 한 때에는 보험자는 그 사실을 안 날로부터 1월내에, 계약을 체결한 날로부터 3년 내에 한하여 계약을 해지할 수 있다. 그러나 보험자가 계약당시에 그 사실을 알았거나 중대한 과실로 인하여 알지 못한 때에는 그러하지 아니하다.

▸ 상법 제652조[위험변경증가의 통지와 계약해지] ①보험기간 중에 보험계약자 또는 피보험자가 사고발생의 위험이 현저하게 변경 또는 증

가된 사실을 안 때에는 지체 없이 보험자에게 통지하여야 한다. 이를 해태한 때에는 보험자는 그 사실을 안 날로부터 1월내에 한하여 계약을 해지할 수 있다. ②보험자가 제1항의 위험변경증가의 통지를 받은 때에는 1월내에 보험료의 증액을 청구하거나 계약을 해지할 수 있다.

- 상법 제653조[보험계약자등의 고의나 중과실로 인한 위험증가와 계약해지] 보험기간중에 보험계약자, 피보험자 또는 보험수익자의 고의 또는 중대한 과실로 인하여 사고발생의 위험이 현저하게 변경 또는 증가된 때에는 보험자는 그 사실을 안 날부터 1월내에 보험료의 증액을 청구하거나 계약을 해지할 수 있다.
- 상법 제655조[계약해지와 보험금액청구권] 보험사고가 발생한 후에도 보험자가 제650조, 제651조, 제652조와 제653조의 규정에 의하여 계약을 해지한 때에는 보험금액을 지급할 책임이 없고 이미 지급한 보험금액의 반환을 청구할 수 있다. 그러나 고지의무에 위반한 사실 또는 위험의 현저한 변경이나 증가된 사실이 보험사고의 발생에 영향을 미치지 아니하였음이 증명된 때에는 그러하지 아니하다.

2. 관련 판례(대법원 1994.2.25.선고, 93다52082 판결)

(1) 고지의무 위반 사실과 보험사고 발생간의 인과관계의 부존재의 점에 관한 입증책임은 보험계약자에게 있다 할 것이므로, 만일 그 인과 관계의 존재를 조금이라도 엿볼 수 있는 여지가 있으면 상법 제655조 단서는 적용되어서는 안 된다. 따라서 장운영의 고지의무 위반사실과 사고발생간에 인과관계가 부존재한다고 할 수 있기 위해서는 보험계약자인 장운영으로서는 이 사건 사고가 사고 당시 운전자의 운전활동과 전혀 무관하게 이루어진 것이라는 점을 적극적으로 입증하지 않으면 안 된다.

(2) 앞에서 밝힌 바와 같이 고지된 주운전자 이외의 자가 운전한 경우에도 보험의 대상이 된 이 사건과 같은 개인용 자동차종합보험에 있어서 보조운전자로서의 운전수행에 해당되는 한, 주운전자가 부실고지되었다 하더라도 보험사고 발생과 아무런 인과관계가 없다고 한다면 주운전자에 관한 사항은 고지의무의 대상인 중요한 사항이 되지 아니하게 되고, 주운전자의 부실고

지는 보험계약의 해지사유가 되지 아니하는 이상한 결과가 초래된다고 하여 보험회사의 손을 들어 주었다.

3. 적용

(1) 고지의무란, 보험계약자 또는 피보험자가 보험계약체결 당시에 보험자에 대하여 중요한 사항을 고지하고, 또 중요한 사항에 관하여 부실고지를 하지 아니할 의무를 말한다. 따라서 고지의무의 대상이 되는 것은 '중요한 사항'이다. 그런데 고지의무를 위반하였다고 하더라도 고지사항과 보험사고 사이에 상당한 인과관계가 없다는 것을 보험계약자 측에서 입증한 때에는 보험자는 그 계약을 해지할 수 없고, 따라서 보험금을 지급하여야 한다.

(2) 이 사건의 경우는 주운전자에 대한 고지를 잘못하였음은 분명하지만, 문제는 이 사건이 상법 제655조 단서가 적용될 사안인가 하는 점이다. 법원은 이 사건에서 상법 제655조 단서의 적용을 배제하였다. 그러나 이 사건에서 보험사고를 일으킨 운전자는 보험계약자도 아니고, 실제 주운전자도 아니며, 부실기재된 주운전자도 아니다. 즉 제3자에 의한 사고인 것이다. 이 사건에서 주운전자에 대한 부실고지와 제3자의 보험사고 사이에 어떠한 인과관계가 있는가가 문제이나, 알 수 있는 바와 같이 여기에는 아무런 인과관계도 없다. 주운전자를 진실하게 고지하였더라면 사고가 발생하지 않았으리라고 단언할 수 없는 것처럼, 주운전자를 부실고지하였다고 하여 특히 사고가 생긴 것도 아니다. 이는 법률문제 이전에 사실문제이다. 이 사건에서 인과관계가 있다고 하려면 부실기재된 주운전자 대신에 실제 주운전자가 운전하다 사고를 일으킨 경우이다. 그러나 이 사건에서처럼 전혀 무관한 제3자가 사고를 일으킨 경우에는 주운전자의 부실고지와 사고 사이에는 아무런 인과관계도 있을 수 없다는 것은 자명하다. 그러므로 이 사건에는 상법 제655조 단서가 적용되어야 한다는 비판적 주장이[1] 있는 바, 상법 제655조 단서규정이 보험계약자와 피보험자를 보호하는 측면이 있기 때문에 1991년 보험법 개정시에도 개정하지 않은 점을 고려한다면, 이 비판적 주장이 이유 있다고 본다.

---

1) 최준선, 상법사례연습(하), 삼조사, 2005, pp.349~359.

사례 10 : 면책약관으로 보험회사는 무조건 면책되는가?

박윤호는 현대해상화재보험주식회사와 보험금을 1억원으로 정한 '새시대종합보험계약'을 체결하였다. 이 보험 약관에 의하면 교통상해 및 특정여가활동 중에 상해를 입은 경우에 그 상해로 생긴 손해를 보상하기로 하는 일종의 상해보험이다. 또 피보험자가 상해를 입고 그 직접결과로서 피해일로부터 180일 안에 사망한 경우에는 사망보험금을 지급하기로 약관에 규정되어 있다. 그러나 새시대종합보험약관 제3조 제1항 본문은 "회사는 그 원인의 직접·간접을 묻지 아니하고 아래의 사유로 생긴 손해는 보상하여 드리지 아니합니다."(면책약관)고 규정하면서, 그 제3호에는 '범죄행위'를, 그 제4호에는 '피보험자의 무면허운전 또는 음주운전'을 열거하였다.

그런데 박윤호는 교통법규 위반으로 107일간 면허정지처분을 받고 운전면허증을 반납한 상태에서 자신 소유의 승용차를 몰다가 운전부주의로 도로 아래로 추락, 사망하였다. 이에 피보험자의 법정상속인이자 부모인 박승진과 이정숙은 현대해상화재보험주식회사에 보험금 지급을 청구하였다. 그러나 현대해상화재보험주식회사는 위의 보험자 면책약관 규정을 들어 보험금 지급을 거절하였기에 박승진과 이정숙은 소송을 제기하였다.

해설

1. 법적 근거 및 관련 법령

- 상법 제659조[보험자의 면책사유] ①보험사고가 보험계약자 또는 피보험자나 보험수익자의 고의 또는 중대한 과실로 인하여 생긴 때에는 보험자는 보험금액을 지급할 책임이 없다.
- 상법 제663조[보험계약자등의 불이익변경금지] 이 편의 규정은 당사자간의 특약으로 보험계약자 또는 피보험자나 보험수익자의 불이익으로 변경하지 못한다. 그러나 재보험 및 해상보험 기타 이와 유사한 보험의 경우에는 그러하지 아니하다.
- 상법 제732조의2[중과실로 인한 보험사고] 사망을 보험사고로 한 보

험계약에는 사고가 보험계약자 또는 피보험자나 보험수익자의 중대한 과실로 인하여 생긴 경우에도 보험자는 보험금액을 지급할 책임을 면하지 못한다.

▸ 상법 제737조[상해보험자의 책임] 상해보험계약의 보험자는 신체의 상해에 관한 보험사고가 생길 경우에 보험금액 기타의 급여를 할 책임이 있다.

▸ 상법 제739조[준용규정] 상해보험에 관하여는 제732조를 제외하고 생명보험에 관한 규정을 준용한다.

2. 관련 판례(대법원 1996.4.26.선고, 96다4909 판결)

▸ 관련판례 : 대법원 1990.9.25.선고, 89다카17591 판결

무면허운전이 고의적인 범죄행위이기는 하나 그 고의는 특별한 사정이 없는 한, 무면허운전 자체에 관한 것이고 직접적으로 사망이나 상해에 관한 것이 아니어서 그 정도가 결코 그로 인한 손해보상을 가지고 보험계약에 있어서의 당사자의 신의성, 윤리성에 반한다고 할 수 없기 때문에 이 사건 보험계약 약관 중 피보험자의 무면허운전이라는 사유로 생긴 손해는 보상하지 아니한다고 규정한 이 사건 면책약관이 보험사고가 전체적으로 보아 고의로 평가되는 행위로 인한 경우뿐만 아니라 과실(중과실 포함)로 평가되는 행위로 인한 경우까지 보상하지 아니한다는 취지라면 과실로 평가되는 행위로 인한 사고에 관한 한 무효이므로, 피고는 원고들에 대하여 무면허면책약관을 내세워 보험금의 지급을 거절할 수 없다.

3. 적용

(1) 상해보험이란 피보험자에게 신체의 상해에 관한 보험사고가 생길 경우에 보험자가 보험금액 기타 급여를 할 책임을 지는 보험계약이다. 상해보험에 관하여는 일반적으로 생명보험에 관한 규정을 준용한다. 그런데 상법 제732조의2에 의하면, 사망을 보험사고로 한 보험계약에는 사고가 보험계약자 또는 피보험자나 보험수익자의 중대한 과실로 인하여 생긴 경우에도 보험자는 보험금액을 지급할 책임을 면하지 못한다. 이 규정에 의하면 생명보

험의 경우와 그 규정의 준용에 의하여 상해보험의 경우, 피보험자가 사망한 때에는 피보험자측에 고의가 있는 경우에만 보험자는 면책되고, 과실 또는 중과실만 있는 경우에는 보험자는 보험금액의 지급책임을 면할 수 없다. 이러한 입법의 의도는 피보험자가 사망하였을 때 그 유족 등 보험수익자를 보호하기 위한 정책적 배려이다.

(2) 이 사건의 경우 사망한 박윤호가 운전면허정지의 상태임에도 불구하고 운전을 한 것은 고의성 있는 무면허운전임에 틀림없다. 그러나 그 고의는 어디까지나 무면허운전 그 자체에 대한 고의였지, 고의로 사망하고자 한 것으로는 볼 수 없다. 따라서 박윤호의 고의는 사망에 대한 것은 아니라는 판결은 정당하다. 고의로 사망하지 아니한 이상, 중과실로 사망한 경우라도 상법 제732조의2의 규정에 따라 보험자는 보험금액을 지급하여야 한다.

(3) 무면허 운전의 경우 보험자는 면책된다는 판례는 그동안 많이 있었다. 그러나 그것은 대부분 책임보험이고 따라서 손해보험의 일종인 자동차종합보험의 경우였다. 자동차종합보험의 경우에는 운전자가 면허가 없다는 것은 보험계약이 체결될 수 없을 정도로 중대한 사유이므로, 무면허운전 중의 사고에 대하여는 보험금을 지급하지 아니한다고 하더라도 정당하다. 그러한 의미에서 이 사건의 보험계약도 자동차보험이 주요대상이고, 단지 여기에다 고객을 위하여 레저보험을 덧붙인 다음 명칭만은 상해보험으로 된 것이므로, 실질적 관점에서 보아 자동차보험의 일종으로 처리하는 것이 옳다는 주장도 있을 수 있으나, 판례는 실질보다는 상해보험이라는 형식의 관점에서 처리한 바, 입법자의 의도에 합치된다고 할 수 있다.

제3절 사회법적 사례

사례 1 : 학습지 교사는 근로자인가?

서윤진은 학습지제작·판매회사인 (주)푸른펜과 위탁업무계약을 체결한 교육상담교사이다. 평소에도 이러한 직업이 자신의 적성에 잘 맞지 않는다는 생각을 해 오던 서윤진은 어느 날 본사의 한선옥 사장과 심한 말다툼을 하게 되었다. 서윤진은 이번 기회에 퇴직금이나 받고 교육상담교사를 그만두어야겠다고 생각했다. 그런데 주의의 이야기로는 서윤진은 근로자가 아니기 때문에 퇴직금이 없다는 것이다. 교육상담교사로 근무한 서윤진은 퇴직금을 받을 수 있을까?

해설

1. 법적 근거 및 관련 법령

- ▶ 근로기준법 제2조 제1항 제1호 "근로자"란 직업의 종류와 관계없이 임금을 목적으로 사업이나 사업장에 근로를 제공하는 자를 말한다.
- ▶ 근로기준법 제2조 제1항 제2호 "사용자"란 사업주 또는 사업 경영 담당자, 그밖에 근로자에 관한 사항에 대하여 사업주를 위하여 행위하는 자를 말한다.

2. 관련 판례(대법원 1996.4.26.선고, 95다20348 판결)

대법원은 근로기준법상 근로자의 범위에 대하여 "근로기준법상의 근로자에 해당하는지 여부는 계약의 형식과는 관계없이 실질에 있어서 근로자가 임금을 목적으로 종속적인 관계에서 사용자에게 근로를 제공하였는지 여부에 따라 판단하여야 하고, 이를 판단함에 있어서는 업무의 내용이 사용자에 의하여 정하여지고 취업규칙 · 복무규정 · 인사규정 등의 적용을 받으며 업무수행과정에 있어서도 사용자로부터 구체적이고 직접적인 지휘 · 감독을 받는지 여부, 사용자에 의하여 근무시간과 근무장소가 지정되고 이에 구속을 받는지 여부, 비품 · 원자재 · 작업도구 등의 소유관계, 보수가 근로자체의 대상적(對償的) 성격을 가지고 있는지 여부와 기본급이나 고정급이 정하여져 있는지 여부 및 근로소득세의 원천징수 여부 등 보수에 관한 사항, 근로제공관계의 계속성과 사용자에의 전속성의 유무와 정도, 사회보장제도에 관한 법령 등 다른 법령에 의하여 근로자로서의 지위를 인정하여야 하는지 여부, 양 당사자의 경제 · 사회적 조건 등을 종합적으로 고려하여 판단하여야 하고, 반대로 어떤 근로자에 대하여 누가 근로기준법 제28조 제1항(현행 근로기준법 제34조), 제30조(현행 근로기준법 제36조)가 정하는 퇴직금 지급의무를 부담하는 사용자인가를 판단함에 있어서도 계약의 형식이나 관련 법규의 내용에 관계없이 실질적인 근로관계를 기준으로 하여야 하고, 이때에도 위와 같은 여러 요소들을 종합적으로 고려하여야 한다"라고 판시하였다(대법원 1999.2.9. 97다56235; 2001.4.13. 2000도4901; 2002.7.26. 2000다27671).

그리고 학습지 등을 제작 · 판매하는 회사와 위탁업무계약을 체결한 교육상담교사의 근로자로서의 지위인정여부에 대하여 대법원은 "이 사건 교육상담교사는 그 위탁업무의 수행과정에서 업무의 내용이나 수행방법 및 업무수행시간 등에 관하여 그 회사로부터 구체적이고 직접적인 지휘 · 감독을 받고 있지 아니한 점, 그 회사로부터 지급받는 수수료는 그 위탁업무수행을 위하여 상담교사가 제공하는 근로의 내용이나 시간과는 관계없이 오로지 신규회원의 증가나 월회비의 등록에 따른 회비의 수금실적이라는 객관적으로 나타난 위탁업무의 이행실적에 따라서만 그 지급여부 및 지급액이 결정되는 것이어서 종속적인 관계에서의 근로제공의 대가로써의 임금이라 보기 어려운 점 및 그밖에 업무수행시간의 정함이 없는 점 등 여러 사정을 종합하여 볼 때, 교육상담교사는 그 회사와의 사이에 사용 · 종속관계하에서 임금을 목적으로 근로를 제공한 근로자로 볼 수 없다"라고 판시하였다(대법원 1996.4.26.선고, 95다20348 판결). 또한 학습지교사는 회사와 사이에 사용종속관계에서 임금을 목적으로 근로를 제공하는 근로자로 볼 수 없어 이들을 조합원으로 하는 전국학습지산업노동조합은 '노동조합 및 노동관계조정법'이 정한 노동조합에 해당한다고 볼 수 없으므로 회사가 위 조합의 단체교섭요구에 응하지 않은 것을 부당노동행위로 볼 수 없다(대법원 2005.11.24. 선고, 2005다39136 판결).

3. 적용

서윤진은 위의 대법원 판례에서 판시하고 있는 종합적인 기준에 의하여 근로기준법상의 근로자가 아니며, 서윤진의 직업은 일종의 자영업적 성격을 가진다. 왜냐하면 서윤진은 영업수익을 자신이 가지며, 자신의 영업에 대한 별도의 관리나 출퇴근의 제재 등을 받지 않는, 즉 사업부제 형태로 근로하고 있기 때문이다. 이와 같은 근로 형태는 종속적 근로처럼 지휘 감독을 받는 것이 아닌 일종의 계약 형태로서 근로자로 인정되지 않는다.

사례 2 : 근로기준법과 퇴직금

이상도는 많은 처자식을 부양하기 위해서 열심히 농사를 지었지만, 쌀개방의 여파로 많은 빚만 지고 말았다. 그래서 임금이 형편없는 가구공장에라도 들어가 기술을 배워야겠다고 결심하고 상시 근로자수(일정사업기간내의 고용근로자연인원수/일정사업 기간내의 사업장 가동일수) 10인인 가구공장에서 2년간 근무하다가 퇴직하였다. 하지만 가구공장은 퇴직금지급규정이 없다는 이유로 퇴직금을 지급하지 않고 있다. 이상도는 퇴직금을 받을 수 있는가?

해설

1. 법적 근거 및 관련 법령

▸ 근로기준법 제11조[적용범위] ① 이 법은 상시 5명 이상의 근로자를 사용하는 모든 사업 또는 사업장에 적용한다. 다만, 동거하는 친족만을 사용하는 사업 또는 사업장과 가사(家事) 사용인에 대하여는 적용하지 아니한다. ②상시 4인 이하의 근로자를 사용하는 사업 또는 사업장에 대하여는 대통령령이 정하는 바에 따라 이 법의 일부규정을 적용할 수 있다. ③이 법을 적용하는 경우에 상시 사용하는 근로자 수를 산정하는 방법은 대통령령으로 정한다.

▸ 근로기준법 제34조[퇴직급여제도] 사용자가 퇴직하는 근로자에게 지급하는 퇴직급여 제도에 관하여는 「근로자퇴직급여보장법」이 정하는 대로 따른다.

▸ 근로자퇴직급여보장법 제3조[적용범위] 이 법은 근로자를 사용하는 모든 사업 또는 사업장(이하 "사업"이라 한다)에 적용한다. 다만, 동거의 친족만을 사용하는 사업 및 가사사용인에 대하여는 적용하지 아니한다.

▸ 근로자퇴직급여보장법 제4조[퇴직급여제도의 설정] ①사용자는 퇴직하는 근로자에게 급여를 지급하기 위하여 퇴직급여제도중 하나 이상의

제도를 설정하여야 한다. 다만, 계속근로기간이 1년 미만인 근로자, 4주간을 평균하여 1주간의 소정근로시간이 15시간 미만인 근로자에 대하여는 그러하지 아니하다. ②제1항의 규정에 의한 퇴직급여제도를 설정함에 있어서 하나의 사업안에 차등을 두어서는 아니된다. ③사용자가 퇴직급여제도의 종류를 선택하거나 선택한 퇴직급여제도를 다른 종류의 퇴직급여제도로 변경하고자 하는 경우에는 당해 사업에 근로자의 과반수로 조직된 노동조합이 있는 경우에는 그 노동조합, 근로자의 과반수로 조직된 노동조합이 없는 경우에는 근로자의 과반수(이하 "근로자대표"라 한다)의 동의를 얻어야 한다. ④사용자가 제3항의 규정에 따라 선택되거나 변경된 퇴직급여제도의 내용을 변경하고자 하는 경우에는 근로자대표의 의견을 들어야 한다. 다만, 근로자에게 불이익하게 변경하고자 하는 경우에는 근로자대표의 동의를 얻어야 한다.

- ▶ 근로자퇴직급여보장법 제5조[퇴직급여제도의 미설정에 따른 처리] 제4조제1항의 규정에 불구하고 사용자가 퇴직급여제도를 설정하지 아니한 경우에는 제8조의 규정에 의한 퇴직금제도를 설정한 것으로 본다.
- ▶ 근로자퇴직급여보장법 제8조[퇴직금제도의 설정] ①퇴직금제도를 설정하고자 하는 사용자는 계속근로기간 1년에 대하여 30일분 이상의 평균임금을 퇴직금으로 퇴직하는 근로자에게 지급할 수 있는 제도를 설정하여야 한다. ②제1항의 규정에 불구하고 사용자는 근로자의 요구가 있는 경우에는 근로자가 퇴직하기 전에 당해 근로자가 계속 근로한 기간에 대한 퇴직금을 미리 정산하여 지급할 수 있다. 이 경우 미리 정산하여 지급한 후의 퇴직금 산정을 위한 계속근로기간은 정산시점부터 새로이 기산한다.
- ▶ 근로자퇴직급여보장법 제9조[퇴직금의 지급] 사용자는 근로자가 퇴직한 경우에는 그 지급사유가 발생한 날부터 14일 이내에 퇴직금을 지급하여야 한다. 다만, 특별한 사정이 있는 경우에는 당사자간의 합의에 의하여 지급기일을 연장할 수 있다.
- ▶ 근로자퇴직급여보장법 제10조[퇴직금의 시효] 이 법에 의한 퇴직금을 받을 권리는 3년간 행사하지 아니하면 시효로 인하여 소멸한다.

▸ 근로자퇴직급여보장법 제12조[확정급여형퇴직연금제도의 설정]
▸ 근로자퇴직급여보장법 제13조[확정기여형퇴직연금제도의 설정]

2. 관련 판례(대법원 1995.3.14.선고, 93다42238 판결)

대법원은 "근로기준법의 적용범위를 정한 같은 법 제10조 소정의 상시 5인 이상의 근로자를 사용하는 사업 또는 사업장이라 함은 상시 근무하는 근로자의 수가 5인 이상인 사업 또는 사업장을 뜻하는 것이 아니라 사용하는 근로자의 수가 상시 5인 이상인 사업 또는 사업장을 뜻하는 것임이 법문상 명백하고, 그 경우 상시라 함은 상태라고 하는 의미로 해석하여야 할 것이므로 근로자의 수가 때때로 5인 미만이 되는 경우가 있어도 상태적으로 보아 5인 이상이 되는 경우에는 이에 해당한다 할 것이며, 이 경우 근로자라고 함은 당해 사업장에 계속 근무하는 근로자뿐만 아니라 그때 그때의 필요에 의하여 사용하는 일용근로자를 포함한다고 해석하여야 하고, 산업재해보상보험법시행령 제2조 제5호는 상시 5인 미만의 근로자를 사용하는 사업을 산업재해보상보험법의 적용을 받지 아니하는 사업으로 들고 있으나, 위 규정도 근로기준법 제10조와 마찬가지로 해석하여야 한다. 그리고 근로기준법의 적용대상사업인지의 여부는 상시 5인 이상의 근로자를 사용하는지에 달려 있으므로 상시 5인 이상의 근로자를 사용하는 사업이라면 그 사업이 1회적이거나, 그 사업기간이 일시적이라 하여 근로기준법의 적용대상이 아니라 할 수 없다(대법원 1994.10.25.선고, 94다21979 판결)"고 판시하였다.

3. 적용

(1) 이상도가 근무한 가구공장은 근로기준법이 적용되는 사업 또는 사업장에 적용되므로 퇴직금을 받을 수 있다. 보다 신속히 퇴직금을 받기 위해서 이상도는 가구공장의 사업장을 관할하는 노동부의 지방노동사무소에 신청하여 확인절차를 거칠 수도 있다. 참고로 상시근로자수가 근로기준법이 규정한 수보다 적은 사업장인 경우에도 그 사업장의 취업규칙이나 단체협약에 퇴직금지급규정이 있거나, 근로자와 사업주간에 고용계약상 퇴직금지급에 관한 별도의 약정이 있는 경우에는 그 규정 또는 약정에 따라서 퇴직금을 받

을 수 있을 것이다.

(2) 2005년 12월 1일부터는 근로자퇴직급여보장법에 의한 퇴직급여제도를 실시하고 있는데, 근로자퇴직급여보장법에는 3가지 퇴직급여제도가 있는데, 하나는 기존 근로기준법 제34조와 같은 퇴직금제도이고, 나머지 2개가 퇴직연금제도인 확정급여형과 확정기여형이다. 확정급여형과 확정기여형의 차이는 다음과 같다.

사용자부담의 방식에서 확정급여형은 노동자가 퇴사할 때 받을 퇴직급여액이 사전에 확정되어(기존 퇴직금액과 같아야 한다), 적립금의 수익률에 따라서 사용자부담액이 달라지고 퇴직금액과의 차액이 있는 경우 사용자가 차액을 부담해야 하므로 최종지급책임은 사용자에게 있다. 그러나 사용자가 수익률을 예상하고 사외적립을 적게 하여 재정이 불안해질 수 있기 때문에 예상되는 퇴직급여의 60%를 의무적으로 사외적립 하도록 규정하였다. 즉, 확정급여형은 사업(장)단위로 가입하는 것이다.

이에 비해 확정기여형은 사용자가 매년 임금총액의 8.3%를 적립하면 적립금운용결과에 대한 책임은 궁극적으로 노동자에게 있다. 운용결과에 따라 확정급여형보다 많은 퇴직금을 받을 수도 있고 적은 퇴직금을 받을 수도 있다. 따라서 확정기여형은 노동자 개인별로 가입되기 때문에 노동자의 추가적인 납부도 가능하다. 확정기여형에서 사용자는 매년 일정부담금만 납부하면 퇴직금지급책임에서 벗어나기 때문에 확정급여형과 달리 지급보장의 문제가 발생하지 않는다. 확정급여형에서 퇴직금액보다 적립금액이 부족한 상태에서 사용자가 도산 등으로 지불능력을 상실하는 경우 차액을 보장받을 방법이 마땅치 않고 금융기관이 도산하는 경우에도 책임의 문제가 불분명하다.

사례 3 : 동일가치노동에 동일임금

(주)맑은물 생수공장에서 근무하는 이수진은 생수병을 세척하는 일을 하고 있다. 이 일은 회사에서 가장 육체적으로 힘든 작업이다. 그래서 이수진은 수차례에 걸쳐 작업 전환을 요구했으나 인원 부족 등을 이유로 거부되고 있었다. 그런데 우연히 입사동기이면서 같은 작업을 하는 박우식과 대화 중 같은 작업을 하는 남성 직원과 여성 직원의 임금이 다르다는 것을 알았다. 이수진이 여자라는 이유만으로 남자들 보다 적은 임금을 받아야만 하는가?

해설

1. 법적 근거 및 관련 법령

▶ 근로기준법 제6조[균등한 처우] 사용자는 근로자에 대하여 남녀의 성(性)을 이유로 차별적 대우를 하지 못하고, 국적·신앙 또는 사회적 신분을 이유로 근로조건에 대한 차별적 처우를 하지 못한다.

▶ 남녀고용평등과일 · 가정양립지원에관한법률 제8조[임금] ①사업주는 동일한 사업내의 동일가치의 노동에 대하여는 동일한 임금을 지급하여야 한다. ②동일가치 노동의 기준은 직무수행에서 요구되는 기술, 노력, 책임 및 작업조건 등으로 하고, 사업주가 그 기준을 정함에 있어 제25조의 규정에 의한 노사협의회의 근로자를 대표하는 위원의 의견을 들어야 한다. ③임금차별을 목적으로 사업주에 의하여 설립된 별개의 사업은 동일한 사업으로 본다.

▶ 남녀고용평등과일 · 가정양립지원에관한법률 제9조[임금외의 금품 등] 사업주는 임금 외에 근로자의 생활을 보조하기 위한 금품의 지급 또는 자금의 융자 등 복리후생에 있어서 남녀를 차별해서는 아니된다.

▶ 남녀고용평등과일 · 가정양립지원에관한법률 제10조[교육 · 배치 및 승진] 사업주는 근로자의 교육 · 배치 및 승진에 있어서 남녀를 차별하여서는 아니된다.

2. 관련 판례(대법원 2003.3.14.선고, 2002도3883 판결)

대법원은 "구 남녀고용평등법(2001.8.14 법률 제6508호로 전문 개정되기 전의 것 현행 제8조) 제6조의 2 제1항 사업주는 동일한 사업 내의 동일가치의 노동에 대하여는 동일한 임금을 지급하여야 한다. 여기에서 동일가치의 노동이라 함은 당해 사업장 내의 서로 비교되는 남녀간의 노동이 동일하거나 실질적으로 거의 같은 성질의 노동 또는 그 직무가 다소 다르더라도 객관적인 직무평가 등에 의하여 본질적으로 동일한 가치가 있다고 인정되는 노동에 해당하는 것을 말하고, 동일가치의 노동인지 여부는 같은 조 제2항 소정의, 직무 수행에서 요구되는 기술, 노력, 책임 및 작업조건을 비롯하여 근로자의 학력·경력·근속연수 등의 기준을 종합적으로 고려하여 판단하여야 하며, 기술, 노력, 책임 및 작업조건은 당해 직무가 요구하는 내용에 관한 것으로서, 기술은 자격증, 학위, 습득된 경험 등에 의한 직무수행능력 또는 솜씨의 객관적 수준을, 노력은 육체적 및 정신적 노력, 작업수행에 필요한 물리적 및 정신적 긴장 즉 노동 강도를, 책임은 업무에 내재한 의무의 성격·범위·복잡성, 사업주가 당해 직무에 의존하는 정도를, 작업조건은 소음, 열, 물리적·화학적 위험, 고립, 추위 또는 더위의 정도 등 당해 업무에 종사하는 근로자가 통상적으로 처하는 물리적 작업환경을 말한다"고 판시하였다.

3. 적용

이수진은 직무 수행에서 요구되는 기술, 노력, 책임 및 작업조건을 비롯하여 근로자의 학력·경력·근속연수 등의 기준을 종합적으로 고려하여 볼 때 입사동기인 박우식과 동일한 사업장내에서 동일 가치의 노동을 함에도 불구하고 단지 이수진이 여자라는 이유만으로 차별 임금을 주는 것은 위법이다.

사례 4 : 단체협약 · 근로계약 · 취업규칙

고영식은 (주)SSK에 입사한 신입사원이다. 물론 노동조합에도 가입했다. 그런데 단체협약 · 근로계약 및 취업규칙이 다음과 같이 월급제 근로자의 임금에 관해서 단체협약에서 85만 원, 개별적인 근로계약에서는 80만 원, 취업규칙에서 83만 원으로 정하고, 근로시간에 관해서 단체협약에서는 특별한 규정이 없으나 근로계약에서 9시간, 취업규칙에서 7시간으로 각각 상이한 내용의 근로조건을 정하고 있다. 자신의 임금과 근로시간은 어떠한 내용이 되는가?

해설

1. 법적 근거 및 관련 법령

▶ 노동조합및노동관계조정법 제33조[기준의 효력] ①단체협약에 정한 근로조건 기타 근로자의 대우에 관한 기준에 위반하는 취업규칙 또는 근로계약의 부분은 무효로 한다. ②근로계약에 규정되지 아니한 사항 또는 제1항의 규정에 의하여 무효로 된 부분은 단체협약에 정한 기준에 의한다.

▶ 근로기준법 제2조 제1항 제4호 "근로계약"이란 근로자가 사용자에게 근로를 제공하고 사용자는 이에 대하여 임금을 지급하는 것을 목적으로 체결된 계약을 말한다.

▶ 근로기준법 제50조[근로시간] ①1주간의 근로시간은 휴게시간을 제하고 40시간을 초과할 수 없다. ②1일의 근로시간은 휴게시간을 제하고 8시간을 초과할 수 없다.

▶ 근로기준법 제96조[단체협약의 준수] ①취업규칙은 법령 또는 당해 사업 또는 사업장에 대하여 적용되는 단체협약과 어긋나서는 아니 된다. ②노동부장관은 법령 또는 단체협약에 어긋나는 취업규칙의 변경을 명할 수 있다.

▶ 근로기준법 제97조[위반의 효력] 취업규칙에서 정한 기준에 미달하는 근로조건을 정한 근로계약은 그 부분에 관하여는 무효로 한다. 이 경우 무효로 된 부분은 취업규칙에 정한 기준에 의한다.

2. 관련 판례(대법원 2002.12.27.선고, 2002두9063 판결)

대법원은 면직기준에 관하여 단체협약이 취업규칙보다 근로자에게 더 불리하게 개정된 경우, 취업규칙의 적용이 배제되는지 여부에 관하여 "협약자치의 원칙상 노동조합은 사용자와 사이에 근로조건을 유리하게 변경하는 내용의 단체협약뿐만 아니라 근로조건을 불리하게 변경하는 내용의 단체협약도 체결할 수 있으므로, 근로조건을 불리하게 변경하는 내용의 단체협약이 현저히 합리성을 결하여 노동조합의 목적을 벗어난 것으로 볼 수 있는 것과 같은 특별한 사정이 없는 한 그러한 노사간의 합의를 무효라고 볼 수는 없고, 단체협약의 개정에도 불구하고 종전의 단체협약과 동일한 내용의 취업규칙이 그대로 적용된다면 단체협약의 개정은 그 목적을 달성할 수 없으므로 개정된 단체협약에는 당연히 취업규칙상의 유리한 조건의 적용을 배제하고 개정된 단체협약이 우선적으로 적용된다는 내용의 합의가 포함된 것이라고 봄이 당사자의 의사에 합치한다고 할 것이고, 따라서 개정된 후의 단체협약에 의하여 취업규칙상의 면직기준에 관한 규정의 적용은 배제된다고 보아야 한다"고 판시하였다.

3. 적용

고영식의 임금에 관해서는 노동조합및노동관계조정법 제33조에 의거 단체협약의 기준에 위반하는 취업규칙 또는 근로계약은 무효로 되고 또는 근로기준법 제100조에 의거 취업규칙에 정하는 기준에 미달되는 근로계약은 무효로 되므로, 단체협약과 취업규칙이 저촉되는 경우에는 근로기준법 제99조에 의거 단체협약에 정한 기준이 적용되게 된다. 따라서 임금에 관해서는 고영식은 단체협약에서 정한 85만 원이 계약내용이 된다. 그리고 근로시간에 대해서는 근로계약과 취업규칙에 규정이 있을 뿐인데, 근로기준법은 8시간근로제의 원칙을 규정하고 있으므로, 이 셋의 관계가 문제된다. 근로기준법의 규정은 강행규정이고, 최저기준을 정한 것이므로 먼저 근로계약에서 정한 9시간은 무효로 된다. 다음에 취업규칙의 7시간은 최저기준을 상회하는 것으로 결국 고영식의 근로시간은 취업규칙에서 정한 시간이 적용되고 그것이 근로계약의 내용이 된다.

사례 5 : 해고의 제한

첫째, 도영록은 (주)믿음이 입사신청서류에 대해 회사가 입사신청인들을 전적으로 신뢰한다는 소문을 듣고, (주)믿음에 자신의 학력과 경력에 관하여 허위로 기재하여 입사신청을 하여 채용되었다. 하지만 너무나 낮은 근무성적을 계속적으로 받고 있는 도영록을 수상히 여겨 조사해보니 도영록의 학력과 경력은 허위로 판명되었다. (주)믿음은 도영록을 경력사칭을 이유로 해고할 수 있을까?

둘째, 이재수는 대학을 졸업한 후 오랜 시간동안 직장을 구하지 못해 육체적·정신적으로 많은 고통에 시간을 보내고 있었다. 하지만 지난 1년 동안 열심히 노력한 결과 (주)신라에 입사시험에 합격하게 되었다. 그런데 갑작스러운 세계경제위기로 인해 경영악화의 위기에 직면한 (주)신라는 입사시험에 합격한 사람들의 입사를 취소하였다. 이에 대하여 채용내정자 이재수 등 20여 명은 경영악화를 이유로 공채합격자들의 입사를 취소한 것은 부당하다며 (주)신라를 상대로 종업원지위 확인청구소송을 제기하였다. (주)신라의 입사취소결정은 정당한가?

해설

1. 법적 근거 및 관련 법령

- 근로기준법 제23조[해고 등의 제한] ①사용자는 근로자에게 정당한 이유 없이 해고, 휴직, 정직, 전직, 감봉, 그 밖의 징벌(징벌)(이하 "부당해고등"이라 한다)을 하지 못한다.②사용자는 근로자가 업무상 부상 또는 질병의 요양을 위하여 휴업한 기간과 그 후 30일 동안 또는 산전(産前)·산후(産後)의 여성이 이 법에 따라 휴업한 기간과 그 후 30일 동안은 해고하지 못한다. 다만, 사용자가 제87조에 따라 일시보상을 하였을 경우 또는 사업을 계속할 수 없게 된 경우에는 그러하지 아니하다.
- 근로기준법 제24조[경영상 이유에 의한 해고의 제한] ①사용자가 경영상 이유에 의하여 근로자를 해고하려면 긴박한 경영상의 필요가 있

어야 한다. 이 경우 경영 악화를 방지하기 위한 사업의 양도·인수·합병은 긴박한 경영상의 필요가 있는 것으로 본다. ② 제1항의 경우에 사용자는 해고를 피하기 위한 노력을 다하여야 하며, 합리적이고 공정한 해고의 기준을 정하고 이에 따라 그 대상자를 선정하여야 한다. 이 경우 남녀의 성을 이유로 차별하여서는 아니 된다.③사용자는 제2항에 따른 해고를 피하기 위한 방법과 해고의 기준 등에 관하여 그 사업 또는 사업장에 근로자의 과반수로 조직된 노동조합이 있는 경우에는 그 노동조합(근로자의 과반수로 조직된 노동조합이 없는 경우에는 근로자의 과반수를 대표하는 자를 말한다. 이하 "근로자대표"라 한다)에 해고를 하려는 날의 50일 전까지 통보하고 성실하게 협의하여야 한다.④사용자는 제1항에 따라 대통령령으로 정하는 일정한 규모 이상의 인원을 해고하려면 대통령령으로 정하는 바에 따라 노동부장관에게 신고하여야 한다.⑤사용자가 제1항부터 제3항까지의 규정에 따른 요건을 갖추어 근로자를 해고한 경우에는 제23조제1항에 따른 정당한 이유가 있는 해고를 한 것으로 본다.

- 근로기준법 제25조[우선 재고용 등] ①제24조에 따라 근로자를 해고한 사용자는 근로자를 해고한 날부터 3년 이내에 해고된 근로자가 해고 당시 담당하였던 업무와 같은 업무를 할 근로자를 채용하려고 할 경우 제24조에 따라 해고된 근로자가 원하면 그 근로자를 우선적으로 고용하여야 한다.②정부는 제24조에 따라 해고된 근로자에 대하여 생계안정, 재취업, 직업훈련 등 필요한 조치를 우선적으로 취하여야 한다.
- 근로기준법 제28조[부당해고등의 구제신청] ①사용자가 근로자에게 부당해고등을 하면 근로자는 노동위원회에 구제를 신청할 수 있다.② 제1항에 따른 구제신청은 부당해고등이 있었던 날부터 3개월 이내에 하여야 한다.

2. 관련 판례(대법원 1992.9.25.선고, 92다18542 판결)

(1) 대법원은 "기업이 근로자를 고용하면서 학력 또는 경력을 기재한 이력서 등을 요구하는 이유는 단순히 근로자의 근로능력 즉 노동력을 평가하기

위해서만이 아니라 노사간의 신뢰형성과 기업질서유지를 위해서는 근로자의 지능과 경험, 교육정도, 정직성 및 직장에서의 정착성과 적응성 등 전인격적 판단을 거쳐 고용여부를 결정할 필요가 있으므로 그 판단자료로 삼기 위한 것이고, 근로자의 채용시의 허위경력기재행위 내지 경력은폐행위를 징계해고사유로 규정하는 취업규칙이나 상벌규정 등은 특별한 사정이 없는 한 유효하다 할 것이다(대법원 1990.12.7. 90다카23912; 1992.9.25. 92다18542 등 참조).

(2) 대법원은 "1997.11월경 최종합격통보를 해줌으로써 근로계약관계가 유효하게 성립되어 늦어도 1998.4.6.이후에는 회사의 근로자가 되었다고 할 것이므로 그 후의 신규채용의 취소통보는 실질적으로 해고에 해당한다. 그러나 위 정리해고는 ①긴박한 경영상의 필요에 의하여, ②해고 회피를 위한 사용자의 노력이 병행되면서, ③객관적 · 합리적 기준에 의하여 해고대상자를 선정하여, ④근로자측과의 성실한 협의를 거쳐서 행하여진 것이고, 한편 취업규칙에 비추어 신규채용된 자들의 채용내정시부터 정식발령일까지 사이에는 사용자에게 근로계약의 해약권이 유보되어 있다고 할 것이어서 원고들에 대하여는 근로기준법 제31조제3항이 적용되지 않으므로 정리해고는 정당하다"고 판시하였다(대법원 2000.11.28.선고, 2000다51476 판결).

3. 적용

(1) 첫째의 경우 도영록은 채용에 있어서 진실고지의무를 가지고 있으므로 그 의무에 위반하여 학력, 직력 또는 형사벌 등 자기경력을 속이고 채용된 경우에는 그 경력사칭을 이유로 하는 징계해고, 보통해고가 정당화 될 수 있다.

(2) 둘째의 경우 (주)신라의 입사취소결정은 정당하다. 특히 경기변동을 사유로 할 때에는 사용자가 이에 대한 예견가능성과 회피가능성이 없었음을 입증해야 한다는 견해가 지배적이다. 그러나 이재수 등이 최종합격통보를 받아 (주)신라 측과 정당한 근로계약관계가 성립된 만큼 (주)신라는 입사예정일부터 해고통보일까지의 임금은 지급하여야 한다.

사례 6 : 출퇴근 중 사고와 업무상 재해

첫째, 정영광은 자가용승용차를 운전하고 회사에 출근하던 중 빙판길에서 본인의 운전미숙으로 전주와 충돌하여 3개월의 중상을 입었다. 그런데 자동차 손해보험에 가입하지 않아 치료비 등의 부담으로 어려움을 겪고 있다. 이 경우 업무상 재해로서 산재보험을 적용 받아 치료비의 부담을 덜 수 있는가?

둘째, 장두현은 초등학교 교사로 근무하는 교육공무원이다. 추운 겨울날 오토바이로 출근하는 도중 승합차가 중앙선을 넘어 오면서 사고가 났다. 그러나 가해차량은 책임보험만 가입되어 있고, 가해운전자는 일용근로자였으므로 제대로 치료비도 받지 못하고 있다. 이 경우 장두현은 업무상 재해로서 산재보험을 적용받아 치료비의 부담을 덜 수 있는가?

해설

1. 법적 근거 및 관련 법령

▸ 산업재해보상보험법 제1조[목적] 이 법은 산업재해보상보험 사업을 시행하여 근로자의 업무상의 재해를 신속하고 공정하게 보상하며, 재해근로자의 재활 및 사회 복귀를 촉진하기 위하여 이에 필요한 보험시설을 설치 · 운영하고, 재해 예방과 그 밖에 근로자의 복지 증진을 위한 사업을 시행하여 근로자 보호에 이바지하는 것을 목적으로 한다.

▸ 산업재해보상보험법 제5조 제1호 "업무상의 재해"란 업무상의 사유에 따른 근로자의 부상 · 질병 · 장해 또는 사망을 말한다. 제5호 "장해"란 부상 또는 질병이 치유되었으나 정신적 또는 육체적 훼손으로 인하여 노동능력이 손실되거나 감소된 상태를 말한다.

▸ 산업재해보상보험법시행령 제29조[출퇴근 중의 사고] 근로자가 출퇴근하던 중에 발생한 사고가 다음 각 호의 요건 모두에 해당하면 법 제37조제1항제1호다목에 따른 업무상 사고로 본다. 제1호 사업주가 출퇴근용으로 제공한 교통수단이나 사업주가 제공한 것으로 볼 수 있

는 교통수단을 이용하던 중에 사고가 발생하였을 것. 제2호 출퇴근용으로 이용한 교통수단의 관리 또는 이용권이 근로자측의 전속적 권한에 속하지 아니하였을 것.

▶ 공무원연금법 제25조[급여] 공무원의 공무로 인한 질병 · 부상과 재해에 대하여는 제34조의 규정에 의한 단기급여를 지급하고, 공무원의 퇴직 · 폐질 및 사망에 대하여는 제42조의 규정에 의한 장기급여를 지급한다.

2. 관련 판례(대법원 1999.9.3.선고, 99다24744 판결)

(1) 대법원은 "산업재해보상보험법 소정의 업무상의 재해라 함은 근로자가 사업주와의 근로계약에 기하여 사업주의 지배 · 관리하에서 근로업무의 수행 또는 그에 수반되는 통상적인 활동을 하는 과정에서 이러한 업무에 기인하여 발생한 재해를 말하므로, 출 · 퇴근 중의 근로자는 일반적으로 그 방법과 경로를 선택할 수 있어 사용자의 지배 또는 관리하에 있다고 볼 수 없고, 따라서 출퇴근 중에 발생한 재해가 업무상의 재해로 인정되기 위해서는 사용자가 근로자에게 제공한 차량 등의 교통수단을 이용하거나 사용자가 이에 준하는 교통수단을 이용하도록 하여 근로자의 출퇴근과정이 사용자의 지배 · 관리하에 있다고 볼 수 있는 경우에 해당되어야 한다. 회사에서 타 용도로 운행하는 차량을 근로자들이 사실상 출근수단으로 이용하고 있음에도 회사가 이를 묵인하여 온 경우, 근로자가 그 차량에 탑승하고 출근하던 중 일어난 교통사고는 업무상 재해에 해당한다"라고 판시하였다.

(2) 대법원은 "공무원이 근무를 하기 위하여 주거지와 근무장소와의 사이를 순리적인 경로와 방법으로 출 · 퇴근을 하던 중에 발생한 재해는 공무수행과 관련하여 발생한 재해로서 공무원연금법상의 공무상 재해에 해당한다"라고 판시하였다(대법원 1993.10.8.선고, 93다16161 판결).

3. 적용

(1) 정영광은 자기의 승용차로 출근하던 중 재해를 입었으므로 사용자의 지배 · 관리하에 있다고 볼 수 없어 업무상 재해로서 산업재해보상보험법상의 보상급여를 받기는 어려울 것이다.

(2) 장두현은 출근 중 사고당한 것을 입증할 수 있다면 공무원연금법상의 급여를 받을 수 있다. 요양비 등을 지급받기 위한 절차는 소속기관장의 확인을 거쳐 공무원연금관리공단에 급여의 지급을 청구하면 공무원연금급여심의회의 심의를 거쳐 급여를 지급하게 된다. 그런데 공무원연금법 제33조 제2항 본문에서는 '이 법에 의한 급여의 사유가 제3자의 행위로 인하여 발생한 경우에는 공단 또는 지방자치단체는 당해 급여의 사유에 대하여 이미 행한 급여액(장해연금을 받는 경우에는 장해보상금을 받는 것으로 보아 산정한 금액)의 범위 안에서 수급권자가 제3자에 대하여 가지는 손해배상청구권을 취득한다'라고 규정하고 있으며, 공무원연금법 제33조 제3항에 의하면 '제2항의 경우에 수급권자가 그 제3자로부터 동일한 사유로 인하여 이미 손해배상을 받은 때에는 그 배상액의 범위 안에서 급여를 지급하지 아니한다'라고 규정하고 있다.

참고로 대법원은 "공무원연금법상의 공무상 재해에 관하여는 출근중의 부상을 공무상 재해로 인정하고 있는데 이는 공무원연금법상의 경우는 공무원이 상당한 액의 기여금을 불입하게 되는 데 비하고 산업재해의 경우는 그와 같은 근로자의 부담이 없는 점 등 그 성질을 같이 하는 것이 아니므로, 그 재해기준을 같이하지 않는다고 하여 헌법상의 평등의 원칙에 위배된다고 할 수 없다"고 판시하였다(대법원 1995.3.14.선고, 94누15523 판결).

사례 7 : 산업재해보험급여액과 손해배상청구소송

한상우는 (주)동인건설에서 시공하는 아파트건축공사장에서 인부로 취업하여 작업하던 중 안전시설미비로 인해 넘어지면서 부상을 당했다. 산재보험에서 휴업보상금과 장해보상금을 수령하였으나 처와 5남매를 부양하는 한상우의 입장에서는 너무 적은 것 같다. 한상우는 소송을 통하여 추가로 청구할 수 있을까?

해설

1. 법적 근거 및 관련 법령

▸ 산업재해보상보험법 제40조[요양급여] ①요양급여는 근로자가 업무상의 사유로 부상을 당하거나 질병에 걸린 경우에 그 근로자에게 지급한다. ②제1항에 따른 요양급여는 제43조제1항에 따른 산재보험 의료기관에서 요양을 하게 한다. 다만, 부득이한 경우에는 요양을 갈음하여 요양비를 지급할 수 있다.

▸ 민법 제750조[불법행위의 내용] 고의 또는 과실로 인한 위법행위로 타인에게 손해를 가한 자는 그 손해를 배상할 책임이 있다.

2. 관련 판례(대법원 2000.5.26.선고, 99다31100 판결)

대법원은 "산업재해보상보험법 제48조 제2항은 '수급권자가 동일한 사유에 대하여 이 법에 의한 보험급여를 받은 경우에는 보험가입자는 그 금액의 한도 안에서 민법 기타 법령에 의한 손해배상책임이 면제되고, 이 경우 장애보상연금 또는 유족보상연금을 받고 있는 자는 장애보상일시금 또는 유족보상일시금을 받은 것으로 본다'고 규정하고 있는바, 이러한 규정을 구 산업재해보상보험법(1999. 12. 31. 법률 제6100호로 개정되기 전의 것) 제42조 제1항, 제2항, 같은법시행령 제31조 제5항의 규정에 비추어 보면, 수급권자가 장애보상연금을 지급받고 있는 경우에는 같은 법제42조 제1항 [별표 1]에 정하여진 장애보상일시금액을 수급권자에게 배상할 손해액에서 공제하여야 한다"라고 판시하였다.

3. 적용

(1) 근로자가 사업장에서 일을 하던 중 부상 · 질병 · 신체장애 또는 사망 등 업무상의 재해를 당한 경우에 치료는 물론 각종 보상금(휴업급여, 상병보상연금, 장애급여, 유족급여, 장의비 등)을 받게 하는 제도를 산업재해보상보험이라고 하는데, 산업재해보상보험법에서 이를 규정하고 있다. 산업재해보상보험법상의 보험급여는 근로자가 업무상의 사유로 재해를 당한 경우 사업주의 고의 · 과실여부에 관계없이 보험급여를 해주는 것이며, 근로자가 산재보상금을 수령하였더라도 그 재해가 사업자의 고의 · 과실로 인한 경우에는 민사상 불법행위로 인한 손해배상책임도 청구할 수 있다. 이 경우에 산업재해보험급여액이 예상한 손해배상청구액 보다 적을 때에는 사업자를 상대로 민사상 손해배상청구의 소를 제기하여 부족한 만큼 더 지급하라는 판결을 받을 수 있을 것이다. 다만, 그 소송과정을 통하여 사고발생에 있어서 사용자측에 고의 · 과실이 있었음이 입증되어야 한다는 점, 사고발생에 관하여 근로자 본인의 과실이 있었다면 과실상계라고 하여 손해배상금액이 적당한 비율로 감축될 수도 있다는 점, 그리고 손해 및 가해자를 안 날로부터 3년, 불법행위를 한 날로부터 10년 내에 청구를 하여야 한다는 점 등에 주의하여야 한다.

(2) 그리고 동일한 업무상 재해에 대하여 민법 기타 법령에 의한 상당한 금품을 받은 때에는 그 한도에서 근로복지공단은 산업재해보험급여를 지급하지 않으며, 근로자가 업무상 재해로 인하여 산업재해보상금을 받았거나 받을 수 있는 경우에는 보험가입자인 사업자는 동일한 사유에 대하여 근로기준법에 의한 재해보상책임이 면제된다. 따라서 한상우는 작업 중 부상에 대한 사용자의 고의 · 과실을 입증하여 전체 손해액에서 이미 수령한 산재보상금을 제한 나머지 금액을 소송을 통해 청구할 수 있을 것이다.

사례 8 : 현물로 임금을 지급할 수 있는가?

남동하는 (주)LC전자의 생산공장에서 성실하게 근무하고 있는 사원이다. 어느 날 (주)LC전자는 현금유동화에 문제가 있다며, 월급대신 대형냉장고를 남동하에게 주었다. 그의 집에는 물론 냉장고가 있을 뿐만 아니라 아는 친구나 일가친척도 거의 없어 대형냉장고를 팔기도 매우 힘들다. 임금을 이렇게 현물로 지급하여도 되는가?

해설

1. 법적 근거 및 관련 법령

▸ 근로기준법 제43조[임금지급] ①임금은 통화(通貨)로 직접 근로자에게 그 전액을 지급하여야 한다. 다만, 법령 또는 단체협약에 특별한 규정이 있는 경우에는 임금의 일부를 공제하거나 통화 이외의 것으로 지급할 수 있다.② 임금은 매월 1회 이상 일정한 날짜를 정하여 지급하여야 한다. 다만, 임시로 지급하는 임금, 수당, 그 밖에 이에 준하는 것 또는 대통령령으로 정하는 임금에 대하여는 그러하지 아니하다.

▸ 근로기준법 제109조[벌칙] ①제36조, 제43조, 제44조, 제44조의2, 제46조, 제56조, 제65조 또는 제72조를 위반한 자는 3년 이하의 징역 또는 2천만원 이하의 벌금에 처한다. ②제36조, 제43조, 제44조, 제44조의2, 제46조 또는 제56조를 위반한 자에 대하여는 피해자의 명시적인 의사와 다르게 공소를 제기할 수 없다.

▸ 근로기준법시행령 제23조[매월 1회 이상 지급하여야 할 임금의 예외] 법 제43조제2항 단서에서 "임시로 지급하는 임금, 수당, 그 밖에 이에 준하는 것 또는 대통령령으로 정하는 임금"이란 다음 각 호의 것을 말한다.

1. 1개월을 초과하는 기간의 출근 성적에 따라 지급하는 정근수당
2. 1개월을 초과하는 일정 기간을 계속하여 근무한 경우에 지급되는 근속수당

3. 1개월을 초과하는 기간에 걸친 사유에 따라 산정되는 장려금, 능률수당 또는 상여금
4. 그 밖에 부정기적으로 지급되는 모든 수당

2. 관련 판례(대법원 2003.4.11.선고, 2002도4233 판결)

임금지불방법에 관해서 근로기준법 제42조가 규정하고 있는 임금지급 5원칙은 통화불의 원칙, 직접불의 원칙, 전액불의 원칙, 매월 1회 이상 지급의 원칙, 일정기일 지불의 원칙이 있다.

① 통화불의 원칙 : 이 규정은 현물급여를 금지하기 위한 것이다. 현물급여는 주택 또는 기숙사의 제공으로 근로자의 자유를 구속하기도 하고 회사의 과잉생산된 제품을 지급함으로써 근로자들의 실질적인 임금확보에 지장을 주기도 한다. 다만 법령 또는 단체협약에 특별한 규정이 있는 경우에는 예외가 인정된다.

② 직접불의 원칙 : 임금은 사용자가 근로자에게 직접 지불하여야 한다. 이 원칙은 작업반장이나 작업 중 개인이 임금을 대리 수령하여 중간착취를 행한다거나 연소자의 임금을 친권자가 빼앗아 가는 등 구폐를 배제하는 것이 목적이다. 즉, 근로자의 친권자 기타 법정대리인에 대한 지불이나 근로자의 위임을 받은 임의대리인에 대한 지불은 모두 이 원칙에 대한 위반이 된다. 또 근로자가 제3자에게 임금 수령권한을 주는 위임 내지 대리의 계약은 무효이다.

③ 전액불의 원칙 : 임금은 그 전액을 지불하는 것이 원칙인 바, 사용자가 일방적으로 임금에서 공제를 할 수는 없으나, 세금이나 사회보험료 등 법령에 규정된 것 및 그 사업장의 노동조합과의 단체협약에 규정되어 있으면 그 범위 내에서 공제하는 것은 무방하다. 예를 들어 지각 · 결근 등의 임금 감액사유가 임금 지급일에 임박해서 발생함으로써 임금이 불가피하게 초과 지급되었거나 또는 계산의 착오 등으로 인하여 임금이 초과 지급된 경우 이 과불임금을 근로자의 차기임금채권에서 상계할 수 있는지 여부가 문제된다. 이에 대해서는 상계의 시기가 초과 지급된 시기와 임금정산의 시기 · 방법 · 금액 등에 비추어 근로자의 경제생

활의 안정을 해할 염려가 없는 한 전액불 원칙에 의한 상계금지의 예외로서 허용된다고 해석해야 할 것이다. 왜냐하면 과불임금의 정산은 임금 그 자체의 계산에 관한 것이므로 전액불 원칙의 위반으로 볼 수 없기 때문이다(대법원 1996.10.25.선고, 96다5343 판결). 또 임금채권에 대하여 가압류, 압류 등 법적 절차가 취하여진 경우에 그 범위 내에서 이를 공제하여야 한다.

④매월 1회 이상 지급의 원칙 : 매월 1일부터 월말까지의 사이에 적어도 1회는 임금을 지불하여야 되며 연봉계약의 경우에도 그것이 선불이 아닌 경우에는 매월 분할 지급하여야 된다. 또한 임시로 지급하는 임금, 수당 기타 이에 준하는 것 또는 대통령령으로써 정하는 임금은 예외가 된다.

⑤일정기일 지불의 원칙 : 대법원은 "근로기준법 제42조 제2항의 '임금의 일정기일 지불의 원칙'은 사용자로 하여금 매월 일정하게 정해진 기일에 근로의 대가를 근로자에게 어김없이 지급하게 강제함으로써 근로자의 생활안정을 도모하고자 하는 데 입법취지가 있다(대법원 2003.4. 11. 선고, 2002도4233 판결)"고 판시하였다. 사용자는 매월 일정기일을 정해서 임금을 지급하여야 하는데 소정지급일이 휴일에 해당되는 경우에 그 지급일을 앞당겨 그 전일에 지불하거나 또는 휴일 다음 날 지불하도록 정하는 것은 전기원칙에는 위반되지 않으며, 또 취업규칙 그 자체를 개정하여 '매월 1일'의 지불일을 '매월 20일'로 하는 것은 위반이 아니다. 또 임시로 지불되는 임금, 상여금 등에 관해서 전기 원칙이 적용되지 아니함은 매월 1회 이상 지불의 원칙과 동일하다.

3. 적용

(주)LC전자가 남동하에게 대형냉장고를 주면서 그것이 임금의 일부가 아닌 전체 임금에 갈음하여 대형냉장고를 주었다면 비록 단체협약에 따라 주었다고 할지라도 이는 위법으로 근로기준법 제42조에 위반한 사업자는 3년 이하의 징역 또는 2천만 원 이하의 벌금에 처한다.

사례 9 : 밀린 임금채권은 다른 채권에 우선하여 변제되는가?

심정규가 다니는 (주)부두는 무리한 사세확장과 경기불황으로 도산하게 되었다. 그 동안 회사는 심정규를 포함한 전직원에게 회사사정이 좋지 않아 임금을 6개월간 체불하였다. 그런데 알고 보니 회사의 재산은 채권자에 의해 모두 질권(質權)이나 저당권(抵當權)이 설정되어 있어 심정규는 잘못하면 임금을 한 푼도 받지 못할 위기에 처하게 되었다. 심정규는 과연 밀린 임금을 받을 수 있을까?

해설

1. 법적 근거 및 관련 법령

▸ 근로기준법 제38조[임금채권의 우선변제] ①임금, 재해보상금, 그 밖에 근로 관계로 인한 채권은 사용자의 총재산에 대하여 질권(질권) 또는 저당권에 따라 담보된 채권 외에는 조세·공과금 및 다른 채권에 우선하여 변제되어야 한다. 다만, 질권 또는 저당권에 우선하는 조세·공과금에 대하여는 그러하지 아니하다.

② 제1항에도 불구하고 다음 각 호의 어느 하나에 해당하는 채권은 사용자의 총재산에 대하여 질권 또는 저당권에 따라 담보된 채권, 조세·공과금 및 다른 채권에 우선하여 변제되어야 한다.

1. 최종 3개월분의 임금
2. 재해보상금

2. 관련 판례(대법원 1999.2.5.선고, 97다48388 판결)

대법원은 “구 근로기준법(1953. 5. 10. 법률 제286호로 제정되어 1997. 3. 13. 법률 제5305호로 폐지된 것) 제30조의2 제2항은 근로자의 최종 3월분의 임금과 퇴직금 및 재해보상금은 사용자의 총재산에 대하여 질권 또는 저당권에 의하여 담보된 채권, 조세 · 공과금 및 다른 채권에 우선하여 변제되어야 한다라고 규정하고 있는 바, 이는 근로자의 최저생활을 보장하고자 하는 공익적 요청에서 예외적으로 일반 담보물권의 효력을 일부 제한하고 임금채권의 우선변제권을 규정한 것이다"라고 판시하였다.

이 처럼 근로기준법 제37조에 의한 임금채권 우선변제권은 사용자가 도산・파산한 경우 사용자의 재산이 남아 있더라도 금융기관 및 사채업자의 빚으로 인해 재산이 담보되어 있어 임금・재해보상금 기타 근로관계로 인해 채권을 제대로 변제 받지 못하는 근로자의 입장을 최대한으로 고려한 사회정책적 제도이다. 특히 헌법재판소는 근로기준법 제37조 제2항 제2호의 '퇴직금' 부분은 입법연혁 및 입법취지와 퇴직금의 법적 성격 등에 비추어 근로자의 생활보장 내지 사회보장을 위하여 규정한 것이라 볼 수 있으나, 다른 한편 이규정이 헌법상 보장되고 있는 청구인의 재산권의 본질적 내용을 침해하거나 과잉금지의 원칙에 위배되면 위헌이라고 볼 수밖에 없다고 하여 헌법불합치결정을 내려 동 조항을 개정하게 되었다.

①우선변제 임금채권의 범위 : 법 제37조에 의하여 우선적으로 변제 받을 수 있는 채권은 임금(법 제18조의 임금), 재해보상금(사용자의 재산을 청산해야 할 당시에 업무상 재해를 입은 근로자에게 지급되어야 할 각종 보상금이 그 대상으로 요양보상, 장애보상, 유족보상, 장사비 등이 있다.), 기타 근로관계로 인한 모든 채권(보증금청구권, 적립금청구권, 저축금청구권, 예치 또는 보관한 금품의 반환청구권, 해고예고수당의 청구권 등)이다.

②우선 변제의 목적물 : 우선 변제의 목적물에는 사용자의 총재산이 해당된다. 대법원은 "임금 우선변제권의 적용 대상이 되는 '사용자의 총재산'이라 함은 근로계약의 당사자로서 임금채무를 1차적으로 부담하는 사업주인 사용자의 총재산을 의미하고, 따라서 사용자가 법인인 경우에는 법인 자체의 재산만을 가리키며 법인의 대표자 등 사업경영 담당자의 개인 재산은 이에 포함되지 않는다(대법원 1996.2.9.선고, 95다719 판결)"고 판시하였다.

③우선 변제의 순위 : ㉠ 최종 3월분의 임금(최종 3월분의 임금 채권이란 최종 3개월 사이에 지급사유가 발생한 임금 채권을 의미하는 것이 아니라, 최종 3개월간 근무한 부분의 임금 채권을 말한다(대법원 2002.3.29.

선고, 2001다83838 판결)). 재해보상금은 조세 · 공과금은 물론 질권 · 저당권에 의하여 담보된 채권에 최우선하여 변제 받을 수 있다. ㉡ 최종 3월분의 이외의 임금과 기타 근로관계로 인한 채권은 질권 · 저당권에 의하여 담보된 채권을 제외하고는 조세 · 공과금 및 다른 채권에 우선한다. ㉢ 질권 · 저당권에 의하여 담보된 채권보다 조세 · 공과금이 우선하는 경우에는 최종 3월분 이외의 임금 및 기타 근로관계로 인한 채권은 조세 · 공과금보다 우선할 수 없다.

3. 적용

심정규는 최종 3월분의 임금의 지급을 청구하는 소송을 제기하여 승소하게 되면 판결문을 근거로 사용자의 총재산에 대하여 강제집행을 착수하여 우선변제를 받을 수 있다. 그러나 강제집행을 착수하기 전에 이미 사용자의 재산이 제3자에게 양도된 경우에는 강제집행에 착수할지라도 우선변제를 받을 수 없다. 다만 사용자가 근로자들의 임금의 지급을 면할 목적으로 제3자와 공모하여 허위로 제3자에게 재산을 양도한 경우에는 심정규는 민법 제406조의 채권자취소권을 행사하여 그 법률행위의 취소 및 원상회복을 법원에 청구하여 그 소유권을 다시 사용자명의로 회복시킨 후에 강제집행을 할 수는 있다.

사례 10 : 해고예고와 해고수당

서상대는 (주)만선의 직원인데 고의로 사업에 막대한 지장을 초래하여 오늘 사업주로부터 일방적인 해고통지를 받았다. 이에 서상대는 사용자가 근로자를 해고하고자 할 때에는 적어도 30일 전에 예고하거나 또는 30일분 이상의 통상임금을 지급하여야 한다고 주장하며, 30일분 이상의 통상임금을 사업주에게 요구하였다. 서상대의 주장은 타당한가?

해설

1. 법적 근거 및 관련 법령

▸ 근로기준법 제26조[해고의 예고] 사용자는 근로자를 해고(경영상 이유에 의한 해고를 포함한다)하려면 적어도 30일 전에 예고를 하여야 하고, 30일 전에 예고를 하지 아니하였을 때에는 30일분 이상의 통상임금을 지급하여야 한다. 다만, 천재·사변, 그 밖의 부득이한 사유로 사업을 계속하는 것이 불가능한 경우 또는 근로자가 고의로 사업에 막대한 지장을 초래하거나 재산상 손해를 끼친 경우로서 노동부령으로 정하는 사유에 해당하는 경우에는 그러하지 아니하다.

▸ 근로기준법 제35조[예고해고의 적용예외] 제26조는 다음 각 호의 어느 하나에 해당하는 근로자에게는 적용하지 아니한다.

1. 일용근로자로서 3개월을 계속 근무하지 아니한 자
2. 2개월 이내의 기간을 정하여 사용된 자
3. 월급근로자로서 6개월이 되지 못한 자
4. 계절적 업무에 6개월 이내의 기간을 정하여 사용된 자
5. 수습 사용 중인 근로자

▸ 근로기준법시행규칙 제4조[해고예고의 예외가 되는 근로자의 귀책사유] 법 제26조 단서에서 "노동부령으로 정하는 사유"란 별표와 같다.

[별표] 해고 예고의 예외가 되는 근로자의 귀책사유(제4조 관련)

1. 납품업체로부터 금품 또는 향응을 제공받고 불량품을 납품받아 생산에 차질을 가져온 경우
2. 영업용 차량을 임의로 타인에게 대리운전하게 하여 교통사고를 일으킨 경우
3. 사업의 기밀 기타 정보를 경쟁관계에 있는 다른 사업자 등에 제공하여 사업에 지장을 가져온 경우
4. 허위사실을 날조 · 유포하거나 불법 집단행동을 주도하여 사업에 막대한 지장을 가져온 경우
5. 영업용차량 운송수입금을 부당하게 착복하는 등 직책을 이용하여 공금을 착복 · 장기유용 · 횡령하거나 배임한 경우
6. 제품 또는 원료 등을 절취 또는 불법 반출한 경우
7. 인사 · 경리 · 회계담당 직원이 근로자의 근무상황 실적을 조작하거나 허위서류 등을 작성하여 사업에 손해를 끼친 경우
8. 사업장의 기물을 고의로 파손하여 생산에 막대한 지장을 가져온 경우
9. 기타 사회통념상 고의로 사업에 막대한 지장을 가져오거나 재산상 손해를 끼쳤다고 인정되는 경우

2. 관련 판례(대법원 1992.3.31.선고, 91누6184 판결)

(1) 해고의 예고에 있어서는 반드시 해고될 날을 명시하여야 한다. 불확정한 기한이나 조건을 붙인 예고는 예고로서 효력이 없다. 그리고 예고기간 중에는 정상적인 근로관계가 존속하는 경우와 같이 근로자는 임금 또는 근로를 청구할 수 있음은 물론이나, 근로자가 새로운 직장을 구하기 위하여 부득이 결근한 경우라도 사용자는 이에 대한 임금을 지급해야 할 것이다. 해고의 예고는 적어도 30일 전에 하여야 하는데, 예고기간의 계산에 대하여는 예고가 행하여진 당일은 산입되지 않고 그 익일부터 계산되어 그 기간의 말일의 종료로 기간이 만료되므로, 예고하는 날과 해고의 효력발생일 사이에는 적어도 30일간의 기간을 두어야 한다. 해고예고수당은 사용자가 정당한 사유에 의하여 근로자를 해고하고자 할 때 30일 전에 해고예고를 하지 않는 경우에는 이에 대신하여 30일분 이상의 통상임금을 해고예고수당으로 지급하여

야 한다. 이 경우 예고수당의 지급시기는 명문규정이 없으나 늦어도 해고와 동시에 행하여져야 할 것이다.

(2) 근로기준법 제32조에 의한 해고의 예고제도는 근로기준법 제30조의 규정에 의하여 정당한 이유가 있어 해고하고자 할 때에만 적용되는 것이지(대법원 1992.3.31.선고, 91누6184 판결), 정당한 이유가 없음에도 해고의 예고를 하거나 해고수당을 지급하기만 하면 해고할 수 있다는 취지의 규정은 아니다. 사용자의 해고의 예고의무 내지는 해고수당지급의무는 일정한 경우 면제되는 때가 있다.

첫째, 근로기준법 제32조 제1항 단서에 의하면 "천재·사변 기타 부득이 한 사유로 사업계속이 불가능한 경우 또는 근로자가 고의로 사업에 막대한 지장을 초래하거나 재산상 손해를 끼친 경우로서 노동부령이 정하는 사유에 해당하는 경우에는 그러하지 아니하다."라고 규정하여 부득이한 사유가 있거나 근로자의 귀책사유가 있는 경우에는 일정한 요건 하에서 사용자의 해고예고의무 내지는 해고수당지급의무를 면제시키고 즉시해고를 할 수 있음을 규정하고 있습니다.

둘째, 근로기준법 제35조는 단기간의 근로계약으로 근로를 제공하는 근로자에 대하여는 해고의 예고 또는 해고예고수당의 지급 없이 즉시 해고할 수 있도록 규정하고 있는데, 그에 해당하는 근로자의 범위는, ①일용근로자로서 3월을 계속근무하지 아니한 자, ②2월 이내의 기간을 정하여 사용된 자, ③월급근로자로서 6월이 되지 못한 자, ④계절적 업무에 6월 이내의 기간을 정하여 사용된 자, ⑤수습사용 중의 근로자 등이다. 다만, 근로기준법 제35조의 각 호에 해당한다 하더라도 정당한 이유 없이 근로자를 무조건 해고할 수 없음은 당연하다.

3. 적용

근로기준법 제26조의 단서에 의해 서상대는 고의로 사업에 막대한 지장을 초래하였으므로 사용자는 해고예고의무 내지는 해고수당 지급의무 없이 즉시 해고를 할 수 있다.

제 3 장

국제생활과 법

사례 1 : 국제법의 개념

적용범위를 기준으로 법을 일반적으로 분류할 경우, 국내법과 국제법으로 나누고 있는 바, 여기서 국제법이란 무엇인가?

해설

1. 정의

일반적으로 국제법이란 주로 국가 간의 관계를 규율하나, 부분적으로는 국제기구를 비롯하여 자연인이나 또는 법인 등에도 적용되는 국제사회의 법이라고 정의되고 있다. 따라서 1개의 세계국가를 전제로 한 법인 세계법, 일국의 영토 내에서 국가 · 공공단체 · 법인 · 개인 등의 주체 상호간의 관계를 규율하는 국내법, 섭외적 생활관계에 적용되는 국제사법, 국경을 초월하는 제행동과 사건을 규율하는 모든 법인 초국내법(transnational law), EU와 같이 그 구성국가에 대하여 법적 구속력을 가진 규범을 제정할 수 있는 소위 초국가적 조직의 법인 초국가법(supernational law) 및 일방은 국제법 주체이나 타방은 국제법 주체가 아닌 당사자 간의 관계를 규율하는 법인 준국제법(quasi-international law) 등과는 구별된다.

또한 국제법은 국내법과의 관계에서 법원, 규율대상 및 적용형식이 상이함에 유의하여야 한다. 먼저 국내법이 국가의 단독의사에 의한 성문법과 불문법을 그 법원으로 하는데 반하여, 국제법은 제국가의 공동의사에 기초한 조약과 국제관습법 등을 그 법원으로 하고 있다. 둘째 국내법이 일국의 영토내에서 국가 · 공공단체 · 법인 · 개인 등의 주체 상호간의 관계를 규율대상으로 하는데 반하여, 국제법은 일반적으로 국가와 국제기구 등의 상호관계를 그 규율대상으로 하고 있다. 셋째 국내법이 권력자의 지위에서 명령적으로 적용되는 경향을 보이는데 반하여, 국제법은 원칙적으로 각 국가를 대등한 지위에 두고 적용되고 있다. 그 밖에도 국내법과 비교해서 정립의 분권성, 집행의 분권성, 내용의 추상성, 주체의 소수성, 원시성 등의 특징을 갖는다.

2. 법적성질

국제법이 법인가? 이에 대해 국제법의 법적 성질을 부인하는 학자는 오늘날 거의 없으며, 각국의 외무부나 재판소도 동일한 견해를 취하고 있다.

그러나 역사적으로 국제법의 법적 성질을 부인한 학자들이 있었던 바, 그들의 논거는 국제법이 중앙집권성을 결여하고 있다는 점, 강제성을 결여하고 있다는 점 및 실효성을 결여하고 있다는 점 등으로 요약할 수 있다. 결국 국제법의 법적 성질을 부인한 학자들은 상기 3가지의 논거에서 국제법이 법이 아니다 라고 주장하였던 것이다.

(1) 국제법은 중앙집권성이 결여되어 있는가?

국내사회와 비교할 경우, 국제사회는 중앙집권성이 미비하다고 할 수 있다. 그러나 이러한 중앙집권성의 미비라는 사실만으로써 국제법의 법적 성질을 부인할 수 있겠는가 하는 점에서는 의문이 있다. 나아가 오늘날 UN을 비롯한 각종 국제기구에 의해 일정한 중앙집권적 통제가 나타나고 있음을 볼 수 있고, 특히 EU에서는 더 강화된 통제기능을 볼 수 있다.

(2) 국제법은 강제성이 결여되어 있는가?

국제법에 강제성이 없다라는 평가는 옳지 못한 판단이라고 하겠다. 왜냐하면 사실상 국제법 위반행위에 대한 강제적 제재는 당사국이 스스로 취하는 일방적 제재와 UN 등 국제기구가 취하는 집단적 제재로 분산되어 나타나기 때문에, 강제성이 미약한 것으로 보이는데 지나지 않는다는 것이다.

(3) 국제법은 실효성이 없는가?

국제법은 그 위반현상이 빈번히 일어나고 있다는 점에서 그 실효성에 의문이 제기되고 있으나, 실질적으로 잘 준수되고 있다고 평가하는 것이 합당하다고 하겠다. 이를 반영하듯 Moore는 "국제법은 국내법 못지않게 잘 준수되고 있다"고 역설한 바 있다.

결국 경제 · 사회 · 기술 · 통신 · 경제분야는 잘 준수되고 있는 반면, 비교적 핫이슈로 크게 문제시되는 분야인 정치 · 외교 · 군사분야에서의 비준수가 가끔씩 일어남으로써 실제보다도 과장되게 그 비준수가 우리의 의식 속에 각인된 측면이 존재한다는 것이다.

(4) 이상의 검토를 종합할 때, 국제법의 법적 성질을 부인하는 것은 합당한 평가라고 볼 수 없다고 하겠다.

3. 현대적 과제

오늘날 국제법이 직면하고 있는 주요과제로는 새로운 경제질서의 형성에 따른 문제, 냉전의 산물로서 군축과 그 비용문제, 빈번한 국지전과 기아문제, 공해와 우주공간 등의 효율적 이용문제, 인권의 국제적 보호문제, 환경문제, UN개혁문제 등을 예로 들 수 있으며, 특히 우리나라와 밀접한 관계를 보이는 경우로서 통일문제, 독도문제, 기타 안보문제 등을 들 수 있다.

사례 2 : 국가의 형태

지구상에는 우리나라와 같은 단일국가 이외에 다양한 형태의 국가가 존재한다고 하는데, 특히 연방국가, 영연방, 독립국가연합 및 영세중립국이란 무엇인가?

해설

1. 연방국가

복수의 국가가 조약 또는 헌법에 의하여 사실적으로 결합한 것으로서, 연방만이 외교능력을 가지며 구성국은 외교능력을 가지지 않는 것이 일반적이다. 오늘날 연방국가로는 미국, 스위스, 독일, 캐나다, 베네수엘라, 아르헨티나, 브라질, 오스트리아, 나이지리아 등이 있다.

2. 영연방(Commonwealth)

영국은 원래 식민제국으로서 단일주권국가였으나, 그 식민지가 점차 자치령(Dominions)으로 발전하기도 하고 또 어느 것은 자치령의 지위에서 벗어나 독립국을 형성하기도 하였다. 이처럼 영본국 이외에 상술한 바와 같은 독립국, 자치령 및 속국 등을 포함한 국가집단을 영연방이라고 한다. 이러한 영연방의 주요 국가는 캐나다, 오스트레일리아, 뉴질랜드, 인도, 파키스탄, 스리랑카, 케냐, 말레이시아, 나이지리아, 키프로스, 탄자니아, 사이퍼러스, 가나 등이다.

(1) 영연방제국간의 일반적 관계

영연방제국은 상호 대등한 관계에서 대외적으로 독자적 외교능력을 가진다. 즉 영연방 자체는 독자적 외교능력을 갖지 않으며, 또한 중심기관도 아니다. 본래 영국왕관의 상징하에 결집하여 그 상호관계는 국내법으로 규율되고 국제법의 규율을 받지 않았으나, 오늘날 국제법의 적용이 배제되는 내부관계도 국제관계로 변질되고 있다.

(2) 영연방제국의 대외관계에 있어서의 특수성

첫째 영연방제국은 대외관계에 있어서 독립된 자격을 부여받고 있다. 즉 영연방제국은 UN 가맹국으로의 지위, 외교사절의 파견 및 접수, 조약의 체결 등을 독자적으로 향유한다.

둘째 조약의 체결시, 영연방제국간의 이해를 조절하기 위하여, 사전에 기타 영연방제국에 통고할 의무가 존재한다.

셋째 영연방제국 상호간에는 高等辦務官(High Commissioners)이 파견된다.

넷째 영연방제국 상호간의 분쟁은 통상의 국제분쟁으로 취급되지도 않고 동시에 국제재판에 의한 해결에 부탁되지도 않는다. 그러나 제2차 세계대전 이후, 영연방제국간에 체결된 조약 중에 특정사항에 관하여 ICJ의 관할권을 인정한 사례가 나타나고 있고, 또한 영연방제국간의 분쟁이 UN에 제소되는 예도 있다.

다섯째 영연방제국 상호간에는 통상 및 무역에 관한 "영연방조항(Commonwealth Clause)"을 통해 특혜대우를 한다.

여섯째 영연방제국의 모든 국민에게는 "영연방제국의 시민"으로서의 지위 인정한다.

3. 독립국가연합(Commonwealth of Independent States, CIS)

독립국가연합은 새로운 요소를 갖는 독특한 국가결합형태를 이루고 있으며, 또한 그 운명에 관한 미래도 아직은 미지수이다. 그러나 지금까지의 정황에 비추어 각 공화국이 국제법주체로 간주되고 있으며, 독립국가연합 그 자체는 국제법주체성을 갖지 않는 것으로 인정되고 있다.

특히 1999년 12월 8일의 러시아 - 벨로루시 간의 연방구성선언으로 인해, 독립국가연합의 미래는 더욱 불투명하게 되었다.

4. 영세중립국

(1) 영세중립국의 의의

타국가간의 무력충돌에 있어서는 중립을 지키고 또한 자발적으로 어떠한 국가에 대해서도 무력충돌에 호소하지 않을 것을 조약에 의하여 의무를 지고 있는 국가를 영세중립국이라고 한다.

영세중립국을 창설한 목적은 그 국가의 독립과 국경현상을 유지하고, 타국의 지배하에 들어가는 것을 배제함으로써 강대국 사이의 세력균형을 유지하여 무력충돌의 발생을 방지하는데 있다.

(2) 형태

첫째, 스위스식 영세중립국이다. 1815년의 Wien조약에 의하여 관계국이 스위스의 영세중립을 승인하고, 스위스의 영토보전과 불가침을 약속하고, 중립침범의 경우에는 힘에 의한 저지를 보장하였던 바, 스위스는 Wien조약에 가입함으로써, 영세중립국이 되었다. 2002년에 와서 비로소 스위스는 UN에 가입하였다.

둘째, 오스트리아식 영세중립국이다. 오스트리아는 1955년에 제정된 「오스트리아의 중립에 관한 연방헌법규정」이라는 국내법에 의하여 영세중립을 선언하고(또한 동시에 군사동맹에 참가하지 않으며, 외국에 군사기지를 부여하지 않는다는 취지를 규정하고 있음), 이의 승인을 각국에 구하였다. 이에 4대 강대국(미, 영, 프, 구소련)을 포함한 다수국가가 이것을 승인함으로써, 영세중립국이 되었다. 오스트리아는 1955년 UN에 가입하였다.

사례 3 : 독도 영유권분쟁의 주요 논점

최근 일본은 독도를 둘러싸고 영유권 분쟁을 벌이고 있다. 여기서 제기되고 있는 분쟁의 주요 논점과 그 배경은 무엇인가?

해설

한 · 일 양국은 독도의 영토적 귀속을 결정할 기준으로써 각각 다양한 주장을 펼쳐 왔던 바, 그것은 크게 고유영토의 여부, 계속적이고 실효적 점유와 통치의 여부 및 제2차 세계대전 직후의 각종 문서의 해석 등에서 대립되고 있다.

1. 고유영토의 여부

독도의 영토적 귀속을 결정할 기준으로서 한 · 일 양국은 독도를 자국의 '고유영토'라고 각각 주장하고 있다. 주지하는 바와 같이 국가가 성립하기 위해서는 일정한 영토의 존재를 하나의 요건으로 하는 바, '고유영토'라 함은 국가의 성립 당시부터 그 국가의 성립의 기초가 되는 영토를 의미한다. 따라서 우리나라나 또는 일본의 '고유영토'라고 함은, 영토에 관한 실정국제법이 근대국제법에 유래하는 것이라는 점에 비추어, 근대국제법의 규율대상이 되기 시작한 시점에 각각의 영토로서 가지고 있었던 것을 말한다. 아무튼 그 시점이 언제부터인지의 여부에 관해서는 별도의 논의가 필요할 것이지만, 그 시점에 우리나라와 일본이 영유하고 있었던 영토를 국제법적으로는 우리나라 또는 일본의 영토라고 할 수 있을 것이다. 이렇게 볼 때, 결국 한 · 일 양국의 독도에 대한 고유영토의 주장은 어느 쪽이 독도에 대한 지리적 인식과 그에 결부된 영유의 의식이 더 빠르고 정확하였는가의 문제로 귀착된다. 따라서 여기서는 한 · 일 양국이 독도를 각각의 '고유영토'로 주장하는데 대한 역사적 증거가 되는 자료들을 중심으로 한 고찰이 필요한 것이다. 그러나 여기서는 그 양이 너무 방대하고 또한 그 검토가 역사적 고찰이므로 생략하고자 한다.

2. 실효적 지배의 여부

고유영토가 아닌 경우에 있어서, 국제법상 영토 취득은 일반적으로 선점, 할양, 병합, 첨부, 시효 및 정복 등에 의하여 이루어진다. 이러한 영토의 취득행위 가운데 '독도'와 관련이 있는 것은 선점뿐이다. 선점은 무주지를 대상으로 점유할 국가의 의사표시와 실효적 · 계속적 · 평화적 지배를 요건으로 한다.

아무튼 일본은 독도에 대한 '실효적 지배'를 하여 왔음을 주장하고 있고, 이에 대해 우리나라는 반론을 펴고 있다. 그렇다면 일반적으로 영유권 귀속에 있어서 가장 중요한 기준이 되고 있는 독도에 대한 한 · 일 양국의 '계속적이고 실효적 점유와 통치'는 어떠한가?

일본이 독도에 대한 실효적 지배를 하였다는 주장은 조선시대의 空島政策과 밀접한 관련을 가진다. 범인 · 세금포탈자들의 도주를 막고 왜구와의 결탁을 막기 위해 실시하였던 공도정책은 무려 1417년부터 1883년까지 450년간이나 계속되었다. 이러한 조선의 정책을 틈타 일본은 이른바 울릉도를 '경영'하면서 독도에 관한 지리적 인식이 증가하고 또 울릉도에 가는 항로의 도중에 독도를 경유하는 일이 있었던 것이다.

그러나 울릉도와 독도의 영유를 확인한 안용복 사건에서 보는 것처럼, 상기 일본의 일련의 행위로부터 독도의 실효적 지배가 있었다고 보기에는 어려울 것으로 생각된다.

그 후, 우리나라의 독도에 대한 영유의식은 1900년 10월 25일 의정부의 의결을 거쳐 반포된 울릉도 지방관제 법령(대한제국정부 칙령 제41호)에서 확인되고 있는 바, 여기서는 울릉도에 군수를 파견하며(제1조), 그 관할구역을 鬱陵全島와 竹島 · 石島(독도)로 한다고 규정하고 있다(제2조).

이러한 와중에서, 1905년 2월 22일 島根(시마네)縣告示 제40호가 등장하게 되는데, 일본은 이를 자국의 독도 선점의 결정적 근거로 삼고 있는 것 같다. 따라서 여기서는 島根(시마네)縣告示 제40호와 관련한 약간의 측면을 살펴보고자 한다.

(1) 일본의 주장

19세기 후반 明治時代에 접어들면서 隱岐(오키)섬의 島民이 독도에서 어로활동을 활발하게 벌이게 됨으로써, 그 남획을 방지하기 위하여 일본정부는 1905년 독도를 島根縣隱岐島司의 관할하에 두기로 결정하고 이를 島根縣告示로서 공시하였다고 한다. 이러한 공시는 그 당시 일본이 영토선점을 발표하는 관행에 따른 것이므로, 국가의사의 공식적 발표로서 상기 조치는 영토선점에 관한 국제법상의 요건을 충족하였다는 것이다. 그 후, 일본은 독도를 일본식 명칭인 竹島로 토지대장에 등재하여 관련법규를 개정하여 독도에서의 어업허가제를 실시하는 등 제2차 세계대전 종료시까지 독도에 대한 실효적 지배를 계속하였다고 주장하고 있다.

(2) 그 부당성(우리나라의 주장)

전술한 島根縣告示 제40호에 따른 영토선점이라는 일본의 주장에 대해, 다음과 같은 부당성이 지적되고 있다.

첫째, 일반적으로 영토선점은 무주지를 대상으로 하며, 이는 국제판례도 인정하고 있는 바이다. 그러나 그 당시 독도는 무주지가 아니라 조선의 영토였다는 점이다. 이는 상술한 '대한제국정부 칙령 제41호'에서 극명하게 잘 나타나고 있다. 물론 조선이 空島政策을 시행한 바 있으나, 조선이 1696년 이후 3년 또는 1년 주기로 순찰사를 파견하는 등 조선의 지배권을 확인하여 왔다는 점에서 단순히 공도정책 그것만으로 독도가 무주지가 된 것은 아니라고 하겠다.

둘째, 島根縣告示 제40호를 통한 일본의 독도영유의사는 지방행정기관에 의해 비밀리에 행하여졌으며, 또한 한국정부에 통고되지 않았다는 점이다. 따라서 국제법상 선점의 의사는 대외적으로 표시되어야 하는 요건을 충족할 수 없는 것이다. 즉 1905년 1월 28일 독도편입조치를 위한 일본 각의의 결정과 동년 2월 22일의 島根縣告示는 선점의 의사를 대내적으로 표시한 것에 불과하다는 것이다. 특히 島根縣告示 제40호는 현지사의 이름으로 고시되었음으로써 이는 국제법상 국가의사의 대외적 표시로 볼 수 없는 것이다.

셋째, 島根縣告示 제40호를 통한 일본의 독도편입조치는 일본이 1904년

2월 18일의 '한일의정서'와 1904년 8월22일의 '제1차 한일협약' 등을 우리나라에 일방적으로 강제하고 우리의 외교권을 실질적으로 장악하고 있는 상황하에서 이루어진 것이므로, 이는 국제법상 무효인 것이다. 이와 관련하여 일본은 島根縣告示 제40호를 통한 독도편입조치 이후 대한제국 정부의 항의가 없었다고 주장하나, 상술한 외교권이 박탈된 상황에서 강력한 외교적 항의를 대한제국에게 기대하기란 매우 어려운 일이었을 것이다. 다만 그 편입조치 이후 대한제국이 독도를 우리의 영토로 확인한 사실이라든가 또는 황성신문과 대한매일신보 등이 일본의 영토편입조치에 항의의 주장을 제기한 사실 등을 상기하고자 한다.

넷째, 島根縣告示 제40호가 있은 이후에도, 우리나라는 독도를 우리의 영토로 인식하였으며(대표적인 것으로 울릉군수 심흥택의 보고서), 일본도 독도를 자국의 영토로 생각하지 않았다는 점이다(대표적인 것으로 1936년의 육지측량부발행지도구역일람도-其一- 및 1906년의 田然友彦의 한국지리지:제국백과사전, 1930년의 橋田雪湖의 논설, 1933년의 일본해군성의 수로지).

3. 전후의 각종문서

상술한 고유영토의 여부 내지 실효적 지배의 여부 등의 문제와는 별개로, 독도의 영유권 귀속이 결정될 수 있는 국제법적 근거가 있다. 그것은 제2차 세계대전 이후에 연합국이 일본의 영토문제 특히 섬의 귀속문제에 대한 관련문서들로서, 연합국최고사령부지령(Supreme Command Allied Powers Instruction:이하 SCAPIN이라 약칭함) 제677호와 제1033호 및 샌프란시스코 대일평화조약 등을 들 수 있다. 한・일 양국은 이러한 문서의 해석을 둘러싸고 첨예한 대립을 보이고 있는 바, 그것은 다음과 같다.

(1) 일본의 주장

1946년 1월 29일의 SCAPIN 제677호 제3항에서는 일본의 영토와 주권행사의 범위(Hokaido, Honshu, Kyushu, Shikoku 등 4개의 주요섬과 인근의 약 1,000개의 작은 섬)를 정하면서, 독도를 일본의 영토에서 제외됨을 명시하고 있다. 그런데 동 문서 제6항에서는 『본 지령의 어떠한 내용도 Potsdam선언

제8조에 언급된 작은 섬들의 최종적 결정에 관한 연합국의 정책을 표시한 것은 아니다』라고 규정하고 있다. 따라서 일본은, 상기 제6항을 근거로, 그것이 Potsdam선언 제8조에 언급된 작은 섬들의 최종적 결정에 관한 연합국의 정책을 표시한 것으로 해석해서는 안된다고 주장한다. 즉 다시 말해서 SCAPIN 제677호에 의한 독도의 일본영토로부터의 분리가 없었다고 주장한다.

다음으로 1946년 6월 22일의 SCAPIN 제1033호에서는 '일본인의 어업 및 포경업의 허가구역'을 설정하여 '일본인의 선박 및 승무원은 금후 독도의 12해리 이내에 접근하지 못하며 또한 독도와 일체 접촉해서는 아니된다'라고 규정하면서, 다만 이 지령도 '일본의 관할권, 국제경계선 또는 어업권에 관한 최종적 결정으로서의 연합국의 정책표명은 아니다'라고 하고 있다. 따라서 일본은 이 단서조항을 가지고 상기와 같은 주장을 펴고 있다.

끝으로 1951년 9월 8일에 샌프란시스코에서 48개 연합국을 일방으로 하고 일본을 타방으로 한 대일평화조약이 체결되었는 바, 동 조약 제2조 (a)항에서는『일본국은 조선의 독립을 승인하여 제주도, 거문도 및 울릉도를 포함하는 조선에 대한 모든 권리, 권원 및 청구권을 포기한다』라고 규정하고 있다. 따라서 일본은 이 조항 즉 모든 권원을 포기한 지역으로 독도를 명시하지 않고 있기 때문에, 독도는 일본의 영토로부터 분리된 바 없다고 주장하고 있다.

(2) 그 부당성(우리나라의 주장)

상술한 일본의 주장은 다방면에서 설득력을 잃고 있는 바, 그것을 하나씩 지적하면 다음과 같다.

먼저 SCAPIN 제677호와 관련한 일본의 주장에 대해 다음과 같은 반론을 제기할 수 있다.

첫째, SCAPIN 제677호의 제5항을 주목할 필요가 있다. 주지하는 바와 같이 일본이 1945년 8월 15일 연합국에 항복하여 동년 9월 2일 항복문서에 조인을 하였다. 따라서 동경에 연합국최고사령부가 설치되어 일본통치를 담당하게 되자, Cairo선언과 Potsdam선언의 제규정을 집행하기 시작하였다. 여기서 연합국최고사령부는 일본 해체작업의 일환으로 SCAPIN 제677호(즉 약간의 주변지역을 정치상 · 행정상 일본으로부터 분리하는데 대한 지령)를 발표하였다. 이 지령에서는 상기한 것처럼 일본의 영토를 定義하면서 독도를 일본영토에서부터 제외하였던 것이다. 그러면서 동 지령 제5항에서는 『이 지령에 포함된 '일본의 定義(the definition of Japan)'는 그에 관하여 다른 특별한 지령이 없는 한 또한 본 연합국최고사령부로부터 발하는 모든 지령 · 각서 · 법령에 적용된다』라고 규정하고 있기 때문에, 이 지령상의 '일본의 정의'에 변경을 가하고자 할 때에는 반드시 연합국최고사령부가 그에 관한 다른 지령을 발하여야 하며, 그렇지 않는 한 이 지령에서의 '일본의 정의'는 미래에 영구히 적용된다는 것이다. 결국 연합국최고사령부가 '다른 지령'을 내린 바 없다는 점에서, 독도는 SCAPIN 제 677호에 의해 주한 미군정에 이관되었고, 그후 1948년 8월 15일 대한민국이 수립되면서 자동적으로 우리의 영토로 반환되었던 것이다.

둘째, 앞서 일본이 독도를 자국영토로부터의 분리가 없었다고 주장하는 근거로 삼고 있는 SCAPIN 제677호 제6항의 해석에 대한 객관성 문제이다. SCAPIN 제677호 제6항 규정에 대한 공정한 해석은, 앞의 일본이 내린 해석과는 달리, 장차 있을지도 모르는 일본영토의 추가적 분리와 같은 사태를 대비하여 SCAPIN 제677호 제3항(일본영토의 정의)의 결정을 수정할 수 있는 가능성을 남겨 둔 것이라고 보아야 할 것이다. 덧붙여서 이 경우의 그러한 '수정'에도 '다른 지령'을 요함은 당연하다고 할 것이다.

다음으로 SCAPIN 제1033호와 관련해서도, 연합국최고사령부의 진정한 의도는 독도가 한국의 영토이므로 일본의 어부들과 모든 선박이 독도수역 12해리 이내에 들어가지 못하도록 하는데 있는 것으로 해석되며, 아울러 상기 SCAPIN 제677호를 둘러싼 일본의 주장에 대한 우리나라의 반박논리를 원용할 수 있을 것으로 생각된다.

마지막으로 대일평화조약 제2조 (a)에서 일본이 포기하는 영역으로 독도가 명시되지 않았기 때문에, 독도는 일본이 포기한 섬이 아니라는 일본의 주장에 대하여, 다음과 같은 반론을 제기할 수 있다.

첫째, 대일평화조약 제2조에서 일본으로부터 분리되는 도서로 제주도, 거문도, 울릉도만을 열거하고 있는 바, 이는 일본으로부터 분리되는 중요한 島

嶼만을 열거한 것이고 모든 도서를 열거한 것이 아니라는 점을 인식할 필요가 있다.

둘째, 동 조약 제2조에서 열거된 제주도, 거문도, 울릉도는 한국의 최외측에 위치한 도서만을 열거한 것은 아니라는 점이다. 이는 제주도 남방 외측에 마라도가 위치하고 있으나, 동조에서는 마라도를 열거하지 아니하고 제주도를 열거하고 있는 것으로 보아 명백하다.

이상과 같은 SCAPIN 제677호와 제1033호 및 대일평화조약 제2조 등을 둘러싼 한·일 양국의 주장을 객관적으로 평가할 때, 일본의 주장은 부당하다고 판단된다. 따라서 상술한 戰後의 각종 문서에 의해서 독도가 우리의 영토로 재확인되었다고 보는 것이 타당하다고 생각된다.

사례 4 : 독도 영유권분쟁과 국제사법재판소

한·일간의 독도 영유권문제를 둘러싸고, 많은 국민들은 그 문제를 국제사법재판소에 의해 해결하자고 하는데, 과연 그러한 해결 방안이 가능한가?

해설

한·일 양국간에는 영유권귀속을 둘러싼 대립뿐만 아니라 독도의 영유권 문제의 해결방법과 관련해서도 첨예한 대립을 보이고 있다. 즉 일본은 독도 문제를 법적 분쟁으로 인식하여 사법적 해결을 주장한 반면, 우리나라는 최소한 법적 분쟁으로는 인식하지 않고 있으며 따라서 사법적 해결을 반대하고 있는 것 같다.

1. 사법적 해결의 여부

독도문제가 법적 분쟁으로서의 성격을 가지는가에 관해 한·일 양국은 상반된 견해를 취하고 있다.

먼저 우리 정부는 독도가 우리의 영유에 속한다는 것은 명확하고 다툴 여지가 없는 사실로서 독도의 영유권에 관해서는 분쟁이 존재하지 않는다는 일관된 태도를 취하고 있다. 그런데 여기서 '분쟁이 존재하지 않는다'라는 말의 의미가 무엇인가 하는 점에서는 논란이 있다. 즉 독도와 관련한 어떠한 분쟁도 전혀 존재하지 않는다는 것인지, 아니면 정치적 분쟁(이 경우에는 ICJ의 판단 대상이 아님)은 존재하나 적어도 법적 분쟁은 존재하지 않는다는 것인지 명확히 알 수 없다. 다만 1954년 9월 25일 일본이 독도문제를 ICJ에 제소하자는 주장에 대해, 우리 정부가 『…독도문제를 ICJ에 제소하자는 일본정부의 제의는 사법절차를 가장한 또 다른 허위의 시도에 불과하다. 한국은 독도에 대한 영유권을 갖고 있으며, 한국이 또한 국제재판에 의하여 자신의 권리를 증명하여야 할 이유가 없다…일본은 소위 독도의 영유권분쟁에 대해 한국과의 관계에서 일본을 동등한 위치에 놓으려고 시도하는 것이다…』라고 항의를 하고 있음에 비추어, 우리 정부의 입장이 '독도와 관련하여 적어도 법적 분쟁만은 존재하지 않는다'라고 인식하고 있음은 자명한 것 같다.

반면에 일본 정부는, 1954년 9월 25일의 외교공한에서 『…독도문제는 영유권에 관한 분쟁이니 만큼…일본정부는 한국정부와의 상호합의에 의하여 이 분쟁을 ICJ에 부탁할 것을 제의한다…』라고 표명하고 있음에 비추어, 독도문제를 법적 분쟁이라고 보고 ICJ에 의한 해결을 원하고 있는 것으로 보인다.

이처럼 한・일 양국간의 입장차를 전제로 할 때, 독도문제에 관한 분쟁의 존재 여부를 떠나, 우리 정부가 동의하지 않는 한 적어도 독도의 영유권문제를 사법적 해결-즉 ICJ나 또는 기타 국제재판소-에 맡겨질 가능성은 없다고 볼 것이다. 왜냐하면 국제재판에는 강제관할권이 인정되지 않고 있기 때문이다.

아무튼 상술한 실정국제법상의 재판의무와 무관하게, ICJ의 유럽중심적 성격, ICJ에서 적용되는 법이 일본을 비롯한 서구국가들에 의해 정립되었다는 사실 그리고 일본이 상설국제사법재판소(PCIJ)시절부터 여러 명의 재판관을 배출하여 왔고 오늘날에도 ICJ에 재판관(Owada재판관)을 두고 있는 반면에 우리의 경우 아직까지 그러한 기회를 한번도 갖지 못하여 왔다는 사실 등은 우리나라가 간과하여서는 안될 부분이라고 할 것이다. 따라서 장차 우리나라는, 국제법에 대한 높은 관심을 통한 훌륭한 국제법문화를 꽃피움으로써, ICJ재판관의 배출 및 국제법정립에 적극적 참여 등 많은 과제를 숙제로 하고 있다고 할 것이다.

사례 5 : 한일어업협정의 내용과 문제점

비교적 최근까지 우리 어민들이 한국과 일본 간에 체결된 어업협정에 반대하는 집회가 있었고, 또한 그러한 영향은 지금까지 계속되고 있다. 동 협정은 어떤 내용을 담고 있고, 또 이 협정의 내용은 무엇이 문제인가?

해설

1. 기존 어업협정의 내용과 한계

한 · 일어업협정은 1965년 6월 22일 한 · 일기본관계조약과 동시에 체결되었으며, 동년 12월 18일에 효력을 발생하였던 바, 그 주요내용은 다음과 같다.

동 협정에서는 우리나라와 일본 사이에 있는 해양을 전관수역, 공동규제수역, 공동자원조사수역으로 구분하고 있다. 첫째 전관수역은 양국의 영해기준선으로부터 12해리 이내의 수역으로 연안국이 어업에 관하여 배타적 관할권을 행사할 수 있는 수역이다. 다만 양국의 12해리 수역이 중복되는 경우에는 중복되는 부분의 최대폭을 나타내는 직선을 이등분하는 점과 중복부분이 끝나는 두 개의 점을 각각 연결하는 직선으로 양분하도록 하고 있다. 둘째 공동규제수역은 대체로 평화선과 전관수역 외측 한계선의 중간쯤에 위치하는 수역으로서, 여기서는 어업자원의 지속적인 생산성을 확보하기 위하여 양국이 공동으로 일정한 어로 활동을 규제하도록 하고 있다. 셋째 공동자원조사수역은 공동규제수역 외측에 설치되며, 그 구체적인 범위 및 조사내용은 한 · 일어업공동위원회의 권고에 따라 양국이 협의하여 결정하도록 하고 있다.

그러나 한 · 일어업협정은 그 체결시부터 다음과 같은 약간의 문제점을 가지고 있었다. 첫째 전관수역의 범위(12해리)가 너무 좁다는 점이다. 둘째 전관수역 이외의 수역에서는 철저한 旗國主義(양국이 각각 자국 어선에 대한 관할권을 갖는 것)에 입각하고 있기 때문에, 어업관계법령을 위반하는 상대방의 어선을 직접 단속할 수 있는 수단이 마련되지 않았다는 점이다. 셋째 공동규제수역에서의 어획량을 배분함에 있어서 연안국의 우선권이 인정되지 않고 단지 상대방이 제출한 자료에 근거한 50:50의 비율로 똑같이 배분하도록 하고 있다는 점이다. 넷째 상술한 것처럼 한・일공동어업위원회에 일정한 역할을 위임하고 있으나, 동 위원회가 권고적 기능만을 가짐으로써 실질적인 문제의 해결에는 도움이 되지 않았다는 점이다. 다섯째 한・일어업협정의 체결 이후 해양법 질서에 많은 변화를 가져 왔다는 점에서, 현행 해양법 질서와의 조화문제가 지적된다.

2. 신어업협정

신어업협정의 주요내용은 다음과 같다. 첫째 동해에 한・일 양측이 조업할 수 있는 중간수역을 설정한다. 중간수역은 양측 연안으로부터 35해리 폭을 기준으로 하여 여러 개의 직선으로 연결된 다각형 모양이며, 그 동쪽 한계선은 동경 135도 30분이고 서쪽 한계선은 동경 131도 40분이다. 따라서 대화퇴어장의 반 정도가 중간수역에 포함된다. 둘째 동해 중간수역에서는 기국주의를 실시한다. 또한 각 체약국은 이 수역에서의 해양생물자원의 보존을 위하여 한・일어업공동위원회의 권고에 따라 자국의 국민과 어선에 대하여 취할 조치를 결정한다. 셋째 제주도 남부와 큐슈 서부 사이의 수역에 일정한 중간수역을 설정한다. 여기서는 기국주의의 원칙하에 자원의 공동관리를 실시한다. 넷째 일본의 배타적경제수역에서의 한국의 명태조업은 협정 시행 초년도에는 15,000 톤(기존 57,000 톤, 365억)으로 제한하고, 2차년도부터는 영으로 한다. 또한 대게의 경우(기존 860톤, 약 120억)에는 초년도에 기존 실적의 50%를 그 다음해에 나머지 50%를 감축한다. 그 밖의 어종에 대해서는 3년에 걸쳐 한・일 양측의 어획할당량이 등량이 되도록 연차적으로 조절한다. 다섯째 양국은 각각 자국의 국내법에 대한 위반조업을 엄격히 단속하기로 한다.

이러한 신어업협정의 채택으로 인해, 우리 어민들에게 큰 타격을 준다는 점, 장차 어업정책의 변화 필요성, 독도 영유권의 불명시문제 및 실무협상단 문제 등이 노출되었다.

사례 6 : 우주공간의 경제적 활용

아폴로 11호가 달에 착륙한 이래, 인류는 우주공간을 많이 활용하고 있다. 우주공간에 대한 국제법적 규정과 경제적인 이용 실태는 어떠한가?

해설

1. 지구정지궤도

지구정지궤도란 지구적도주변의 고도 35,800Km를 지나는 원형궤도로서 지구와 동일방향으로 그리고 지구의 자전속도와 동일속도로 회전하는 특성을 지닌 궤도이다. 동 궤도는 지구표면의 약 1/3과 무선신호의 송수신이 가능하다는 점에서 경제적 가치를 갖는다.

현행 우주법에서는 지구정지궤도에 대한 전유화금지, 국제공역으로서의 지위인정, 독특한 천연자원으로서 最適使用을 위한 조정과 계획의 필요, 모든 국가의 공평한 참여보장 및 개발도상국의 장래수용의 인정 등 일반원칙을 밝히고 있다.

2. 위성직접TV방송

지구정지궤도상의 위성을 통하여 TV를 방영하는 제도로서, 오늘날 다수의 국가가 이용하고 있다. 그러나 위성방송시 TV방송의 내용이 본의 아니게 타국에 넘쳐 흘러들어가는 spill-over가 발생하며, 그로부터 정보의 자유원칙을 채택하고 있는 서구국가와 불간섭원칙을 취하고 있는 폐쇄국가 간에 다양한 문제를 야기하고 있다.

3. 통신

1960년 미국의 국립항공우주국(National Aeronautics and Space Agency, NASA)에 의해 우주공간이 통신을 위해 사용된 이래오늘날 발달된 통신위성을 사용하고 있다. 오늘날 발달된 통신위성의 사용은 電送시간이 오래 걸리고 고장의 수리가 어려운 반면, 수용능력의 방대함과 비용저렴으로 인해 각종 통신에 필수적이다.

4. 먼거리 탐사

먼거리탐사란 궤도상의 전자탐지장치에 의하여 지구상의 환경여건을 측정하는 것, 즉 자원탐사, 기상관측, 해상탐사, 환경오염측정, 산림관찰, 빙산의 움직임 관찰 등을 측정하는 것이다. 1966년 NASA가 이용한 이래, 오늘날 많은 국가가 이용하고 있다.

이러한 먼거리탐사는 모든 국가의 이익을 위해 수행, 국제법에 따라 수행, 먼거리탐사의 이익극대화, 자연환경보호, 인류보호 등의 원칙하에서 수행되고 있다.

5. 우주운송과 우주기지

우주공간은 운송도구로 사용됨과 아울러 장기간 체류 활동하는 여건을 갖춘 기지로 사용되고 있다.

사례 7 : 외교사절의 파견과 아그레망

외교사절의 파견 및 접수에 있어서, 아그레망의 요청이라는 의미는 무엇인가?

해설

외교사절이 파견·접수되는 대략적 과정은 외교사절의 임명, 아그레망의 요청, 아그레망의 부여 또는 거부, 접수국 파견(신임장 휴대) 및 신임장의 접수 등이다. 여기서 아그레망의 요청이란 외교사절로 정식으로 임명하기에 앞서 '특정인물의 임명 및 파견'에 관해 접수국의 이의유무를 문의하는 것으로서, 그것은 법적 의무이다.

접수국은 아그레망의 거부시, 거부사유를 표명할 필요는 없으며, 특히 사절단의 직원에 대해서는 아그레망을 요하지 않는다. 다만 육·해·공군의 무관인 경우에는 그 승인을 위해 사전에 그 명단의 제출을 접수국은 요구할 수 있다.

또한 접수국이 갖는 외교사절의 파견·접수에 있어서의 통제권으로서 "좋지 않은 인물(persona non grata)"이라는 것이 있다. 이것은 언제든지 그리고 그 결정을 설명할 필요없이, 외교사절과 그 외교직원을 좋지 않는 인물로 파견국에 통고할 수 있다. 이때 파견국은 그 자에 대해 소환 또는 직무종료의 조치를 취하여야 하며, 그렇지 않은 경우, 접수국은 그자를 사절단의 구성원에서 제외할 수 있다. 이와 유사한 것으로서 "받아들일 수 없는 인물(not acceptable person)"이라는 것이 있다 이것은 그 대상이 기타의 직원이라는 점에서만 차이가 있다.

앞에 있어서의 신임장이란 특정인을 외교사절로 신임파견한다는 공식통지문서, 대사와 공사의 경우에는 파견국의 원수로부터 접수국의 원수 앞으로, 대리공사의 경우에는 파견국의 외무부장관으로부터 접수국의 외무부장관 앞으로 보낸다.

사례 8 : 주한미군의 법적 지위

주한미군이 한반도에 진주한 지 약 60년이 지났다. 그들의 공과에 대한 논의는 다음으로 미룬다고 하더라도, 그들에 의한 범죄행위에 대해서는 다소 분통을 터트리는 국민들이 많다. 우리나라에 주둔하고 있는 주한미군의 지위는 무엇에 근거하여 인정되는가?

해설

1. 주한미군의 주둔과정

(1) 한국전쟁이전의 과정

1945년 9월 2일의 연합군 최고사령관 MacArthur장군 일반명령 제1호에 근거하여 38도선 이남의 일본군무장해제 및 남한에서의 군정실시하기 위하여 1945년 9월 9일 미군이 한반도에 최초로 들어오게 되었으며, 이때 미군은 점령군으로서의 지위를 가졌다. 그 후 1948년 8월 24일 '대한민국대통령과미국군대사령관간의과도기에시행될잠정적군사안전에관한행정협정'을 통해, 미군에게 그 철수시까지 필요한 구역과 시설에 대한 사용권 및 미군, 군속 및 그 가족에 대한 형사재판권을 부여하였다. 1949년 9월 19일 미군은 482명의 군사고문단만을 남기고 철수함으로써, 상기협정은 실효되었다. 1950년 1월 26일 '주한미국군사고문단설치에관한대한민국정부와미합중국간의협정'을 체결함으로써, 미군사고문단과 그 가족을 주한미대사관의 일부로 간주하여 외교관과 동일한 면제권을 부여하는데 이르렀던 것이다.

(2) 1950년 7월 12일의 대전협정

1950년 6월 27일 UN안보리의 결의에 따라 미군은 다시 한반도에 주둔하게 되었고, 그 법적 지위문제의 해결을 위하여 대전협정(주한미군의형사관할권에관한한미협정)을 체결하였던 바, 동 협정에서는 미군당국에게 전속적 관할권을 부여하고 있다.

전쟁종료 이후 새로운 협정의 체결을 요구하였으나, 미국측은 한국의 사법제도, 형행제도 및 교도시설에 대한 불신 등을 이유로 미루어져 왔다.

(3) 1966년 7월 9일 한미주둔군지위협정 또는 한미행정협정(대한민국과아메리카합중국간의상호방위조약제4조에의한시설과구역및대한민국에서의합중국군대의지위에관한협정:1967.2.9발효)을 체결하였던 바, 본 협정, 합의의사록, 동 협정 및 합의의사록에 대한 합의양해사항 및 형사관할에 관한 교환서한으로 구성된다.

동 협정은 외형적으로는 평등성을 갖추었으나 부속서에서 형사관할권, 민사청구권, 노무자처우문제, 통관 관세 조세상의 특혜문제, 미군시설과 기지의 사용문제, 협정해석시 영어본 우선 등 많은 문제점을 내포하고 있다.

(4) 1991년 2월 1일 개정양해사항(대한민국과미합중국간의상호방위조약제4조에의한시설과구역및대한민국에서의합중국군대의지위에관한협정과관련합의의사록의시행에관한양해사항)이 체결되었던 바, 이는 상기 합의양해사항과 교환서한을 폐기 · 대체한 문서이다.

(5) 1995년 11월부터 1997년 11월에 걸쳐 형사관할권의 개정을 위한 7차례의 교섭회의가 있었으나, 성과없이 협상이 종료되었다.

2. 한미주둔군지위협정의 문제점 -개정양해사항과 관련하여-

개정양해사항에서는, 첫째 그 동안 밀수의 온상으로서 말썽을 부린 미군군사우체국에 대해 '본협정제9조에관련합중국주둔군군사우체국경로우송우편물에대한대한민국세관검사관에대한절차'가 마련되었으며, 둘째 형사재판권 자동포기조항의 폐지 등 약간의 개선점이 있었으나, 아래와 같은 문제점을 지니고 있다.

(1) 경합적 관할권에 있어서 미군당국의 요청시 재판권포기문제

본 협정 제22조 3항 (다) '재판관할권 포기의 요청이 있으면 그 요청에 호의적 고려를 하여야 한다.'

합의의사록 제22조 제3항 (나)에 관하여 '대한민국당국은 특히 중요하다고 결정하는 경우를 제외하고 재판권을 행사할 그의 제1차적 권리를 포기한다.'

여기서 '특히 중요하다'의 의미는 대한민국의 안전에 관한 범죄, 살인, 강도, 강간 및 이들 범죄의 미수와 공범 등을 예시하고 있다(합의양해사항 제22조 3항).

교환서한에서는 '특히 중요한 사건에 대해서는 대한민국의 법무부장관이 범죄발생을 통고받거나 알게 된 후 15일 이내에 미군당국에 서면으로 통고' 한 경우에만 우리나라의 재판권행사가 가능하도록 하고 있다.

개정양해사항에서는 중요한 범죄의 종류와 내용을 명시하지 않고 있다.

⑵ '공무'의 개념확대 문제 및 공무판단주체문제

합의의사록 제22조에서 공무라 함은 그 자가 집행하고 있는 공무의 기능으로서 행하여질 것이 요구되는 행위만을 의미하며, 또한 공무의 개념과 관련하여 검찰총장이 반증을 제시하는 경우에는 재검토하도록 하고 있다.

합의양해사항 제22조에서는 요구되는 행위로부터의 실질적 이탈은 통상 그의 공무 밖의 행위를 의미하며, 또한 공무증명서의 발급은 법무참모의 권고에 의한 장성급장교의 발급에 의함을 규정하고 있다.

개정양해사항에서는 상기문제에 관한 이의제기권자의 범위를 확대하여 일반검사에 의한 이의제기를 가능하도록 하고 있다.

(3) 그 밖에도 첫째 수사권행사, 증거수집활동 및 판결집행의 제약, 둘째 한국경찰권행사의 제약 및 미군경찰권의 남용, 셋째 미군피의자에게 지나친 특혜부여, 넷째 적대행위발생시 또는 계엄선포시 형사재판권 정지, 다섯째 미군의 형사관할권의 인적 적용범위의 지나친 확대 등을 들 수 있다.

사례 9 : SALT, INF협상, START의 의미

매체를 통하여 SALT, INF협상 및 START 등의 용어를 자주 접할 수 있다. 그것들의 의미는 무엇인가?

해설

SALT, INF협상 및 START는 미국과 구소련(또는 러시아) 간의 양자간 핵군축협상체제를 지칭한다. 미국과 구소련(러시아)은 1970년대의 전략무기제한회담(Strategic Arms Limitation Talks:SALT), 1980년대의 중·단거리미사일폐기협상(Negociation on the Elimination of Intermediate-Range and Shorter-Range Missile:INF협상) 및 1980년대와 1990년대에 걸친 전략무기감축회담(Strategic Arms Reduction Talks:START) 등의 핵군축협상을 통하여 핵무기를 통제하여 왔다.

먼저 SALT란 미-소 양국이 전략핵무기(공격무기와 방어무기를 포함)를 제한하기 위하여 1969년부터 1979년까지 벌인 핵무기 통제협상으로서, SALT Ⅰ(1969~1972)과 SALT Ⅱ(1972~1979)로 대별된다. SALT Ⅰ을 통하여 1972년 5월 26일 미-소 양국은 '탄도탄요격미사일제한조약(Treaty on the Limitation of Anti-Ballistic Missile Systems:ABM조약)', '전략공격무기제한에관한잠정협정(Interim Agreement on Certain Measures with respect to the Limitatiom of Strategic Offensive Arms:잠정협정)'을 체결한 바 있으며, SALT Ⅱ를 통하여 1979년 6월 18일 '전략공격무기제한조약(Treaty on Limitation of Strategic Offensive Arms:전략무기제한조약)'을 체결하였다.

둘째 INF협상이란 1981~1987년간에 진행된 핵무기 통제협상이다. 미-소 양국은 1981년 11월부터 중·단거리핵미사일의 撤廢를 위한 협상을 시작하였으며, 결국 1987년 12월 8일 INF조약을 체결하였다.

셋째 START란 1982년부터 오늘에 이르기까지 진행되고 있는 핵무기 통제협상으로서, START Ⅰ(1982~1991)과 START Ⅱ(1992~1993) 및 START Ⅲ로 구분된다. 미-소 양국은 1982년 6월 29일 Geneva에서 START Ⅰ 을 시작하여, 1991년 'START Ⅰ 조약'을 체결하였다. 또한 미국과 러시아 양국은 1992년 5월 24일 START Ⅱ 를 시작하여, 1993년 'START Ⅱ 조약'을 체결하였다. 이 조약은 "희망의 조약"으로 불리워질 정도로 인류에게 큰 기대를 부여하고 있다. 즉 'START Ⅱ 조약'이 완전히 이행될 경우, 미국의 핵무기보유량은 1960년대의 수준으로 또한 러시아의 핵무기보유량은 1970년대 중반의 수준으로 각각 감축되는 바, 이에 따라 인류는 그 만큼 핵전쟁의 공포로부터 벗어나게 된다고 할 수 있다.

그 후, 미국과 러시아 양국은 Helsinki정상회담을 통하여 START Ⅲ 조약의 대강(2007년 12월 31일까지 미국과 러시아 양국이 각각 보유하고 있는 전략핵탄두의 수를 2,000-2,500기로 각각 감축, 양국간 새로운 핵투명성의 확보 및 신뢰구축조치의 형성 등)에 합의하였으며 또한 START Ⅱ 조약의 이행연장을 위한 의정서의 채택에 합의하였다. 따라서 1997년 9월 26일 양국이 START Ⅱ 조약에 대한 의정서에 서명함으로써, START Ⅱ 조약의 최종이행시한은 2007년 12월 31일로 연장되게 이르렀다.

사례 10 : 북한 핵사찰의 법적 근거

오늘날 한반도에서 가장 중요하고도 어려운 문제 중의 하나가 바로 북한핵 문제라고 할 수 있다. 최근 국제사회는 직접 북한에 들어가서 핵개발 여부를 조사하기도 하고, 또 이를 거부하기도 하는데, 그 법적 근거는 무엇인가?

해설

북한의 핵사찰에 관한 일련의 사태를 총칭해서 일반적으로 "북한의 핵사찰문제"라고 하는데, 이에 관한 사실관계를 간략히 살펴보면 다음과 같다.

북한은 1985년 12월 12일에 NPT에 가입하였으며, 1992년 1월 30일에 IAEA와 安全措置協定을 체결하였다. 이 협정에 의하여, IAEA는 1992년 5월 25일부터 1993년 2월 6일까지 북한내의 핵시설에 대하여 6회의 사찰을 실시한 바가 있다. 그런데 이러한 사찰과정에서 1992년 8월(제3차 사찰시)에 국제사회는 북한내 2곳의 미신고지역(영변)에 대하여 핵개발의 의혹을 품기 시작하였으며, 그 이후부터 IAEA는 상기 2곳에 대한 사찰을 허용하여 줄 것을 종용하여 왔다. 그러나 IAEA의 설득노력에도 불구하고, 북한은 그러한 설득을 거부하였다. 이에 1993년 2월 11일 IAEA는 북한에 대한 특별사찰을 실시할 것을 결정하였으며, 이에 대응하여 북한은 1993년 2월 21일자 노동신문을 통하여 "특별사찰의 강요시 한반도에 전쟁이 발발할지도 모른다"라는 경고로 맞섰던 것이다.

결국 1993년 2월 25일 IAEA는 1개월 이내에 특별사찰의 수용여부를 결정하라는 "대북한핵사찰수용촉구결의안"을 채택하였는데, 이 결의는 특별사찰의 수용을 거부할 경우 본 사안을 UN 안전보장이사회에 회부할 것이라는 최후 통첩적인 성질을 띠고 있었다. 그런데 북한은 이 최후 통첩기간중인 1993년 3월 12일 NPT를 탈퇴한다는 선언을 하였다. 이러한 탈퇴선언으로 인하여, 북한의 진의를 확인한 IAEA는 1993년 4월 1일 사무총장의 성명을 통하여 이 문제를 안전보장이사회에 상정하게 되었던 것이다.

그 후, 안전보장이사회는 본 사안에 대한 약간의 논의를 거친 후에 1993년 5월 11일 안전보장이사회의 제1차 대북결의(전문 9개항과 본문 5개항으로 구성)를 채택하였으며, 북한의 NPT 탈퇴 발효일인 1993년 6월 12일을 기점으로 북한측의 약간의 태도변화로 인하여, 본 사안은 미국과 북한간의 협상으로 넘겨졌다. 따라서 그 이후 북-미간의 협상을 통하여, 경수로문제, 중유지원문제 등을 해결하면서, 해결의 실마리를 보이는가 싶더니, 최근 재차 NPT 탈퇴 선언 등으로 북한의 핵사찰문제는 여전히 과제로 남겨져 있다.

1. 법적 근거

NPT 제3조 1항에서는 핵무기비보유국으로 하여금 동 조약상의 의무의 이행을 확인하기 위하여 IAEA가 실시하는 安全措置를 수락하도록 요구하고 있다. 따라서 NPT의 당사국인 경우에는, 동 조약 제3조 4항의 규정에 따라서 NPT의 발효 후 180일 이내에 안전조치의 적용을 위한 안전조치협정을 체결하기 위한 교섭을 개시하도록 하고 있으며(1970년 9월 5일 이후에 NPT에 가입하는 경우에는, 그 가입 전에 안전조치협정을 체결하기 위한 교섭을 행함), 교섭개시일로부터 18개월 이내에 안전조치협정이 효력을 발생하도록 하고 있는 것이다.

이처럼 동 조약에서 규정하고 있는 안전조치의 수락의무와 이를 위한 안전조치협정의 체결의무는, 북한이 1985년 12월 12일에 NPT에 가입함으로써, 북한에게도 당연히 부과되었던 것이다. 그러나 북한은 시간적 한계를 다소 넘긴 1992년 1월 30일에 IAEA와 안전조치협정을 체결하였는데, 이 안전조치협정의 체결로 인하여 북한에게도 법적으로 안전조치를 적용할 수 있게 되었다고 하겠다.

따라서 북한과 IAEA간에 체결된 안전조치협정의 내용에 따라, 북한은 안전조치의 실시를 위한 다양한 의무를 지게 되는데, 그 가운데 가장 중요한 의무가 IAEA가 실시하는 사찰을 수용하여야 할 의무인 것이다. 따라서 북한은 IAEA가 실시하는 수시사찰, 일반사찰 및 특별사찰을 수용하여야 하는 것이다.

2. 특별사찰의 거부와 NPT 탈퇴에 대한 법적 평가

(1) 특별사찰거부의 위법성

1993년 2월 25일 IAEA는 決議案을 통하여 북한으로 하여금 특별사찰을 수용할 것을 촉구하였다. 모델협정 제73항에 의하면 "특별사찰은 특별보고서에 포함된 정보를 검증하기 위하여 실시할 수 있으며, 또한 일반사찰만으로는 IAEA의 사찰업무에 관한 책임을 수행하는데 불충분하다고 看做하는 경우에 IAEA 자신의 결정에 의하여 실시할 수 있다"라고 규정하고 있다. 따라서 IAEA가 NPT의 당사국인 북한에 대하여 특별사찰을 촉구한 것은 正當하다고 생각되며, 결국 북한의 특별사찰 거부는 북한이 체결한 安全措置協定의 위반인 것이다. 이러한 이유로 인하여 북한은 특별사찰을 지속적으로 거부할 수 없다고 판단하여 특별사찰의 근거가 되는 NPT에의 탈퇴라는 초강수를 선택한 것이 아닌가 생각된다.

(2) NPT 탈퇴행위의 법적 평가

NPT 제10조 1항에서는 모든 조약당사국에게 "자국의 최고이익이 위태롭다고 판단하는 경우" 동 조약으로부터 탈퇴할 수 있는 권리를 부여하고 있다. 이처럼 탈퇴권은 모든 조약당사국에게 부여된 일반적 권리인 것이다. 따라서 1993년 3월 12일의 북한의 NPT 탈퇴선언은 외형상으로는 NPT에서 부여한 법적 권리의 유효한 행사로 보인다. 그러나 북한의 NPT 탈퇴행위에 있어서, 그 행위의 실질적인 합법성을 판단하기 위해서는 다음과 같은 검토가 요망된다.

즉 그 당시에 과연 북한의 최고이익이 위태로운 경우였던가 하는 실질적인 판단이 수반된다. 이러한 판단과 관련하여, 전술한 바와 같이 동 조약 제10조에서는 탈퇴국으로 하여금 자국의 최고이익이 위태롭다는 판단을 한 이유를 탈퇴국 스스로가 설명하도록 하고 있다. 다시 말해서 최고이익의 침해 여부는 당해 탈퇴국 스스로가 결정하여 3개월 이전에 탈퇴의 사실을 NPT의 모든 조약당사국과 UN 안전보장이사회에 통고하도록 하고 있는 것이다. 따라서 핵사찰을 거부하기 위해서 NPT를 탈퇴하였을 것이라는 대부분 국가의 견해와는 달리, 만약 북한이 그 당시의 상황을 자국의 최고이익이 침해되는 경우로 판단하였다면, 그 탈퇴행위는 최소한 법적으로는 하자가 없는 것이 아닌가 생각된다.

그러나 핵확산을 방지하고자 하는 NPT의 입법취지나 또는 NPT로부터의 탈퇴행위가 가져올 국제평화의 위협 파괴라는 결과에 비추어 볼 때, NPT로부터의 탈퇴행위는 가능한 한 방지되어야 할 것이다.

결론적으로 전술한 평가에도 불구하고 북한의 NPT 탈퇴행위가 합법적인 행위로 간주되는 경우, 그 탈퇴의 효력이 발생하는 1993년 6월 12일 이후부터는 NPT를 기초로 하여 발생한 안전조치수락의무는 북한에게는 배제되며, 아울러 특별사찰도 받지 않아도 되게 된다.

사례 11 : 코소보사태의 법적 논점

1998년 신유고연방 내에서 일어났던 대규모적 인권침해사태(소위 코소보사태)에 대해 북대서양조약기구라는 국제기구가 무력에 의한 개입을 함으로써 논란이 된 적이 있다. 상기 코소보사태의 법적 논점은 무엇인가?

해설

국제법상 확립된 국가의 기본적 의무 가운데 하나는 바로 타국의 국내문제에 간섭해서는 안된다라는 불간섭의무이다. 그러나 이러한 불간섭의무의 존재에도 불구하고, 예외적으로 UN헌장에 의거한 집단적 간섭, 자위권에 의한 간섭, 권리의 남용에 대한 간섭, 국제법규의 위반에 대한 간섭, 인도적 간섭 등은 합법적으로 타국의 국내문제에 간섭할 수 있는 경우로 인정되고 있다.

이 가운데 특히 인도적 간섭(인종이나 또는 종교상의 이유로 국민의 기본적 인권을 무시하고 국민을 박해하는 경우에 그 박해행위를 중지시키기 위하여 간섭하는 것)과 관련해서는, 소말리아 · 보스니아 · 르완다 · 코소보 등에서의 대규모 인권침해사례에서 잘 보여지는 바와 같이 그 적법성의 여부를 둘러싸고 많은 논란을 야기하고 있는 실정이다.

따라서 여기서는 1998년에 발생한 코소보사태를 중심으로 인도적 간섭의 적법성 여부를 살펴보고자 한다.

1. 코소보사태의 전개

코소보는 인구 약 200만 명(약 90%가 알바니아계이며 나머지가 세르비아계)에 이슬람교도인 알바니아계와 그리스정교를 신봉하는 세르비아계가 공존하는 신유고연방의 2개 자치주 중의 하나이다. 수십 년 동안 코소보내 절대다수를 차지하는 알바니아계는 인접국가인 알마니아의 지원하에 코소보의 분리독립를 요구하여 왔다. 이러한 과정에서 특히 1989년 밀로세비치 유고대통령이 코소보주에 대한 자치권을 박탈함으로써, 상기 양측의 긴장관계는 크게 고조되었다. 따라서 이때부터 코소보해방군을 중심으로 한 알바니아계와 세르비아계 간의 간헐적 무력충돌이 있어 왔던 것이다.

1998년 3월 알바니아계의 독립요구가 거세지자 세르비아가 무력진압에 나사면서 코소보사태는 본격적으로 시작되었다. 이 과정에서 세르비아의 코소보내 알바니아계에 대한 인종청소가 자행되어 수십만의 알바니아계주민이 거주지를 떠났고 수많은 사람이 처형되었으며 각종의 인권유린상황이 야기되었다.

이러한 인권유린상황에 대응하여, 1999년 3월 미국을 중심으로 한 NATO는 유고에 대한 공습을 감행하였고, 그 결과 유고 군과 경찰의 코소보내에서 완전 철수, 알바니아계에 대한 자치 허용 및 국제평화유지군의 주둔 등을 타협점으로 하여 코소보사태는 일단락되었다.

2. 코소보사태에 있어서의 인도적 간섭의 적법성

일반적으로 인도적 간섭이 적법성을 띠기 위해서는 객관적이고 공정한 기구(예컨대 UN)를 통해 이루어져야 할 것이다.

그러나 이번의 경우에, 러시아와 세르비아인은 둘 다 슬라브족이라는 점에서 또한 중국은 스스로 인권문제에 한계를 지니고 있다는 점에서, 미국은 러시아나 또는 중국의 지지를 얻을 수 없음을 잘 알고 있었다. 따라서 미국은 코소보에 거주하는 알바니아계를 보호하기 위한 인도적 간섭을 수행함에 있어서, UN 대신에 NATO라는 지역적 기구를 이용하였다.

결국 코소보사태의 적법성여부는 다방면에서 논란을 야기할 것이다.

3. 코소보사태의 과제

(1) 무력사용의 결과

약 15개월간 계속된 세르비아의 코소보에 대한 인종청소는 결국 코소보를 죽음의 땅으로 바꾸어 놓았다. 180만의 알바니아계 주민이 주거지를 떠났고, 모든 땅과 보금자리는 잿더미가 되었다. 수많은 사람이 처형되었고, 각종의 인권유린이 세르비아의 군과 경찰에 의해 자행되었다. 또한 거의 모든 사회

간접시설이 파괴되어 해외로 피난한 난민들이 귀환한다고 하더라도 그들을 기다리고 있는 것은 잿더미로 변한 도시와 시체뿐이다.

⑵ 알바니아계의 역인종청소

NATO의 승리가 확정되고 세르비아의 경찰과 군대가 퇴각한 후, 해외로 피난했던 알바니아계 주민이 귀환하면서, 그들에 의한 세르비아계 주민에 대한 인종보복이 시작되었다. 그 결과 코소보내의 세르비아계 주민들은 다시 코소보주를 탈출해야 하는 역인종청소가 발생하고 있다.

⑶ 인권의 침해

미국은 코소보내에 거주하는 알바니아계의 인권을 보호하기 위한 인도적 차원의 유고공습을 감행하였다. 코소보의 인종청소를 막기 위해 밀로세비치 유고대통령을 제거한다면서 약 5주 이상 무차별공습을 감행하였지만, 밀로세비치는 건재하며 대신 무고한 유고 국민 수천 명과 100만 명 이상의 난민을 발생하게 하였다. 이처럼 무력을 통한 인권의 보호가 인권의 보호는커녕 인권침해를 대량화, 가속화하였다는 비난을 받고 있는 실정이다.

찾•아•보•기

가

나

다

라

마

자

차

대한민국헌법

[전문개정 1987.10.29 헌법10호]

전문

유구한 역사와 전통에 빛나는 우리 대한국민은 3·1운동으로 건립된 대한민국임시정부의 법통과 불의에 항거한 4·19민주이념을 계승하고, 조국의 민주개혁과 평화적 통일의 사명에 입각하여 정의·인도와 동포애로써 민족의 단결을 공고히 하고, 모든 사회적 폐습과 불의를 타파하며, 자율과 조화를 바탕으로 자유민주적 기본질서를 더욱 확고히 하여 정치·경제·사회·문화의 모든 영역에 있어서 각인의 기회를 균등히 하고, 능력을 최고도로 발휘하게 하며, 자유와 권리에 따르는 책임과 의무를 완수하게 하여, 안으로는 국민생활의 균등한 향상을 기하고 밖으로는 항구적인 세계평화와 인류공영에 이바지함으로써 우리들과 우리들의 자손의 안전과 자유와 행복을 영원히 확보할 것을 다짐하면서 1948년 7월 12일에 제정되고 8차에 걸쳐 개정된 헌법을 이제 국회의 의결을 거쳐 국민투표에 의하여 개정한다.

제1장 총강

제1조 ①대한민국은 민주공화국이다.

②대한민국의 주권은 국민에게 있고, 모든 권력은 국민으로부터 나온다.

제2조 ①대한민국의 국민이 되는 요건은 법률로 정한다.

②국가는 법률이 정하는 바에 의하여 재외국민을 보호할 의무를 진다.

제3조 대한민국의 영토는 한반도와 그 부속도서로 한다.

제4조 대한민국은 통일을 지향하며, 자유민주적 기본질서에 입각한 평화적 통일 정책을 수립하고 이를 추진한다.

제5조 ①대한민국은 국제평화의 유지에 노력하고 침략적 전쟁을 부인한다.

②국군은 국가의 안전보장과 국토방위의 신성한 의무를 수행함을 사명으로 하며, 그 정치적 중립성은 준수된다.

제6조 ①헌법에 의하여 체결·공포된 조약과 일반적으로 승인된 국제법규는 국내법과 같은 효력을 가진다.

②외국인은 국제법과 조약이 정하는 바에 의하여 그 지위가 보장된다.

제7조 ①공무원은 국민전체에 대한 봉사자이며, 국민에 대하여 책임을 진다.

②공무원의 신분과 정치적 중립성은 법률이 정하는 바에 의하여 보장된다.

제8조 ①정당의 설립은 자유이며, 복수정당제는 보장된다.

②정당은 그 목적·조직과 활동이 민주적이어야 하며, 국민의 정치적 의사형성에 참여하는데 필요한 조직을 가져야 한다.

③정당은 법률이 정하는 바에 의하여 국가의 보호를 받으며, 국가는 법률이 정하는 바에 의하여 정당운영에 필요한 자금을 보조할 수 있다.

④정당의 목적이나 활동이 민주적 기본질서에 위배될 때에는 정부는 헌법재판소에 그 해산을 제소할 수 있고, 정당은 헌법재판소의 심판에 의하여 해산된다.

제9조 국가는 전통문화의 계승·발전과 민족문화의 창달에 노력하여야 한다.

제2장 국민의 권리와 의무

제10조 모든 국민은 인간으로서의 존엄과 가치를 가지며, 행복을 추구할 권리를 가진다. 국가는 개인이 가지는 불가침의 기본적 인권을 확인하고 이를 보장할 의무를 진다.

제11조 ①모든 국민은 법 앞에 평등하다. 누구든지 성별·종교 또는 사회적 신분에 의하여 정치적·경제적·사회적·문화적 생활의 모든 영역에 있어서 차별을 받지 아니한다.

②사회적 특수계급의 제도는 인정되지 아니하며, 어떠한 형태로도 이를 창설할 수 없다.

③훈장 등의 영전은 이를 받은 자에게만 효력이 있고, 어떠한 특권도 이에 따르지 아니한다.

제12조 ①모든 국민은 신체의 자유를 가진다. 누구든지 법률에 의하지 아니하고는 체포·구속·압수·수색 또는 심문을 받지 아니하며, 법률과 적법한 절차에 의하지 아니하고는 처벌·보안처분 또는 강제노역을 받지 아니한다.

②모든 국민은 고문을 받지 아니하며, 형사상 자기에게 불리한 진술을 강요당하지 아니한다.

③체포·구속·압수 또는 수색을 할 때에는 적법한 절차에 따라 검사의 신청에 의하여 법관이 발부한 영장을 제시하여야 한다. 다만, 현행범인인 경우와 장기 3년 이상의 형에 해당하는 죄를 범하고 도피 또는 증거인멸의 염려가 있을 때에는 사후에 영장을 청구할 수 있다.

④누구든지 체포 또는 구속을 당한 때에는 즉시 변호인의 조력을 받을 권리를 가진다. 다만, 형사피고인이 스스로 변호인을 구할 수 없을 때에는 법률이 정하는 바에 의하여 국가가 변호인을 붙인다.

⑤누구든지 체포 또는 구속의 이유와 변호인의 조력을 받을 권리가 있음을 고지받지 아니하고는 체포 또는 구속을 당하지 아니한다. 체포 또는 구속을 당한 자의 가족 등 법률이 정하는 자에게는 그 이유와 일시·장소가 지체없이 통지되어야 한다.

⑥누구든지 체포 또는 구속을 당한 때에는 적부의 심사를 법원에 청구할 권리를 가진다.

⑦피고인의 자백이 고문·폭행·협박·구속의 부당한 장기화 또는 기망 기타의 방법에 의하여 자의로 진술된 것이 아니라고 인정될 때 또는 정식재판에 있어서 피고인의 자백이 그에게 불리한 유일한 증거일 때에는 이를 유죄의 증거로 삼거나 이를 이유로 처벌할 수 없다.

제13조 ①모든 국민은 행위시의 법률에 의하여 범죄를 구성하지 아니하는 행위로 소추되지 아니하며, 동일한 범죄에 대하여 거듭 처벌받지 아니한다.

②모든 국민은 소급입법에 의하여 참정권의 제한을 받거나 재산권을 박탈당하지 아니한다.

③모든 국민은 자기의 행위가 아닌 친족의 행위로 인하여 불이익한 처우를 받지 아니한다.

제14조 모든 국민은 거주·이전의 자유를 가진다.

제15조 모든 국민은 직업선택의 자유를 가진다.

제16조 모든 국민은 주거의 자유를 침해받지 아니한다. 주거에 대한 압수나 수색을 할 때에는 검사의 신청에 의하여 법관이 발부한 영장을 제시하여야 한다.

제17조 모든 국민은 사생활의 비밀과 자유를 침해받지 아니한다.

제18조 모든 국민은 통신의 비밀을 침해받지 아니한다.

제19조 모든 국민은 양심의 자유를 가진다.

제20조 ①모든 국민은 종교의 자유를 가진다.

②국교는 인정되지 아니하며, 종교와 정치는 분리된다.

제21조 ①모든 국민은 언론·출판의 자유와 집회·결사의 자유를 가진다.

②언론·출판에 대한 허가나 검열과 집회·결사에 대한 허가는 인정되지 아니한다.

③통신·방송의 시설기준과 신문의 기능을 보장하기 위하여 필요한 사항은 법률로 정한다.

④언론·출판은 타인의 명예나 권리 또는 공중도덕이나 사회윤리를 침해하여서는 아니된다. 언론·출판이 타인의 명예나 권리를 침해한 때에는 피해자는 이에 대한 피

해의 배상을 청구할 수 있다.

제22조 ①모든 국민은 학문과 예술의 자유를 가진다.

②저작자·발명가·과학기술자와 예술가의 권리는 법률로써 보호한다.

제23조 ①모든 국민의 재산권은 보장된다. 그 내용과 한계는 법률로 정한다.

②재산권의 행사는 공공복리에 적합하도록 하여야 한다.

③공공필요에 의한 재산권의 수용·사용 또는 제한 및 그에 대한 보상은 법률로써 하되, 정당한 보상을 지급하여야 한다.

제24조 모든 국민은 법률이 정하는 바에 의하여 선거권을 가진다.

제25조 모든 국민은 법률이 정하는 바에 의하여 공무담임권을 가진다.

제26조 ①모든 국민은 법률이 정하는 바에 의하여 국가기관에 문서로 청원할 권리를 가진다.

②국가는 청원에 대하여 심사할 의무를 진다.

제27조 ①모든 국민은 헌법과 법률이 정한 법관에 의하여 법률에 의한 재판을 받을 권리를 가진다.

②군인 또는 군무원이 아닌 국민은 대한민국의 영역안에서는 중대한 군사상 기밀·초병·초소·유독음식물공급·포로·군용물에 관한 죄중 법률이 정한 경우와 비상계엄이 선포된 경우를 제외하고는 군사법원의 재판을 받지 아니한다.

③모든 국민은 신속한 재판을 받을 권리를 가진다. 형사피고인은 상당한 이유가 없는 한 지체없이 공개재판을 받을 권리를 가진다.

④형사피고인은 유죄의 판결이 확정될 때까지는 무죄로 추정된다.

⑤형사피해자는 법률이 정하는 바에 의하여 당해 사건의 재판절차에서 진술할 수 있다.

제28조 형사피의자 또는 형사피고인으로서 구금되었던 자가 법률이 정하는 불기소처분을 받거나 무죄판결을 받은 때에는 법률이 정하는 바에 의하여 국가에 정당한 보상을 청구할 수 있다.

제29조 ①공무원의 직무상 불법행위로 손해를 받은 국민은 법률이 정하는 바에 의하여 국가 또는 공공단체에 정당한 배상을 청구할 수 있다. 이 경우 공무원 자신의 책임은 면제되지 아니한다.

②군인·군무원·경찰공무원 기타 법률이 정하는 자가 전투·훈련 등 직무집행과 관련하여 받은 손해에 대하여는 법률이 정하는 보상 외에 국가 또는 공공단체에 공무원의 직무상 불법행위로 인한 배상은 청구할 수 없다.

제30조 타인의 범죄행위로 인하여 생명·신체에 대한 피해를 받은 국민은 법률이 정하는 바에 의하여 국가로부터 구조를 받을 수 있다.

제31조 ①모든 국민은 능력에 따라 균등하게 교육을 받을 권리를 가진다.

②모든 국민은 그 보호하는 자녀에게 적어도 초등교육과 법률이 정하는 교육을 받게 할 의무를 진다.

③의무교육은 무상으로 한다.

④교육의 자주성·전문성·정치적 중립성 및 대학의 자율성은 법률이 정하는 바에 의하여 보장된다.

⑤국가는 평생교육을 진흥하여야 한다.

⑥학교교육 및 평생교육을 포함한 교육제도와 그 운영, 교육재정 및 교원의 지위에 관한 기본적인 사항은 법률로 정한다.

제32조 ①모든 국민은 근로의 권리를 가진다. 국가는 사회적·경제적 방법으로 근로자의 고용의 증진과 적정임금의 보장에 노력하여야 하며, 법률이 정하는 바에 의하여 최저임금제를 시행하여야 한다.

②모든 국민은 근로의 의무를 진다. 국가는 근로의 의무의 내용과 조건을 민주주의원칙에 따라 법률로 정한다.

③근로조건의 기준은 인간의 존엄성을 보장하도록 법률로 정한다.

④여자의 근로는 특별한 보호를 받으며, 고용·임금 및 근로조건에 있어서 부당한 차별을 받지 아니한다.
⑤연소자의 근로는 특별한 보호를 받는다.
⑥국가유공자·상이군경 및 전몰군경의 유가족은 법률이 정하는 바에 의하여 우선적으로 근로의 기회를 부여받는다.

제33조 ①근로자는 근로조건의 향상을 위하여 자주적인 단결권·단체교섭권 및 단체행동권을 가진다.
②공무원인 근로자는 법률이 정하는 자에 한하여 단결권·단체교섭권 및 단체행동권을 가진다.
③법률이 정하는 주요방위산업체에 종사하는 근로자의 단체행동권은 법률이 정하는 바에 의하여 이를 제한하거나 인정하지 아니할 수 있다.

제34조 ①모든 국민은 인간다운 생활을 할 권리를 가진다.
②국가는 사회보장·사회복지의 증진에 노력할 의무를 진다.
③국가는 여자의 복지와 권익의 향상을 위하여 노력하여야 한다.
④국가는 노인과 청소년의 복지향상을 위한 정책을 실시할 의무를 진다.
⑤신체장애자 및 질병·노령 기타의 사유로 생활능력이 없는 국민은 법률이 정하는 바에 의하여 국가의 보호를 받는다.
⑥국가는 재해를 예방하고 그 위험으로부터 국민을 보호하기 위하여 노력하여야 한다.

제35조 ①모든 국민은 건강하고 쾌적한 환경에서 생활할 권리를 가지며, 국가와 국민은 환경보전을 위하여 노력하여야 한다.
②환경권의 내용과 행사에 관하여는 법률로 정한다.
③국가는 주택개발정책 등을 통하여 모든 국민이 쾌적한 주거생활을 할 수 있도록 노력하여야 한다.

제36조 ①혼인과 가족생활은 개인의 존엄과 양성의 평등을 기초로 성립되고 유지되어야 하며, 국가는 이를 보장한다.
②국가는 모성의 보호를 위하여 노력하여야 한다.
③모든 국민은 보건에 관하여 국가의 보호를 받는다.

제37조 ①국민의 자유와 권리는 헌법에 열거되지 아니한 이유로 경시되지 아니한다.
②국민의 모든 자유와 권리는 국가안전보장·질서유지 또는 공공복리를 위하여 필요한 경우에 한하여 법률로써 제한할 수 있으며, 제한하는 경우에도 자유와 권리의 본질적인 내용을 침해할 수 없다.

제38조 모든 국민은 법률이 정하는 바에 의하여 납세의 의무를 진다.

제39조 ①모든 국민은 법률이 정하는 바에 의하여 국방의 의무를 진다.
②누구든지 병역의무의 이행으로 인하여 불이익한 처우를 받지 아니한다.

제3장 국회

제40조 입법권은 국회에 속한다.

제41조 ①국회는 국민의 보통·평등·직접·비밀선거에 의하여 선출된 국회의원으로 구성한다.
②국회의원의 수는 법률로 정하되, 200인 이상으로 한다.
③국회의원의 선거구와 비례대표제 기타 선거에 관한 사항은 법률로 정한다.

제42조 국회의원의 임기는 4년으로 한다.

제43조 국회의원은 법률이 정하는 직을 겸할 수 없다.

제44조 ①국회의원은 현행범인인 경우를 제외하고는 회기중 국회의 동의없이 체포 또는 구금되지 아니한다.
②국회의원이 회기 전에 체포 또는 구금된 때에는 현행범인이 아닌 한 국회의 요구가 있으면 회기중 석방된다.

제45조 국회의원은 국회에서 직무상 행한 발언과 표결에 관하여 국회 외에서 책임을 지

지 아니한다.

제46조 ①국회의원은 청렴의 의무가 있다.

②국회의원은 국가이익을 우선하여 양심에 따라 직무를 행한다.

③국회의원은 그 지위를 남용하여 국가·공공단체 또는 기업체와의 계약이나 그 처분에 의하여 재산상의 권리·이익 또는 직위를 취득하거나 타인을 위하여 그 취득을 알선할 수 없다.

제47조 ①국회의 정기회는 법률이 정하는 바에 의하여 매년 1회 집회되며, 국회의 임시회는 대통령 또는 국회재적의원 4분의 1 이상의 요구에 의하여 집회된다.

②정기회의 회기는 100일을, 임시회의 회기는 30일을 초과할 수 없다.

③대통령이 임시회의 집회를 요구할 때에는 기간과 집회요구의 이유를 명시하여야 한다.

제48조 국회는 의장 1인과 부의장 2인을 선출한다.

제49조 국회는 헌법 또는 법률에 특별한 규정이 없는 한 재적의원 과반수의 출석과 출석의원 과반수의 찬성으로 의결한다. 가부동수인 때에는 부결된 것으로 본다.

제50조 ①국회의 회의는 공개한다. 다만, 출석의원 과반수의 찬성이 있거나 의장이 국가의 안전보장을 위하여 필요하다고 인정할 때에는 공개하지 아니할 수 있다.

②공개하지 아니한 회의내용의 공표에 관하여는 법률이 정하는 바에 의한다.

제51조 국회에 제출된 법률안 기타의 의안은 회기중에 의결되지 못한 이유로 폐기되지 아니한다. 다만, 국회의원의 임기가 만료된 때에는 그러하지 아니하다.

제52조 국회의원과 정부는 법률안을 제출할 수 있다.

제53조 ①국회에서 의결된 법률안은 정부에 이송되어 15일 이내에 대통령이 공포한다.

②법률안에 이의가 있을 때에는 대통령은 제1항의 기간 내에 이의서를 붙여 국회로 환부하고, 그 재의를 요구할 수 있다. 국회의 폐회중에도 또한 같다.

③대통령은 법률안의 일부에 대하여 또는 법률안을 수정하여 재의를 요구할 수 없다.

④재의의 요구가 있을 때에는 국회는 재의에 붙이고, 재적의원과반수의 출석과 출석의원 3분의 2 이상의 찬성으로 전과 같은 의결을 하면 그 법률안은 법률로서 확정된다.

⑤대통령이 제1항의 기간 내에 공포나 재의의 요구를 하지 아니한 때에도 그 법률안은 법률로서 확정된다.

⑥대통령은 제4항과 제5항의 규정에 의하여 확정된 법률을 지체없이 공포하여야 한다. 제5항에 의하여 법률이 확정된 후 또는 제4항에 의한 확정법률이 정부에 이송된 후 5일 이내에 대통령이 공포하지 아니할 때에는 국회의장이 이를 공포한다.

⑦법률은 특별한 규정이 없는 한 공포한 날로부터 20일을 경과함으로써 효력을 발생한다.

제54조 ①국회는 국가의 예산안을 심의·확정한다.

②정부는 회계연도마다 예산안을 편성하여 회계연도 개시 90일전까지 국회에 제출하고, 국회는 회계연도 개시 30일전까지 이를 의결하여야 한다.

③새로운 회계연도가 개시될 때까지 예산안이 의결되지 못한 때에는 정부는 국회에서 예산안이 의결될 때까지 다음의 목적을 위한 경비는 전년도 예산에 준하여 집행할 수 있다.

1. 헌법이나 법률에 의하여 설치된 기관 또는 시설의 유지·운영
2. 법률상 지출의무의 이행
3. 이미 예산으로 승인된 사업의 계속

제55조 ①한 회계연도를 넘어 계속하여 지출할 필요가 있을 때에는 정부는 연한을 정하여 계속비로서 국회의 의결을 얻어야 한다.

②예비비는 총액으로 국회의 의결을 얻어야 한다. 예비비의 지출은 차기국회의 승인

을 얻어야 한다.

제56조 정부는 예산에 변경을 가할 필요가 있을 때에는 추가경정예산안을 편성하여 국회에 제출할 수 있다.

제57조 국회는 정부의 동의없이 정부가 제출한 지출예산 각항의 금액을 증가하거나 새 비목을 설치할 수 없다.

제58조 국채를 모집하거나 예산외에 국가의 부담이 될 계약을 체결하려 할 때에는 정부는 미리 국회의 의결을 얻어야 한다.

제59조 조세의 종목과 세율은 법률로 정한다.

제60조 ①국회는 상호원조 또는 안전보장에 관한 조약, 중요한 국제조직에 관한 조약, 우호통상항해조약, 주권의 제약에 관한 조약, 강화조약, 국가나 국민에게 중대한 재정적 부담을 지우는 조약 또는 입법사항에 관한 조약의 체결·비준에 대한 동의권을 가진다.

②국회는 선전포고, 국군의 외국에의 파견 또는 외국군대의 대한민국 영역 안에서의 주류에 대한 동의권을 가진다.

제61조 ①국회는 국정을 감사하거나 특정한 국정사안에 대하여 조사할 수 있으며, 이에 필요한 서류의 제출 또는 증인의 출석과 증언이나 의견의 진술을 요구할 수 있다.

②국정감사 및 조사에 관한 절차 기타 필요한 사항은 법률로 정한다.

제62조 ①국무총리·국무위원 또는 정부위원은 국회나 그 위원회에 출석하여 국정처리상황을 보고하거나 의견을 진술하고 질문에 응답할 수 있다.

②국회나 그 위원회의 요구가 있을 때에는 국무총리·국무위원 또는 정부위원은 출석·답변하여야 하며, 국무총리 또는 국무위원이 출석요구를 받은 때에는 국무위원 또는 정부위원으로 하여금 출석·답변하게 할 수 있다.

제63조 ①국회는 국무총리 또는 국무위원의 해임을 대통령에게 건의할 수 있다.

②제1항의 해임건의는 국회재적의원 3분의 1 이상의 발의에 의하여 국회재적의원 과반수의 찬성이 있어야 한다.

제64조 ①국회는 법률에 저촉되지 아니하는 범위 안에서 의사와 내부규율에 관한 규칙을 제정할 수 있다.

②국회는 의원의 자격을 심사하며, 의원을 징계할 수 있다.

③의원을 제명하려면 국회재적의원 3분의 2 이상의 찬성이 있어야 한다.

④제2항과 제3항의 처분에 대하여는 법원에 제소할 수 없다.

제65조 ①대통령·국무총리·국무위원·행정각부의 장·헌법재판소 재판관·법관·중앙선거관리위원회 위원·감사원장·감사위원 기타 법률이 정한 공무원이 그 직무집행에 있어서 헌법이나 법률을 위배한 때에는 국회는 탄핵의 소추를 의결할 수 있다.

②제1항의 탄핵소추는 국회재적의원 3분의 1 이상의 발의가 있어야 하며, 그 의결은 국회재적의원 과반수의 찬성이 있어야 한다. 다만, 대통령에 대한 탄핵소추는 국회재적의원 과반수의 발의와 국회재적의원 3분의 2 이상의 찬성이 있어야 한다.

③탄핵소추의 의결을 받은 자는 탄핵심판이 있을 때까지 그 권한행사가 정지된다.

④탄핵결정은 공직으로부터 파면함에 그친다. 그러나, 이에 의하여 민사상이나 형사상의 책임이 면제되지는 아니한다.

제4장 정부

제1절 대통령

제66조 ①대통령은 국가의 원수이며, 외국에 대하여 국가를 대표한다.

②대통령은 국가의 독립·영토의 보전·국가의 계속성과 헌법을 수호할 책무를 진다.

③대통령은 조국의 평화적 통일을 위한 성실한 의무를 진다.

④행정권은 대통령을 수반으로 하는 정부

에 속한다.

제67조 ①대통령은 국민의 보통·평등·직접·비밀선거에 의하여 선출한다.

②제1항의 선거에 있어서 최고득표자가 2인 이상인 때에는 국회의 재적의원 과반수가 출석한 공개회의에서 다수표를 얻은 자를 당선자로 한다.

③대통령후보자가 1인일 때에는 그 득표수가 선거권자 총수의 3분의 1 이상이 아니면 대통령으로 당선될 수 없다.

④대통령으로 선거될 수 있는 자는 국회의원의 피선거권이 있고 선거일 현재 40세에 달하여야 한다.

⑤대통령의 선거에 관한 사항은 법률로 정한다.

제68조 ①대통령의 임기가 만료되는 때에는 임기만료 70일 내지 40일전에 후임자를 선거한다.

②대통령이 궐위된 때 또는 대통령 당선자가 사망하거나 판결 기타의 사유로 그 자격을 상실한 때에는 60일 이내에 후임자를 선거한다.

제69조 대통령은 취임에 즈음하여 다음의 선서를 한다.

"나는 헌법을 준수하고 국가를 보위하며 조국의 평화적 통일과 국민의 자유와 복리의 증진 및 민족문화의 창달에 노력하여 대통령으로서의 직책을 성실히 수행할 것을 국민 앞에 엄숙히 선서합니다."

제70조 대통령의 임기는 5년으로 하며, 중임할 수 없다.

제71조 대통령이 궐위되거나 사고로 인하여 직무를 수행할 수 없을 때에는 국무총리, 법률이 정한 국무위원의 순서로 그 권한을 대행한다.

제72조 대통령은 필요하다고 인정할 때에는 외교·국방·통일 기타 국가안위에 관한 중요정책을 국민투표에 붙일 수 있다.

제73조 대통령은 조약을 체결·비준하고, 외교사절을 신임·접수 또는 파견하며, 선전포고와 강화를 한다.

제74조 ①대통령은 헌법과 법률이 정하는 바에 의하여 국군을 통수한다.

②국군의 조직과 편성은 법률로 정한다.

제75조 대통령은 법률에서 구체적으로 범위를 정하여 위임받은 사항과 법률을 집행하기 위하여 필요한 사항에 관하여 대통령령을 발할 수 있다.

제76조 ①대통령은 내우·외환·천재·지변 또는 중대한 재정·경제상의 위기에 있어서 국가의 안전보장 또는 공공의 안녕질서를 유지하기 위하여 긴급한 조치가 필요하고 국회의 집회를 기다릴 여유가 없을 때에 한하여 최소한으로 필요한 재정·경제상의 처분을 하거나 이에 관하여 법률의 효력을 가지는 명령을 발할 수 있다.

②대통령은 국가의 안위에 관계되는 중대한 교전상태에 있어서 국가를 보위하기 위하여 긴급한 조치가 필요하고 국회의 집회가 불가능한 때에 한하여 법률의 효력을 가지는 명령을 발할 수 있다.

③대통령은 제1항과 제2항의 처분 또는 명령을 한 때에는 지체없이 국회에 보고하여 그 승인을 얻어야 한다.

④제3항의 승인을 얻지 못한 때에는 그 처분 또는 명령은 그때부터 효력을 상실한다. 이 경우 그 명령에 의하여 개정 또는 폐지되었던 법률은 그 명령이 승인을 얻지 못한 때부터 당연히 효력을 회복한다.

⑤대통령은 제3항과 제4항의 사유를 지체없이 공포하여야 한다.

제77조 ①대통령은 전시·사변 또는 이에 준하는 국가비상사태에 있어서 병력으로써 군사상의 필요에 응하거나 공공의 안녕질서를 유지할 필요가 있을 때에는 법률이 정하는 바에 의하여 계엄을 선포할 수 있다.

②계엄은 비상계엄과 경비계엄으로 한다.

③비상계엄이 선포된 때에는 법률이 정하는 바에 의하여 영장제도, 언론·출판·집회·결사의 자유, 정부나 법원의 권한에

관하여 특별한 조치를 할 수 있다.

④계엄을 선포한 때에는 대통령은 지체없이 국회에 통고하여야 한다.

⑤국회가 재적의원 과반수의 찬성으로 계엄의 해제를 요구한 때에는 대통령은 이를 해제하여야 한다.

제78조 대통령은 헌법과 법률이 정하는 바에 의하여 공무원을 임면한다.

제79조 ①대통령은 법률이 정하는 바에 의하여 사면·감형 또는 복권을 명할 수 있다.

②일반사면을 명하려면 국회의 동의를 얻어야 한다.

③사면·감형 및 복권에 관한 사항은 법률로 정한다.

제80조 대통령은 법률이 정하는 바에 의하여 훈장 기타의 영전을 수여한다.

제81조 대통령은 국회에 출석하여 발언하거나 서한으로 의견을 표시할 수 있다.

제82조 대통령의 국법상 행위는 문서로써 하며, 이 문서에는 국무총리와 관계 국무위원이 부서한다. 군사에 관한 것도 또한 같다.

제83조 대통령은 국무총리·국무위원·행정각부의 장 기타 법률이 정하는 공사의 직을 겸할 수 없다.

제84조 대통령은 내란 또는 외환의 죄를 범한 경우를 제외하고는 재직중 형사상의 소추를 받지 아니한다.

제85조 전직대통령의 신분과 예우에 관하여는 법률로 정한다.

제2절 행정부

제1관 국무총리와 국무위원

제86조 ①국무총리는 국회의 동의를 얻어 대통령이 임명한다.

②국무총리는 대통령을 보좌하며, 행정에 관하여 대통령의 명을 받아 행정각부를 통할한다.

③군인은 현역을 면한 후가 아니면 국무총리로 임명될 수 없다.

제87조 ①국무위원은 국무총리의 제청으로 대통령이 임명한다.

②국무위원은 국정에 관하여 대통령을 보좌하며, 국무회의의 구성원으로서 국정을 심의한다.

③국무총리는 국무위원의 해임을 대통령에게 건의할 수 있다.

④군인은 현역을 면한 후가 아니면 국무위원으로 임명될 수 없다.

제2관 국무회의

제88조 ①국무회의는 정부의 권한에 속하는 중요한 정책을 심의한다.

②국무회의는 대통령·국무총리와 15인 이상 30인 이하의 국무위원으로 구성한다.

③대통령은 국무회의의 의장이 되고, 국무총리는 부의장이 된다.

제89조 다음 사항은 국무회의의 심의를 거쳐야 한다.

1. 국정의 기본계획과 정부의 일반정책
2. 선전·강화 기타 중요한 대외정책
3. 헌법개정안·국민투표안·조약안·법률안 및 대통령령안
4. 예산안·결산·국유재산처분의 기본계획·국가의 부담이 될 계약 기타 재정에 관한 중요사항
5. 대통령의 긴급명령·긴급재정경제처분 및 명령 또는 계엄과 그 해제
6. 군사에 관한 중요사항
7. 국회의 임시회 집회의 요구
8. 영전수여
9. 사면·감형과 복권
10. 행정각부간의 권한의 획정
11. 정부안의 권한의 위임 또는 배정에 관한 기본계획
12. 국정처리상황의 평가·분석
13. 행정각부의 중요한 정책의 수립과 조정
14. 정당해산의 제소

15. 정부에 제출 또는 회부된 정부의 정책에 관계되는 청원의 심사
16. 검찰총장·합동참모의장·각군참모총장·국립대학교총장·대사 기타 법률이 정한 공무원과 국영기업체관리자의 임명
17. 기타 대통령·국무총리 또는 국무위원이 제출한 사항

제90조 ①국정의 중요한 사항에 관한 대통령의 자문에 응하기 위하여 국가원로로 구성되는 국가원로자문회의를 둘 수 있다.
②국가원로자문회의의 의장은 직전대통령이 된다. 다만, 직전대통령이 없을 때에는 대통령이 지명한다.
③국가원로자문회의의 조직·직무범위 기타 필요한 사항은 법률로 정한다.

제91조 ①국가안전보장에 관련되는 대외정책·군사정책과 국내정책의 수립에 관하여 국무회의의 심의에 앞서 대통령의 자문에 응하기 위하여 국가안전보장회의를 둔다.
②국가안전보장회의는 대통령이 주재한다.
③국가안전보장회의의 조직·직무범위 기타 필요한 사항은 법률로 정한다.

제92조 ①평화통일정책의 수립에 관한 대통령의 자문에 응하기 위하여 민주평화통일자문회의를 둘 수 있다.
②민주평화통일자문회의의 조직·직무범위 기타 필요한 사항은 법률로 정한다.

제93조 ①국민경제의 발전을 위한 중요정책의 수립에 관하여 대통령의 자문에 응하기 위하여 국민경제자문회의를 둘 수 있다.
②국민경제자문회의의 조직·직무범위 기타 필요한 사항은 법률로 정한다.

제3관 행정각부

제94조 행정각부의 장은 국무위원 중에서 국무총리의 제청으로 대통령이 임명한다.

제95조 국무총리 또는 행정각부의 장은 소관사무에 관하여 법률이나 대통령령의 위임 또는 직권으로 총리령 또는 부령을 발할 수 있다.

제96조 행정각부의 설치·조직과 직무범위는 법률로 정한다.

제4관 감사원

제97조 국가의 세입·세출의 결산, 국가 및 법률이 정한 단체의 회계검사와 행정기관 및 공무원의 직무에 관한 감찰을 하기 위하여 대통령 소속하에 감사원을 둔다.

제98조 ①감사원은 원장을 포함한 5인 이상 11인 이하의 감사위원으로 구성한다.
②원장은 국회의 동의를 얻어 대통령이 임명하고, 그 임기는 4년으로 하며, 1차에 한하여 중임할 수 있다.
③감사위원은 원장의 제청으로 대통령이 임명하고, 그 임기는 4년으로 하며, 1차에 한하여 중임할 수 있다.

제99조 감사원은 세입·세출의 결산을 매년 검사하여 대통령과 차년도 국회에 그 결과를 보고하여야 한다.

제100조 감사원의 조직·직무범위·감사위원의 자격·감사대상공무원의 범위 기타 필요한 사항은 법률로 정한다.

제5장 법원

제101조 ①사법권은 법관으로 구성된 법원에 속한다.
②법원은 최고법원인 대법원과 각급법원으로 조직된다.
③법관의 자격은 법률로 정한다.

제102조 ①대법원에 부를 둘 수 있다.
②대법원에 대법관을 둔다. 다만, 법률이 정하는 바에 의하여 대법관이 아닌 법관을 둘 수 있다.
③대법원과 각급법원의 조직은 법률로 정한다.

제103조 법관은 헌법과 법률에 의하여 그 양

심에 따라 독립하여 심판한다.

제104조 ①대법원장은 국회의 동의를 얻어 대통령이 임명한다.
②대법관은 대법원장의 제청으로 국회의 동의를 얻어 대통령이 임명한다.
③대법원장과 대법관이 아닌 법관은 대법관회의의 동의를 얻어 대법원장이 임명한다.

제105조 ①대법원장의 임기는 6년으로 하며, 중임할 수 없다.
②대법관의 임기는 6년으로 하며, 법률이 정하는 바에 의하여 연임할 수 있다.
③대법원장과 대법관이 아닌 법관의 임기는 10년으로 하며, 법률이 정하는 바에 의하여 연임할 수 있다.
④법관의 정년은 법률로 정한다.

제106조 ①법관은 탄핵 또는 금고 이상의 형의 선고에 의하지 아니하고는 파면되지 아니하며, 징계처분에 의하지 아니하고는 정직·감봉 기타 불리한 처분을 받지 아니한다.
②법관이 중대한 심신상의 장해로 직무를 수행할 수 없을 때에는 법률이 정하는 바에 의하여 퇴직하게 할 수 있다.

제107조 ①법률이 헌법에 위반되는 여부가 재판의 전제가 된 경우에는 법원은 헌법재판소에 제청하여 그 심판에 의하여 재판한다.
②명령·규칙 또는 처분이 헌법이나 법률에 위반되는 여부가 재판의 전제가 된 경우에는 대법원은 이를 최종적으로 심사할 권한을 가진다.
③재판의 전심절차로서 행정심판을 할 수 있다. 행정심판의 절차는 법률로 정하되, 사법절차가 준용되어야 한다.

제108조 대법원은 법률에서 저촉되지 아니하는 범위 안에서 소송에 관한 절차, 법원의 내부규율과 사무처리에 관한 규칙을 제정할 수 있다.

제109조 재판의 심리와 판결은 공개한다. 다만, 심리는 국가의 안전보장 또는 안녕질서를 방해하거나 선량한 풍속을 해할 염려가 있을 때에는 법원의 결정으로 공개하지 아니할 수 있다.

제110조 ①군사재판을 관할하기 위하여 특별법원으로서 군사법원을 둘 수 있다.
②군사법원의 상고심은 대법원에서 관할한다.
③군사법원의 조직·권한 및 재판관의 자격은 법률로 정한다.
④비상계엄하의 군사재판은 군인·군무원의 범죄나 군사에 관한 간첩죄의 경우와 초병·초소·유독음식물공급·포로에 관한 죄중 법률이 정한 경우에 한하여 단심으로 할 수 있다. 다만, 사형을 선고한 경우에는 그러하지 아니하다.

제6장 헌법재판소

제111조 ①헌법재판소는 다음 사항을 관장한다.
1. 법원의 제청에 의한 법률의 위헌여부 심판
2. 탄핵의 심판
3. 정당의 해산 심판
4. 국가기관 상호간, 국가기관과 지방자치단체간 및 지방자치단체 상호간의 권한쟁의에 관한 심판
5. 법률이 정하는 헌법소원에 관한 심판

②헌법재판소는 법관의 자격을 가진 9인의 재판관으로 구성하며, 재판관은 대통령이 임명한다.
③제2항의 재판관중 3인은 국회에서 선출하는 자를, 3인은 대법원장이 지명하는 자를 임명한다.
④헌법재판소의 장은 국회의 동의를 얻어 재판관중에서 대통령이 임명한다.

제112조 ①헌법재판소 재판관의 임기는 6년으로 하며, 법률이 정하는 바에 의하여 연임할 수 있다.
②헌법재판소 재판관은 정당에 가입하거나 정치에 관여할 수 없다.
③헌법재판소 재판관은 탄핵 또는 금고 이

상의 형의 선고에 의하지 아니하고는 파면 되지 아니한다.

제113조 ①헌법재판소에서 법률의 위헌결정, 탄핵의 결정, 정당해산의 결정 또는 헌법소원에 관한 인용결정을 할 때에는 재판관 6인 이상의 찬성이 있어야 한다.

②헌법재판소는 법률에 저촉되지 아니하는 범위 안에서 심판에 관한 절차, 내부규율과 사무처리에 관한 규칙을 제정할 수 있다.

③헌법재판소의 조직과 운영 기타 필요한 사항은 법률로 정한다.

제7장 선거관리

제114조 ①선거와 국민투표의 공정한 관리 및 정당에 관한 사무를 처리하기 위하여 선거관리위원회를 둔다.

②중앙선거관리위원회는 대통령이 임명하는 3인, 국회에서 선출하는 3인과 대법원장이 지명하는 3인의 위원으로 구성한다. 위원장은 위원중에서 호선한다.

③위원의 임기는 6년으로 한다.

④위원은 정당에 가입하거나 정치에 관여할 수 없다.

⑤위원은 탄핵 또는 금고 이상의 형의 선고에 의하지 아니하고는 파면되지 아니한다.

⑥중앙선거관리위원회는 법령의 범위 안에서 선거관리·국민투표관리 또는 정당사무에 관한 규칙을 제정할 수 있으며, 법률에 저촉되지 아니하는 범위 안에서 내부규율에 관한 규칙을 제정할 수 있다.

⑦각급 선거관리위원회의 조직·직무범위 기타 필요한 사항은 법률로 정한다.

제115조 ①각급 선거관리위원회는 선거인명부의 작성 등 선거사무와 국민투표사무에 관하여 관계 행정기관에 필요한 지시를 할 수 있다.

②제1항의 지시를 받은 당해 행정기관은 이에 응하여야 한다.

제116조 ①선거운동은 각급 선거관리위원회의 관리하에 법률이 정하는 범위 안에서 하되, 균등한 기회가 보장되어야 한다.

②선거에 관한 경비는 법률이 정하는 경우를 제외하고는 정당 또는 후보자에게 부담시킬 수 없다.

제8장 지방자치

제117조 ①지방자치단체는 주민의 복리에 관한 사무를 처리하고 재산을 관리하며, 법령의 범위 안에서 자치에 관한 규정을 제정할 수 있다.

②지방자치단체의 종류는 법률로 정한다.

제118조 ①지방자치단체에 의회를 둔다.

②지방의회의 조직·권한·의원선거와 지방자치단체의 장의 선임방법 기타 지방자치단체의 조직과 운영에 관한 사항은 법률로 정한다.

제9장 경제

제119조 ①대한민국의 경제질서는 개인과 기업의 경제상의 자유와 창의를 존중함을 기본으로 한다.

②국가는 균형있는 국민경제의 성장 및 안정과 적정한 소득의 분배를 유지하고, 시장의 지배와 경제력의 남용을 방지하며, 경제주체간의 조화를 통한 경제의 민주화를 위하여 경제에 관한 규제와 조정을 할 수 있다.

제120조 ①광물 기타 중요한 지하자원·수산자원·수력과 경제상 이용할 수 있는 자연력은 법률이 정하는 바에 의하여 일정한 기간 그 채취·개발 또는 이용을 특허할 수 있다.

②국토와 자원은 국가의 보호를 받으며, 국가는 그 균형있는 개발과 이용을 위하여 필요한 계획을 수립한다.

제121조 ①국가는 농지에 관하여 경자유전의 원칙이 달성될 수 있도록 노력하여야 하며, 농지의 소작제도는 금지된다.

②농업생산성의 제고와 농지의 합리적인 이용을 위하거나 불가피한 사정으로 발생하는 농지의 임대차와 위탁경영은 법률이 정하는 바에 의하여 인정된다.

제122조 국가는 국민 모두의 생산 및 생활의 기반이 되는 국토의 효율적이고 균형있는 이용·개발과 보전을 위하여 법률이 정하는 바에 의하여 그에 관한 필요한 제한과 의무를 과할 수 있다.

제123조 ①국가는 농업 및 어업을 보호·육성하기 위하여 농·어촌종합개발과 그 지원등 필요한 계획을 수립·시행하여야 한다.

②국가는 지역간의 균형있는 발전을 위하여 지역경제를 육성할 의무를 진다.

③국가는 중소기업을 보호·육성하여야 한다.

④국가는 농수산물의 수급균형과 유통구조의 개선에 노력하여 가격안정을 도모함으로써 농·어민의 이익을 보호한다.

⑤국가는 농·어민과 중소기업의 자조조직을 육성하여야 하며, 그 자율적 활동과 발전을 보장한다.

제124조 국가는 건전한 소비행위를 계도하고 생산품의 품질향상을 촉구하기 위한 소비자보호운동을 법률이 정하는 바에 의하여 보장한다.

제125조 국가는 대외무역을 육성하며, 이를 규제·조정할 수 있다.

제126조 국방상 또는 국민경제상 긴절한 필요로 인하여 법률이 정하는 경우를 제외하고는, 사영기업을 국유 또는 공유로 이전하거나 그 경영을 통제 또는 관리할 수 없다.

제127조 ①국가는 과학기술의 혁신과 정보 및 인력의 개발을 통하여 국민경제의 발전에 노력하여야 한다.

②국가는 국가표준제도를 확립한다.

③대통령은 제1항의 목적을 달성하기 위하여 필요한 자문기구를 둘 수 있다.

제10장 헌법개정

제128조 ①헌법개정은 국회재적의원 과반수 또는 대통령의 발의로 제안된다.

②대통령의 임기연장 또는 중임변경을 위한 헌법개정은 그 헌법개정 제안 당시의 대통령에 대하여는 효력이 없다.

제129조 제안된 헌법개정안은 대통령이 20일 이상의 기간 이를 공고하여야 한다.

제130조 ①국회는 헌법개정안이 공고된 날로부터 60일 이내에 의결하여야 하며, 국회의 의결은 재적의원 3분의 2 이상의 찬성을 얻어야 한다.

②헌법개정안은 국회가 의결한 후 30일 이내에 국민투표에 붙여 국회의원선거권자 과반수의 투표와 투표자 과반수의 찬성을 얻어야 한다.

③헌법개정안이 제2항의 찬성을 얻은 때에는 헌법개정은 확정되며, 대통령은 즉시 이를 공포하여야 한다.

부칙 〈제10호,1987.10.29〉

제1조 이 헌법은 1988년 2월 25일부터 시행한다. 다만, 이 헌법을 시행하기 위하여 필요한 법률의 제정·개정과 이 헌법에 의한 대통령 및 국회의원의 선거 기타 이 헌법시행에 관한 준비는 이 헌법시행 전에 할 수 있다.

제2조 ①이 헌법에 의한 최초의 대통령선거는 이 헌법시행일 40일 전까지 실시한다.

②이 헌법에 의한 최초의 대통령의 임기는 이 헌법시행일로부터 개시한다.

제3조 ①이 헌법에 의한 최초의 국회의원선거는 이 헌법공포일로부터 6월 이내에 실시하며, 이 헌법에 의하여 선출된 최초의 국회의원의 임기는 국회의원선거후 이 헌법에 의한 국회의 최초의 집회일로부터 개시한다.

②이 헌법공포 당시의 국회의원의 임기는

제1항에 의한 국회의 최초의 집회일 전일까지로 한다.

제4조 ①이 헌법시행 당시의 공무원과 정부가 임명한 기업체의 임원은 이 헌법에 의하여 임명된 것으로 본다. 다만, 이 헌법에 의하여 선임방법이나 임명권자가 변경된 공무원과 대법원장 및 감사원장은 이 헌법에 의하여 후임자가 선임될 때까지 그 직무를 행하며, 이 경우 전임자인 공무원의 임기는 후임자가 선임되는 전일까지로 한다.

②이 헌법시행 당시의 대법원장과 대법원판사가 아닌 법관은 제1항 단서의 규정에 불구하고 이 헌법에 의하여 임명된 것으로 본다.

③이 헌법중 공무원의 임기 또는 중임제한에 관한 규정은 이 헌법에 의하여 그 공무원이 최초로 선출 또는 임명된 때로부터 적용한다.

제5조 이 헌법시행 당시의 법령과 조약은 이 헌법에 위배되지 아니하는 한 그 효력을 지속한다.

제6조 이 헌법시행 당시에 이 헌법에 의하여 새로 설치될 기관의 권한에 속하는 직무를 행하고 있는 기관은 이 헌법에 의하여 새로운 기관이 설치될 때까지 존속하며 그 직무를 행한다.

저자소개

• **박 인 현**(법학박사)
(Park, In Hyun / LL.D)
(현)대구교육대학교 교수
University of Wisconsin-Eau Claire연구교환교수 (2002.2~2003.2 / 2009.2~2010.2)
저서 : 최신법학개론, 교육과학사, 2000.
초등사회과교육론, 교육과학사,2002.

• **이 용 호**(법학박사)
(Lee, Yong Ho / LL.D)
(현)영남대학교 법과대학 교수
University of Indiana-Bioomington연구교환교수(2004)
저서 : 전쟁과 평화의 법, 영남대출판부, 2001
국제법 신강, 신영사, 2004

• **김 대 명**(법학박사)
(Kim, Dae Myeong/LL.D)
(현)대구과학대학 교수·취업정보센터장
공인중개사시험 출제위원
저서 : 부동산공시법강의, 부연사, 2009외 다수

• **박 화 식**
(Park, Hwa Sik)
영남대학교 대학원 법학과 박사과정 수료
(현)대구과학대학 전임강사
저서 : 패스 행정법, 고시학회21, 2004외 2권

• **이 영 식**(법학박사)
(Lee, Young Sik / LL.D)
(현)대구산업정보대학 교수·기획정보처장
저서 : 사회복지법제론, 학현사, 2009

• **박 문 석**(법학박사)
(Park, Moon Seok / LL.D)
영남대학교 법학연구소 선임연구원
(현)영남대학교, 대구교육대학교 강사

수정판 **정보사회의**
시민생활과 법

2006년 2월 28일 초판 1쇄 발행
2011년 2월 28일 초판 3쇄 발행

저　자 : 박인현 외 5명
발행자 : 김　동　규
발행처 : 교육과학사

경기도 파주시 교하읍 문발리
파주출판문화정보산업단지 514-5
전화 (031) 955-6956~8 FAX (031) 955-6037
등록 : 1970년 5월 18일 제2-73호

낙장 · 파본은 교환해 드립니다.
Printed in Korea.

정가 15,000 원
ISBN 89-8287-967-6